Roger Frie

Nicht in meiner Familie

»Dieses Buch ist so bemerkenswert, weil ihm das beinahe Unmögliche gelingt: den Schmerz der Deutschen anzuerkennen, ohne die unvorstellbaren Leiden und Schmerzen, die Deutschland anderen zugefügt hat, je aus dem Blick zu verlieren. Leidenschaftlich und großherzig lässt Frie die Leser an seinen psychischen Prozessen teilhaben. In einem kontinuierlichen Prozess der Selbsterforschung und Selbstreflexion sucht er in den tiefsten Tiefen nach einer ›gelebten historischen Wahrheit‹ in sich selbst, nach der Wahrheit seines geliebten Großvaters mütterlicherseits, eines Mitglieds der Nazi-Partei, und dessen Komplizenschaft bei den Verbrechen, die das Nazi-Regime verübte.«

(Dori Laub, MD, Clinical Professor of Psychiatry, Yale University School of Medicine, und Mitbegründer des Fortunoff Video Archive for Holocaust Testimonies)

Roger Frie, Historiker und Psychoanalytiker, Professor of Education an der Simon Fraser University, Affiliate Professor of Psychiatry an der University of British Columbia, Vancouver, Kanada, sowie Mitglied, Dozent und Supervisor am William Alanson White Institute of Psychiatry, Psychoanalysis and Psychology in New York. Frie hat neun Bücher veröffentlicht und zahlreiche Vorträge über menschliche Interaktion, Erinnerung und Verantwortung gehalten. Seine aktuelle Forschung ist den langen Schatten des historischen Traumas gewidmet und hängt eng mit seiner deutschen Familiengeschichte und seiner Erfahrung, in einem deutschen und einem jüdischen Kontext zu leben, zusammen. Sein Buch *Not in My Family* wurde 2017 mit dem Canadian Jewish Literary Award und 2018 mit dem Western Canada Jewish Book Award ausgezeichnet. Frie ist Herausgeber des Sammelbandes *History Flows Through Us: Germany, the Holocaust and the Importance of Empathy*, der führende Historiker des Holocaust und Psychoanalytiker miteinander ins Gespräch bringt.

Elisabeth Vorspohl lebt und arbeitet als Übersetzerin, Lektorin und Rezensentin in Bonn. Ihre Arbeitsschwerpunkte sind Psychoanalyse und Geschichte. Zu den von ihr übersetzten Autoren zählen u. a. Wilfred R. Bion, Shmuel Erlich, Peter Fonagy, Anna Freud, Patrick Geary, Melanie Klein, Ilany Kogan, Thomas Kohut, Mark Solms und Joel Whitebook.

Roger Frie

Nicht in meiner Familie

Deutsches Erinnern und die Verantwortung nach dem Holocaust

Aus dem Englischen übersetzt von Elisabeth Vorspohl

Brandes & Apsel

Deutsche Originalausgabe des 2017 unter dem Titel *Not in My Family. German Memory and Responsibility After the Holocaust*
bei Oxford University Press, New York, USA, erschienenen Werkes

Mit freundlicher Unterstützung durch das Programm NEUSTART KULTUR der Bundesregierung

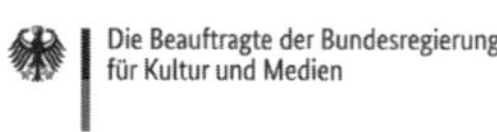

1. Auflage 2021

DTP: Brandes & Apsel Verlag
Umschlag: Brandes & Apsel Verlag unter Verwendung der Abbildung *Die brennende hannoversche Neue Synagoge*. © Historisches Museum Hannover. Mit freundlicher Genehmigung.
Druck: STEGA TISAK d. o. o., Printed in Croatia
Gedruckt auf einem nach den Richtlinien des Forest Stewardship Council (FSC) zertifizierten, säurefreien, alterungsbeständigen und chlorfrei gebleichten Papier.

Bibliografische Information der Deutschen Nationalbibliothek:
Die Deutsche Nationalbibliothek verzeichnet diese Publikation in der Deutschen Nationalbibliografie; detaillierte bibliografische Daten sind im Internet über www.ddb.de abrufbar.

ISBN 978-3-95558-284-5

Für Elena und Andreas,
in Liebe und Bewunderung

Inhalt

Vorwort

»Was bedeutet es, in einem Netz der Geschichte gefangen und Teil einer traumatischen Vergangenheit zu sein, über die wir keinerlei Kontrolle haben?« Roger Frie beantwortet diese Frage in einer autobiographisch orientierten Untersuchung, in die er die Geschichte der jüngsten drei Generationen seiner Familie einbezieht. Geboren in Nordamerika als Sohn deutscher Einwanderer, gab es für Frie, der akzentfrei Englisch spricht, keinen zwingenden äußeren Grund, sich auf eine emotionale Auseinandersetzung mit seiner deutschen Herkunft einzulassen. Er hätte mit dem von der Mehrheit der heutigen Deutschen geteilten Mythos leben können, dass die Planer und Durchführer des Holocaust vom Nürnberger Gericht für ihre Verbrechen angemessen bestraft worden seien und es für spätere deutsche Generationen keine Ursache gäbe, sich wegen der Verbrechen ihrer Vorfahren schuldig zu fühlen. Frie beschreibt die Schuld- und Schamgefühle, die er gleichwohl empfindet, aufrichtig und mit der entschlossenen Stimme eines umsichtigen Philosophen und Psychoanalytikers, der seine Leserinnen und Leser auffordert, *die moralischen Dimensionen* anzuerkennen, die dem Holocaust-Gedenken für seine eigene und für künftige deutsche Generationen innewohnen.

Frie demonstriert anschaulich, wie unsere Erinnerungen durch die historische und kulturelle Vergangenheit geprägt und durch die aktuellen politischen Verhältnisse gefiltert werden. Indem er sich selbst zum Objekt seiner Forschung macht, leistet er einen wertvollen Beitrag zur Erklärung des komplexen und vorwiegend unbewusst ablaufenden Prozesses, durch den traumatische Erinnerungen weitergegeben werden. Als Angehöriger der dritten deutschen Generation nach dem Holocaust genoss er bei häufigen Besuchen in Deutschland die Aufmerksamkeit seines Großvaters. Wenn im Familienkreis über die Kriegsereignisse gesprochen wurde, ging es um die Stunden im Luftschutzbunker und um die Bombardierung des Elternhauses seiner Mutter durch die Alliierten. Nicht gesprochen wurde über das Schicksal der jüdischen Mitmenschen: Was geschah mit den Nachbarn, die irgendwann »verschwunden« waren? Familiengespräche drehten sich in erster Linie um deutsches Leiden. Die Angehörigen der Täter- und Mitläufergeneration und ihre Kinder waren, so Frie, im Allgemeinen »wenig motiviert, sich mit ihrer Teilhabe an einem unmoralischen Regime oder seiner völkermörderischen Politik auseinanderzusetzen« (S. 138).

Überzeugt, dass kulturelle und historische Realitäten uns sowohl belasten als auch definieren, versucht der Autor dieses Buches nicht, vor seiner eigenen kulturellen und historischen Realität davonzulaufen. Als er entdeckte, dass sein Großvater sich der NSDAP angeschlossen hatte, stellte er sich die Frage: Kann ich den Großvater, den ich mein ganzes Leben lang geliebt und bewundert habe, weiterhin lieben und bewundern? Und bin ich fähig, mich empathisch an seinen Platz in der Geschichte zu versetzen und seine Entscheidung anzuerkennen, der Nazipartei in voller Kenntnis dessen, wofür sie stand, beizutreten? Nur wenige Deutsche stellen sich solche Fragen, obwohl sie alle begreifen müssen, dass die systematische Ermordung von Millionen Menschen im Dritten

Reich ohne die Unterstützung und Mitwirkung der ganz gewöhnlichen Deutschen nicht möglich gewesen wäre.

Durch seine skrupellose Ehrlichkeit ermutigt Frie seine Leserinnen und Leser, sich zu fragen, welchen Einfluss ihre nationale Geschichte und ihr kulturelles Erbe auf sie selbst ausgeübt haben und ausüben. Ich habe bei der Lektüre über meinen eigenen Hintergrund und meine Kindheitserfahrungen nachgedacht. Ich bin im zutiefst antisemitischen Ungarn aufgewachsen, wo Menschen jüdischer Herkunft im Einklang mit den vom ungarischen Parlament in den 1930er Jahren beschlossenen Maßnahmen verfolgt und ihrer Bürgerrechte beraubt wurden. Bald nachdem die Deutschen das Land 1944 besetzt hatten, wurden meine Mutter, mein Vater, meine Großmutter und ich nach Auschwitz deportiert. Mein Vater und mehrere Angehörige wurden dort ermordet. Meine beiden Brüder, damals 20 und 22 Jahre alt, haben die Misshandlungen, die sie als Zwangsarbeiter erlitten, nicht überlebt. Ich musste mir die Frage stellen: Wie war es möglich, dass ich und viele andere Überlebende nach derart verheerenden Verlusten weiterleben, gut funktionierende Familien gründen und nützliche Mitglieder der Gesellschaft werden konnten? Wie wurde meine Fähigkeit, mit einer relativ intakten Psyche zu überleben, durch die Geschichte des jüdischen Volkes – genauer: durch mein kulturelles Erbe und meine persönlichen Erfahrungen in meiner Familie – beeinflusst?

Als kleinste soziale Einheit wurde die Familie stets als Mittler zwischen der Gesellschaft und den individuellen Familienmitgliedern anerkannt. Nicht nur die Erinnerung an traumatische Ereignisse findet ihren Weg zu nachfolgenden Generationen, vielmehr werden auch kulturelle Muster, die tiefe Überzeugungen und Wertesysteme enthalten, innerhalb der Familie von einer Generation an die nächste weitergegeben. Werte und Ideale werden durch Mythologie, Ideologie und religiöse Bräuche schon von den jüngsten Mitgliedern der Familie verinnerlicht. Die Wahrung jahrhundertealter Traditionen schafft eine Kontinuität zwischen den Generationen und sichert den Erhalt grundlegender Werte. Die meisten jüdischen Feiertage werden im häuslichen Heim begangen. In meiner Kindheit haben wir die Feiertage gefeiert, die von allen orthodoxen jüdischen Familien begangen werden. Man saß um den Tisch und erzählte Geschichten über die Sklaverei und die Befreiung, über Leid und Erlösung und wundersame Errettungen vor der Vernichtung. Der Holocaust, grausamer und verheerender als jede vorangegangene Katastrophe, wirkte wie die direkte Fortsetzung aller früheren Versuche, das jüdische Volk auszulöschen. In meiner Familie wurde auch lebhaft über Bücher diskutiert, die meine Eltern und meine Brüder lasen, und über die Musik, die sie gern hören wollten. Und natürlich gab es erregte Debatten über die gefährliche politische Situation, die Flucht meines Onkels aus Wien, die Sorge über unsere Verwandten in der Slowakei. Uns Kindern wurde vermittelt, dass die Kenntnis unserer eigenen Geschichte und der Geschichte der Welt, in der wir lebten, außerordentlich wichtig sei; der Botschaft, dass Bildung an allererster Stelle stehen müsse, konnte sich niemand entziehen. Meine offensichtliche Resilienz und mein Leben nach der Shoah bestätigen Saul Friedländers Worte: »Je mehr die Zeit vergeht, um so deutlicher empfinde ich, daß sich in dieser ersten Welt meiner Kindheit mein eigentliches Ich geformt hat, trotz der ungeheuren Veränderungen, die später folgen sollten« (Friedländer 1979 [1978], S. 36).

Wie unter einem Vergrößerungsglas untersucht Roger Frie den *Prozess der Transmission traumatischer Erinnerungen*. Dies wäre mit den breiten Pinselstrichen des historisch-kulturgeschichtlichen Narrativs, das sich für mein emotionales Überleben als so hilfreich erwiesen hat, nicht möglich. Die detaillierte Untersuchung der jüngsten drei Generationen seiner Familie ermöglicht es, die verbalen und nonverbalen Aspekte der Transmission des Traumas nachzuvollziehen und insbesondere zu beobachten, wie das selektive Schweigen der »ersten Generation«, der Generation der Täter, deren Kinder, die »zweite Generation«, und sogar die Enkelkinder, die »dritte Generation«, beeinflusste, der Roger Frie angehört.

Die Täter selbst hatten allen Grund, über ihre Erfahrungen Stillschweigen zu wahren. Ihre Zukunft hing davon ab, dass keine Zweifel an ihrer vermeintlichen Unschuld und Opferrolle während des Dritten Reichs laut wurden. Sie waren nach der schmachvollen Niederlage Deutschlands im Ersten Weltkrieg aufgewachsen, hatten sich die Naziideologie zu Eigen gemacht, für Adolf Hitler und den deutschen Ruhm gekämpft und mussten sich nun, nach dem Krieg, in vorteilhaftem Licht präsentieren. Nur wenige der Angeklagten, die an den grauenvollen Verbrechen beteiligt gewesen waren, bestritten ihre Taten nach 1945, doch alle bestanden sie darauf, sich niemals schuldig gefühlt zu haben. Viele von ihnen zeigten sich tatsächlich überrascht darüber, dass jemand ihre Handlungen als Verbrechen ansehen konnte (Sereny 1979 [1974]). Im juristischen Sinn hatten sie Recht: Sie hatten mit den Verbrechen, für die sie vor Gericht standen, gegen kein Gesetz verstoßen, und das individuelle Gewissen setzt sich kaum je über eine staatlich sanktionierte Ideologie hinweg. Was die Macht solcher Ideologien und die Verhinderung von Massenmorden und Genoziden betrifft, so könnte die Psychologie der Menschen, die Widerstand geleistet haben, aufschlussreicher sein als die der Täter. Es ist zugegebenermaßen schwierig, die Psychologie von Tätern und Mitläufern zu verstehen, aber das Verständnis der Psychologie von Menschen, die gegen autokratische Regime kämpfen, ist eine noch größere Herausforderung.

Fries Buch und meine eigenen Beobachtungen haben mich davon überzeugt, dass die deutsche zweite Generation, die Kinder der Täter, das Scharnier in der Weitergabe traumatischer Erinnerungen bildet. In vielen Fällen gerieten die Geschichten, die sie von ihren Eltern hörten, mit dem, was sie außerhalb der Familie über den Holocaust erfuhren, in Konflikt. Nur wenige stellten ihre Eltern zur Rede und erforschten in ihrer eigenen Familie, was in den 1960er und 1970er Jahren unübersehbar geworden war: Der Holocaust war in Deutschland und den besetzten Ländern allgegenwärtig, die Konzentrations- und Vernichtungslager allzu zahlreich, als dass sich der Mythos einer deutschen Bevölkerung, die von all dem nichts wusste, noch länger hätte aufrechterhalten lassen. Die meisten Angehörigen der deutschen zweiten Generation hatten offenbar einen psychischen Kompromiss geschlossen: Um ihre Liebe und Loyalität nicht infrage stellen zu müssen, teilten sie das Schweigen ihrer Eltern. Eine Ursache dieses Schweigens war vielleicht die Tatsache, dass die traumatische Enttäuschung über die eigenen Eltern für die Kinder der Tätergeneration unerträglich gewesen wäre: Sie wären der wichtigsten Quelle ihres Selbstwertgefühls beraubt worden. Stattdessen zogen sie es vor zu glauben, dass ihre Eltern Heldentaten an der Front verrichtet hatten, aber nicht an Deportationen und Massenmorden beteiligt gewesen waren.

Fries Schilderung seiner Kommunikation mit seinen Eltern, Angehörigen der zweiten Generation, wirft Licht auf den komplizierten Prozess der Weitergabe traumatischer Erinnerungen. Weil er diesen Prozess hervorragend beschreibt, möchte ich ihn hier zur Gänze zitieren: »Als meine Eltern mir in meiner Kindheit zum ersten Mal von den grauenvollen Verbrechen der Shoah erzählten, schien mir dieses Wissen weniger real zu sein als mein gefühltes Wissen um die Schwierigkeiten, mit denen sie selbst als Kinder zu kämpfen gehabt hatten. Im Nachhinein kann ich sagen, dass es sich um eine Art emotionaler Dissoziation handelte – das Resultat der Verwirrung, die jene Informationen über die Gräuel in mir auslösten, Gräuel, die von der Generation meiner Großeltern in derselben kulturellen Lebenswelt, in der ich selbst aufwuchs, verübt worden waren. *Rückblickend glaube ich, dass die Dissoziation, mit der ich auf die Informationen über die Shoah reagierte, nicht nur die Scham meiner Eltern und ihre Schwierigkeiten widerspiegelte, mir zu erzählen und zu erläutern, was sich in ihrer Kindheit abgespielt hatte, sondern auch ihre späteren Bemühungen, das, was sie als Kinder in ihrer Umwelt gesehen und gehört hatten, irgendwie zu begreifen*« (4. Kap.; Hervorhebung A.O.). Frie, der in Kanada aufwuchs und die Schwierigkeiten wahrnahm, die die Vergangenheit seinen Eltern bereitete, hat die Art und Schwere der Verbrechen, die von der Generation seines Großvaters begangen wurden, zu erfassen gelernt und erlebt nun die Schuld- und Schamgefühle, die zu empfinden die Täter nicht fähig waren.

Schuld und Scham haben Auswirkungen auf Fries Arbeit als Psychoanalytiker, vor allem, wenn er mit jüdischen Patienten arbeitet. Als er einem Patienten zuhört, dessen Eltern den Holocaust überlebt haben, wird ihm bewusst, dass seine Gedanken abschweifen und sich dem Leid zuwenden, das seiner eigenen Familie während des Krieges widerfuhr. Fries Leserinnen und Leser können sein Ringen mit der Frage, wann und wie er dem Patienten seine Identität, sein »Deutschsein«, offenlegen soll, miterleben. Sie werden dankbar sein für die detaillierte Schilderung der Begegnungen, in denen die Subjektivitäten des Psychoanalytikers und seines Patienten zutage treten und beide Beteiligte ihr jeweiliges historisches Erbe durcharbeiten können. Ein solcher Prozess des Durcharbeitens ist allerdings nur möglich, wenn der Psychoanalytiker sich empathisch in die innere Welt des Patienten vertiefen und gleichzeitig introspektiv bleiben kann – eine Voraussetzung, die Frie mühelos erfüllt.

Eine der wichtigsten Botschaften dieses Buches ist die moralische Forderung, die Frie an Deutsche seiner Generation richtet, die Forderung, die Erinnerung an den Holocaust auch künftig, wenn die jüdischen Zeitzeugen nicht mehr unter uns weilen werden, wachzuhalten. Wahrscheinlich wird es nicht dazu kommen, denn Tätergenerationen wollen vergessen; an die Shoah wird – wie an die Zerstörung des zweiten Tempels – nur ein jüdischer Feiertag erinnern. Fries Aufforderung nachzukommen wäre aber eine Gelegenheit zur moralischen Rehabilitierung, die Deutschland in meinen Augen bisher noch nicht erlangt hat. Dies setzt allerdings voraus, dass Angehörige der zweiten und dritten Generation die Beteiligung eigener Familienmitglieder am Nationalsozialismus erforschen – eine belastende, schwierige Aufgabe mit dem Risiko, bei der Familie in Ungnade zu fallen und womöglich verstoßen zu werden.

Die Verantwortung des Erinnerns zu übernehmen könnte ein Schritt sein, die von einer früheren Generation begangenen Verbrechen zu sühnen. Indem sich Frie dem Holocaust-Gedenken verpflichtet und sich zu der Vergangenheit, die an ihn weitergegeben wurde, bekennt, transformiert er seine ererbten Schuld- und Schamgefühle in ein Bewusstsein der moralischen Verantwortung.

Anna Ornstein

Vorbemerkung

Wenige Themen sind so ausführlich untersucht und gründlich erforscht worden wie das deutsche Erinnern und der Holocaust. Die Unsäglichkeit der Verbrechen und der Preis an Menschenleben, den die Katastrophe gefordert hat, verlangen weiterhin unsere Aufmerksamkeit. Ungeachtet der zeitlichen Distanz sind emotionale Wunden und traumatische Erinnerungen nicht verschwunden. Vielmehr illustrieren sie das Ausmaß, in dem wir unser Leben in der umfassenderen Dimension der Geschichte leben. Als Sohn deutscher Eltern, die ins Dritte Reich hineingeboren wurden, und als Enkel von Deutschen, die im Zweiten Weltkrieg aktiv waren, habe ich den Holocaust seit jeher als eine quälende Präsenz empfunden, die mit der Geschichte, Kultur und Sprache, in der ich aufgewachsen bin, zusammenhing. Da ich meine Kindheit und Jugend aber in Kanada verlebte und kein deutscher Staatsangehöriger bin, schien mir die geographische Distanz zu den in Europa verübten Verbrechen immerhin einen gewissen emotionalen Schutz zu gewähren und beunruhigenden Gedanken über die Nazivergangenheit und das Verhalten meiner Angehörigen Einhalt zu gebieten.

Im Laufe der Zeit gerieten meine Bemühungen um emotionale Distanz zum Holocaust zunehmend in Konflikt mit den Lebenserfahrungen, die ich in anderen kulturellen Kontexten und im Umgang mit Menschen sammelte, die von den Holocaust-Traumata unmittelbar betroffen waren. Je klarer mir wurde, wie viele Menschen unter diesen traumatischen Erinnerungen leiden, desto deutlicher nahm ich sie auch in meinem eigenen Leben wahr. Irgendwann begriff ich, dass ich die Geschichte des Nationalsozialismus und des Holocaust nicht umgehen konnte, sondern der Überschneidung von Geschichte, Kultur und Erinnerung in meinem Leben und im Leben meiner Familie nachforschen musste. Zu dem Thema ist schon viel geschrieben worden, und vielleicht habe ich dem wenig Neues hinzuzufügen. Beitragen aber kann ich auf jeden Fall die Unverwechselbarkeit meiner eigenen Erfahrungen, der Erinnerungen, die ich geerbt habe und mit denen ich aufgewachsen bin, und des Narrativs, das ich heute lebe: mein persönliches Leben in deutschen und jüdischen Kontexten und meine therapeutische Arbeit mit den Nachkommen von Holocaust-Überlebenden – all dies untrennbar verbunden mit den traumatischen Erinnerungen an die Vergangenheit.

Ich führe diese Untersuchung im vollen Bewusstsein der Sensibilität meines Themas durch. Der Holocaust fordert unsere Fähigkeit, das Geschehen zu begreifen, auch 75 Jahre später heraus. Wenn wir Erinnerungen und ihre Weitergabe erforschen, dürfen wir das unbeschreibliche Leid, das Menschen ertragen mussten, nicht aus dem Blick verlieren. Wie wir über die Bedeutung der Shoah sprechen und wie wir sie verstehen, ist wichtig – auch damit der Appell zu erinnern nicht als ermüdend empfunden wird und abstumpfend wirkt. Die generationenübergreifenden psychischen Folgen des Holocaust sind nicht eingebildet, sondern real. Dieses Buch handelt von der gelebten Anerkennung dieser Traumata und vor allem von der moralischen Verantwortung des Erinnerns.

Im Zusammenhang mit einem so schwierigen und ernsten Thema über die Geschichte der eigenen Familie zu schreiben ist ein weder einfaches noch risikofreies Unterfangen. Ich bin aber überzeugt, dass persönliche Erfahrung die verblüffende Komplexität unserer Erinnerungsprozesse eindringlich zu illustrieren vermag. Ausgehend von meiner Geschichte, der Geschichte meiner Familie und den Geschichten anderer Menschen stelle ich Überlegungen an über das Erinnern und das Vergessen in Deutschland nach dem Holocaust. Die Geschichten, die ich erzähle, demonstrieren anschaulich, wie das deutsche Erinnern im Laufe der Zeit geformt und umgeformt wurde. Ich untersuche, was uns diese gelebten Erfahrungen über die Verfertigung und Bewahrung von Erinnerungen sagen, und kombiniere auf diese Weise die Geschichten gelebter Erfahrung mit einer Erörterung der Folgen, die das historische Trauma nach sich zieht. Auf Fachterminologie habe ich mit Absicht verzichtet. Ich ziehe es vor, die von mir beschriebenen gelebten Erfahrungen für sich selbst sprechen zu lassen, statt ihnen Theorien überzustülpen. Detaillierte historische und theoretische Erläuterungen finden sich in den Fußnoten.

Ich hoffe, Leserinnen und Leser durch meine autobiographische Perspektive anzuregen, über ihre eigenen Familiennarrative und die Bedeutung, die dem Gedenken der Vergangenheit zukommt, nachzudenken. Als Narrative bezeichne ich die Geschichten, die wir erzählen, um unsere Erfahrungen zu verstehen und zu erklären und um mit anderen Menschen zu kommunizieren. Für gewöhnlich geben wir unsere Erinnerungen weiter, indem wir sie erzählen. Im Laufe unserer Entwicklung erzählen Familienangehörige Geschichten, die einen spezifischen Augenblick oder besondere Momente festhalten und für das, was wir über unsere Vergangenheit wissen, prägend werden. Diese Narrative sind Ausdruck der Ansichten des Erzählers wie auch der kulturellen Kontexte, in denen sie wiedergegeben werden.

Wie Narrative das Erinnern prägen, wird deutlich, wenn wir untersuchen, wie deutsche Familien sich ihrer eigenen Vergangenheit erinnern. Als Nation hat Deutschland einiges getan, um seine furchtbaren Verbrechen zu sühnen. Das öffentliche Gedenken in Deutschland erkennt die Schuld und Verantwortung für die Gräuel des Holocaust an. Das persönliche Erinnern ist weniger eindeutig. In vielen Familien ist über das, was Angehörige in der Nazizeit geglaubt und getan haben, kaum etwas bekannt. Indem man bestimmte Geschichten erzählt und andere unausgesprochen lässt, laviert man zwischen emotional akzeptablen und inakzeptablen Erinnerungen. Dadurch bildet sich im Laufe der Zeit eine fluide, dynamische Bewegung zwischen Erinnern und Vergessen heraus. Was das Thema Nazivergangenheit und Holocaust betrifft, so zwingt uns die Begrenztheit eines einzelnen Narrativs, vielfältige Perspektiven zu untersuchen und uns mit Gegennarrativen auseinanderzusetzen, die unsere gewohnten Sichtweisen der Vergangenheit infrage stellen.

Dieses Buch entstand in einer Phase intensiver persönlicher Reflexion, die mit der Entdeckung eines beschwiegenen Kapitels meiner Familiengeschichte begann. Ich schildere zunächst diese Entdeckung und untersuche sodann, ausgehend vom Narrativ meiner eigenen Familie und den Geschichten anderer Menschen, die besonderen Eigenschaften und die Bedeutsamkeit unseres Erinnerns. Ich hätte dieses autobiographisch orientierte Buch nicht ohne die ausdrückliche Unterstützung durch meine Familienangehörigen und weitere Verwandte schreiben können, die in den Geschichten, die ich erzähle, eine mehr oder weniger große Rolle spielen. Ich danke zuallererst Emily, die mir in unserem gemeinsamen Leben die Augen für neue Sicht- und Verstehensweisen geöffnet hat. Ohne sie wäre diese Untersuchung nicht möglich gewesen. Meine Worte werden der Liebe und Dankbarkeit, die ich empfinde, nicht annähernd gerecht. Unsere beiden Kinder, Elena und Andreas, sind in den Jahren meiner Forschungs- und Schreibarbeit älter geworden und haben mir in all der Zeit ein unglaubliches Verständnis entgegengebracht. Meine Familie ist die stützende, fürsorgende Umwelt, dank deren ich mich einem Thema widmen konnte, das durchgängig schwierig und oft genug verstörend war. Genau betrachtet, handelt dieses Buch auch von dieser gemeinsamen Reise. Ich schätze mich glücklich, solch wunderbare Begleiter gehabt zu haben. Ich widme diese Arbeit unseren Kindern und hoffe, dass sie ihnen als Hilfe auf ihrem weiteren Lebensweg dienen wird.

Meine Geschichte verbindet fünf Generationen meiner Familie miteinander. Mein Urgroßvater lebte ein langes, abwechslungsreiches Leben und starb kurz nach meiner Geburt. Meine Großeltern habe ich als Kind kennengelernt und in lebhafter Erinnerung behalten. Ihre Erfahrungen sind in diesem Buch allgegenwärtig. Meine Eltern haben mir ihre Erinnerungen geschildert und mich bei diesem Projekt vorbehaltlos unterstützt. Ich bin in einem Haus voller deutscher und englischer Bücher aufgewachsen, und die Wichtigkeit und Liebe zum Lernen wurde mir von früh an durch meine Eltern vermittelt. Das vorliegende Buch ist mein Versuch, dieses Verständnis auf die Komplexität unserer Familiengeschichte anzuwenden. Meine Schwester und ich haben uns über unsere Kindheitserinnerungen ausgetauscht. Dabei ist mir bewusst geworden, wie sehr ihr Leben und das ihrer Familie mein eigenes widerspiegeln. Ihre Unterstützung ist für mich stets von großer Bedeutung gewesen.

Um über eine Geschichte, die vor langer Zeit begann, möglichst realistisch nachdenken zu können, habe ich mich mit Familienangehörigen in Deutschland zusammengesetzt. Sie haben mir ihre Erfahrungen und Erinnerungen geschildert, und dafür möchte ich ihnen allen danken.

Die Arbeit an diesem Buch hat einen neuen Familiendialog über die Vergangenheit gestiftet. Ich möchte aber betonen, dass ich die Geschichte, die ich erzähle, natürlich durch die Linse meiner eigenen Erfahrung betrachte. Mir ist vollauf bewusst, dass ein und derselbe Vorgang niemals von zwei Personen auf ein und dieselbe Weise erzählt werden kann – zumindest in diesem Sinn sind die Erinnerungen, von denen ich berichte, lediglich meine eigenen. Jeder von uns hat sein individuelles Verständnis der Vergangenheit, vor allem was die schmerzvolle Vergangenheit angeht, der dieses Buch gewidmet ist. Auch wenn der Weg mühsam war, haben wir alle, so denke ich, von der Reise profitiert.

Dank

Freundinnen und Freunde, Kolleginnen und Kollegen aus Kanada, den Vereinigten Staaten, Deutschland, Israel und Großbritannien haben meine Arbeit an diesem Buch unterstützt. Ich stehe in ihrer Schuld und möchte ihnen für ihren persönlichen und intellektuellen Beistand danken. Viele von ihnen haben wertvolle Zeit erübrigt, um sich mit mir zusammenzusetzen, mir von ihren Erfahrungen zu berichten und Kapitelentwürfe teilweise oder in Gänze zu lesen. Im Laufe der Arbeit sind sie für mich zu Gesprächspartnern geworden, deren Stimmen und Geschichten sich in diesem Buch immer wieder vernehmen lassen. Jörg Bose schenkte mir seine Freundschaft und gewährte mir jahrelange Unterstützung. Die scharfsinnigen Beobachtungen, die er als eingewanderter, in Deutschland geborener New Yorker Psychoanalytiker anstellt, waren ungemein hilfreich für mich. Meine Freundin Donna Orange hat mich durchgehend ermutigt. Die Idee zu diesem Buch entstand tatsächlich im Laufe unseres Dialogs über das Thema. Donnas Sensibilität für das Leiden anderer Menschen bleibt eine Quelle der Inspiration. In Tel Aviv hat Yecheskiel (Chezzi) Cohen freundlicherweise meine Arbeit gelesen, mich in meinem Projekt bestärkt und mir seine persönliche Geschichte erzählt. Ich beschreibe die tragischen Zusammenhänge zwischen unseren Familiengeschichten in diesem Buch. Chris Jaenicke und Hilla Jaenicke haben mich bei zahllosen Gelegenheiten in Berlin bei sich aufgenommen. Ich danke ihnen für ihre Freundschaft und all das Wissen, das sie mit mir teilten. Raphael Gross, Präsident des Deutschen Historischen Museums in Berlin und ein Freund aus gemeinsamen Studientagen an der Cambridge University, schenkte mir wertvolle Einsichten. Einen besonderen Dank schulde ich Anna Ornstein, dank deren Unterstützung ich das Buch fertigstellen konnte. Ihre Geschichte ist eine Geschichte des Mutes und der Resilienz. Dass ihre außergewöhnliche Stimme den Auftakt zu meinem Buch gibt, erfüllt mich mit tiefer Dankbarkeit.

Profitiert hat meine Arbeit auch von der Freundschaft und Kollegialität Mark Freemans, Jens Brockmeiers und Jeff Sugarmans. Ihre Vertrautheit mit der narrativen Psychologie und den soziokulturellen Dimensionen menschlicher Erfahrung hat mir geholfen, einen Bezugsrahmen für mein Thema zu entwickeln. Marks engagierte Diskussion meiner Arbeit und die Begeisterung, mit der er das Buch in die von ihm herausgegebene Reihe der Oxford University Press aufzunehmen bereit war, gaben für mich den Ausschlag, das Projekt in Angriff zu nehmen. Ich danke Jens, der mit mir über narrative Hermeneutik diskutierte, mir bei meinen regelmäßigen Besuchen in Berlin und Paris seine Gastfreundschaft gewährte und Zeit für anregende Gespräche fand. Jeff ist ein langjähriger, treuer Freund und Kollege. Vieles, was ich von ihm gelernt habe, hat Eingang in dieses Buch gefunden.

Danken möchte ich auch zahlreichen weiteren Menschen, die Kapitelentwürfe gelesen, diskutiert oder kommentiert haben. Ich danke Karl Figlio und Thomas Kohut für ihre Zeit, ihren Einsatz und die überaus nützlichen Hinweise, die sie mir gaben. Ich danke auch Anton Scamvougeras, auf dessen Freundschaft und Humor ich mich während der langen Reise verlassen durfte. Unbedingt zu nennen sind Freundinnen und Freunde, Kolleginnen und Kollegen aus den interpersonalen, intersubjektiven und selbstpsychologischen Communities und darüber hinaus. In Vancouver danke ich Susan Baum, Colin Cash, Margo Genge, Martin Howard, Margaret MacKinnon-Cash, Jack Martin, Max Sucharov und allen meinen Freunden aus dem Lesekreis für relationale Literatur. In New York danke ich Philip Blumberg, Doris Brothers, Cynthia Field, Ruth Imber, Elliot Jurist, Emily Kuriloff, Robert Prince, Katharina Rothe, Pascal Sauvayre und Ilya Weiner; ferner den Mitgliedern meines New Yorker Lektürekreises, die mit mir psychoanalytische, sozialwissenschaftliche und philosophische Literatur lesen. Meine Gedanken sind bei dem verstorbenen John Fiscalini. In Boston, Los Angeles und Seattle danke ich Bill Coburn, Philip Chushman, Jack Foehl, Lynne Jacobs und Margy Sperry. Großen Dank schulde ich zahlreichen Diskussionsteilnehmern und Gesprächspartnern in Deutschland, insbesondere Tilmann Habermas, Martin Gossmann und Janet von Stillfried.

Für die akademische Heimat, die ich nach meiner Ankunft aus New York in Kanada fand, möchte ich meinen Kolleginnen und Kollegen von der Faculty of Education der Simon Fraser University sowie dem Department of Psychiatry der University of British Columbia herzlich danken. Am Vancouver Holocaust Education Centre stand mir die pädagogische Leiterin, Adara Goldberg, hilfreich zur Seite. Darüber hinaus danke ich den Mitarbeiterinnen und Mitarbeitern des Bundesarchivs sowie der Deutschen Dienststelle (WASt) in Berlin. Katharina Walter und den Museen für Kulturgeschichte der Landeshauptstadt Hannover, den Fotoarchiven der Gedenkstätte Yad Vashem und dem United States Holocaust Memorial Museum in Washington, DC, danke ich für die Genehmigung zur Wiedergabe von Fotografien. Der deutsche Historiker Michael Grube machte mir eine wichtige Fotografie Hannovers zugänglich.

In den vergangenen Jahren habe ich meine Arbeit an vielen verschiedenen Orten vorgestellt. Ich danke David Goodman, dem Vorsitzenden der Psychology and the Other Conference in Cambridge, Massachusetts, für die Gelegenheit, zum allerersten Mal öffentlich über das Narrativ meines Großvaters sprechen zu können. Marianne Leuzinger-Bohleber hat mich in ihrer Eigenschaft als Direktorin des Sigmund-Freud-Instituts in Frankfurt am Main freundlicherweise eingeladen, dort über meine Arbeit zu berichten. Sie und ihr Mann, Werner Bohleber, waren wunderbare Gastgeber. Bei meinen Reisen nach Frankfurt hatte ich auch Gelegenheit zum Austausch mit Kurt Grünberg und Friedrich Markert, deren Forschungen über die psychischen Traumata des Holocaust sich mit den Themen dieses Buches überschneiden. Als ich es in Jerusalem vorstellte, wurde mir die Ehre zuteil, dass Chezzi Cohen meine Arbeit kommentierte. Er und Hanoch Flum schenkten mir ihre Freundschaft und schilderten mir ihre deutsch-jüdischen Familiengeschichten. Zahlreiche andere Menschen haben mich an ihren Geschichten von Verlust und Trauma im Zusammenhang mit der Geschichte Nazideutschlands und des Holocaust teilhaben lassen. Manche von ihnen möchten nicht namentlich genannt werden, andere kenne ich nicht namentlich. Ihnen allen aber danke ich für ihre Offenheit und ihren Mut, über ihre Erinnerungen zu sprechen.

In intellektueller Schuld stehe ich bei drei Autoren, deren Schriften über den Holocaust für die Perspektive, die ich in diesem Buch ausarbeite, wichtig sind: Zygmunt Bauman, Eva Hoffman und Primo Levi. Jedem von ihnen verdanke ich einzigartige Einsichten. Sie haben sich mit dem schmerzvollen Holocaust-Thema auseinandergesetzt und es auf einem Niveau analysiert, dessen Differenziertheit jede vereinfachte oder reduktionistische Darlegung der traumatischen Geschichte oder der menschlichen Motivation ausschließt. Meine Untersuchung der beschwiegenen Geschichten deutscher Familien hat zudem von Erna Paris' erkenntnisreicher Studie über die unverarbeiteten Geschichten von Täternationen profitiert. Dieses Projekt weist auch Überschneidungen mit Arbeiten über Trauma und Geschichte auf, die unter unterschiedlichen Blickwinkeln von Dan Bar-On, Cathy Caruth, Stephen Frosh, Sue Grand, Marianne Hirsch, Dominick LaCapra, Dori Laub und Vamik Volkan verfasst wurden. Im deutschen Kontext möchte ich Harald Welzers, Sabine Mollers und Karoline Tschugnalls Studie über das Familiengedächtnis erwähnen sowie die Untersuchungen von Angehörigen der dritten deutschen Generation wie Alexandra Senfft, die mit großem Mut über ihre eigenen Familien geschrieben haben. Die traumatische Geschichte der Nazivergangenheit und des Holocaust ist ein großer interdisziplinärer Forschungsbereich, aus dem zweifellos Arbeiten hervorgegangen sind, die Parallelen zu meinem Buch aufweisen. Bei Autoren, deren Untersuchungen ich übersehen habe, möchte ich mich entschuldigen.

Ich hätte dieses Buch nicht schreiben können ohne das enorme Engagement der Mitarbeiterinnen und Mitarbeiter von Oxford University Press. Insbesondere danke ich meiner Lektorin Abby Gross, die das Projekt von Anfang an begeistert unterstützt und mich von ihrem Wissen und ihren editorischen Vorschlägen hat profitieren lassen. Courtney McCarroll hat mir als Redakteurin unermüdlich geholfen und geduldig all meine Fragen beantwortet. Ich habe dieses Buch im Laufe mehrerer Jahre verfasst, in denen ich mich tief in das Thema des deutschen Erinnerns und des Holocaust eingearbeitet habe. Daher rekurriert dieses Buch auch auf mehrere bereits veröffentlichte Artikel. Es enthält keine Wiederholungen, weist aber gelegentliche Überschneidungen mit früheren Publikationen auf (vgl. Frie 2011b, 2012b, 2012c, 2013, 2014a, 2014b).

Vorwort zur deutschen Ausgabe

Die politischen Umwälzungen und sozialen Krisen, die wir heute miterleben, waren noch kaum vorstellbar, als ich dieses Buch geschrieben habe. Seit der Veröffentlichung der englischsprachigen Originalausgabe im Jahr 2017 haben Demagogen Wahlsiege errungen; der Rechtsradikalismus verzeichnet einen stetigen Aufschwung, liberale Demokratien erodieren. Wir sind Zeugen der Dämonisierung von Flüchtlingen, einer um sich greifenden Islamophobie und eines besorgniserregenden, weltweiten Anstiegs des Antisemitismus – Entwicklungen, die in ganz Europa und Nordamerika in furchtbaren, rassistisch motivierten Gewaltakten gipfelten. Parallelen zur Weimarer Zeit und zum Aufstieg des Nationalsozialismus, die einst undenkbar waren, scheinen nicht mehr allzu weit hergeholt.

Die Kultur des deutschen kollektiven Erinnerns ist unter ehemaligen Täternationen ein einzigartiges Beispiel dafür, was es bedeutet, ein Bewusstsein der gemeinsamen Verantwortung für den Genozid wachzuhalten. Die verbrecherische Geschichte des Landes sollte eigentlich reichen, um Nationalismen und Xenophobie im Keim zu ersticken. Dennoch lassen die jüngeren Entwicklungen in Deutschland und anderswo vermuten, dass unser Glaube an eine aufgeklärte Nachkriegsmentalität womöglich unbegründet und wunschgesteuert, zumindest aber naiv war. Wenn gewöhnliche Bürger sich weigern, einem Menschen dunkler Hautfarbe oder einem Flüchtling, der angegriffen wird, zu helfen, wenn sie sich rassistische Sprüche und antisemitische Bemerkungen, die zu Gewalt anstacheln, widerspruchslos anhören, dann hat eine rassistische Normalität bereits Wurzeln geschlagen. Die Wahl rechtsextremer Parteien in europäische Parlamente ist Ausdruck einer um sich greifenden faschistischen Geisteshaltung, die auf Unwissenheit und auf gezielter Missachtung der mörderischen Vergangenheit beruht. Wir können es uns nicht leisten, die Uhr zurückzudrehen. Es steht allzu viel auf dem Spiel. Die Spur, die von der rechten Pegida-Bewegung in Dresden zum Aufstieg der AfD, zu rassistischen Ausschreitungen in Chemnitz und zu dem versuchten Mord an jüdischen Gläubigen in Halle führten, ist deutlich erkennbar. Die Geschichte lehrt uns, dass Komplizenschaft ein Kind der Bequemlichkeit ist. Dies gilt für das heutige Deutschland ebenso wie für viele andere Nationen, in denen die Realität von Rassenhass und Gewalt zur Bedrohung der Demokratie wird.

Bald nach Erscheinen von *Not in My Family* wurde ich eingeladen, am 11. November 2018 in der US-amerikanischen Stadt Pittsburgh, Pennsylvania, einen Vortrag zum Gedenken an die Kristallnacht zu halten. Zwei Wochen vor dem Termin kam es zu einem furchtbaren Massenmord in der Tree of Life-Synagoge, nur wenige Kilometer von dem Ort entfernt, an dem ich sprechen sollte. Ich habe in öffentlichen Vorträgen erläutert, weshalb die Kenntnis der im Holocaust verübten Verbrechen so wichtig ist, und zu erklären versucht, weshalb die Nachkommen der deutschen Tätergeneration, zu denen auch ich zähle, dafür verantwortlich sind, die Erinnerung wachzuhalten. Bis zu diesem Zeitpunkt hatte ich immer geglaubt und gehofft, dass die düstere Geschichte Deutschlands endgültig der Vergangenheit angehöre. Ich habe mich stets zu der Verpflichtung bekannt, die Verbrechen zu erinnern und daraus zu lernen, aber ich habe es immer für unwahrscheinlich gehalten, dass sie sich wiederholen würden. Seit dem Massaker ist es unmöglich geworden, die langen Schatten zu übersehen, die der Nationalsozialismus auf die Gegenwart wirft.

Es liegt nahe, sich angesichts eines solchen gewaltbereiten, rassistisch motivierten Hasses ohnmächtig zu fühlen. Nichts hatte mich je darauf vorbereitet, vor Menschen zu sprechen, die soeben den brutalsten antisemitischen Gewaltakt in der Geschichte der Vereinigten Staaten erlebt hatten. Doch ich habe an jenem Tag gelernt, dass wir nicht schweigen dürfen, denn wenn wir unsere Stimme nicht erheben, machen wir uns des Rassenhasses, den wir zu verachten behaupten, mitschuldig. Dies gilt für jeden, vielleicht aber in besonderem Maße für deutsche Nachkommen. Wir müssen uns zusammenschließen und gegen Unrecht protestieren. Meine Zuhörer waren zweifellos meiner Meinung. Auffällig war die Zusammensetzung des Publikums, in dem mannigfaltige Hintergründe und Ethnien repräsentiert waren – ein Spiegelbild der gesamten Stadt. Sie alle hatten sich versammelt, um ihre Solidarität mit der jüdischen Gemeinde zu bekunden und gegen die rassistische Gewalt zu protestieren, die so viele Menschenleben gekostet hatte. Mit diesem Publikum vor Augen kam ich nicht umhin, mich zu fragen, was geschehen wäre, wenn sich Angehörige der Generation meiner Großeltern in Deutschland der wachsenden Bedrohung durch die Nazis entgegengestellt hätten, bevor Hitler und seine Konsorten die Kontrolle übernahmen. Was, wenn sie sich zusammengeschlossen und die rassistische Diskriminierung ihrer jüdischen Nachbarn verhindert hätten, statt sie durch Wegschauen zu ermöglichen oder sich sogar aktiv an den hasserfüllten Taten zu beteiligen?

In den Kindern und Enkelkindern der deutschen ersten Generation können Gespräche über die Nazivergangenheit und den Holocaust Schuld- und Schamgefühle wecken, die oft mit mehr oder weniger beschwiegenen Familiengeschichten zusammenhängen. Solche Gespräche können auch Abwehrhaltungen oder flagrante Verleugnungen provozieren. Ich habe festgestellt, dass viele Angehörige meiner Generation der deutschen Gedenkkultur restlos überdrüssig sind und von der unheilvollen Geschichte Deutschlands nichts mehr hören wollen. »Es ist so lange her. Was sollen Fragen jetzt noch bringen?« »Ich weiß, was passiert ist. Reicht das nicht?« »Ich bin es leid, mich schuldig fühlen zu müssen.« Uns allen sind solche Aussagen vertraut, ganz gleich, wer wir sind oder wo wir leben. Wir wollen uns nicht mit einer kriminellen Vergangenheit belasten, zu der wir selbst nichts beigetragen haben. Dennoch sind die historischen Narrative, die wir über das Dritte Reich erzählen, von entscheidender Bedeutung, denn sie lehren uns, auf die Katastrophe zu reagieren, und beeinflussen, was künftige Generationen wissen und erinnern werden.

Viele deutsche Nachkommen haben Familiengeschichten, die meiner eigenen gleichen: Geschichten des Mitmachens im Dritten Reich, die nie offen thematisiert und sogar verleugnet wurden. Unsere Kenntnis der Vergangenheit wird geprägt von dem, was wir sehen und hören, von den Geschichten, die man an uns weitergibt, und von den Fragen, die wir stellen wollen oder können. Ein ums andere Mal wundere ich mich über die ungenutzten Gelegenheiten, zu erinnern und zu lernen. Auch wenn Deutschland seine Tätervergangenheit konsequenter als viele andere Nationen aufzuarbeiten versucht, bleiben die Familiengeschichten oft grau und verschwommen und in den Mantel vorsätzlichen Schweigens gehüllt.

Meine Arbeit als Psychoanalytiker hat mich gelehrt, dass wir mit den Stimmen aus der Vergangenheit, die unser Verständnis in der Gegenwart maßgeblich beeinflussen, einen Dialog aufnehmen müssen, um auf die historischen Traumata reagieren zu können. Solche historischen und psychologischen Erkundungen anzustellen ist nicht einfach. Wer potenziell schwierige und schmerzvolle Fragen stellen will, muss Farbe bekennen und lernen, die vordergründigen Formen des Erinnerns, die in Wirklichkeit Formen des Vergessens sind, zu meiden. Die Anerkennung der Nazivergangenheit in der eigenen Familie verleiht der furchtbaren Geschichte des Holocaust eine grauenhafte Realität, die nicht ignoriert werden kann. Sie zwingt uns, über die emotionale Bedeutung dessen, was geschehen ist, nachzudenken, und unterstreicht die Pflicht zu erinnern.

Ich sehe die Bilder der heute durch die Straßen marschierenden rechten Protestler nicht nur als besorgter Bürger, Historiker oder Psychoanalytiker, sondern auch als Enkel von Deutschen, die Mitläufer des Naziregimes waren. Die Geschichte des Nationalsozialismus und des Holocaust ist die Geschichte deutscher Familienmitglieder, die sich an den furchtbaren Vorgängen beteiligt haben oder ihnen zusahen. Diese Geschichte zu kennen und anzuerkennen ist von entscheidender Bedeutung – heute vielleicht mehr denn je.

Wir müssen uns nicht nur fragen, was uns mit der Vergangenheit verbindet, sondern auch, wie wir in der Gegenwart Zeichen setzen können. Rassenhass und rassistisch motivierte Verklärung des Dritten Reichs verweisen auf ein alarmierendes Unvermögen, die Lehren der Geschichte zu beherzigen. Es darf nicht sein, dass eine vorsätzliche Amnesie an die Stelle sachkundigen Verstehens tritt. So wie die historischen Verbrechen das individuelle Leben noch lange, nachdem sie verübt wurden, beherrschen, sind auch der moralischen Verantwortung, sich über die Vergangenheit zu informieren und sich ihrer zu erinnern, weder zeitliche noch räumliche Grenzen gesetzt. Sie verbindet die Nachkommen der Tätergruppen mit den Verbrechen, die ihre Vorfahren begangen und ermöglicht haben.

Indem ich offen und aufrichtig über meine Familiengeschichte spreche, hoffe ich, Licht darauf werfen zu können, wie wir in unserer leidvollen Gegenwart mit der Vergangenheit voller Hass umgehen und aus ihr lernen können. Ich räume ein, dass dieser persönliche Ansatz Risiken birgt und nicht jedermanns Zustimmung finden wird. Die Reaktion auf das Buch war überwältigend positiv und zeigte, dass meine Geschichte auf breite Resonanz trifft, aber es gab auch skeptische Leser. Einer von ihnen hatte den Eindruck, dass ich als ein außerhalb Deutschlands aufgewachsener Autor mit deutschen Vorfahren die Dynamik des deutschen Erinnerns unmöglich verstehen könne. Ein anderer vermutete, ich hätte das Buch überhaupt nur deshalb geschrieben, weil ich jüdische Familienangehörige habe. Andererseits haben Deutsche meiner Generation Kontakt zu mir aufgenommen und mir Familiengeschichten geschildert, die meiner eigenen gleichen – was nahelegt, dass in vielen deutschen Familiengeschichten bis heute vieles unbekannt und ungesagt geblieben ist. Ermutigt und bereichert haben mich zahlreiche

Gespräche mit Nachkommen von Holocaust-Überlebenden und mit den deutsch-jüdischen Überlebenden, die ich kennenlernen durfte.

Insgesamt gesehen zeigen all diese Interaktionen, dass die Vergangenheit nie nur Vergangenheit ist. Traumatische Geschichten leben in der Gegenwart fort. Als deutsche Nachkommen haben wir oft Schwierigkeiten, unserer ererbten Geschichte nachzuforschen. Und tatsächlich ist es nicht einfach, die Vergangenheit zu verstehen und das, was wir in ihr entdecken, aufzuarbeiten und zu bewältigen. So verständlich der Wunsch nach einer unbelasteten Vergangenheit auch sein mag: Letztlich bleibt er unerfüllbar. Eine Geschichte der Gewalt und des Traumas verschwindet nicht einfach. Sie bricht ein ums andere Mal in die Gegenwart durch und bringt sich in Erinnerung.

Wir müssen nur die Augen öffnen, um zu sehen, welche Folgen historisches Unrecht und Rassismus haben – Verbrechen, die vor langer Zeit geschahen, und Verbrechen, die Tag für Tag aus Hass ebenso wie aus Nichtwissen-Wollen verübt werden. Denken wir an die vielen Formen der Verleugnung, an Vergessen und Abstreiten, an Dissoziation und vorsätzliche Nichtbeachtung. Wir beherrschen die Verleugnung als Gesellschaft und als Individuen geradezu meisterlich. Wenn wir uns Versionen der Geschichte aneignen und uns Ereignisse in Erinnerung rufen, lassen wir uns davon leiten, wie wir über uns selbst, unsere Familien und unsere Gemeinschaften denken möchten. Sogar in offeneren, ehrlicheren Diskursen entfaltet die Dissoziation ihre machtvolle Wirkung, wenn wir nicht bereit sind, die Bedeutung dessen, was wir lernen, zu erfassen.

Ich hoffe, mit der offenen und aufrichtigen Beschreibung der Aufarbeitung meiner Familiengeschichte anderen helfen zu können, ähnliche Dynamiken in ihrem eigenen Leben und den Gemeinschaften, denen sie angehören, aufzudecken. Anzuerkennen, dass unsere eigenen Familienangehörigen für die dunkle Vergangenheit verantwortlich waren, zwingt uns als ihre Nachkommen, historisches Unrecht nicht nur als Buchkapitel, die gelesen und dann wieder vergessen werden, zu begreifen, sondern als Teil der Realität, in der und die wir alle leben. Heutige Generationen tragen an dem, was vor langer Zeit passierte, keine Schuld. Sie sind aber verpflichtet, die Erinnerung wachzuhalten und sich mit den Folgen der verbrecherischen Geschichte, die ihnen vererbt wurde, auseinanderzusetzen. Das Erinnern, das ich in diesem Buch beschreibe, ist kein passives, sondern ein aktives Erinnern. Darüber hinaus aber müssen wir uns davor hüten, zu glauben, dass uns mit den Tätern und Ermöglichern nichts verbinden würde. Genauso wie sie sind auch wir in der Lage, Andere zu hassen und zu entmenschlichen, indem wir ihnen unsere Empathie verweigern. Diese Eigenschaften schufen einst die Voraussetzungen für die ungehinderte Durchführung des Genozids. Die Saat des Rassismus kann in jedem von uns Wurzeln schlagen.

* * *

Es ist mir nicht leicht gefallen, über die persönlichen und schmerzlichen Themen dieses Buchs zu schreiben. Zweifel und Befürchtungen haben seine Entstehung begleitet. Auch deshalb war es ein großes Glück, die Unterstützung Anna Ornsteins, einer Psychoanalytikerin und Auschwitz-Überlebenden, zu finden. Ihr Zuspruch hat mir geholfen, das Projekt fertigzustellen, und ich danke ihr für das Vorwort, das sie beigesteuert hat. Seit das Buch 2017 veröffentlicht wurde, haben mir die Reaktionen meiner Leserinnen und Leser ebenso Mut gemacht wie die Verleihung des Canadian Jewish Literary Award, des Western Canada Jewish Book Award und die Finalteilnahme im Wettbewerb um den Vine Award for Canadian Jewish Literature. Niemals hätte ich mit einer solchen Reaktion gerechnet. Allerdings weiß ich nun, dass die Erinnerungen und Erfahrungen, die ich schildere, vielen anderen Menschen vertraut sind, auf denen die Traumata der Vergangenheit lasten. In den letzten drei Jahren wurde ich in nordamerikanische, deutsche, österreichische, israelische, englische, französische und japanische Städte eingeladen, um meine Arbeit vorzustellen. Ich habe auf Buchmessen, in Kirchen, Synagogen, Schulen, Universitäten und Instituten vor ganz unterschiedlichem Publikum gesprochen und dabei viele Menschen kennengelernt, die direkt und indirekt durch die Nazivergangenheit und den Holocaust beeinflusst wurden und mir dankenswerterweise ihre Geschichte erzählt haben.

In den vergangenen Jahren habe ich am Seminar on Cultural Memory der Columbia University teilnehmen dürfen. Ich danke Marianne Hirsch und Andreas Huyssen für ihre Unterstützung und ihr Entgegenkommen. Danken möchte ich auch Freundinnen und Freunden, Kolleginnen und Kollegen – alten wie neuen –, mit denen ich mich in dieser Zeit austauschen und von denen ich lernen konnte: Angelika Bammer, Jens Brockmeier, Alon Confino, Philip Cushman, Matt Ffytche, Karl Figlio, Mark Freeman, Stephen Frosh, Alexandra Garbarini, Amos Goldberg, Aner Govrin, Raphael Gross, Dagmar Herzog, Chris Jaenicke, Hilla Jaenicke, Elliot Jurist, Tom Kohut, Nora Krug, Dominick LaCapra, Maria Medved, Koichi Togashi, Dorothee Wierling und Rabbi Marcia Zimmerman. Ich möchte auch Ruth Gröne herzlich danken, die ich persönlich in der Gedenkstätte Ahlem kennenlernen durfte. Was sie als Kind in Hannover erlebt hat, erzähle ich im 4. Kapitel. Marlis Buchholz, Historikerin an der Gedenkstätte Ahlem, stellte mir freundlicherweise wichtige Informationen zur Geschichte der jüdischen Gemeinde Hannover zur Verfügung.

Ich danke Roland Apsel und den Mitarbeiterinnen des Brandes & Apsel Verlags für die Veröffentlichung dieser deutschen Ausgabe von *Not in My Family*. Ich schätze mich glücklich, mit Elisabeth Vorspohl zusammenarbeiten zu können, einer erfahrenen Übersetzerin, die mir dank ihrer gründlichen Sachkenntnis mit wertvollen Verbesserungs- und Aktualisierungsvorschlägen geholfen hat. Meine Lektorin von Oxford University Press, Abby Gross, hat freundlicherweise die Fotos, die in der englischsprachigen Ausgabe enthalten sind, zur Verfügung gestellt. Nicht zuletzt spreche ich der Simon Fraser University und dem University Publications Fund meinen Dank für die großzügige Übernahme der Übersetzungskosten aus.

Einleitung

Grenzen des Verstehens

Ich erkannte sein Gesicht, doch dieses Bild von ihm hatte ich noch nie gesehen. Das Foto meines Großvaters lag auf einem Tisch inmitten zahlreicher Briefe. Ich war in Deutschland, um Verwandte zu besuchen, und sie nahmen dies zum Anlass, alte Dokumente zu sichten und auszusortieren, was der Aufbewahrung nicht wert war. Beim Anblick des Fotos erfasste mich augenblicklich ein Gefühl des Unbehagens. Mein Großvater trug Uniform. Sein Gesicht rief mir die Freundlichkeit in Erinnerung, die er mir als Kind entgegengebracht hatte, doch seine militärische Haltung wirkte befremdlich. Das Bild verwirrte und verunsicherte mich. War meinem Großvater unbehaglich zumute gewesen? Oder war es die Begegnung mit einem Stück Familiengeschichte, über das nie jemand mit mir gesprochen hatte, die eine solche Beklemmung in mir hervorrief? Ich kannte ein Foto, das meinen Großvater in der Uniform der Deutschen Luftwaffe zeigte, aber ganz anders war. Er wirkte jünger, stolz und, wie ich fand, insgesamt beeindruckender.

Was bedeutet es, in einem Netz der Geschichte gefangen und Teil einer traumatischen Vergangenheit zu sein, über die wir keinerlei Kontrolle haben? Wir werden in die Geschichte und in die Kultur hineingeboren und sind durch unsere Familie mit diesen umfassenderen Erfahrungsdimensionen verbunden. Unsere Angehörigen erzählen uns Geschichten und berichten von Ereignissen, die uns helfen, die Vergangenheit zu verstehen. Diese Narrative werden zu einem integralen Bestandteil dessen, wer wir sind und wie wir die Welt sehen. Wir nutzen sie als Kompass, um uns im Leben zu orientieren, und werden von ihnen geprägt. Wenn wir dann vielleicht in irgendeiner Phase oder an irgendeinem Punkt unseres Lebens über bestimmte Aspekte solcher überlieferten Narrative nachdenken und sie infrage stellen können, sehen wir die Welt, die uns umgibt, mit anderen Augen. Ich sage »vielleicht«, denn ein reflexives Verständnis unserer Situation ist keine Selbstverständlichkeit. Andere Situationen können uns mit anderen Narrativen konfrontieren, die uns die Grenzen unseres Verstehens aufzeigen und unsere übliche Weltsicht fragwürdig erscheinen lassen. Doch zumindest anfangs wird unser Platz uns bereitet, strukturiert durch die Sprache, die wir sprechen, durch die Geschichte, die wir erben, sowie durch die Kultur und die Traditionen, die ausmachen, wer wir sind.

Die Geschichte des Krieges wurde für mich durch eine Lücke real. Es gab nur einen Großvater, der zweite fehlte, er war nicht da. Schon früh erzählte man mir, dass mein Großvater väterlicherseits als deutscher Soldat an der russischen Front gefallen war, wirklich gesprochen aber wurde über den Verlust selten. Ich weiß kaum etwas über ihn. Von seiner Existenz zeugen alte Fotos und ein hölzerner Tennisschläger, den mein Vater von ihm geerbt hat – Überbleibsel eines einst gelebten Lebens. Die Geschichten meiner beiden Großväter gehören zur schmerzvollen frühen Biographie meiner Eltern, die im Dritten Reich geboren wurden und den Zweiten Weltkrieg als Kinder erlebten. Meine Geschichte ist ebenso wie die Geschichte meiner Familie mit der Realität des Krieges und mit der Realität des von Deutschen verübten Holocaust verwoben.

Als Sohn deutscher Nachkriegsimmigranten wuchs ich in Kanada in zwei Kulturen auf. Ich sprach Deutsch, bevor ich Englisch lernte. Meine Zugehörigkeit zu Deutschland und seiner traumatischen Vergangenheit war mir ebenso deutlich bewusst wie die Tatsache, dass mich von Deutschland und dieser Vergangenheit etwas trennte. Das Fehlen eines Großvaters verlieh meiner Beziehung zu dem, der überlebt hatte, eine noch größere Bedeutung, und die geographische Distanz erzeugte eine Sehnsucht nach Verbundenheit, die während meiner gesamten Kindheit nur durch gelegentliche, dann aber ausgedehnte Besuche, durch Telefonate und Briefe gestillt wurde.

Einige meiner glücklichsten Kindheitserinnerungen betreffen die langen Ferienaufenthalte bei den Großeltern in Hannover. Mein Großvater war Kunsthandwerker und stellte wunderschöne Gegenstände aus Schmiedeeisen, Messing und Kupfer her. Ich schaute ihm bei der Arbeit zu und bewunderte das Geschick, mit dem er Metallstücke in Kunstwerke verwandelte, ähnlich wie ein Bildhauer, der den Marmor bearbeitet, oder wie ein Töpfer, der den Ton modelliert. Seine Fähigkeiten fanden Anerkennung, und so war er in den schwierigen Jahren nach dem Krieg in der Lage, seine Familie zu ernähren. Als ich größer wurde, brachte mein Großvater mir die Anfangsgründe seiner Kunst bei und ließ mich unter seiner Aufsicht werken. Er starb ganz plötzlich, als ich erst 15 Jahre alt war. Ich trauerte, denn ich hätte so gern noch mehr von ihm gelernt. Bei späteren Besuchen begab ich mich in seine Werkstatt, um mein Können zu erproben. Mit den Händen zu arbeiten weckt in mir bis heute liebevolle Erinnerungen an die gemeinsam verbrachte Zeit.

Diese Erinnerungen hängen mit einem Gefühl der Zugehörigkeit zusammen, dem Gefühl, einen Platz in der Familie und in der Kultur zu haben. Dieser Platz ist zu einem integralen Bestandteil meines Selbstverständnisses geworden. Gleichwohl habe ich die Unterschiede zwischen den Kulturen, in denen ich lebte, von früh an sensibel wahrgenommen. Als Kind hat es mich zum Beispiel tief beeindruckt, dass mein Großvater Tag für Tag aufs Fahrrad stieg und zum Markt fuhr, um Lebensmittel einzukaufen. Er füllte seinen Korb und seine Taschen, hängte sie an den Lenker, wo sie gefährlich hin und her baumelten, und radelte dann vorsichtig heim. Wenn ich bei meinen Großeltern zu Besuch war, begleitete ich ihn auf seinem abenteuerlichen Ausflug und transportierte dann ebenfalls eine, wiewohl bescheidene, Fracht.

Aus Nordamerika waren mir die imposanten Limousinen aus den 1970er Jahren, die auf breiten Straßen dahinrauschten, vertraut, und deshalb machte mich der Anblick meines radelnden Großvaters auch neugierig. Ich hatte das Gefühl, dass sein Leben weniger beschwerlich wäre, könnte er seine Einkäufe in ein Auto laden; er könnte größere Mengen transportieren und müsste sich seltener auf den Weg machen. Ich weiß noch, dass ich meine Mutter mit Fragen bombardierte. Warum fuhr mein Großvater nicht Auto? Warum hatte er kein Auto? Sie erinnerte sich, dass er ein Motorrad besaß, als sie selbst noch klein war. Er und sein Bruder waren in einer Art »Motorclub« aktiv gewesen. Eine reizvolle Vorstellung: Mein Großvater, in schwarzer Lederkluft, auf seinem Motorrad. Dieses Bild, das in meinen Augen etwas Verwegenes hatte, blieb mir in den Jahren, in denen ich aufwuchs und ihn regelmäßig besuchte, präsent.

Ein früheres, 1928 aufgenommenes Foto von meinem Großvater zeigt einen schmucken jungen Mann vor Berliner Kulisse – mein Großvater im Frühling sei-

Foto 1: Mein Großvater in Berlin-Mitte, 1928.

nes Lebens, ein Bonvivant mit Hut und Spazierstock. Das Foto ist Teil einer ganzen Serie, und alle Aufnahmen entstanden an wiedererkennbaren Berliner Örtlichkeiten. Mein Großvater nimmt jedes Mal eine andere Pose ein, schwingt verspielt seinen Spazierstock, umgibt sich mit einer Gruppe von Freunden oder präsentiert sich vor einem eleganten Automobil. Einige dieser Fotos hat er als Postkarten drucken lassen und seiner Mutter in Hannover geschickt. Die Rückseite einer Aufnahme enthält einen persönlichen Gruß, selbstbewusst unterzeichnet mit: »Dein attraktiver und wohlerzogener Sohn«. Nichts an den Fotos lässt ahnen, welches Leben mein Großvater damals geführt hat. Eiferte er seinen wohlhabenderen Cousins, Professoren und Opernsängern, nach? Familienverhältnisse können überaus verzwickt sein, und in meinem Fall bleibt tatsächlich vieles unbekannt. Wer war mein Großvater wirklich (siehe Foto 1 und 2)?

Foto 2: Mein Großvater vor einem eleganten Automobil, 1920er Jahre.

Mein Großvater, Jahrgang 1906, wuchs in Hannover auf und zog Mitte der 1920er Jahre nach Berlin, wo er bis in die frühen 30er Jahre hinein lebte und arbeitete. Es war die Blütezeit Berlins, des Zentrums europäischer Kultur, Bildung und Kunst. Die Stadt, berühmt für Kabarett und Theater, eher berüchtigt für linke Politik und Dekadenz, vibrierte vor Lebendigkeit. Die Nazis waren noch nicht an der Regierung, Joseph Goebbels und seine Braunhemden hatten ihre Rassenpolitik noch nicht in Kraft gesetzt. Aber es gab bereits unheilvolle Vorzeichen des Bösen: Immer häufiger kam es zu Straßenschlachten zwischen den Kommunisten und den Nazis, und der Antisemitismus zeigte sich offener und aggressiver.

Schon als Kind erkannte ich, dass die Berliner Jahre für meinen Großvater ein Höhepunkt seines Lebens waren. Er liebte es, Geschichten über die Stadt zu erzählen, er liebte den Berliner Humor und war ein hervorragender Witzeerzähler. Sobald er nach Hannover zurückgekehrt war, heiratete er meine Großmutter, baute ein Haus und gründete eine Familie. In Berlin ist er nie wieder gewesen, nicht einmal zu Besuch.

Wenn ich über die Geschichte, die mein Erbe ist, nachdenke, fällt mir der enorme Kontrast auf zwischen der Lebensfreude, die mein Großvater im Berlin der 1920er Jahre ausstrahlte, und seinem steifen Habitus auf dem Bild, das ihn, uniformiert, Ende der 1930er Jahre zeigt. Spiegeln die beiden Fotos vielleicht die radikal unterschiedlichen politischen Kontexte wider, in denen sie aufgenommen wurden? Durch meine verstörende Entdeckung erhält diese Frage eine unmittelbar persönliche Bedeutung. Nach dem Ersten Weltkrieg und der Abdankung des deutschen Kaisers erstrahlten die Demokratie und Liberalität Weimars zunächst in hellem Glanz. Doch trotz der Verheißung eines neuen, eines anderen Zeitalters blieb die innere Brüchigkeit der Republik, die lediglich von 1919 bis 1933 Bestand hatte, nicht lange verborgen. Als Hitler und das Naziregime im März 1933 die gesamte Macht in Händen hielten, wurden die Weimarer Ideale durch den Nationalsozialismus mit seiner hasserfüllten, militanten Weltsicht zerschlagen.

Wie erkläre ich mir die unterschiedlichen Leben, die mein Großvater gelebt, und die Entscheidungen, die er offensichtlich getroffen hat? Im Laufe der Zeit gerieten die Bilder und Geschichten meiner Kindheit mehr und mehr in Widerspruch zu den historischen Geschehnissen und dem, was ich über den Krieg und den Holocaust, die grauenhaften Verbrechen, die Deutsche unter dem Nationalsozialismus verübten, erfuhr. Als ich älter wurde, begann ich zu fragen, was meine Familienangehörigen, vor allem mein Großvater, in jenen Jahren getan hatten. Man berichtete mir, dass er zunächst als Zivilangestellter in der Produktion von Flugzeugteilen beschäftigt gewesen sei, bevor er Anfang 1944 zum aktiven Dienst einberufen wurde. Als Angehöriger der Luftwaffe arbeitete er in der Rüstungsindustrie und war an der Herstellung der V-Raketen beteiligt. Nicht lange vor Kriegsende bot sich ihm die Chance, seine Familie zu besuchen, und statt in die Waffenproduktion zurückzukehren, tauchte er unter. Kurze Zeit später wurde seine Einheit bombardiert und vernichtet.

Dies also war die Geschichte meines Großvaters, eines Mannes, der nach der Mode ging, gern in der Stadt unterwegs war und sich mit Freunden traf. Er war fürsorglich, freundlich und künstlerisch begabt. Seinen Humor konnten ihm auch die kriegsbedingte Zerstörung und Not nicht austreiben. Obwohl ich schon früh wusste, dass mein Großvater auf der Seite der Täter gestanden und für ein tyrannisches Regime gekämpft hatte, fand ich es immer erleichternd zu wissen, dass seine Geschichte und damit auch meine eigene keine Tätergeschichte war. Mein Großvater war, trotz allem, kein Nazi. Oder doch?

Das Schweigen, das die Beteiligung an der Nazivergangenheit der Familie umgibt, hinterlässt Spuren, Phantome, die von einer Generation an die nächste übergehen. Die paramilitärische Erscheinung meines Großvaters auf dem Foto, das inmitten zahlreicher anderer Bilder auf dem Tisch lag, verursachte mir Unbehagen. Noch bevor ich nachforschte, kannte ich die Antwort schon zur Hälfte. Vielleicht kannte ich sie sogar schon seit einiger Zeit, auch wenn ich sie nicht hatte in Worte fassen, sie mir nicht wirklich hatte klarmachen können. Mein Großvater hatte beim Nationalsozialistischen Kraftfahrkorps mitgemacht, dem NSKK, einer paramilitärischen Organisation, die für den Einsatz und die Wartung von Automobilen und Motorrädern zuständig war. Das NSKK, gegründet 1931, existierte bis zum Ende des Krieges, und seine vorwiegend aus der Mittelschicht stammende Mitgliederschaft wuchs von 70.000 im Jahr 1933 auf knapp eine halbe Million im Jahr 1940. Während und nach der Zeit des Nationalsozialismus galt das NSKK als eine weitgehend unpolitische Organisation, ähnlich wie die Kraftfahrzeugvereinigungen anderer Länder. Im Westdeutschland der Nachkriegszeit ermöglichte diese öffentliche Wahrnehmung es NSKK-Mitgliedern, ihre Nazivergangenheit offiziell auszulöschen und in die höchsten Gesellschaftsschichten aufzusteigen.[1]

Die neue historische Forschung belegt, dass diese tradierte Sicht des NSKK ein bequemer Mythos ist, in die Welt gesetzt und aufrechterhalten durch eine Nachkriegskultur, der es darum zu tun war, sogenannte gewöhnliche Deutsche, geliebte, normale Familienmitglieder, von Nazitätern zu unterscheiden. In Wirklichkeit handelte es sich beim NSKK um einen integralen Bestandteil des Naziregimes, eine Organisation, die auf einer rassistischen Politik des Ausschlusses und der Diskriminierung beruhte. Ihre Mitglieder beteiligten sich während des Pogroms am 9./10. November 1938, der sogenannten Reichskristallnacht, an Verbrechen gegen deutsche Juden. Nach Kriegsbeginn unterstützten einige NSKK-Einheiten die Vernichtungsfeldzüge des Nazistaates. 1935, im Geburtsjahr meiner Mutter und meines Vaters, erklärte ein NSKK-Gruppenführer öffentlich, dass »der NSKK-Mann ein 100%iger Nazi und ein 100%iger Antisemit sei« (Hochstetter 2005, S. 415).[2] Das also war der Motorclub meines Großvaters. Der Mann,

1 Unter ihnen waren viele künftige Politiker und führende Persönlichkeiten aus dem Geschäftsleben, der Justiz und den Wissenschaften. Dass zahlreiche prominente Westdeutsche dem NSKK angehörten, wird gelegentlich als Beweis für den apolitischen Charakter dieser Organisation angeführt. Die historische Forschung bestätigt dies nicht, sondern zeigt signifikante Überschneidungen zwischen dem nationalsozialistischen Regime und dem nach dem Krieg gegründeten westdeutschen Staat auf. Ich erläuterte das NSKK ausführlicher im 5. Kapitel.

2 Hochstetter (2005) wörtlich: »NSKK-Gruppenführer Josef Seydel legte im Dezember 1935 Wert auf die Feststellung, dass der NSKK-Mann ein 100%iger Nationalsozialist und ein 100%iger Antisemit sei« (S. 415). Josef Seydel war ein mächtiger SA-Führer. Die »Sturmabteilung« war eine paramilitärische Organisation, die für Adolf Hitlers Aufstieg zur Macht eine maßgebliche Rolle spielte. Ihre Mitglieder wurden aufgrund der Farbe ihrer Uniform auch als »Braunhemden« bezeichnet.

den ich liebte und an den ich so gern zurückdenke, war ein Nazi und unterstützte das Regime, das den Holocaust plante und durchführte.

Geschichte und Zugehörigkeit

Gehören wir der Geschichte, oder gehört die Geschichte uns (Gadamer)? Welches Erbe vermachen uns Kultur und Familie, und welchen Beitrag leisten wir selbst zum Verlauf unseres Lebens?[3] Nicht anders als die Geschichte so vieler deutscher Familien verlangt auch meine Familiengeschichte danach, untersucht zu werden. Ich bin verpflichtet, mich an die Vergangenheit zu erinnern und die Rolle zu verstehen, die mein Großvater, noch bevor es mich gab, in dem düsteren Geschehen gespielt hat. Diese Verpflichtung entstammt einer traumatischen Vergangenheit, die ich selbst nie unmittelbar kennengelernt habe. Mir wurde eine deutsche Familiengeschichte hinterlassen, die mich zwingt, mich mit dem Wesen des Erinnerns und mit dem Erbe des Nationalsozialismus auseinanderzusetzen. Und doch zögere ich bei dem Gedanken, die Erinnerungslücke, die sich aufgetan hat, mit Worten füllen zu müssen. Die Angst, die ich empfinde, deutet in die Richtung unvorstellbarer Verbrechen. Trotz der Jahre, die vergangen sind, entzieht sich der Holocaust jedem rationalen Begreifen und zeigt die Grenzen unseres Verstehens auf.

In einer Nation ehemaliger Täter bleiben Familiengeschichten häufig ungekannt und sind vielleicht nicht einmal kennbar. Was wird erinnert, und was wurde vergessen? Wenn ich zurückblicke, bin ich mit den ungesagten Kontexten meines Lebens konfrontiert. Wie soll ich meine persönlichen Erinnerungen angesichts dessen verstehen, was ich über meinen Großvater in Erfahrung gebracht habe? Mein Versuch, diese Fragen zu beantworten, beginnt mit einem Prozess der Selbstreflexion. Inwiefern habe ich zum Erhalt und zur Weitergabe des vertrauten Familiennarrativs beigetragen? Freilich muss ich meine Fühler in sämtliche Richtungen ausstrecken – Erinnerungen sind nicht lediglich das Produkt einer individuellen Psyche. Unsere Erinnerungen werden in der Gegenwart anderer Menschen erzeugt, durch das, was gesehen und nicht gesehen, gesagt und nicht

3 Meine Sicht der Geschichte und der Zugehörigkeit verdankt sich in hohem Maß dem Philosophen Hans-Georg Gadamer (1990 [1960]). Er schrieb: »In Wahrheit gehört die Geschichte nicht uns, sondern wir gehören ihr. Lange bevor wir uns in der Rückbesinnung selber verstehen, verstehen wir uns auf selbstverständliche Weise in Familie, Gesellschaft und Staat, in denen wir leben. Der Fokus der Subjektivität ist ein Zerrspiegel. Die Selbstbesinnung des Individuums ist nur ein Flackern im geschlossenen Stromkreis des geschichtlichen Lebens« (S. 281). Sich mit Blick auf das deutsche Erinnern und die Nazivergangenheit auf Gadamers Philosophie zu berufen bedeutet, auch den Fragen Rechnung tragen zu müssen, die sein eigenes Schweigen offen gelassen hat. Vor dem Hintergrund des hohen Gewichts, das Gadamer der Anerkennung des Eingebettetseins des Historikers und der »Wirkungsgeschichte« beilegte, darf man zu Recht fragen, ob Gadamer sich seiner eigenen Historizität hinreichend besonnen hat (vgl. von Westernhagen 1990)

gesagt, gewusst und nicht gewusst wird. Uns prägen kollektive Geschichten, unsere Beziehungen zu anderen Menschen und das, was vor uns war.[4]

Wir nehmen die Geschichte zumeist als eine Serie entfernter Vorkommnisse wahr, als Teil der fortdauernden Natur unseres Lebens. In anderen Momenten rückt die Geschichte in den Vordergrund unseres Gewahrseins und ermöglicht es uns, ihren prägenden Einfluss zu erkennen. Besonders sichtbar ist ihre Präsenz im Leben traumatisierter Menschen. Historische Traumata wie der Holocaust prägen all denen, die ihnen ausgesetzt sind, ein unauslöschliches Mal auf. Die emotionale Resonanz dieser Traumata erreicht über die Opfer und die Überlebenden hinaus auch deren Nachkommen. Eva Hoffman spürt in ihrem Buch *After Such Knowledge: Memory, History, and the Legacy of the Holocaust* dem ungeheuren Einfluss nach, den die traumatische Geschichte auf künftige Generationen ausübt. Als Tochter von Holocaust-Überlebenden erkundet sie, in welchem Umfang das Leben der »zweiten Generation« durch das historische Trauma, das ihr vorgängig ist, bestimmt wird:

> »Ein Bewusstsein des Krieges in seinen extremsten und grausamsten Manifestationen schien mit den ersten Regungen des Bewusstseins an sich aufzutauchen. Und doch hatte ich Extremität oder kollektive Gewalt nie direkt erlebt. [...] Die Paradoxien des indirekten Wissens verfolgen viele von uns Nachgeborenen. Die formativen Ereignisse des 20. Jahrhunderts haben unsere Biographien und unsere Psychen geprägt. Mitunter drohten sie unser eigenes Leben zu überschatten und zu überwältigen. Aber wir haben sie nicht gesehen, nicht durchlitten, waren ihrer Einwirkung nicht unmittelbar ausgesetzt. Unsere Beziehung zu ihnen wurde durch unser ›Nachkommen‹ definiert und durch die mächtigen, wenngleich vermittelten Formen des Wissens, das sich daraus ergab. Vielleicht ist es einfach dies, was uns als ›die zweite Generation‹ definiert.« (Hoffman 2004, S. 26–26)

Hoffman illustriert, weshalb unser Selbstgewahrsein von der Geschichte nicht sinnhaft getrennt werden kann. Die Angehörigen der zweiten Generation tragen das Trauma des

4 Wenn wir die Erforschung des einzelnen Menschen von der Geschichte und Kultur trennen, vertreten wir meiner Ansicht nach ein verkürztes Verständnis dessen, was Menschsein bedeutet. Dieser Blickwinkel gründet in der soziokulturellen Wende der Psychologie, der zufolge unsere psychische Erfahrung von Grund auf durch Geschichte, Gesellschaft und Kultur konstituiert wird. Die soziokulturelle Wende hat wichtige Implikationen für unser Verständnis des Erinnerungsprozesses, mit anderen Worten: Erinnerungen sammeln sich nicht auf lineare Weise als simples Speichermaterial an. Vielmehr werden sie in unseren Beziehungen zu anderen Menschen verfertigt und bewahrt und von unseren emotionalen Bedürfnissen und Wünschen maßgeblich beeinflusst (vgl. Brockmeier 2015; Freeman 2010). Zu den wichtigsten Arbeiten der soziokulturellen und narrativen Psychologie, deren Ausrichtung mein eigenes Buch folgt, zählen Brockmeier (2002a, 2002b), Bruner (1990), Cushman (1995), Freeman (1993, 2013), Kirschner und Martin (2010), Martin, Sugarman und Slaney (2015) sowie Richardson, Fowers und Guignon (1999). Meine Verwendung des Begriffs »kollektive Geschichten« stützt sich auf Erna Paris' historische Studie *Vergangenheit verstehen. Wahrheit, Lügen und Erinnerung* (Paris 2000 [2000]), in der die Autorin beschreibt, wie Täternationen durch die Konstruktion kollektiver Erinnerungen prägen, was ihre Bürger wissen bzw. nicht wissen. Paris' Analyse der deutschen Geschichte und des deutschen Erinnerns ist von bestechender Überzeugungskraft.

Holocaust, obwohl sie es selbst nicht direkt erlitten haben. Wie Hoffman schreibt, war sie nicht imstande, die Geschichte des Holocaust von sich fernzuhalten:

> »Diese im wörtlichen Sinn Nachkommenden empfinden das Erbe des Holocaust in seiner intimsten Form; und eben hier werden die brisanten Fragen des übertragenen Traumas und der aufgeschobenen Trauer am schmerzlichsten empfunden. In einem gewissen Sinn ist das flüchtige, zutiefst subjektive Erleben der Erben der Shoah auch ein unmittelbares Beispiel für ein allgemeineres Phänomen: die Vererbung historischer Erfahrung von einer Generation an die nächste.« (Hoffman 2010, S. 406)

Traumatische historische Vergangenheiten werden von Generation zu Generation weitergegeben; ihre Bedeutungen werden in Familiennarrativen und Schweigecodes implizit kommuniziert oder direkter durch das emotionale Erleben der eigenen Eltern oder Großeltern, die uns signalisieren, worüber gesprochen werden darf und worüber nicht.

Trotz ihrer radikal unterschiedlichen Geschichten deuten die Nachwirkungen des Holocaust darauf, dass sich deutsches und jüdisches Leben auf paradoxe Weise miteinander verflochten haben. Der deutsch-jüdische Historiker Dan Diner (1986) hat die Beziehung zwischen Deutschen und Juden im Gefolge des Holocaust als eine »negative Symbiose« bezeichnet. Mit diesem Begriff bezeichnet Diner die tragische und systematische Umkehrung der »deutsch-jüdischen Symbiose«, die das Zeitalter der Aufklärung voller Optimismus vorausgesehen hatte. So schreibt Diner (1986):

> »Seit Auschwitz – welch traurige List – kann tatsächlich von einer ›deutsch-jüdischen Symbiose‹ gesprochen werden – freilich einer negativen: für beide, für Deutsche wie für Juden, ist das Ergebnis der Massenvernichtung zum Ausgangspunkt ihres Selbstverständnisses geworden; eine Art gegensätzlicher Gemeinsamkeit – ob sie es wollen oder nicht. Denn Deutsche wie Juden sind durch dieses Ereignis neu aufeinander bezogen worden. Solch negative Symbiose, von den Nazis konstituiert, wird auf Generationen hinaus das Verhältnis beider zu sich selbst, vor allem aber zueinander, prägen.« (S. 9)

Heute müssen nichtjüdische Deutsche und jüdische Bürger vieler Nationen in ihrem Leben die traumatischen Folgen einer Vergangenheit, die sie selbst nicht gemacht haben, bewältigen: Die deutschen Nachkriegsgenerationen sind mit Familiengeschichten konfrontiert, die von Täterschaft handeln, von der Unterstützung der Verbrechen des Nationalsozialismus; sie sind auch konfrontiert mit den Folgen des Kriegstraumas. Auf den Nachkommen der Holocaust-Überlebenden lasten ein Vermächtnis ungeheurer Verluste und Erinnerungen an Grausamkeit und Leid unvorstellbaren Ausmaßes aus einer Zeit vor ihrer eigenen Geburt.

Weil ein Dialog zwischen den eigentlichen Tätern und den Opfern des Holocaust undenkbar war, tauchten Möglichkeiten eines gemeinsamen Verstehens der Vergangenheit erst mit der zweiten Generation auf.[5] Hoffman (2004) gelingt es, unter dem Blick-

5 In den vergangenen Jahrzehnten wurden in unterschiedlichen Kontexten und dank verschiedenartigster Organisationen Möglichkeiten zu einem gemeinsamen Verstehen geschaffen. Eine

winkel einer Angehörigen der zweiten Generation von Holocaust-Überlebenden über die Erfahrung von Deutschen der zweiten Generation nachzudenken. Gleichermaßen mutig wie einfühlsam erklärt sie:

> »Nach und nach begriff ich, dass die nach dem Krieg geborenen Deutschen tatsächlich mein historischer Kontrapunkt sind. Von unseren antithetischen Positionen aus mussten wir mit genau derselben Vergangenheit kämpfen. [...] Für die Kinder der Opfer besteht der Konflikt zwischen dem Imperativ des Mitleidens und dem Bedürfnis nach Freiheit [...]. Wie soll man [aber] je mit dem Wissen fertig werden, dass die eigenen Eltern, die eigenen Verwandten, jene Menschen, für die man eine natürliche, eine notwendige Zuneigung empfindet, in Wirklichkeit moralische Verachtung verdienen? Dass die Verwandte, die stolz auf einen war, oder ein Nachbar, der einen so freundlich behandelt hat, oder sogar die eigene Mutter, der eigene Vater grauenhafte Taten begangen hat? Oder dass die ganze vorangegangene Generation, die einem als erstes Vorbild des Erwachsenseins diente, sich der Komplizenschaft mit solchen Taten schuldig gemacht hat?« (S. 118f.)

Die Parallelen zwischen der deutschen zweiten Generation nach der Shoah und der zweiten Generation der Holocaust-Überlebenden sind, so Hoffman, naturgemäß begrenzt und nicht verallgemeinerbar. Ihre psychischen Erfahrungen mögen einander auf den ersten Blick ähneln. Beide Gruppen ringen mit Familiengeheimnissen, mit dem Schweigen über die Vergangenheit und mit Dissoziationen und entwickeln angstvolle Gedanken und Phantasien über das, was geschehen sein könnte. Dennoch betrachten die beiden Gruppen das Erbe des Dritten Reichs und des Holocaust zwangsläufig unter radikal anderen, historisch determinierten Blickwinkeln. Ganz grundsätzlich gesprochen, bleiben Überlebende stumm, um quälende Traumata unter Kontrolle zu halten und ihre Kinder nicht mit schmerzlichen Erinnerungen zu belasten; die Täter hingegen schweigen, um die Vergangenheit zu verleugnen oder um Anklagen aus dem Weg zu gehen und die Liebe ihrer Kinder oder Enkelkinder nicht zu verlieren. Während die Kinder von Holocaust-Überlebenden häufig Angst empfinden, erleben die Kinder deutscher Täter unter Umständen stellvertretend für ihre Eltern Schuldgefühle.[6] Solche Unterschiede schließen jeden Versuch aus, das Nachkriegserleben von Deutschen und Juden als gleichwertig zu betrachten.

Der Holocaust wurde ermöglicht, weil gewöhnliche Deutsche die nationalsozialistische Politik unterstützten. Verbrechen gegen die Menschlichkeit wurden nicht nur von

---

dieser Organisationen ist die aus deutschen und israelischen Psychoanalytikern und Psychotherapeuten bestehende Group Relations Conference. Insgesamt fanden zwischen 1994 und 2000 vier Konferenzen statt, auf denen Fragen, die sich den Nachkommen von Holocaust-Opfern und von Tätern gleichermaßen stellten, untersucht wurden. Vgl. Erlich, Erlich-Ginor und Beland (2009).

6 Ich danke Tom Kohut, der mich auf diesen Unterschied zwischen der emotionalen Reaktion der Kinder von Überlebenden und der Täterkinder hinwies. Vergleichende Untersuchungen über die beiden Gruppen wurden in den 1990er Jahren von Dan Bar-On und von Gabriele Rosenthal durchgeführt (vgl. Bar-On 2004 [1989], 1999; Rosenthal 1999). Mehr dazu im 4. und 6. Kapitel.

fanatischen Hitler-Anhängern begangen, sondern auch von gewöhnlichen deutschen Soldaten bereitwillig ausgeführt. Es gab keinen nennenswerten deutschen Widerstand gegen das Naziregime – am Ende wurde es von außen besiegt. Auch den furchtbaren Feuerstürmen, die nach den alliierten Bombenangriffen Städte wie Hamburg und Dresden in Schutt und Asche legten und über die so vieles geschrieben wurde, gingen Aggressionsakte der Nazis unmittelbar voraus. Diskussionen über die traumatischen Erlebnisse von Deutschen während und nach dem Zweiten Weltkrieg müssen deshalb die Verantwortung für den Holocaust und den Krieg voraussetzen. Alles andere wird der moralischen Verantwortung nicht gerecht.

Mein eigenes Verständnis der Vergangenheit folgt dem Blickwinkel eines »Deutschen der dritten Generation« nach dem Holocaust. So gern ich diese historisch definierte Position auch verließe – es ist nicht möglich. Weil meine Eltern während des Krieges Kinder waren und meine Großeltern am Krieg teilnahmen, werde ich durch meine Vergangenheit und durch das, was es bedeutet, der dritten Generation anzugehören, definiert. Der Generationenbegriff an sich hat für die Erforschung der deutschen und der jüdischen Erfahrung nach dem Holocaust zentrale Bedeutung erlangt.[7] Erinnerungen werden innerhalb einer bestimmten Generation und über mehrere Generationen hinweg durch einen Prozess, den man als »intergenerationelle Transmission« bezeichnet, verfertigt und bewahrt. Jede Generation reagiert auf die Vergangenheit auf je eigene Weise, abhängig von den aktuellen Umständen.

Zur »ersten Generation« zählen Deutsche, die die Nazizeit als Erwachsene erlebten. Sie waren die Täter, Zuschauer und Zeugen des Holocaust. Das Wort »Täter« bezeichnet die Personengruppe, die die niederträchtigen Verbrechen des Dritten Reichs organisierte und verübte; »Mitläufer« waren jene, die dabeistanden und zusahen. Die Begriffe »Täter« und »Mitläufer« nebeneinander zu benutzen könnte den falschen Eindruck wecken, dass sich zwischen den beiden Gruppen säuberlich unterscheiden ließe. In Wirklichkeit existieren sie auf einem Kontinuum, und heute wird weithin anerkannt, dass die Täter ihre Verbrechen ohne die aktive Unterstützung durch die Mitläufer nicht hätten begehen können.[8] Als »zweite Generation« werden die Kinder der Deutschen der ersten Generation bezeichnet. Sie kamen in den Jahren unmittelbar vor Kriegsausbruch, während des Krieges oder kurz nach Kriegsende zur Welt. Der Begriff »Kriegs-

7 Eine »Generation« ist durch die Zugehörigkeit zu einer spezifischen Altersgruppe und durch gemeinsame historische Erfahrung definiert. Der deutsche Soziologe Karl Mannheim führte den Betriff der »Generationen« 1923 als Konzept und Untersuchungsgegenstand der sozialwissenschaftlichen Forschung ein.

8 Ins Englische wird »Täter« mit »perpetrator« übersetzt, »Mitläufer« mit »bystander«, wobei das englische Wort »bystander« die Bedeutung des deutschen Begriffs nicht angemessen wiedergibt. Die Gruppe der Mitläufer war nicht passiv, sondern spielte eine aktive Rolle, indem sie die Politik des Naziregimes unterstützte oder »wegsah«. Aus diesem Grund ziehen englischsprachige Forscher heute oft den Begriff »enabler« – wörtlich: Ermöglicher – vor. Meiner Ansicht nach hat sich hier eine wichtige Veränderung im Denken über die Rolle gewöhnlicher Deutscher während der Nazizeit vollzogen. Da die englischsprachigen Forscher mehrheitlich aber weiterhin mit den Begriffen »perpetrator« und »bystander« arbeiten, verwende ich sie in meiner Studie ebenfalls. Das Thema kommt in den folgenden Kapiteln wiederholt zur Sprache.

kinder« steht in engstem Zusammenhang mit dem verstärkten Diskurs über die von dieser Generation erlittenen Kriegstraumata. Das Konzept aufeinanderfolgender, durch die Geschichte an eine traumatische Vergangenheit gebundener Generationen findet sich in ähnlicher Weise in der Diskussion über Holocaust-Überlebende und ihre Nachkommen.[9] Die Kinder der europäischen Juden, die den Holocaust überlebten, werden als »zweite Generation« der Holocaust-Überlebenden bezeichnet, deren Kinder wiederum als »dritte Generation«.[10]

Meine Zugehörigkeit zur deutschen dritten Generation setzt meiner Fähigkeit, die jüdische Holocaust-Erfahrung zu beschreiben, zweifellos Grenzen. Dennoch ist mir das historische Nebeneinander der deutschen und der jüdischen Erfahrung nicht nur sehr vertraut, sondern hat während meines gesamten Erwachsenenlebens sogar eine grundlegende Rolle gespielt. Mein Familienhintergrund ist deutsch, und die meisten meiner Angehörigen leben nach wie vor in Deutschland, aber ich bin mit einer Jüdin verheiratet. Meine Frau und ich haben uns in England während unseres Studiums kennengelernt; damals lebten meine Eltern in Deutschland. Als unsere Beziehung sich vertiefte, versuchten meine Frau und ich, mit unseren unterschiedlichen kulturellen Hintergründen und der Bedeutung, die die Geschichte für uns als Paar besaß, ins Reine zu kommen. Unsere häufigen Reisen von England nach Deutschland brachten es mit sich, dass wir unmittelbar mit der historischen Realität des von Deutschland verübten Holocaust konfrontiert wurden. Der Prozess, in dem wir diese traumatische Geschichte gemeinsam aufarbeiteten, machte mir deutlich, wie leicht sich die schmerzliche Vergangenheit in der Gegenwart bemerkbar machen kann: Wir sind eingebettet in Dimensionen der Geschichte und des Traumas, die unser Leben auf vielerlei Weise prägen, ohne dass es uns immer bewusst ist.

Ich habe stets versucht, meine Position an der Schnittstelle von Geschichte und Kultur verantwortungsvoll wahrzunehmen. Deutscher Abstammung zu sein hieß für mich, mir der Vergangenheit meiner Familie bewusst zu sein, auch des Ausmaßes, in dem meine Angehörigen möglicherweise am Nationalsozialismus teilhatten. Die Anwesenheit meiner Frau in meinem Leben hat meine Wahrnehmung der deutschen Geschichte und des Lebens im heutigen Deutschland zweifellos geprägt. Unmittelbar zu erleben, was es bedeuten kann, jüdisch zu sein, hat mich für die historische, politische und psychische Dynamik in der deutschen und der jüdischen Erfahrung aktiv sensibilisiert.

9 Auf Holocaust-Überlebende bezogen, ist der Begriff der Generation eine sehr allgemeine Bezeichnung für eine außerordentlich heterogene Personengruppe und aus diesem Grund von begrenztem Nutzen. Wissenschaftler haben insbesondere auf die sehr unterschiedlichen Altersgruppen hingewiesen, die sich in der »ersten Generation« der Holocaust-Überlebenden finden, zu der eben auch Kinder und Säuglinge, »Kinderüberlebende des Holocaust«, zählen. Manche Forscher ziehen es vor, in Bezug auf diese jüngere Gruppe von einer »1.5-Generation« zu sprechen, deren Erfahrungen je nach Entwicklungsphase ganz unterschiedlich waren (vgl. Rubin Suleiman 2002). Im Gegensatz dazu waren die deutschen Täter und Mitläufer, also die Angehörigen der deutschen »ersten Generation«, allesamt Erwachsene einschließlich älterer Jugendlicher.

10 Im Englischen werden sie als »second generation [of] Holocaust survivors« bzw. »third generation [of] Holocaust survivors« bezeichnet.

Doch trotz dieser vermeintlichen Sensibilität oder vielleicht gerade deshalb wusste ich plötzlich nicht mehr, wo mir der Kopf stand. Die Erkenntnis, dass mein Großvater ein Nazi war, verrückte meinen Standort im Netz der Geschichte und veränderte mein Verständnis der Vergangenheit.

Moralische Verpflichtung zu erinnern

Saul Friedländer, der berühmte Historiker des Holocaust, der den Völkermord als Kind überlebte, hat einmal die Ansicht vertreten, dass das deutsche Ringen mit der Nazivergangenheit sehr wohl auf einer Unfähigkeit zu erinnern beruhen könnte.[11] Was wird erinnert – und was wurde vergessen? Auf der Ebene des kollektiven, öffentlichen Gedächtnisses hat Deutschland fraglos vieles getan, um die Gräuel des Holocaust anzuerkennen und zu sühnen. Es gibt heute, wenn überhaupt, nur wenige demokratische Staaten, die eine so enge Beziehung zu den schmerzlichen Erinnerungen an ihre Geschichte aufrechterhalten, weil sie ihnen helfen, sich menschlicher zu verhalten. Anders als manche seiner europäischen Nachbarn hat das heutige Deutschlang Flüchtlinge großzügig aufgenommen und eine Haltung gezeigt, die von vielen als gemeinsame Reaktion auf die Tätervergangenheit des Landes verstanden wird. Auf der Ebene des privaten Gedächtnisses aber, des Familiengedächtnisses und der Familienerinnerungen, die das zentrale Thema dieses Buches ausmachen, bleibt die Kenntnis der Nazivergangenheit oft grau und verschwommen.

Im Laufe der Jahre hat sich die Frage der Auseinandersetzung mit einer nationalen Geschichte der Täterschaft zu einem Leitmotiv der deutschen Nachkriegsgesellschaft entwickelt. Im heutigen Deutschland wird der Antisemitismus weithin verurteilt – ein Spiegelbild der demokratischen politischen Landschaft und der kollektiven Kultur des Erinnerns und der Verantwortung für den Holocaust.[12] Das deutsche Bildungswesen gewährleistet, dass alle Schüler im Unterricht vom Holocaust erfahren und die Schule mit einem sachkundigen Verständnis des furchtbaren Unrechts verlassen,

11 Friedländer schreibt (1993): »Die Vernichtung der Juden liegt dem deutschen Ringen mit der Erinnerung zugrunde: in ihr gipfelte das Verbrechertum der Nazis, und sie bleibt sein wesentlicher Ausdruck. […] Dieses Thema ist, selbst wenn es nicht erwähnt wird, von der Oberfläche nie weit entfernt« (S. 17).

12 Auf einer Kundgebung gegen antisemitische Demonstrationen beschrieb Angela Merkel die deutsche öffentliche Haltung Ende 2014 mit folgenden Worten: »Wir machen unmissverständlich klar: Diskriminierung und Ausgrenzung dürfen bei uns keinen Platz haben. Wer diskriminiert und ausgrenzt, hat mich und uns alle, hat die große Mehrheit der Menschen in Deutschland gegen sich.« Für Merkel und für viele Deutsche war die Reintegration jüdischen Lebens in die deutsche Gesellschaft unerlässlich dafür, dass die Wunden der Vergangenheit heilen können: »Dass heute wieder weit mehr als 100000 Juden in Deutschland leben, das grenzt an ein Wunder. Das ist ein Geschenk, und das erfüllt mich mit großer Dankbarkeit. […] Mit dieser Kundgebung machen wir unmissverständlich klar: Jüdisches Leben gehört zu uns, es ist Teil unserer Identität und Kultur.« https://www.bundeskanzlerin.de/bkin-de/mediathek/extra-steh-auf-nie-wieder-judenhass--429912 (aufgerufen am 10.4.2020).

dessen eine frühere Generation sich schuldig gemacht hat. Von Israel abgesehen, wissen Schüler und Studenten über den Holocaust im heutigen Deutschland mehr als in jedem anderen Land. Man hofft, dass diese Informationen es den heutigen und künftigen deutschen Generationen ermöglichen werden, eine Lehre aus der Geschichte zu ziehen und die Rechte anderer Völker anzuerkennen und zu schützen. Die Bedeutsamkeit dieses Bildungsziels steht außer Frage und gilt auch auf der Ebene der nationalen Politik.

Wenn ich mich mit dem deutschen Erinnern und dem Holocaust auseinandersetze, geht es mir indes nicht um das deutsche Bildungssystem oder um die Politik des Erinnerns, auch wenn diesbezüglich einiges zu sagen wäre. Ich möchte vielmehr den Unterschied zwischen dem, was ich als »gelernte Geschichte«, und dem, was ich als »gelebte Geschichte« bezeichne, untersuchen. Unter der »gelernten Geschichte« verstehe ich unser Faktenwissen über die Vergangenheit, unter »gelebter Geschichte« hingegen das, was durch Familienerzählungen, Familienerinnerungen, durch Bilder und durch Empfindungen an uns weitergegeben wird. Ich halte diese Unterscheidung für hilfreich, weil sie auf die Frage verweist, »wie« wir historische Traumata erinnern.[13] Wenn wir in der Nazivergangenheit und im Holocaust nicht mehr sehen als ein Kapitel aus dem Geschichtsbuch, das pflichtbewusst gelesen und memoriert werden muss, oder als eine Gedenkstätte, die zu besuchen und zu würdigen man sich verpflichtet fühlt, lassen wir außer acht, in welch hohem Maß historische Traumata in das Leben jedes Einzelnen eindringen. Traumatische Vergangenheiten und die Verpflichtung des Erinnerns können nicht in Buchkapiteln abgelegt werden. Die Vergangenheit, die wir ererbt haben, ist gegenwärtig – außerhalb der Museumsmauern und Gedenkstätten.

13 Meiner Unterscheidung zwischen gelernter und gelebter Geschichte liegen zahlreiche unterschiedliche Quellen zugrunde. Leser, die mit der sozialpsychologischen Forschung von Welzer, Moller und Tschuggnall (2002) vertraut sind, werden Parallelen zu deren Studie über das deutsche Familiengedächtnis und Erinnerungen an den Nationalsozialismus erkennen. Ich diskutiere ihre Schlussfolgerungen im 6. Kapitel. In der Geschichte der europäischen Philosophie des 20. Jahrhunderts, insbesondere der Existenzialphänomenologie und der Hermeneutik, ist die Unterscheidung zwischen gelerntem Wissen (dem sogenannten reflexiven oder kognitiven Gewahrsein) und unserer gefühlten Situationswahrnehmung (dem sogenannten präreflexiven Gewahrsein) geläufig. Beide werden in sozialen Kontexten generiert und hängen wechselseitig miteinander zusammen. (Ich habe diese philosophischen Unterscheidungen in früheren Büchern erörtert; vgl. Burston & Frie 2006; Frie 1997.) Die Unterscheidung, die ich in diesem Buch treffe, leitet sich auch aus der Praxis der Psychotherapie her. Zum Beispiel suchen Patienten oft um eine Psychotherapie nach, weil es ihnen emotional nicht gut geht oder weil sie Schwierigkeiten im Leben haben, die sie allein nicht bewältigen können. Zwischen dem kognitiven Verständnis des eigenen Leidens und dem Erleben und Fühlen dieses Leidens besteht ein bedeutsamer Unterschied. In demselben Sinn kann jemand durchaus in der Lage sein, die Schwierigkeit, die ihm zu schaffen macht, zu benennen und womöglich sogar zu charakterisieren und ihre Entstehung zu beschreiben. Doch dieses Wissen reicht längst nicht immer aus, um etwas zu verändern. Heilung setzt voraus, dass Patienten die Natur ihrer gelebten Erfahrung begreifen. Ich denke hier insbesondere an unsere Einbettung in interpersonale Muster, die sich mitunter nur schwierig erkennen und verändern lassen, weil sie präreflexiver oder unbewusster Natur sind.

Ich bin der Ansicht, dass wir gelebte Geschichte im Unterschied zur gelernten Geschichte eher »fühlen« als »wissen«. Gelebte Geschichte ist das direkte Erleben eines Ereignisses durch ererbte Erinnerungen und durch die Erfahrung früherer Generationen. Lange nach dem Ende des Zweiten Weltkriegs leiden Nachkommen von Holocaust-Überlebenden an Traumata, denen sie selbst nicht unmittelbar ausgesetzt waren – ein Prozess, der als »transgenerationelle Weitergabe des Traumas« bezeichnet wird. Nachkommen von deutschen Tätern und Mitläufern sind häufig mit Familiengeschichten aufgewachsen, die quasi einen Bogen um die Nazivergangenheit schlagen. In beiden Fällen stellen Familiennarrative eine emotionale Verbindung zu einer gelebten, vermittelten und kodierten Geschichte her. Jede Vorstellung einer Vergangenheit, die abgeschlossen ist, leugnet die Natur der ererbten Erinnerungen und der gelebten Geschichte des Traumas.[14]

Der Moment, in dem mich das Abbild meines Großvaters auf dem Foto überraschte, illustriert den Prozess des Erinnerns und Vergessens, der sich in vielen deutschen Familien abspielt. Die öffentliche Anerkennung von Schuld und Verantwortung für die Nazivergangenheit konkurriert mit dem privaten Familiengedächtnis, welches das Verhalten einzelner Familienmitglieder ganz selektiv erklärt. Sobald ich diese Spannung innerhalb meiner eigenen Familie begriffen hatte, wurde mir klar, dass ich das Schweigen über meinen Großvater ansprechen musste. Es tröstete mich nicht, dass mein Großvater offenbar nur »ein kleiner Nazi« war. Das Kindheitsbild, das ich von ihm als einem gewöhnlichen Soldaten hatte, den man gezwungen hatte, ein tyrannisches Regime zu unterstützen, war zerschlagen worden. Ich bin der Erbe einer schmutzigen Geschichte, die – ganz gleich, wie direkt oder indirekt – mit der Verübung fürchterlicher Verbrechen zusammenhängt. Der Anblick des Fotos führte mir vor Augen, dass ich auf andere Weise mit der Vergangenheit ringen und mich einem neuen Prozess der Auseinandersetzung mit der Nazivergangenheit in meiner eigenen Familie würde stellen müssen.

Zunächst war mir überhaupt nicht klar, wie ich reagieren sollte. Ich sah mich lediglich einer ganzen Serie von Fragen gegenüber, auf die es keine Antwort zu geben schien. Hatte ich insgeheim an der Verleugnung historischer Fakten mitgewirkt, um mir die Erinnerungen an meinen Großvater nicht trüben zu lassen? Inwieweit hatte ich

14 Marianne Hirsch (2013) prägte in ihrer Untersuchung über Holocaust-Erinnerungen den Begriff »Postmemory«, um die Beziehung zu beschreiben, »die die Generation ›danach‹ zu dem persönlichen, kollektiven und kulturellen Trauma jener, die vorher kamen, hat – die Beziehung zu Erfahrungen, die sie nur durch die Geschichten, Bilder und Verhaltensweisen, mit denen sie aufgewachsen sind, ›erinnern‹ können. Aber diese Erfahrungen wurden ihnen dermaßen einprägsam und so hochemotional vermittelt, dass sie tatsächlich wie echte Erinnerungen wirken« (S. 5). Ähnliche Sichtweisen des kollektiven Gedächtnisses und der Transmission von Erinnerungen wurden von Jan Assmann und Aleida Assman entwickelt. Jan Assmanns (1997) Unterscheidung zwischen dem kommunikativen Gedächtnis (das biographisch und faktisch ist und an die nächste Generation weitergegeben wird) und dem kulturellen Gedächtnis (einem institutionalisierten und archivarischen Gedächtnis) wurde von Aleida Assmann (2010) in vier Teile ausdifferenziert. Die ersten beiden Teile, individuelles und soziales Gedächtnis, hängen mit dem kommunikativen Gedächtnis zusammen; der dritte und vierte Teil, das politische und das kulturelle Gedächtnis, erweitern die frühere Konzipierung des kulturellen Gedächtnisses.

versucht, unbequemen Familiengesprächen über meine Großeltern und die Nazizeit aus dem Weg zu gehen? Und inwieweit könnte die Geschichte meiner Familie für zahllose andere deutsche Familien stehen und die allgemeineren kulturellen Narrative, die für den Fortbestand des Gedächtnisses sorgen, widerspiegeln? Besonders angsterregend aber war womöglich die Frage, wie die Lebensgeschichte meines Großvaters ohne Lücken aussehen würde. Ich fühlte mich verpflichtet, es herauszufinden, aber wollte ich es wirklich wissen?

Als ich über diese Fragen nachdachte, musste ich mir eingestehen, dass ich keineswegs fest entschlossen war, der Vergangenheit nachzuspüren. Schließlich lag alles, was mein Großvater getan haben mochte, lange zurück; es waren völlig andere Zeiten, und der Ort des Geschehens war weit entfernt. Konnten seine politische Zugehörigkeit, seine Unterstützung eines unmoralischen Regimes überhaupt etwas mit mir selbst zu tun haben? Streng chronologisch betrachtet, bin ich einer jener, die »danach kamen«, und als solcher trage ich für das, was vor mir geschah, keine Verantwortung. Doch hinter jedem Versuch, die Bedeutung der Geschichte auf diese Weise auszustreichen oder zu relativieren, steht fraglos nichts anderes als der Wunsch nach einer unbelasteten Vergangenheit, und dieser Wunsch ist unerfüllbar.

Die Art und Weise, wie wir auf unsere Kontexte reagieren, zeigt, dass Geschichte und Kultur uns nicht nur definieren, sondern uns auch moralisch herausfordern. Ich bin überzeugt, dass das Gebot, zu erinnern, eine ethische Verpflichtung ist. Gegenwärtige und künftige deutsche Generationen sind verpflichtet, die Erinnerungen an den Holocaust und seine Opfer wach zu halten. Gleichwohl ist die Frage, wie man auf eine Vergangenheit, die man nicht selbst gemacht hat, reagieren kann, mitunter schwierig zu beantworten. In einem gewissen Sinn ist uns unser Platz in der Geschichte und Kultur bereits zugeteilt, noch bevor wir geboren werden – eine für manche Menschen schwer erträgliche Tatsache. Angehörige der dritten und vierten deutschen Generation bringen immer häufiger den Wunsch zum Ausdruck, in die Zukunft zu blicken, statt auf eine Geschichte der Täterschaft zurückzuschauen, die der Gegenwart immer weiter entrückt. So verständlich diese Einstellung auch sein mag – gegenüber der gelebten Geschichte der Nazivergangenheit kann sie nicht bestehen. Ich möchte an einem persönlichen Beispiel erklären, was ich meine.

Meine Frau und ich haben eine Zeitlang in Berlin gelebt und uns dort häufig mit Freunden und Angehörigen getroffen. Ich erinnere mich an ein Gespräch mit einem Verwandten, das sich irgendwann der Nazivergangenheit und der Frage der deutschen Identität zuwandte, wie es gelegentlich geschieht, wenn sich Deutsche und Nichtdeutsche miteinander austauschen. Als Deutscher schämte er sich der entsetzlichen Verbrechen, die Deutsche unter den Nazis verübt hatten. Was aber die Frage der Verantwortung betraf, so war er hin- und hergerissen. Er wollte sich nicht verpflichtet fühlen, sich zu einer Schuld zu bekennen. Als ich ihn bat, dies näher zu erläutern, erklärte er, er habe sich seine Vergangenheit nicht ausgesucht und nicht teilgenommen an einem Krieg, der lange vor seiner Geburt geführt wurde. Ebenso wenig verstand er, wie es der früheren Generation möglich gewesen war, die Nazis zu unterstützen oder den Völkermord hinzunehmen.

Meine Frau hörte meinem Verwandten aufmerksam und respektvoll zu. Nach einer Gesprächspause erläuterte sie, durchaus zu verstehen, dass es für Deutsche, die nach dem Krieg geboren worden seien, frustrierend sei, eine furchtbare Geschichte geerbt zu haben, zu der sie selbst nicht beigetragen hatten – es sei aber keine Frage der Wahl. Sie habe nicht aus freien Stücken entschieden, als Kind zu erfahren, dass sechs Millionen Juden nur deshalb, weil sie Juden waren, umgebracht wurden. Obwohl sie nicht als Kind von Holocaust-Überlebenden zur Welt gekommen sei, werfe die Realität des Holocaust einen Schatten und erinnere stets an das, was war oder sein könnte – ein Gefühl, das sie mit vielen teile. Wie fühlt es sich an, in dem Wissen aufzuwachsen, dass ganze jüdische Gemeinschaften und Welten, ungeachtet ihrer Nationalität oder Sprache, ganz gleich, ob sie religiös oder säkular waren, orthodox oder assimiliert, in einem staatlich angeordneten, organisierten Genozid systematisch ausgelöscht wurden? Dies ist eine gefühlte Erbschaft, die man weder rational begreifen noch über die man sich einfach hinwegsetzen, die man einfach beiseitefegen kann. Der britische Gesellschaftstheoretiker Zygmunt Baumann schreibt über den traumatischen Charakter dieser Erinnerung:

> »So unfassbar und entsetzlich der Holocaust gewesen ist, konnte man dennoch den Grad seiner Grausamkeit messen, indem man die Leichen zählte und die Asche wog. Doch wie lässt sich der Schaden ermessen, den die *Erinnerung* an die Gaskammern und Krematorien anrichtet? [...] Diese Erinnerung vergiftet die Welt der Lebenden, und der Vorrat an heimtückischem Gift scheint längst nicht erschöpft zu sein. Wir alle sind von dieser Erinnerung mehr oder weniger besessen, die Juden unter uns als Hauptziel des Holocaust – verständlicherweise – mehr als die meisten.« (Baumann 2000, S. 233; das Kapitel, aus dem diese Passage stammt, ist in der deutschen Buchausgabe – Baumann 2012 [1989] – nicht enthalten.)

Der Dialog zwischen meinem Verwandten und meiner Frau zeigt, dass wir uns von unserer Geschichte nicht lossagen oder aus unseren Kontexten herauslösen können. Wir können nicht »entscheiden«, uns außerhalb unserer ererbten Vergangenheit zu positionieren. Vielleicht ist es gerade die Notwendigkeit, sich mit Erinnerungen auseinanderzusetzen, die nicht die eigenen sind, die spätere Generationen von Nachkriegsdeutschen und die Nachkommen von Holocaust-Überlebenden trotz der manifesten Unterschiede miteinander verbindet.[15]

15 Man kann den Austausch zwischen meinem Verwandten und meiner Frau auch mit Blick auf die Spannung zwischen unterschiedlichen Konzipierungen der Selbstheit betrachten, mit denen die Psychologie heute arbeitet. Da wäre zum einen die Auffassung, dass Selbstheit die Geschichte irgendwie aufhebt, und zum anderen die Sichtweise, dass Selbstheit von Grund auf in die Geschichte eingebettet ist. In der akademischen Psychologie herrscht noch immer weitgehend das Bild eines von der Geschichte oder von seinen sozialen und kulturellen Kontexten abgelösten »Selbst« vor. Dieses Selbstkonzept ist herausisoliert aus jedem Bedeutungsrahmen, der Verständnis und moralische Verantwortlichkeit ermöglichen würde. Das Konzept der Selbstheit, das ich in diesem Buch vertrete, ist das eines historisch und kulturell eingebetteten Selbst, das sich gleichwohl ein Bewusstsein der persönlichen Urheberschaft bewahrt (siehe dazu Frie 2008 sowie Martin, Sugarman & Hickinbottom 2019).

Die deutsche Soziologin Gabriele Rosenthal (1999) ist der Klage vieler Nachkriegsdeutscher über das Erbe einer furchtbaren Vergangenheit, in der sie selbst keine Rolle gespielt haben, auf den Grund gegangen. Sie zeigt, dass es falsch wäre, wenn die Deutschen sich lediglich als passive Empfänger der Geschichte sähen. Sie sind insofern auch aktive Urheber, als sie auf die Geschichten, die ihre Eltern und Großeltern ihnen erzählen, reagieren. Ein aktiver Urheber zu sein, sich mit der Geschichte der Familie auseinanderzusetzen und sich für das Erinnern zu entscheiden, ist nicht einfach. Es bedeutet, einen Dialog mit Stimmen aus der Vergangenheit aufzunehmen, die unser Verständnis in der Gegenwart geprägt haben. Sich auf diese Art historischer Untersuchung einzulassen verlangt, dass wir über unsere unmittelbaren Anliegen hinausblicken. Von einer Position des bewussten Gewahrseins unserer eigenen historischen Prägung aus zu sprechen ist etwas ganz anderes, als von einem entfernten Beobachtungsort aus Ereignisse zu kommentieren, die »damals« oder »dort« geschahen. Es setzt voraus, dass wir uns in die Geschichte einer Vergangenheit vertiefen, die sehr schmerzvoll sein kann. Es bedeutet, infrage zu stellen, was wir für selbstverständlich gehalten oder lieb gehabt haben, es weckt Angst und lässt uns mögliche Beeinträchtigungen unserer familiären Beziehungen fürchten.

Indem ich das Thema deutsches Erinnern und Holocaust untersuche, plädiere ich keineswegs dafür, in der Vergangenheit zu verharren. Ich bin aber der Meinung, dass eine historische Reflexion der Art, wie ich sie beschreibe, notwendig ist, um ein bedeutungshaltiges persönliches und politisches Bewusstsein für die Gegenwart entwickeln zu können. Der Ansatz, den ich verfolge, erkennt die gelebte Geschichte des Traumas an und bleibt gleichzeitig zukunftsorientiert.[16] Dass er, wenn es um die massiven Gräueltaten und Traumata des Holocaust geht, schwierig durchzuhalten ist, erkenne ich an. Ausmaß und Art dieser Verbrechen können uns leicht überwältigen und unterschiedliche Reaktionen auslösen. Während manche Menschen sich von der Katastrophe durch einen Dissoziationsprozess zu distanzieren versuchen, neigen andere zu einer Überidentifizierung mit den Traumata oder benutzen sie sogar für politische Zwecke. Der Historiker Dominick LaCapra (1998) empfiehlt in Anbetracht dieser Reaktionen eine Perspektive auf den Holocaust, die meiner eigenen ähnelt: »Vieles kann in Bezug auf den Holocaust und andere historische ›Katastrophen‹ rekonstruiert und erinnert werden, und die Schwierigkeit besteht darin, nicht obsessiv bei dem Trauma als einer unassimiliert gebliebenen Erfahrung zu verweilen […], sondern eine wechselseitig Aufschluss gebende, kritisch hinterfragende Beziehung zwischen Erinnerung und Transformation auszuarbeiten, die die Sensibilität für die Problematik des Traumas wachhält« (S. 183).

16 Dieser Perspektive verdanke ich dem Historiker Charles Maier (1993), der mit Blick auf die fortgesetzte Fokussierung auf das Holocaust-Gedenken schrieb: »Übermäßiges Gedenken ist kein Zeichen historischer Zuversicht, sondern ein Rückzug von einer Politik, die etwas verändern könnte. Es zeugt von einem Verlust der Zukunftsorientierung« (S. 150).

Erinnerung und ihre Weitergabe

In den Jahrzehnten nach dem Zweiten Weltkrieg wurden die Schrecken des Holocaust oft mit einem Schweigen quittiert oder sogar geleugnet. Diese Phase des Vergessens gab es, wenngleich aus unterschiedlichen Gründen, in Nordamerika ebenso wie in Deutschland. Das Ausbleiben eines gesellschaftlichen Diskurses über den Holocaust war der allgemeinen Vermeidung der Vergangenheit zuträglich, ohne die emotionalen Belastungen für die Überlebenden selbst und ihre Familien leichter zu machen. Ebenso wenig entband es die Deutschen oder ihre Familien von der Verpflichtung, ihre Schuld anzuerkennen und die Verantwortung für die Shoah zu übernehmen. Erst Ende der 1970er Jahre wurden Holocaust-Erinnerungen sowohl in Nordamerika als auch in Deutschland zu einem Teil der gemeinsamen Kultur des Erinnerns; in der Folge entstanden Gedenkstätten und Museen, und die Bedeutung der Katastrophe und die Verübung der Verbrechen wurden zum Gegenstand kollektiven Nachdenkens.[17]

Die Art und Weise, wie die Traumata des Holocaust erinnert werden, gibt Aufschluss über die Beschaffenheit des kollektiven Gedächtnisses.[18] Jede Gesellschaft konstruiert kollektive Erinnerungen, die sich auf bestimmte Elemente der Vergangenheit konzentrieren, andere hingegen vernachlässigen oder ignorieren. So verstanden, ist das kollektive Gedächtnis von sozialen und politischen Entwicklungen oder von den Interessen einer jeden nachfolgenden Generation nicht zu trennen. Die Erfordernisse und Bedürfnisse der Gegenwart üben immer Einfluss darauf aus, wie die Vergangenheit – indivi-

17 Die Wiedervereinigung von Ost- und Westdeutschland begann am 9. November 1989 mit dem »Fall« der Berliner Mauer (der 9. November ist auch der Jahrestag des als Kristallnacht bezeichneten Pogroms). Ab 1949 hatte die Teilung von Nachkriegsdeutschland in zwei Staaten mit je eigener Regierung zwei zunehmend divergente Erinnerungsdiskurse im kommunistischen Osten Deutschlands, der Deutschen Demokratischen Republik, und im demokratischen Westdeutschland, der Bundesrepublik Deutschland, entstehen lassen. Jedes Land schrieb eine Geschichte der nationalsozialistischen Ära, die seinen eigenen politischen Zwecken diente. Im Anschluss an die Wiedervereinigung trat der Erinnerungsdiskurs über die Vergehen des kommunistischen Staatsapparats der DDR in Konkurrenz zu der in der Bundesrepublik begründeten Kultur des Holocaust-Gedenkens. Für die Generation von Deutschen, die seit 1989 im wiedervereinigten Deutschland heranwuchs, bestehen diese beiden Erinnerungsdiskurse Seite an Seite. Hilfreiche Diskussion dieser Themen bei Fulbrook (2011) und Kattago (2001).

18 Das Konzept des Gedächtnisses als soziales Phänomen wurde im frühen 20. Jahrhundert von dem französischen Soziologen Maurice Halbwachs entwickelt. Er vertrat die These, dass das, was wir als Individuen in Erinnerung haben, von der Art und Weise, wie die umgebende Kultur ihre Vergangenheit erinnert, geprägt wird. Halbwachs (1985 [1939]) zufolge erwerben Menschen ihre Erinnerungen gewöhnlich in der Gesellschaft. Und ebenfalls in der Gesellschaft werden diese Erinnerungen abgerufen und lokalisiert. In dem Maße, so Halbwachs, in dem unser individuelles Denken sich in all diese Bezugsrahmen einpasst und an diesem Gedächtnis teilhat, ist es des Erinnerns fähig. Halbwachs, der aus einer französischen katholischen Familie stammte und überzeugter Sozialist war, wurde zu einem tragischen Holocaust-Opfer. Weil er dem Vater seiner französisch-jüdischen Frau, der von der Gestapo verhaftet worden war (und später ermordet wurde), helfen wollte, wurde er selbst interniert und schließlich nach Buchenwald deportiert, wo er 1945 starb.

duell und kollektiv – erinnert wird. Die sich wandelnde deutsche Wahrnehmung des NSKK, der Organisation, in der mein Großvater aktiv war, illustriert den gesellschaftlichen Erinnerungsprozess, den ich hier beschreibe.

Zu Anfang hielt man das NSKK für eine unpolitische Organisation. Bestätigt wurde diese Ansicht durch die Tatsache, dass das Internationale Militärtribunal nach dem Krieg in Nürnberg erklärt hatte, das NSKK sei keine kriminelle Organisation gewesen. In den folgenden Jahren nahm man an, dass lediglich die Nazi-Elite und die SS, die Mordtruppen des Regimes, Verbrechen begangen hätten.[19] Erst sehr viel später, in den 1990er Jahren, förderten Studien über Wehrmachtssoldaten die Verbrechen zutage, deren »gewöhnliche Deutsche« fähig gewesen waren. Doch noch immer wurden die NSKK-Mitglieder häufig lediglich als Auto- und Motorradbegeisterte betrachtet. Heute erkennt man, wenngleich nicht immer widerspruchsfrei, eher an, dass gewöhnliche Deutsche – wie mein Großvater – die Nazimaschinerie mit am Laufen gehalten haben. Das Thema bleibt umstritten und führt nach wie vor zu Diskussionen. Tatsächlich hat es Jahrzehnte gedauert, bis die deutsche Gesellschaft in der Lage war, die breiteren Organisationen des Naziregimes zu erforschen und anzuerkennen, in welch hohem Maße diese zur Legitimierung und Durchführung des Holocaust beigetragen haben.[20]

Infolgedessen sah man zunächst wenig Anlass, NSKK-Mitglieder zu überprüfen oder über ihre Aktivitäten im Dritten Reich zu sprechen. Damit zusammenhängend konzentrierte sich der vorherrschende Gedenkdiskurs in der westdeutschen Nachkriegsgesellschaft in erster Linie auf nationale Schuld und Verantwortung, nicht aber auf private Familienerinnerungen oder auf das, woran gewöhnliche Deutsche geglaubt und was sie getan hatten. Mein Familiennarrativ ging somit aus einem Erinnerungsdiskurs der Nachkriegszeit hervor, in dem das Schweigen über die Familienvergangenheit die Regel und es ungewöhnlich war, seine Meinung zu sagen oder Fragen zu stellen.[21] Ich behaupte nicht, dass das Schweigen über meinen Großvater weniger befremdlich sei, wenn man das Erinnern als soziales Phänomen versteht. Diese Sichtweise ändert nichts an der moralischen Verpflichtung, sich der Familiengeschichte zu erinnern und sich Fragen der Schuld und Verantwortlichkeit zu stellen. Doch im Unterschied zu

19 Die nach dem Krieg durchgeführten Entnazifizierungsverfahren konzentrierten sich in erster Linie auf Täter und bekannte Täterorganisationen wie die von Heinrich Himmler geführte SS. Die »Schutzstaffel« bestand aus einer ganzen Reihe von Unterabteilungen und war für zahlreiche grausame Verbrechen des Naziregimes verantwortlich, auch für den Massenmord an den europäischen Juden im Holocaust. Ich greife das Thema im 5. Kapitel abermals auf.

20 Die vermeintliche »Unschuld« des NSKK als »unbedeutende« Organisation innerhalb des Naziregimes lässt die ausdrücklichen, öffentlichen Rechtfertigungen und Entschuldigungen führender westdeutscher Industrieller, Wissenschaftler und Nachkriegspolitiker, allen voran Kurt Georg Kiesinger und Franz Josef Strauß, umso verwunderlicher erscheinen. Ich erörtere das NSKK und seine Rolle im Dritten Reich und Zweiten Weltkrieg im 5. Kapitel.

21 Während der Studentenrevolte von 1968 warfen viele Angehörige der deutschen zweiten Generation ihren Eltern und den Obrigkeiten ihre Komplizenschaft mit dem Dritten Reich vor. Die Studentenrevolte gilt heute als Wendepunkt der deutschen Nachkriegsgesellschaft, in der bis zu diesem Zeitpunkt allgemeines Schweigen über die Nazivergangenheit geherrscht hatte. Mehr dazu im 1. und 5. Kapitel.

einem Verständnis des Erinnerns als individuelle Eigenschaft ermöglicht meine Sichtweise es uns, die sozialen und politischen Kräfte zu betrachten, die für unser Verständnis der Vergangenheit eine Rolle spielen. Sie macht deutlich, dass das, was wir erinnern oder vergessen, untrennbar eingebunden ist in die breiteren Kontexte, in denen wir unser Leben leben.

Noch ein weiterer wichtiger Faktor spielt in den Prozess des Erinnerns hinein, nämlich unsere emotionale Beziehung zu Familienangehörigen und zu der Geschichte, die wir mit ihnen teilen. Viele Nachkriegsdeutsche empfinden die Zugehörigkeit zu einer Nation ehemaliger Täter und die Verwandtschaft mit jemandem, der direkt oder indirekt etwas mit den Verbrechen des Nationalsozialismus zu tun hatte, als gewaltige emotionale Herausforderung. Die Schuld- und Schamgefühle, die der Holocaust weckt, erschweren offene Gespräche über die Beteiligung von Familienangehörigen am Naziregime. Um dem etwas entgegenzusetzen, konstruieren Familien oft Narrative, die bestimmte Elemente der Vergangenheit ausbreiten, andere hingegen verbergen.

Die Narrative, die wir erben, und die Geschichten, die wir erzählen, tragen den Stempel unserer Beziehungen zu anderen Menschen. Für ältere Generationen erfüllt das Narrativ die Funktion, ihrem Leben einen Sinn zu geben. Was sie sagen oder nicht sagen und wie sie ihre Geschichte erzählen, ist ein Spiegel des sozialen Kontextes, in dem das Narrativ verfertigt wird, und der emotionalen Bedürfnisse des Geschichtenerzählers, insbesondere seines Wunsches, selbst in einem möglichst guten Licht dazustehen. Die jüngere Generation wiederum, die diesen Geschichten zuhört, greift sie auf und interpretiert sie auf der Grundlage ihrer eigenen Kontexte und ihrer emotionalen Beziehung zu dem Geschichtenerzähler neu, und zwar wiederum so, dass sie für sie einen Sinn ergeben. Die Geschichten, die mein Großvater und meine Großmutter über die Jahre des Nationalsozialismus und über den Krieg erzählten, waren zweifellos selektiv. Sie handelten vor allem von der Mühsal und dem Leid der Familie. Wenn meine Mutter und ihre Geschwister ihren Eltern zuhörten, merkten sie sich bestimmte Aspekte dessen, was gesagt wurde; ebendiese selektiven Erinnerungen gaben sie später an mich weiter. Meine eigenen Erinnerungen wiederum sind ein Spiegel dessen, was man mir erzählt hat und was mein emotionales Verständnis mir sagte und zeigte, was ich bewusst anerkannte oder herausfilterte und abspaltete.

Die intergenerationelle Transmission der Erinnerung schließt in vielen deutschen Familien unausgesprochene Erlebnisse aus der Nazivergangenheit ein, die der Psychoanalytiker Nicolas Abraham (1991 [1978]) einmal als »die Lücken, die aufgrund von Geheimnissen anderer in uns zurückgeblieben sind« (S. 692), bezeichnet hat. Wir nehmen die Existenz intergenerationeller Geheimnisse unter Umständen lange, bevor wir sie bewusst kennenlernen, wahr. Sie machen sich im Schweigen zwischen den Generationen bemerkbar, das eine unverarbeitete emotionale Dynamik von den Eltern oder Großeltern auf die nachkommenden Generationen überträgt. Die unausgesprochenen Erfahrungen der deutschen ersten Generation wurden an die Kinder und die Enkelkinder weitergegeben, die sie unter Schuld- und Schamgefühlen verbargen und sich der Gemeinschaft des Schweigens anschlossen. Doch natürlich verschwindet die Vergangenheit auch dann nicht, wenn man sie in Schweigen hüllt. Auf uns lasten Geschichten, die ungesagt blieben. So schreibt der Psychoanalyseforscher Stephen Frosh (2015): »Was in der Geschichte unbewältigt bleibt, findet seinen Weg in die Gegenwart als eine traumatische Heimsuchung, die in ihrem Kern zutiefst sozial ist, aber in den entlegensten Nischen des individuellen Lebens ausgelebt wird« (S. 44).

Nachdenken über die Vergangenheit

Mittlerweile wird deutlich geworden sein, dass dieses Buch kein psychologisches Werk im herkömmlichen Sinn ist. Nur allzu oft erfolgen Erklärungen des deutschen Erinnerns und des Holocaust in den beengenden Grenzen einer einzelnen Disziplin, sei es der Geschichtswissenschaften, der sozialpolitischen oder der psychoanalytischen Forschung. Meiner Auffassung nach kann die Psychologie von einem disziplinenübergreifenden Ansatz profitieren, der sich jede dieser Perspektiven in gewissem Umfang zunutze macht und es uns ermöglicht, die gelebte Erfahrung der Vergangenheit tiefer zu ergründen. Indem wir den historischen und kulturellen Faktoren Rechnung tragen, die an der Entstehung von Erinnerungen mitwirken, können wir die Verbindung zwischen unserer psychischen Erfahrung und den Beziehungen, an denen wir teilhaben, erkennen. Die komplexe emotionale Dynamik aber, die sich im Prozess des Erinnerns entfaltet, verweist auch auf die Notwendigkeit eines Ansatzes, welcher der persönlichen Erfahrung besondere Bedeutung beilegt. Die Rede ist von der Autobiographie.

Zugegeben – autobiographisch zu schreiben ist riskant. Autobiographische Werke können anmaßend wirken, und zudem sind ihre Schlussfolgerungen nicht ohne Weiteres nachprüfbar. Ich glaube dennoch, dass die Arbeit mit persönlicher Erfahrung und die Vergegenwärtigung von Erinnerungen – meiner eigenen wie auch der Erinnerungen anderer Menschen aus der Vergangenheit oder in der Gegenwart – einer Art der Reflexion und Unmittelbarkeit zuträglich sind, die sich auf andere Weise nicht herstellen ließe. Ich hoffe, dass meine Verwendung der autobiographischen Reflexion Lesern helfen kann, sich mit ihrer eigenen Geschichte und der Konstruktion von Erinnerungen zu beschäftigen. Die Risiken der isolierten Selbstreflexion sind zweifellos real, doch nicht weniger real ist die Möglichkeit, zu einem umfassenderen und tieferen Verständnis der Gegenwart zu gelangen.[22] Gleichzeitig ist autobiographisches Schreiben ohne lebenslange menschliche Beziehungen, die in die Gedanken einfließen, unvorstellbar. Der Dialog mit Anderen ermöglicht es uns meiner Meinung nach, die Bedeutung unserer Geschichte zu erfassen oder zumindest eine Ahnung von ihr zu gewinnen. Ich denke hier an jene Art empathischer Beziehungen, die das Wesen der therapeutischen Arbeit, die ich in diesem Buch beschreibe, ausmachen. In diesem Sinn verstanden, verbindet meine Vorgehensweise die konsequente Selbstreflexion der Autobiographie mit dem

22 Mark Freeman (2010) hat diese Sichtweise mit beredten Worten in seinem Buch *Hindsight: The Promise and Peril of Looking Backward* dargelegt. In einem weiteren Buch, *The Priority of the Other: Thinking and Living beyond the Self*, erläutert Freeman (2013) die Bedeutsamkeit der relationalen Perspektive.

relationalen Verständnis, zu dem wir durch unsere bedeutungsstiftenden und bedeutungshaltigen Interaktionen mit Anderen gelangen.

Während ich mit den Schwierigkeiten kämpfte, die mir das Narrativ meines Großvaters bereitet, wurde mir klar, dass ich darüber nachdenken musste, wie sich meine eigene Einstellung und Perspektive auf meine Fähigkeit ausgewirkt hat, die Geschichte meiner Familie zu verstehen. Ich begriff, dass ich meine Entwicklung in und zwischen unterschiedlichen Kulturen und Sprachen sowie meinen Beitrag zum Erhalt des Familiennarrativs untersuchen musste. Mein Wissen um die deutsche Geschichte war zunächst ein gefühltes Gewahrsein, das meine Eltern mir vermittelt hatten. Sie wurden beide 1935 in Hannover geboren und haben ihre Kindheit in der Zeit des Nationalsozialismus und im Zweiten Weltkrieg verbracht. In den Nachkriegsjahren haben sie sich den zahlreichen anderen Deutschen angeschlossen, die in Kanada einen Neuanfang machen wollten. Ich kam 1965, 20 Jahre nach Kriegsende, in Nordamerika zur Welt und bin in Kanada zur Schule gegangen. Mithin erwarb ich meinen Blick auf die deutsche Geschichte im kollektiven, kulturellen Gedächtnis eines Landes, das gegen Deutschland Krieg geführt hatte und für viele Holocaust-Überlebende zu einem Ort der Hoffnung geworden war. Als ich 16 war, ergab sich für meine Eltern die Möglichkeit, nach Europa zurückzukehren. Zuerst lebten wir mehrere Jahre in die Schweiz, später, noch vor der Wiedervereinigung 1989, zogen meine Eltern wieder in die Bundesrepublik. Sie verließen Kanada, weil mein Vater bei einem Schweizer Unternehmen arbeitete, und natürlich ermöglichte der Umzug es ihnen auch, näher bei den Verwandten in der Schweiz und in Deutschland zu leben. Erst nachdem sie nach Europa zurückgekehrt waren, lernte ich das deutsche kollektive Gedächtnis unmittelbarer kennen – trotz der ausgedehnten Besuche in meinen Kinderjahren.

Meine Kindheit verbrachte ich also in Kanada, doch als Erwachsener lebte ich in anderen Ländern, vorwiegend in der Schweiz, in England und in den Vereinigten Staaten. Jeder dieser kulturellen Kontexte hat meine Einstellung zur Frage des deutschen Erinnerns geprägt. Von der Schweiz aus ging ich zum Studium nach England, lebte fast zehn Jahre lang in London und Cambridge und wurde Philosoph und Historiker. In Cambridge lernte ich meine Frau kennen. Sie ist Amerikanerin, und dies ist der Grund, weshalb wir schließlich in die Vereinigten Staaten zogen. Wir lebten zuerst in Cambridge, Massachusetts, wo ich an einer Universität lehrte, und gingen dann nach New York City und ließen uns in Manhattan an der Upper West Side nieder. Ich absolvierte eine weitere Ausbildung, diesmal als Psychologe und Psychoanalytiker, und arbeitete etwa 15 Jahre lang sowohl in meiner psychotherapeutischen Praxis als auch an der Universität. Heute leben wir in Vancouver, der Stadt, in der ich einen Großteil meiner Kindheit und Jugend verbrachte und in die meine Eltern einst, vor meiner Geburt, eingewandert waren.

Deutsches Erinnern und Holocaust sind mithin Themen, denen ich mich als jemand annähere, der, ohne gebürtiger Deutscher zu sein, eine deutsche Familiengeschichte der Beteiligung am Dritten Reich ererbt hat. Meine Beziehung zu Deutschland hängt zweifellos mit der Zeit zusammen, die ich dort verbracht habe. Die erste der zahlreichen Reisen nach Hannover zu meinen Großeltern fand Ende der 1960er Jahre statt. Damals war ich zwei Jahre alt. Als ich älter wurde und vor allem, nachdem meine Eltern nach Deutschland zurückgekehrt waren und sich in Aachen niedergelassen hatten, verbrachte ich lange Phasen in Deutschland, um zu arbeiten oder zu studieren.

Deutschland bleibt ein Land, das ich oft besuche. Besonders häufig zieht es mich nach Berlin, eine meiner Lieblingsstädte. Weil ich dort aber nie einen wichtigen Abschnitt meines Lebens verbracht habe, ist mein Blick der eines außenstehenden Beobachters. Deutsch ist meine Muttersprache, aber aufgewachsen bin ich in einer Gemeinde deutschsprachiger Einwanderer in Kanada. Die Mehrzahl meiner Verwandten lebte in der Bundesrepublik, doch für mich war Deutschland nie mein Zuhause, auch wenn ich es mir manchmal, wenn sich die Familie und die Sprache so vertraut anfühlten, wünschte. Das Spannungsverhältnis zwischen dem Gefühl der Zugehörigkeit und der Nichtzugehörigkeit, zwischen meiner deutschen Herkunft und der Tatsache, dass ich dennoch kein Deutscher bin, erschließt mir einen gewissen Reflexionsraum. Freilich kann jede Reflexion zwangsläufig nur durch die Linse meiner gegenwärtigen Erfahrung erfolgen. Meine Beziehung zu meiner Frau und ihrer Familie hat mir geholfen, die emotionalen Kräfte zu würdigen, die in deutschen und in jüdischen Reaktionen auf die traumatische Geschichte des Holocaust ihre Wirkung entfalten, und so ist dieses Buch aus meiner gelebten Erfahrung als Wanderer zwischen diesen kulturellen Welten hervorgegangen.

Zur Anlage des Buches

Das Thema »deutsches Erinnern und Holocaust« ist Gegenstand mannigfaltiger Untersuchungen, die zu einem Großteil unter dem Blickwinkel der dritten Person erfolgten. Die Arbeit der Historiker hilft uns dabei, Art und Ausmaß der entsetzlichen Ereignisse zu verstehen. Ohne ihre Sachkenntnisse hätte ich dieses Buch nicht schreiben können. Dennoch ist es keine historische Untersuchung im üblichen Sinn. Andere Autoren haben über die Erfahrungen von Überlebenden und von Tätern sowie über deren Nachkommen geschrieben und deren Erinnerungen Worte verliehen. Der von mir gewählte Weg wird, so glaube ich, seltener beschritten. Indem ich eine autobiographische Perspektive entwickele, mache ich die besonderen Umstände und Details meiner eigenen Geschichte quasi zu einer Stätte der Erforschung von Erinnerung, Trauma und Verantwortlichkeit. Ich leite jedes Kapitel mit persönlichen Gedanken über meine Familiengeschichte ein, die der anschließenden Diskussion die Richtung weisen.

Mein Familiennarrativ dient zwar als Ausgangspunkt, doch ich befasse mich gleichermaßen intensiv mit den Geschichten anderer Menschen, die sich vor dem Hintergrund der Traumatisierungen durch den Holocaust zugetragen haben. Ich streue in meine ererbten Erinnerungen die Erinnerungen von Deutschen unterschiedlicher Generationen sowie von deutsch-jüdischen und nichtdeutschen jüdischen Holocaust-Überlebenden und ihren Nachkommen ein. In der ersten Hälfte des Buches stütze ich mich auf Erfahrungen, die ich meinem Leben in unterschiedlichen kulturellen Kontexten und meiner therapeutischen Arbeit mit Patienten verdanke, die durch die verbrecherische Geschichte Nazideutschlands traumatisiert wurden. In der zweiten Hälfte des

Buches benutze ich mein Familiennarrativ als Möglichkeit, mich mit dem kontroversen Diskurs über »deutsches Leiden«, dem moralischen Gebot zu erinnern und der Möglichkeit, zu wissen und gleichzeitig nicht zu wissen, auseinanderzusetzen. Die folgenden Kapitel hängen allesamt miteinander zusammen, sind aber eigenständig und untersuchen jeweils einen spezifischen Aspekt der Erfahrung nichtjüdischer Deutscher und jüdischer Menschen vieler Nationalitäten.

Wie antworten wir auf eine Geschichte, die nach uns ruft? Können wir die Vergangenheit jemals wirklich hinter uns lassen? Im 1. Kapitel, »Zuflucht oder Verbannung? Die Suche nach einem neuen Zuhause«, erörtere ich die Beziehung zwischen Erinnerung und Trauma nach dem Holocaust und der Niederlage Nazideutschlands. Meine Diskussion folgt den von Grund auf unterschiedlichen, doch auf paradoxe Weise ineinander verschlungenen Wegen, über die Holocaust-Überlebende und Nachkriegsdeutsche nach Nordamerika gelangten. Die neue Welt erschien vielen als eine Stätte der Zuflucht. Von anderen wiederum wurde sie eher als Ort der Verbannung erlebt, der ihnen die erlittenen fürchterlichen Verluste noch schwerer machte. Ich lese Eva Hoffmans Einwanderungsbericht in ihrem autobiographischen Text *Lost in Translation*, auf Deutsch unter dem Titel *Ankommen in der Fremde* erschienen (Hoffman 1995 [1989]), als Meditation eines ungesagten Traumas und stelle ihn neben das Einwanderungsnarrativ meiner Eltern und neben die Erinnerungen an Entwurzelung und Verlust, von denen mir erzählt wurde. Ein solcher Vergleich mag überraschend, ja willkürlich wirken, doch zwischen der Ankunft Hoffmans und meiner Eltern in der damals relativ kleinen Stadt Vancouver lag gerade einmal ein Jahr, und beide Familien ließen sich in derselben Gegend nieder. Beispiele von Begegnungen, von heimlichen Vermächtnissen und von Zusammenstößen zwischen Holocaust-Überlebenden und deutschen Tätern, Mitläufern und ihren Nachkommen zeigen, wie die beiden Gruppen ihre Vergangenheit jeweils erinnern. Ich beschreibe, wie es sich anfühlte, als Kind deutscher Einwanderer in Kanada aufzuwachsen, und versuche zu zeigen, dass das, was wir erinnern oder vergessen, die spezifischen Erinnerungspraktiken der Gemeinschaften, in denen wir leben, widerspiegelt.

Das Stigma der deutschen Herkunft hat im Laufe der Zeit an Bedeutung verloren. An der Schwierigkeit, mit der düsteren Geschichte Deutschlands identifiziert zu werden und die Nazivergangenheit der eigenen Familie anzuerkennen, ändert dies nichts. Im 2. Kapitel, »Das Vermächtnis meiner Großeltern«, untersuche ich das Ringen um die Anerkennung der impliziten Bedeutungen meiner Familiengeschichte. Am Beispiel meiner autobiographischen Reflexionen möchte ich zeigen, dass sich unser Verständnis der Vergangenheit je nach den Menschen, mit denen wir zusammen sind, und abhängig von der Situation, in der wir uns befinden, unterscheidet. Dies gilt vermutlich vor allem dann, wenn wir uns mit der Realität der Shoah auseinandersetzen und uns zwischen nichtjüdischen und jüdischen deutschen Kontexten hin und her bewegen. Mit Blick auf meine psychotherapeutische Praxis vertrete ich die Ansicht, dass sich aus der Art und Weise, wie meine Patienten mich wahrnehmen – entweder als Kanadier oder als Deutschen –, je verschiedene Möglichkeiten ergeben, über die gelebte Erfahrung von Geschichte und Trauma nachzudenken. Ich untersuche das Konzept ererbter

Schuld- und Schamgefühle mit Blick auf meinen eigenen deutschen Hintergrund und beschreibe, wie sich dieses Vermächtnis auf mein persönliches Leben und auf meine berufliche Identität als Psychotherapeut und Psychoanalytiker ausgewirkt hat.[23] Mein Zögern, der Geschichte meiner Familie auf den Grund zu gehen, gibt mir Anlass, auch die psychoanalytische Profession an sich und ihre Schwierigkeiten kritisch zu prüfen, das Erbe des Holocaust und seinen Einfluss auf das Feld aufzuarbeiten. Welchen Herausforderungen begegnen Psychoanalytiker der zweiten oder dritten deutschen Generation oder Psychoanalytiker, die von Holocaust-Überlebenden abstammen? Sind wir in der Lage, das Vermächtnis von Trauma und Gewalt, das auch lange nach den Ereignissen weiterhin auf uns lastet und unübersehbare Spuren hinterlassen hat, anzuerkennen?

Im 3. Kapitel, »Geprägt durch Geschichte, gefangen in der Sprache«, vertiefe ich meine Untersuchung dessen, was es bedeutet, inmitten unterschiedlicher historischer, kultureller und sprachlicher Welten zu leben. Ich beginne mit einer Reihe persönlicher Gedanken über das deutsche und das jüdische Erleben der Vergangenheit. Ausgehend von Beispielen aus meinem Familienleben untersuche ich die wichtige Frage, wie die historische Kluft zwischen nichtjüdischen Deutschen und jüdischen Bürgern vieler Nationalitäten überbrückt werden kann. Ich erweitere diese Untersuchungslinie, indem ich die Frage anhand meiner therapeutischen Arbeit mit einem Deutsch sprechenden jüdischen Patienten, dem Sohn von Holocaust-Überlebenden, illustriere. Dabei konzentrieren sich meine Überlegungen auf mein eigenes Widerstreben, meine Familiengeschichte in Gegenwart meines Patienten anzuerkennen. Die ererbten Schuld- und Schamgefühle, die mich zu schweigen veranlassen, erweisen sich als Erschwernisse unserer Arbeit. Beide versuchen wir, uns von dem Ansturm ungemein starker Gefühle, die mit der schmerzlichen, furchterregenden Geschichte der Shoah zusammenhängen, nicht überwältigen zu lassen. Dass wir aufhören, miteinander Deutsch zu sprechen, und konsequent beim Englischen bleiben, gibt uns die Möglichkeit, die nötige emotionale Distanz und Sicherheit herzustellen, in der wir über die Vergangenheit sprechen können. Sodann wende ich mich der deutschen Sprache an sich und den Bedeutungen zu, die sie nach dem Holocaust erhalten kann.

An wessen Leiden erinnern sich Deutsche, wenn sie über den Krieg sprechen? Im Laufe der vergangenen Jahrzehnte sind Gespräche über den Krieg und wie ihn die Deutschen in Deutschland erlebten salonfähig geworden. Die Kriegsjahre avancierten zu einem vieldiskutierten kulturellen Thema, das gleichwohl wichtige Fragen aufwirft: Ist es nach dem Holocaust möglich, von »deutschem Leiden« zu sprechen? Ignorieren Deutsche, wenn sie ihr Kriegstrauma schildern, das furchtbare Leid, das ihre Nation Anderen zugefügt hat? Im 4. Kapitel, »Wessen Leiden? Narrative des Traumas«, berichte ich zuerst, wie ich den Angriff auf das World Trade Center am 11. September 2001 in New York erlebte, und rufe mir dann meine ererbten Erinnerungen an die Bombardements Hannovers durch die Alliierten ins Gedächtnis zurück. Ich benutze

23 Die Unterscheidung zwischen Psychotherapie und Psychoanalyse ist häufig verwirrend. Ich versuche in diesem Buch, diesbezüglich für ein wenig Klarheit zu sorgen, und erläutere beide Begriffe im 2. Kapitel.

mein Familiennarrativ des Krieges als Beispiel, um den Diskurs über deutsches Leiden zu untersuchen und zu verstehen. Ich betrachte die Diskussion über die Bombenangriffe auf Deutschland und erörtere die deutsche Fixierung auf das eigene Erleben. Das bestimmende Ereignis in der Geschichte meiner Familie war die Bombardierung und Zerstörung des Hauses meiner Großeltern. Ich spüre den emotionalen Bedeutungen des Bombardements nach und ergründe die historischen Ursprünge dieser traumatischen Erinnerungen. Ich entdecke, dass die von meiner Familie geschilderte Bombardierung zur gleichen Zeit stattfand, in der die deutsch-jüdische Gemeinschaft Hannovers ausgelöscht wurde. Dieses Nebeneinander der Erfahrungen meiner Angehörigen bzw. der jüdischen Bürger Hannovers illustriert die moralische Herausforderung, die dem deutschen Erinnern inhäriert. Es ist kaum zu bezweifeln, dass Deutsche Kriegstraumata erlitten haben – aber wie kann man darüber sprechen? Und wenn wir es tun – können wir dann auch die entsetzlichen Verbrechen anerkennen, die zur gleichen Zeit verübt und von denselben leidenden Deutschen unterstützt wurden?

Vor dem Hintergrund dieser Fragen diskutiere ich die unterschiedlichen Bedeutungen, die der alliierte Bombenkrieg je nach Blickwinkel annehmen kann. Dabei orientiere ich mich an meinen Erfahrungen in den Jahren, in denen ich in England lebte. Ich stelle das Narrativ über die Tätigkeit meines Großvaters in der Flugzeugrüstungsindustrie dem Augenzeugenbericht des überlebenden Konzentrationslagerhäftlings Michel Fliecx gegenüber, eines Franzosen, der als Zwangsarbeiter in der Produktion der V-Waffen eingesetzt worden war. Ich vertrete den Standpunkt, dass die in Deutschland während der vergangenen Jahrzehnte zu verzeichnende Fokussierung auf ein allgemeines »Leiden« eine Umwelt geschaffen hat, in der Erinnerungen an Kriegstraumata inhärent politisiert werden. Dass die Unterscheidung zwischen allgemeinem Leiden und individuellem Trauma nur allzu leicht verloren geht, zeigt die steigende Konjunktur des nationalen Gesprächs über die deutschen Kriegskinder.

Im 5. Kapitel, »Mit der Nazivergangenheit leben«, untersuche ich den intensiven, aber schwer fassbaren Wunsch nach einer Familiengeschichte, die jeder Verbindung zum Naziregime ledig ist. Ich beginne mit einer persönlichen Erinnerung an meinen Großvater, um die Ambiguität des Erinnerns in Nachkriegsdeutschland zu illustrieren. Ausgehend vom Leben meiner Großeltern im hannoverschen Kontext stelle ich die übliche Behauptung, gewöhnliche Deutsche hätten von den Verbrechen, die sich in ihrer Mitte zutrugen, »nichts gewusst«, infrage und entlarve die vermeintliche Unschuld des NSKK als Mythos. Ich untersuche, wie gewöhnliche Deutsche die Gesetze und Verordnungen, die den Holocaust vorbereiteten, unterstützten, gezielt ignorierten oder ihnen keine Beachtung schenkten, und berufe mich dabei auch auf Berichte von Primo Levi und Hannah Arendt. Die Grenzen des Mitgefühls, die in Deutschland so eng gezogen waren, veranlassen mich, den ethischen Charakter unser Verantwortlichkeit für Andere in den Schriften Emmanuel Lévinas' zu untersuchen.

Die von den Alliierten unterstützte Suche nach einer auf demokratischen Idealen beruhenden neuen nationalen Identität führte in Nachkriegsdeutschland zur Entwicklung einer offiziellen Erinnerungskultur. Die westdeutsche Politik der Nachkriegsjahre war bemüht, die deutschen Verbrechen auf der Ebene des öffentlichen Gedenkens zu sühnen; auf der Ebene des privaten Erinnerns schlug man um Schuld und Verantwortung zumeist einen Bogen. Nach dem Generationswechsel Ende der 1960er Jahre wurde die Anerkennung der Schuld am Holocaust und der Verantwortung während der 1990er Jahre zum beherrschenden Diskurs im wiedervereinigten Deutschland. Gleichwohl lassen deutsche Diskussionen über Holocaust-Gedenkstätten und über den Stellenwert des Holocaust im Geschichtsunterricht der Schulen vermuten, dass die Ambiguität, die das Erinnern in den Jahrzehnten nach dem Zweiten Weltkrieg prägte, nie wirklich verschwunden ist. Ich stütze mich auf Interviews mit Deutschen der dritten Generation und erörtere, wie bedeutungshaltiges Erinnern an den Holocaust aussehen könnte. Um über ein in erster Linie auf »gelernter Geschichte« beruhendes Verständnis der Vergangenheit hinauszugehen, betone ich auch die wichtige Rolle alternativer Formen des Gedenkens und die sogenannten Gegenmahnmale. Die Wirkkraft des Erinnerns und der Vermittlung von Informationen besteht meiner Ansicht nach in ihrer Fähigkeit, die »gelebte Geschichte« des Holocaust zu vergegenwärtigen.

Können wir etwas gleichzeitig wissen und nicht wissen? Wie lässt sich diese scheinbare Paradoxie erklären? Im 6. Kapitel untersuche ich die Gleichzeitigkeit von »Wissen und Nichtwissen« und denke über die Beziehung zwischen Erinnern und Vergessen nach. Ich beginne mit einer mir lieben Kindheitserinnerung an meinen Großvater und wende mich im Anschluss daran der psychischen Dynamik des Erinnerns in Nachkriegsdeutschland zu. Ich diskutiere Phänomene wie Schweigen, Dissoziationsprozesse und Schamgefühle, die eine Haltung des »Nichtwissens« unterstützen, und betrachte die Verbindung zwischen Sehen und Nichtsehen, Wissen und Nichtwissen, die für die Weitergabe von Erinnerungen in so vielen deutschen Familien typisch ist. Gestützt auf Primo Levis Kapitel »Briefe von Deutschen«, dem vorletzten Kapitel der deutschen Ausgabe seines Berichtes *Die Untergegangenen und die Geretteten* (Levi 1990 [1986]), untersuche ich die Spannungen, die in deutschen Schilderungen der Nazivergangenheit Ausdruck finden. Ich gebe Levis Überlegungen zu seinem Briefwechsel mit seiner wichtigsten Korrespondentin, Frau Hety S., wieder und denke über meine eigenen Schwierigkeiten nach, die Geschichte meiner Familie in Erfahrung zu bringen.

Wie finden wir Worte für das, was ungesagt blieb? Im 7. Kapitel, »Das Schweigen brechen«, denke ich darüber nach, was es bedeutet, eine Familiengeschichte niederzuschreiben, die nach wie vor mehrdeutig und nicht recht greifbar ist. Ich habe in diesem Buch konsequent versucht, meine Überraschung beim Erkennen meines Großvaters auf jenem Foto zu verstehen. Nun, da ich bereit bin zu »wissen«, stehe ich vor der schwierigen Frage, ob ich mich in ihn einfühlen kann. Kann ich mich selbst in meinem Großvater wiedererkennen? Kann ich versuchen, seine Entscheidungen zu verstehen? Es ist schwierig, aber wichtig, von der Position der Schuldzuweisung zur Empathie zu finden. Ich wechsle den Fokus, indem ich den Blick von meinem Großvater ablöse und mich meiner Großmutter zuwende, die bislang im Hintergrund blieb. Was ich über sie zu erzählen weiß, lässt die Wiedergabe der Vergangenheit noch schwieriger erscheinen. Der Wechsel von einer Haltung des »Nichtwissens« zu einer des »Wissens« erforderte ein anderes Familiennarrativ. Ich beschreibe die Teilnahme meiner Eltern und meiner Kinder an der Entstehung dieses neuen Narrativs und erläutere, was es uns über die Herausbildung und Neuformung des deutschen Erinnerns sagen kann.

Ich habe dieses Buch zu schreiben begonnen, nachdem mir klargeworden war, dass mein Familiennarrativ mit der Geschichte, auf die mich ein Foto gestoßen hatte, nicht übereinstimmte. Vier Jahre später habe ich zwei historische Archive in Berlin aufgesucht, in denen Dokumente des Naziregimes und Unterlagen über die Aktivitäten seiner militärischen und paramilitärischen Organisationen untergebracht sind. In der Coda, »Meinen Großvater finden«, versuche ich, mir Klarheit darüber zu verschaffen, was das Wissen über die Aktivitäten meines Großvaters in der Praxis bedeutet. Wer war mein Großvater in einem »dokumentierten« Sinn des Wortes, und was hat er wirklich getan? Bin ich bereit, die Faktengeschichte zu erfahren? Was sagen mir die Dokumente, Briefe und Fotos, die ich finde? Wie verhält es sich nun mit den Erinnerungen, die ich geerbt habe? Stimmen sie mit der Geschichte der Zeit überein? Und schließlich: Welche Konsequenzen hat die deutsche Verantwortung des Erinnerns?

Ich stelle in diesem Buch noch viele weitere Fragen, auf die ich Antworten gefunden habe. Um die Vergangenheit verstehen zu können, müssen wir neugierig sein. Meine Fragen sind vorwiegend psychologischer Art, aber die historischen Fakten sind, vor allem wenn es um die Durchführung des Holocaust geht, gleichermaßen wichtig. Jede Vorstellung, man könne die Vergangenheit »hinter sich lassen«, ignoriert meiner Ansicht nach die ungemein intensiven Gefühle, die das deutsche Erinnern und das Bekenntnis zur Verantwortung prägen. Der Holocaust fordert nicht nur unser Verständnis dessen, wozu Menschen fähig sind, heraus, sondern lehrt uns auch anzuerkennen, wie stark die Vergangenheit die Gegenwart prägt und wie gelebte Erfahrung von einer Generation an die nächste weitergegeben wird. So wie der Holocaust das Leben der Überlebenden und ihrer Nachkommen weiterhin beeinflusst, müssen meiner Ansicht nach auch heutige Deutsche ihre Familiengeschichten als ihre Geschichten annehmen und anerkennen. Die Traumata der Geschichte verlangen, dass wir sie kennen, und verpflichten uns, ihrer zu gedenken.

1. Kapitel

Zuflucht oder Verbannung? Die Suche nach einem neuen Zuhause

Als Sohn von Einwanderern, die ihre Heimat erst wenige Jahre zuvor verlassen hatten, spürte ich von klein auf, dass es in meiner Familie und ihrer Geschichte Brüche gab. Ich empfand ein Gefühl der Unvollständigkeit, in das sich Traurigkeit mischte und das durch die Fotos, die die weite Reise meiner Eltern dokumentierten, eine reale Grundlage erhielt. Während meiner Kindheit halfen mir diese Bilder, die Sehnsucht meiner Mutter nach ihrer Familie und den Status meines Vaters als Newcomer in dem Land, das er zu einer neuen Heimat machen wollte, zu verstehen. Ich wusste, dass meine Eltern eine Gemeinschaft und eine Kultur zurückgelassen hatten, vielleicht sogar einen Ort, dem sie sich zugehörig fühlten. In Deutschland waren sie aufgewachsen, und dort hatten sie ihre schwierige, vom Krieg gezeichnete Kindheit verbracht. Ich lernte diese Geschichte durch die Erzählungen meiner Eltern und durch die Erinnerungen, die sie schilderten, kennen. Mir war bewusst, dass ihre Emigration möglicherweise etwas mit dem Zweiten Weltkrieg und seinen Folgen zu tun hatte, doch bis ich die entscheidenden Ereignisse durchschaute, vergingen Jahre, und noch länger dauerte es, bis ich ihre furchterregende Bedeutung begriff.

Geschichten über die Einwanderung in die »Neue Welt« handeln häufig von erhofften Möglichkeiten, von Ozeanüberquerungen voller Verheißungen. Ganz anders erscheint eine solche Reise, wenn sie durch ein historisches Trauma erzwungen wird, die Flucht der Rettung des Lebens dient und der Suche nach einem neuen Zuhause die Zerstörung des alten Heims oder der Verlust alles Vertrauten vorausgegangen sind. Nach dem Holocaust und den Verheerungen des Krieges wurden die Einwanderungswege zu Alleen der Hoffnung. Doch viele Menschen trugen Erinnerungen an die in Europa erlittenen Traumata mit sich, und diese Erinnerungen überwanden Zeit und Raum. Sie verbanden die alte Welt mit der neuen und die Vergangenheit mit der Gegenwart.

Das Erbe des Dritten Reiches ist in Nordamerika besonders deutlich zu erkennen. Abgesehen von Israel, haben die Vereinigten Staaten und Kanada nach dem Krieg die höchste Anzahl von Holocaust-Überlebenden aufgenommen. Nach den Gräueln, die sie erlebt hatten, fiel es diesen europäischen Juden oft schwer, sich in eine andere Kultur und in die nordamerikanischen jüdischen Gemeinden zu integrieren. Ohne ihren Erinnerungen an ihre unvorstellbaren Verluste zu entkommen, kämpften sie mit den Herausforderungen des neuen Lebens. Familien waren auseinandergerissen, ganze Gemeinden erbarmungslos ausgelöscht worden. Wer nach Ghetto, Konzentrationslager und Todesmarsch noch am Leben war, hatte unbeschreibliches Leid erfahren und alles verloren. Nach dem Krieg warteten diese Menschen als Flüchtlinge in DP-Lagern, Lagern für »displaced persons«, auf die Chance, vielleicht noch einmal neu anfangen zu können. Ihre Reise führte sie um die halbe Welt, aber den traumatischen Erinnerungen, die sich ihnen eingeprägt hatten, konnten sie nicht entfliehen.

Es war eine grausame Laune der Geschichte, die in den Nachkriegsjahren eine Welle westdeutscher Einwanderer nach Nordamerika schwemmte, Angehörige jener Nation, die für die Schrecken und Traumata, vor denen die europäischen Juden in den USA und in Kanada Zuflucht suchten, verantwortlich war. In der Geopolitik der Nachkriegswelt war die Sowjetunion zu einem Feind, Deutschland zu einem Freund geworden. Einige der deutschen Einwanderer gehörten zur Generation der Täter und Mitläufer, die meisten aber waren, wie meine Eltern, Nachkommen der ersten Generation, hatten also den Krieg als Kinder oder Heranwachsende erlebt. Sie hatten ihr Zuhause verloren oder waren vertrieben worden und suchten ihr Glück nun im Ausland. Manche von ihnen wollten der Geschichte entkommen. Andere wollten nichts als vergessen. Sie alle suchten Schutz vor den materiellen Zerstörungen und den emotionalen Wunden, die der Krieg hinterlassen hatte.

Weil so wenige Holocaust-Überlebende in Deutschland blieben und so viele Deutsche sich zur Auswanderung entschlossen, muss eine Untersuchung von Erinnerung und Trauma über die Grenzen des heutigen Deutschland hinausreichen. Zwischen den beiden Immigrantengruppen hatte eine furchtbare Geschichte eine paradoxe Verbundenheit erzeugt, die Dan Diner (1986) als »negative Symbiose« von nichtjüdischen und jüdischen Deutschen nach dem Holocaust bezeichnet hat. In Kanada war das Nebeneinander von Holocaust-Überlebenden und eingewanderten Nachkriegsdeutschen besonders augenfällig. Vor dem Hintergrund der damals vergleichsweise niedrigen Einwohnerzahlen übten beide Gruppen auf die Entwicklung und Zusammensetzung der kanadischen Kommunen und Städte beträchtlichen Einfluss aus.

Meine Untersuchung beginnt mit einer Betrachtung der Einwanderungsgeschichte Eva Hoffmans und ihrer Familie. Sie kamen 1959 nach Vancouver, in dieselbe Stadt also, in die meine Eltern ein Jahr zuvor eingewandert waren. Trotz der großen Entfernung zu Europa wurde Vancouver in den Nachkriegsjahrzehnten zu einem Mikrokosmos der Dynamik, die sich in der Herausbildung und Wahrung des Erinnerns entfaltete. Ich stelle Hoffmans autobiographischem Bericht das Einwanderungsnarrativ meiner eigenen Familie gegenüber, um zu veranschaulichen, wie sowohl Holocaust-Überlebende als auch Nachkriegsdeutsche Zuflucht vor der Vergangenheit und vor den Erinnerungen, die sie mit sich trugen, suchten. Dass Hoffmans Familie und meine Eltern den Weg nach Vancouver fanden, war in Anbetracht der sozialen Kräfte jener Zeit nicht selbstverständlich. Kanadas strikte antijüdische Einwanderungspolitik und der lange Krieg gegen Deutschland schienen die Aufnahme dieser unterschiedlichen Gruppen europäischer Migranten in einer prononciert angelsächsischen Stadt an den Gestaden des Pazifiks zunächst nicht gerade zu begünstigen. Bevor Eva Hoffmann mit ihrer Familie die Stadt erreichte, stand eines fest: »Wir wissen nur, daß Vancouver sehr weit weg ist« (Hoffman 1995 [1989], S. 109).

In Vancouver angekommen, ließen sich Holocaust-Überlebende und eingewanderte Nachkriegsdeutsche oft in unmittelbarer Nachbarschaft nieder. Immer wieder gaben ihre Interaktionen den emotionalen Charakter des Erinnerns und seine intergenerationelle Weitergabe zu erkennen. Die beiden Gruppen entwickelten Erzählstränge, die inhärent miteinander zusammenhingen, aber radikal voneinander getrennt blieben und ganz im Zeichen des Ringens um Zugehörigkeit standen. Die Fähigkeit, sich an die Vergangenheit und ihre Traumata zu erinnern, stellte sich später ein. Die Jahrzehnte nach dem Zweiten Weltkrieg waren die sogenannte Latenzphase des Erinnerns, während deren der Holocaust oft mit Schweigen übergangen, wenn nicht verleugnet wurde. Dass kein gesellschaftlicher Diskurs über den Holocaust stattfand, führte zu einer generellen Vermeidung der Vergangenheit, machte aber die emotionale Belastung durch erlittene Traumata für die betroffenen Individuen und ihre Familien nicht leichter. Es dauerte sowohl in Nordamerika als auch in Deutschland mehr als drei Jahrzehnte, bis Holocaust-Erinnerungen zu einem Teil der allgemeinen Gedenkkultur wurden, Gedenkstätten und Museen entstanden und man der Bedeutung des Traumas nachzuspüren begann.

Zwischen Hoffnung und Verzweiflung

Viele Länder lehnten es ab, jüdischen Menschen, die aus Nazideutschland und Europa flüchten wollten, Schutz zu bieten. Kanada aber tat noch weniger als die meisten anderen Staaten und ließ zwischen 1933 und 1945 lediglich 5.000 Flüchtlinge ins Land. Manche von ihnen kamen noch vor dem Krieg, andere erhielten in den letzten Kriegsjahren eine vorübergehende Aufenthaltserlaubnis. Die übrigen, etwa 2.000 männliche jüdische Deutsche, Österreicher und Italiener, wurden 1940 von Großbritannien nach Kanada geschickt. Sie waren in England als »freundliche feindliche Ausländer« kategorisiert worden, wurden aber bei ihrer Ankunft in Kanada als »feindliche Ausländer« betrachtet und in Kriegsgefangenenlager gesperrt. Sie erlitten nicht nur die emotionalen Qualen und die Demütigung der Inhaftierung, sondern waren darüber hinaus gezwungen, in den Lagern mit deutschen Kriegsgefangenen zusammenzuleben.[1] Während die Nazis in ganz Europa den Holocaust in Gang setzten, stellte Kanada, der vermeintlich sichere Hafen, jüdische Flüchtlinge mit ihren nationalsozialistischen Verfolgern gleich. Die kanadischen Behörden wurden zwar bald darüber aufgeklärt, dass sie keine feindlichen Ausländer, sondern unschuldige Flüchtlinge aufgenommen hatten, doch bis all die Internierten ein neues Zuhause gefunden hatten, sollte es noch bis 1943 dauern.

Das Ausmaß der beschämenden, diskriminierenden kanadischen Politik gegenüber jüdischen Flüchtlingen aus Europa wurde von den kanadischen Historikern Irving Abella und Harold Troper aufgedeckt. Der Titel ihres Buches, *None Is Too Many* (Abella & Troper 1983), bezieht sich auf die Aussage eines hohen kanadischen Regierungsbeamten, der 1945 auf die Frage, wie viele Flüchtlinge Kanada nach dem Krieg aufnehmen würde, ebendies – »Keiner ist einer zu viel« – zur Antwort gab. Damals sah die Regierung unter Premierminister Mackenzie King in der Aufnahme einer großen Zahl jüdischer Flüchtlinge eine Gefahr für die kanadische Gesellschaft, und viele Kanadier

1 Ausführlich dargelegt wurde diese tragische Geschichte von Draper (2012) in Verbindung mit einer historischen Ausstellung, die das Vancouver Holocaust Education Centre unter dem Titel »›Enemy Aliens‹: The Internment of Jewish Refugees in Canada, 1940–1943« gezeigt hat.

waren der Meinung, dass sie »nicht assimilierbar« seien.[2] Diese Voreingenommenheit hing auch mit antisemitischen Karikaturen europäischer Juden zusammen, die in kleinen, abgelegenen Dörfern ein isoliertes Leben führten.[3] In Wirklichkeit waren die europäischen jüdischen Gemeinden der Zwischenkriegszeit nicht nur mehrheitlich städtisch, sondern zeichneten sich auch durch ein hohes Bildungsniveau aus. Doch selbst als die Welt bei Kriegsende sah, was in den Todeslagern geschehen war, hob Kanada die Einwanderungsbeschränkungen nicht unverzüglich auf.[4] 1947 kündigte King unter dem wachsenden Druck einer Debatte über Kanadas Bereitschaft, Emigranten aufzunehmen, die durch den Krieg heimatlos geworden waren, und aufgrund eines steigenden Arbeitskräftebedarfs der Wirtschaft einen Wandel der kanadischen Politik an. Sobald die kanadische Regierung die Einwanderungsbestimmungen lockerte und Antidiskriminierungsgesetze einführte, konnten Tausende jüdische Flüchtlinge, die in Europa in DP-Lagern festsaßen, ihre Reise antreten.

Zwischen 1947 und 1955 kamen annähernd 35.000 Holocaust-Überlebende und ihre Kinder nach Kanada. Eine weit höhere Anzahl von Anträgen wurde abgelehnt.[5]

---

2 Illustriert wird Kanadas Haltung gegenüber der Notlage europäischer, von den Nazis verfolgter Juden durch die Weigerung im Jahr 1939, die 900 jüdischen Passagiere der St. Louis, eines Passagierschiffes, an Land gehen zu lassen. Stattdessen zwangen die Behörden das Schiff, nach Europa zurückzukehren.

3 Siehe Bialystok (2000). Bialystok untersucht in seiner detallierten historischen Studie *Delayed Impact: The Holocaust and the Canadian Jewish Community* den Einfluss des Holocaust auf die kanadisch-jüdische Gemeinschaft. Er geht insbesondere der Frage nach, weshalb es eine ganze Generation dauerte, bis der Holocaust in vollem Umfang anerkannt und thematisiert wurde. Eine weitere Arbeit über die kanadisch-jüdische Geschichte nach dem Holocaust ist Adara Goldbergs Studie *Holocaust Survivors in Canada: Exclusion, Inclusion, Transformation, 1947–1955* (Goldberg 2015). Meine kurze Erörterung der Nachkriegsgeschichte der jüdischen Gemeinschaft in Vancouver stützt sich auf diese beiden Texte.

4 Wie tief verwurzelt die antisemitische Einstellung in Kanada und der angelsächsische Nativismus tatsächlich waren, zeigt eine Meinungsumfrage aus dem Jahr 1946. Sie ergab, dass die Aussicht auf europäisch-jüdische Immigranten sogar noch negativer eingeschätzt wurde als die Einwanderung von Deutschen, den Feinden, die Kanada soeben noch bekämpft hatte. In jener Umfrage waren Kanadier gefragt worden, welche Einwanderer ihrer Ansicht nach am wenigstens wünschenswert seien. Die Japaner führten die Liste mit 60% der Antworten an, gefolgt von den Juden mit 49% und den Deutschen mit 45% (Paris 1980, S. 58f.). In einer ähnlichen Umfrage, durchgeführt in den USA unmittelbar nach Kriegsende, schnitten die europäischen Juden nur wenig besser ab; sie waren für die Befragten eher akzeptabel als beide ehemalige Feinde (Abella & Troper 1983). Die kanadische Reaktion auf japanische Einwanderer spiegelte damals die Kriegspropaganda wider und war Teil einer langen Geschichte antiasiatischer Vorurteile. Im Gegensatz zu Deutsch-Kanadiern wurde eine große Zahl japanischer Kanadier für die Dauer des Zweiten Weltkriegs interniert. Ähnliches geschah auch in den Vereinigten Staaten.

5 Im Laufe der Zeit wurden die Holocaust-Überlebenden und ihre Nachkommen in Kanada als Gruppe leichter erkennbar als in den USA, weil sie einen höheren Anteil an der jüdischen Gesamtbevölkerung ausmachten. Informationen über die Ankunft europäischer jüdischer Flüchtlinge in Kanada im Allgemeinen und in Vancouver im Besonderen wurden mir freundlicherweise von Adara Goldberg, Education Director des Vancouver Holocaust Education Centre, zur Verfügung gestellt.

Zu den vorrangigen Reisezielen gehörten Montreal und Toronto, die Städte mit den größten und arriviertesten jüdischen Gemeinden Kanadas. Auch die jüdische Gemeinde in Vancouver, die durch mehrere Einwanderungsbewegungen in den Jahrzehnten vor dem Krieg angewachsen war, nahm eine steigende Anzahl von Flüchtlingen auf. 1948 kam die erste Gruppe, zu der auch jüdische Waisenkinder zählten, in Vancouver an. Zunächst waren es rund 500 Einwanderer (die Nachkommen nicht mitgezählt), die offiziell als Holocaust-Überlebende den Weg nach Vancouver fanden; darüber hinaus kamen viele Überlebende, die sich offiziell nicht als solche zu erkennen gaben. Tatsächlich handelte es sich bei den Holocaust-Überlebenden, was die Religiosität, den Bildungsgrad und die Herkunftsländer anlangte, um eine ausgesprochen heterogene Gruppe. Diejenigen, die bald nach dem Krieg eintrafen, hatten zudem andere Erfahrungen gemacht und hegten andere Erwartungen als jene, die länger in Europa ausharrten und erst Ende der 1950er und während der 1960er Jahre kamen.

In ihrer Autobiographie *Ankommen in der Fremde* gewährt Eva Hoffman (1995 [1989]) Einblick in das Narrativ einer Einwanderung nach dem Holocaust. Sie widmet den zentralen Teil ihrer Erinnerungen ihrer Ankunft in Vancouver im Jahr 1959. Hoffman, 1945 in Krakau geboren, hatte ihre Kindheit in Polen verbracht. Die Familien beider Eltern waren im Holocaust ermordet worden. Hoffman wuchs mit den erschütternden Geschichten von den Überlebenskämpfen ihrer Eltern auf, mit einem traumatischen Vermächtnis, das an sie weitergegeben wurde. Ihre Eltern hatten dank hilfsbereiter polnischer und ukrainischer Bauern überlebt, sich zuerst in einem Bunker im Wald versteckt und danach auf dem Heuboden eines Bauern, wo sie fast erfroren und immerzu hungerten. Die Gefahr, entdeckt zu werden, wich nie. Mehrmals wurden sie verraten. Sie überlebten am Ende dank einiger weniger mutiger Menschen.

Als der Krieg endete und die Region, in der Hoffmans Eltern lebten, der Sowjetunion zugeschlagen wurde, flohen sie nach Polen. Hoffman beschreibt ihre Kindheit in Krakau in idealisierenden Worten. Das Leben war nicht einfach, doch die Familie war Teil einer Gemeinschaft von Menschen, die ebenfalls gelitten hatten und sich zusammen inmitten der Erinnerungen an Trauma und Verlust ein neues Leben aufbauten. Schließlich zwang das Erstarken des Antisemitismus in Polen die Familie zur Auswanderung. Sie kannten jemanden in Vancouver, der sie ermutigte, nach Kanada zu kommen – eine Entscheidung, die keineswegs nahelag. Die meisten Holocaust-Überlebenden zogen es vor, nach Israel oder in die Vereinigten Staaten zu gehen. Kanada war lediglich eine dritte Option, auch wenn der Name des Landes manchen Immigranten aufgrund einer tragischen Assoziation vertraut war: In Auschwitz hatten die Häftlinge die Effektenlager, in denen die konfiszierte Habe der Neuankömmlinge sortiert und gelagert wurde, »Kanada« genannt.

Prägend für Hoffmans Identität, ja für ihre ganze Lebensgeschichte, wurden nicht nur die Geschehnisse des Holocaust, sondern auch die Erfahrung der Einwanderung. Sie kam 1959 im Alter von 13 Jahren nach Vancouver, grenzenlos verwirrt und verzweifelt über den Verlust ihres Zuhauses in Krakau, wo sie ihre gesamte Kindheit verbracht hatte, und gezwungen, in einer fremden Stadt und einer fremden Sprache neuanzufangen. Hoffman widmet den zweiten Teil ihrer Erinnerungen, »Exil« überschrieben, ihrer Zeit in Vancouver, der Phase zwischen ihrer – unter der Überschrift »Paradies« – idealisierend geschilderten Krakauer Kindheit und der späteren Auswanderung in die Vereinigten Staaten, die »Neue Welt«, in der sie das Leben einer New Yorker Intellektuellen führt.

Die Geschichte von Hoffmans Ankunft in Kanada beginnt im Hafen von Montreal. Mit dem Zug fuhr die Familie dann nach Vancouver, durch die Landschaften, für die Kanada berühmt ist, aber in den Augen des Mädchens ist alles nur »weit, langweilig und ohne Konturen« (Hoffman 1995 [1989], S. 109). Die majestätischen, zerklüfteten Berge im Westen sind »zu groß, zu abweisend«, sie »tun mir in den Augen weh – sie tun mir in der Seele weh« (S. 110). Für das junge Mädchen ist der Kontrast zwischen der Heimat, die sie zurückgelassen hat, und der neuen, unbekannten Welt unfassbar. Was sie bei ihrer Ankunft in Vancouver erblickt, ist »in der Tat so etwas wie ein Stück Nichts«, alles ist »schiefergrau«, graues »Einerlei« (S. 110f.). Hoffman beschreibt die Seele der Einwanderin, die es in eine ganz und gar fremde Umgebung verschlagen hat und deren Dasein geprägt ist durch Verlust und durch die Sehnsucht nach Vertrautem. Während der Vater optimistisch den Möglichkeiten eines neuen Lebens in dieser fernen Stadt entgegensieht, scheint Hoffman zur Hüterin all dessen zu werden, was verloren und zurückgelassen wurde.

Hoffmans Beschreibung Vancouvers wirkt verstörend; aus ihren Schilderungen der Stadtlandschaft und der ländlichen Umgebung sprechen Niedergeschlagenheit und Verzweiflung. Die Bekanntschaften in der polnisch-jüdischen Gemeinde von Vancouver können ihr das, was sie zurückgelassen hat, nicht ersetzen. Sie charakterisiert die Bewohner der Stadt als »eine andere Spezies«w., ihre Wohnungseinrichtung »seltsam flach, bar jeder Phantasie, einfallslos« (S. 111). Auch mit der Schönheit der Natur kann sie sich nicht identifizieren: »Die vorherrschende Ansicht der Menschen lautet, daß [die Landschaft, die Vancouver umgibt] schön und atemberaubend sei. Doch meine Seele erfreut sich nicht an solchen spektakulären Aussichten, die mich ablehnen, weil ich sie ablehne. [...] Die Berge hier sehen aus wie eine Ansichtskarte, wie etwas, das man lieber betrachtet als betritt, und an den vielen grauen Tagen umschließen sie Vancouver wie eine düstere Mauer« (S. 147).

Das Trauma der Immigration und ihr Gefühl innerer Leere überwältigen sie. Doch Hoffmans Erleben eignet noch eine andere, unausgesprochene und vielleicht sogar unsagbare Dimension. Ihre Schilderung Vancouvers als »ein Stück Nichts« (S. 110), entspricht dem – Kindern von Holocaust-Überlebenden vertrauten – Gefühl, als habe die Erinnerung Löcher.[6] Tatsächlich wird der Holocaust von Hoffman kaum erwähnt,

6 Die Literaturwissenschaftlerin Sarah Phillips Casteel schreibt über die Bedeutung von Hoffmans Autobiographie in Bezug auf den Holocaust: »Die wüstengleichen Eigenschaften, die sie der kanadischen Landschaft beilegt, lassen an ein Phänomen denken, das man im Zusammenhang mit der Holocaust-Literatur als ein ›Erinnerungsloch‹ bezeichnet hat, ein schmerzliches Gewahrsein fehlender Erinnerung. Hoffmans eindringliche Schilderung ihrer Verdrängung von Bildern aus der Vergangenheit und des dadurch hervorgerufenen ›Phantomschmerzes‹, der Spur einer verlorenen, ihr Bewusstsein beschwerenden Erinnerung, steht im Einklang mit Beschreibungen von Holocaust-Erinnerungen und ›Postmemory‹« (Phillips Casteel 2001, S. 292f.).

erst gegen Ende des Erzählbogens taucht er auf. Hier berichtet sie von einem Besuch bei ihren Eltern zu einer Zeit, als sie selbst bereits in den Vereinigten Staaten lebte. Am Küchentisch bringt ihre Mutter eine Familienerinnerung zur Sprache, die Hoffman bislang nicht kannte. Sie erzählt eine Geschichte über die Schwester des Vaters, Hoffmans Tante, und deren kleinen Sohn. Ein Mann, der das Leben seiner eigenen Angehörigen retten wollte, hatte die beiden an die Deutschen verraten. Hoffmans Tante überlebte, ihr Sohn aber wurde von deutschen Soldaten ermordet. Hoffman schreibt:

> »All die ganzen Jahre habe ich meinem Vater das Unrecht angetan, nichts über diese Geschichte zu wissen, und jetzt ertrage ich es kaum, davon zu hören. [...] Es ist unanständig, es sich vorzustellen, und unanständig, es sich nicht vorzustellen. Es ist unanständig, nichts zu meinen Eltern zu sagen, es ist unanständig, überhaupt irgendetwas zu sagen: Mitleid ist zu klein dafür. Wir beenden das Gespräch, wir sprechen über etwas anderes, in normalem Ton. Später, oben, im Schlafzimmer mit der puderrosa Tapete, sehe ich diese Szene schließlich doch vor mir, und als ich daran denke, wie sie auf der Seele meines Vaters lastet, erlaube ich mir, zu weinen.« (S. 276)

Hoffman erkennt an, dass die Wucht dieser Erinnerungen »alles andere überschatten, das Licht der Welt auslöschen« (S. 276) kann. Die Erinnerungen lasten auf ihr, obwohl sie nicht ihre eigenen sind. Sie hat die Traumata ihrer Eltern geerbt, ein »Postmemory«-Zustand, der für ihr Leben als Angehörige der zweiten Generation Holocaust-Überlebender charakteristisch ist.[7] Als ihr Besuch bei den Eltern endet, bleiben diese in Vancouver zurück, sie selbst nimmt ihr von Optimismus geprägtes Leben in der »Neuen Welt« wieder auf. Ihre späteren Werke aber zeigen, dass sie den Holocaust-Erinnerungen ihrer Eltern, die zu ihren eigenen wurden, nicht entkommen ist.[8]

---

7 Siehe Hirsch (2013).

8 Hoffman hat mehrere Bücher verfasst, die gewissermaßen eine Brücke schlagen zwischen der idealisierenden Porträtierung ihrer Krakauer Kindheit in *Ankommen in der Fremde* (Hoffman 1995 [1989]) und ihren Schilderungen des Schicksals ihrer Eltern auf der Flucht vor den Nazis und den Schrecken des Holocaust in *After Such Knowledge* (Hoffman 2004). In *Exit into History* kehrt Hoffman (1993) nach Polen zurück, um zu erforschen, wie das Leben einzelner Menschen durch die Revolutionen in Osteuropa und das Ende des Kalten Kriegs verändert wurde. In ihrem Buch *Im Schtetl – die Welt der polnischen Juden* rekonstruiert Hoffman (2000 [1997]) die historische Interaktion von polnischen Juden und Christen bis zum Holocaust. Sie beschreibt den Reichtum der Kultur und der Institutionen des polnischen Judentums sowie den weit verbreiteten polnischen Antisemitismus und die tiefe Ambivalenz zwischen den beiden Gruppen. *Im Schtetl* kann als eine Meditation über die komplexen Motive gelesen werden, die für die Entscheidungen christlicher Polen, ihre jüdischen Nachbarn zu retten oder zu verraten, ausschlaggebend waren. Es ist auch eine Meditation über den Einfluss, den diese Entscheidungen letztlich auf Hoffmans eigene Lebensgeschichte ausübten.

Anfänge

Meine Geschichte und die meiner Familie unterscheidet sich von Grund auf von Hoffmans Familiengeschichte, denn sie nimmt ihren Anfang mit dem deutschen Aggressionskrieg und dem Holocaust, den die Nazis planten und durchführten. Gleichzeitig sind mir Hoffmans Schilderung eines Lebens zwischen zwei Kulturen und ihre Beschreibung ererbter Erinnerungen an Trauma und Verlust und an die lange Reise von Mitteleuropa nach Vancouver merkwürdig vertraut. Ich möchte in diese Vertrautheit nicht allzu viel hineininterpretieren, denn es könnte womöglich so aussehen, als wollte ich unsere Erfahrungen auf eine Stufe stellen. Nach dem Holocaust ist jeder Ansatz, nichtjüdische deutsche und jüdische Erfahrungen als gleichwertig zu betrachten, abzulehnen, denn er trägt weder der moralischen Verantwortung Deutschlands noch seiner Geschichte der Täterschaft Rechnung. Mir geht es darum zu zeigen, dass die Nachkommen sowohl der Opfer als auch der Täter gezwungen sind, von ihrem jeweiligen historischen Standort aus mit einem Erbe von Trauma und Gewalt fertigzuwerden. In ebendiesem Sinn haben die Verluste und die Entwurzelung, die meine Eltern erlebt haben, die Erinnerungen geprägt, die ich heute mit mir trage.

Was ich erinnere, spiegelt sowohl meine Teilhabe an den deutschen Einwanderergemeinschaften in Kanada wider, in die ich als Kind hineingewachsen bin, als auch die historische Entwicklung der deutschen Familie, der ich angehöre. Ich möchte berichten, was ich durch die Erzählungen, aber auch ganz unmittelbar durch den Umgang mit Familienangehörigen, wenn ich als Kind in Deutschland zu Besuch war, über meine Familiengeschichte erfahren habe. Meine Großeltern sind nicht mehr am Leben. Ich trage ihre Erinnerungen weiter. Ebenso wie meine eigenen haben sich diese Erinnerungen in spezifischen historischen und kulturellen Kontexten herausgebildet. Die folgenden Kapitel untersuchen diese Kontexte; hier setze ich mir zur Aufgabe, die ererbten Erinnerungen und die gelebte Geschichte, die das Einwanderungsnarrativ meiner Eltern und somit auch meiner selbst konstituieren, ins Gedächtnis zurückzurufen.

Mein Vater gelangte nach einer stürmischen Ozeanüberquerung auf einem Schiff voller europäischer Einwanderer nach Kanada, die sich allesamt ein neues Leben voller Verheißungen erhofften. Seine lange Zugreise von Montreal nach Vancouver an der Westküste wurde unterbrochen, weil die Eisenbahn mitten in der Prärie entgleiste und die Fahrt wegen der umgestürzten Waggons erst nach Tagen voller Chaos und Ungewissheit fortgesetzt werden konnte. Am Bahnhof in Vancouver angekommen, wurde er von einem Mitglied der deutschen Gemeinde abgeholt. Damit begann sein Leben als Immigrant. Sechs Monate später lieh er sich einen der damals üblichen amerikanischen Straßenkreuzer und holte meine Mutter vom Flughafen ab. Gemeinsam büffelten sie Englisch und versuchten wie so viele andere Einwanderer, an einem ganz und gar fremden Ort ein Gefühl der Zugehörigkeit zu entwickeln.

Nach dem langen, harten Krieg gegen Deutschland waren die Kanadier gegenüber deutschen Einwanderern verständlicherweise misstrauisch. Die antideutsche Stimmung, die sich während des Ersten Weltkriegs in Kanada ausgebreitet hatte, war mit Beginn des Zweiten Weltkriegs rasch wiederaufgelebt und wurde zusätzlich verstärkt, als bei Kriegsende die Gräueltaten der Nazis ans Licht kamen. Dem Image des »bösen Deutschen« entkam man nur schwer. Gleichwohl hatte der Bedarf der kanadischen Wirtschaft an weiteren Immigranten in Verbindung mit dem sich wandelnden Status der BRD in der Nachkriegswelt zur Folge, dass bundesdeutsche Staatsangehörige in den 1950er Jahren wieder einwandern durften. Der langgehegte Wunsch vieler Nachkriegsdeutscher, ihr Land zu verlassen, führte zu einer regelrechten Einwanderungswelle: In den frühen 1960er Jahren belief sich die Zahl der deutschen Immigranten schließlich auf knapp eine Viertelmillion. Vancouver war ein beliebter Anlaufpunkt; in der Stadt ließen sich im Laufe der Jahre rund 50.000 nachkriegsdeutsche Einwanderer nieder.[9] Sich in die kanadische Gesellschaft zu assimilieren diente vielen von ihnen als Möglichkeit, der Vergangenheit zu entkommen und schwierige Erinnerungen hinter sich zu lassen. Der Wunsch, sich zu assimilieren, war in den meisten Fällen sehr stark.

Für meinen Vater war Vancouver eine neue, aufregende Welt. Die fremdartige Landschaft, die Berge, die Wildnis lockten zu Streifzügen – eine willkommene Aufmunterung nach den physischen und emotionalen Härten seiner Kinderjahre. Für ihn symbolisierte Vancouver die Zukunft – eine klare Abgrenzung von seiner Vergangenheit. Meine Mutter empfand die gepflegte Schönheit, die symmetrische Anlage und den Reichtum der Stadt als desorientierend. Der krasse Unterschied zwischen Vancouver und ihrer durch den Krieg zerstörten Heimatstadt Hannover war für sie kaum fassbar. Der Verlust von Heimat und Kultur weckten in ihr eine nostalgische, melancholische Sehnsucht nach dem, was sie zurückgelassen hatte.

Diese Sehnsucht nach dem, was nicht mehr war, hing mit dem Wunsch zusammen, die relative Unschuld der Vorkriegszeit wiederzufinden. Ich sage »relativ«, weil meine Eltern beide 1935 geboren wurden. Sie verlebten ihre frühe Kindheit in den Jahren des Dritten Reichs; auf den Briefmarken, die mein Vater als Kind sammelte, prangte Hitlers Konterfei. Meine Eltern lebten abgeschirmt von den Unruhen jener Zeit, doch es war eine illusorische Zuflucht vor dem massiven Verlust an Menschenleben und vor der Zerstörung, die folgen sollte. Wenn ich die frühen Schwarzweißfotos aus ihrer Kindheit betrachte, muss ich unweigerlich an die zahllosen jüdischen Kinder in ganz Europa denken, die unter der Terrorherrschaft der Nazis erbarmungslos ermordet wurden. Die Fotos dieser Kinder unterscheiden sich in Nichts von den Fotos meiner Eltern. Die jüdischen Kinder wurden in Konzentrationslagern umgebracht oder mit ihren Familien

9 Vgl. Beattie und Ley (2001) sowie Freund (1998). Gemeinsam war den deutschen Einwanderern das Bedürfnis, sich ein neues Leben aufzubauen; gleichwohl bildeten sie keine homogene Gruppe. Ihre Kriegserfahrungen und Nachkriegsbiographien waren je nach Herkunftsregion ganz unterschiedlich. Diejenigen, die beim Vormarsch der Sowjetarmee auf Berlin aus den Ostgebieten des Reiches geflüchtet oder in der Phase unmittelbar nach dem Krieg »vertrieben« worden waren, waren heimatlos. Andere kamen aus zerbombten urbanen Zentren und hatten jahrelang mit den Luftangriffen gelebt. Während Deutsche aus dem Norden zumeist protestantischen Glaubens waren und Hochdeutsch sprachen, waren die Einwanderer aus Bayern und anderen süd-, aber auch ostdeutschen Gebieten überwiegend katholisch. Sie alle sprachen ihre regionalen Dialekte. Viele dieser Gruppen hatten vorher kaum etwas miteinander zu tun gehabt. In Kanada schlossen sie sich zusammen und integrierten sich in die schon bestehenden deutschen Gemeinden.

in der Umgebung von Städten und Dörfern erschossen. Überlebt haben jene Kinder, die mit den sogenannten Kindertransporten ins Ausland geschickt worden waren – ihre unglücklichen Eltern hatten sie in der verzweifelten Hoffnung, sie vor den Nazihäschern zu retten, in Züge mit sicheren Zielorten gesetzt. Meine Eltern haben das Schicksal ihrer jüdischen Nachbarn als Kinder offenbar nicht wahrgenommen. Doch sowohl für meinen Vater als auch für meine Mutter erwies sich der Krieg als prägend – er nahm ihnen das Zuhause, in dem sie ihre Kinderjahre verbracht hatten, und die Sicherheit der Familie.

Kindheit im Krieg bedeutet, inmitten einer in Schutt und Asche liegenden Stadtlandschaft aufzuwachsen und nach dem Krieg Not zu leiden. In der ersten Hälfte der 1950er Jahre, noch vor dem deutschen »Wirtschaftswunder«, waren die Zukunftsaussichten düster. Meine Eltern lernten sich in dieser Zeit kennen; beide absolvierten sie in Hannover eine Lehre. Mein Vater fand eine Stelle in der Firma eines Wirtschaftsprüfers, in der schon sein eigener Vater gearbeitet hatte, und meine Mutter machte eine Ausbildung zur Einkäuferin in einem Warenhaus. In Deutschland die Universität zu besuchen war für sie keine Option, doch später, in Kanada, ergab sich die Möglichkeit. Meine Eltern arbeiteten beide im ausgebombten Stadtzentrum, das nun langsam wiederaufgebaut wurde. Gemeinsam schmiedeten sie den Plan, nach Kanada auszuwandern – einem der beliebtesten Ziele der Nachkriegsdeutschen, die eine neue Heimat suchten. Zur Emigration trieb sie nicht nur wirtschaftliche Notwendigkeit, sondern auch der Wunsch, an einem Ort leben zu können, der frei war von Zerstörung und von Erinnerungen an ihre leidvolle Kindheit.

Meine Eltern schilderten ihr Leben als Einwanderer und ihre Eindrücke von Vancouver ganz unterschiedlich. Dieser Kontrast spiegelt ihre frühen Erfahrungen wider. Während mein Vater über die Vergangenheit wenig sagte, sprach meine Mutter offen über ihre Erinnerungen. Von früh an versuchte ich, mir vorzustellen, wie sie als Kinder gelebt haben mochten. Was ich erfuhr, machte mir Angst. Mein Vater war sechs Jahre alt, als sein eigener Vater Anfang 1942 durch einen Granatsplitter an der russischen Front südlich von Moskau tödlich verwundet wurde. Nach seinem Tod lebte mein Vater zusammen mit seiner Mutter und einer jüngeren Schwester in einem Haus, das der Firma gehörte, bei der mein Großvater gearbeitet hatte. 1944 aber wurden sie plötzlich obdachlos. Ein deutscher Soldat, der Zwangsarbeiter bewachte, erwischte meine Großmutter, wie sie einem Häftling etwas zu essen gab.[10] Zur Strafe verlor sie die Arbeit, die es ihr nach dem Tod ihres Mannes ermöglicht hatte, ihre Kinder zu versorgen. Die Fa-

10 Ich erläutere den Einsatz der Zwangsarbeiter in Nazideutschland in späteren Kapiteln. Ein Hinweis ist jedoch vorab wichtig. Er betrifft die divergierende Terminologie zu diesem Thema. In der Literatur über Nazideutschland werden die Begriffe »Sklavenarbeit« und »Zwangsarbeit« manchmal austauschbar verwendet. Mitunter aber bezieht sich »Sklavenarbeit« speziell auf die Häftlinge in den Konzentrationslagern, »Zwangsarbeit« auf alle übrigen. Im Sinne einer einheitlichen Verwendung und im Einklang mit einem Großteil der modernen Forschung spreche ich durchgehend von »Zwangsarbeit«. Für eine gründliche historische Analyse des »Ausländer-Einsatzes« im Dritten Reich vgl. Herbert (1999 *Fremdarbeiter: Politik und Praxis des »Ausländer-Einsatzes« in der Kriegswirtschaft des Dritten Reiches*).

milie musste das Haus räumen, in dem mein Vater aufgewachsen war – den Ort, der mit seinem abwesenden Vater assoziiert war. Verzweifelt suchten die drei nach einer neuen Unterkunft und verbrachten die Zeit bis zum Kriegsende sowie die unmittelbare Nachkriegszeit schließlich in einer Stadt nahe Hannover in einer Sammelunterkunft, wo sie von einer lokalen Nazigröße überwacht wurden. Meine Großmutter tat ihr Möglichstes, um sich und die Kinder über die Runden zu bringen. Sie war auf Arbeit angewiesen und ging in der schwierigen Nachkriegszeit dorthin, wo Beschäftigung zu finden war. Ihre kleine Tochter, meine Tante, nahm sie mit sich, und meinen Vater brachte sie abwechselnd bei mehreren Verwandten in verschiedenen Teilen des Landes unter.

Während des Krieges kämpfte die Familie meines Großvaters väterlicherseits mit Verlusten. Mein Großvater war das älteste von insgesamt fünf Kindern, vier Söhnen und einer Tochter, der Jüngsten. Die Familie besaß einen ansehnlichen Hof südlich von Hannover. Mein Großvater hatte sein Heim verlassen, um Wirtschaftsprüfer zu werden, doch die anderen Söhne blieben in der Nähe. Alle vier wurden zur Wehrmacht eingezogen. Meines Wissens trat aus dieser Familie niemand in die NSDAP ein. Für meinen Vater war der frühe Verlust des eigenen Vaters umso schmerzhafter, als auch seine Onkel, die in seinem Leben bis dahin eine große Rolle gespielt hatte, verschwanden. Nicht lange nach dem Tod meines Großvaters starb auch der zweitälteste Sohn 1943 an der russischen Front. Der dritte Bruder wurde 1944 an der Ostfront vermisst. Man nahm an, dass er tot sei. Niemand hörte etwas von ihm, doch tatsächlich hatten ihn die Russen gefangengenommen und in ein Kriegsgefangenenlager nach Sibirien geschickt, wo er die nächsten acht Jahre verbrachte. Als er 1953 freigelassen wurde und nach Deutschland zurückkehrte, erfuhr er, dass seine Frau viele Jahre zuvor wieder geheiratet hatte. Der jüngste Bruder wurde in Nordafrika beim Kampf gegen die Briten gefangengenommen und zuerst nach England und dann in die Vereinigten Staaten geschickt. Er kehrte 1947 nach Deutschland zurück. Die einzige Schwester meines Großvaters hat den Krieg überlebt. Sie bekam ein Kind von einem polnischen Zwangsarbeiter, zu dem sie eine Beziehung aufgenommen hatte, als er auf dem Hof der Familie arbeitete. In den Augen der Nazibehörden, die für den »Schutz der Rassereinheit« sorgten, konnten dafür beide Beteiligte mit dem Tod bestraft werden.[11] Nach der Niederlage Deutschlands wurden die polnischen Zwangsarbeiter zusammen mit ihren Leidensgenossinnen und -genossen anderer Nationalitäten befreit und kehrten nach Polen zurück. Die Mutter meines Vaters hatte zwei Brüder, die im Krieg kämpften. Einer überlebte, der andere starb an Verletzungen, kurz nachdem er in der Spätphase des Krieges als Universitätsstudent zur Wehrmacht eingezogen wurde.

Woran die Onkel meines Vaters während des Krieges glaubten und was sie taten, ist mir weitgehend unbekannt. Ihr Einsatz an der deutschen »Ostfront« wirft aber die Frage auf, welche Rolle sie bei den systematischen Massakern der Endlösung gespielt haben.

11 Siehe Anschütz und Heike (2003, S. 41). Dass sich die Beziehung auf einem Hof und nicht in einer Stadt abspielte, verringerte das Risiko, dass die Behörden Kenntnis erhielten. Laut Anschütz und Heike (2000, S. 17) wurden die Zwangsarbeiter auf den deutschen Höfen um Hannover sehr unterschiedlich behandelt. Dies hing weitgehend von der jeweiligen Beziehung ab, die sich zwischen ihnen und den Bauern entwickelte.

Haben sie an der Ghettoisierung und brutalen Ermordung osteuropäischer jüdischer Gemeinden oder an der brutalen Behandlung der polnischen und russischen Bevölkerung teilgenommen? Studien über die Beteiligung von Wehrmachtssoldaten an der Vernichtung der europäischen Juden haben gezeigt, dass die Morde von Soldaten jeden Ranges und Dienstgrades verübt wurden.[12] Vor dem Hintergrund der Komplizenschaft der Wehrmacht frage ich mich, was meine eigenen Verwandten gesehen oder getan haben. Haben sie nach dem Krieg Reue empfunden? Scham- oder Schuldgefühle? Ich kann mich nicht daran erinnern, dass diese dunkle Geschichte während der gelegentlichen Familientreffen und -besuche in meiner Kindheit je zur Sprache gekommen wäre. Meine einzige Erinnerung betrifft meinen Großonkel, der berichtete, wie schwierig es als Kriegsgefangener in Sibirien für ihn war, an genügend Nahrungsmittel heranzukommen, um nicht zu verhungern. Von Verantwortung war nie die Rede.

Auch die Familie meiner Mutter hat durch den Krieg Verluste erlitten. Mein Großvater überlebte den Krieg, doch sein einziger Bruder kam auf der Krim im Kampf gegen die Russen ums Leben. Beide waren vor dem Krieg im NSKK aktiv gewesen. Die Geschwister meiner Großmutter waren wesentlich älter und nahmen am Krieg nicht unmittelbar teil. Das Schlimmste, was die Familie erlebte, war die Zerstörung des hannoverschen Elternhauses meiner Mutter mitten im Krieg, 1943. Während mein Vater südlich der Stadt aufwuchs, wurden meine Mutter und ihre Angehörigen von den alliierten Bombardements Hannovers unmittelbar in Mitleidenschaft gezogen. Ihre Erinnerungen an den Krieg waren Erinnerungen an Kinderjahre im Luftschutzbunker.

In der Nachkriegszeit ging es für die Familie darum, mit Zerstörung und Armut fertigzuwerden. Mein Großvater baute aus den Trümmern des zerbombten Hauses ein neues kleines Haus, und die Familie versuchte, gemeinsam voran und über die Runden zu kommen. So schwierig das Leben auch war – meiner Mutter fiel die Entscheidung, Hannover zu verlassen und nach Kanada zu gehen, nicht leicht. In meinem Vater hatten die frühe emotionale Entwurzelung und die Aufenthalte bei wechselnden Verwandten ein Gefühl der Ruhelosigkeit hervorgerufen; für meine Mutter hingegen bedeutete die Auswanderung, eine Familie zurückzulassen, die zu kämpfen hatte, aber trotz aller Schwierigkeiten intakt war.

Meine Eltern wurden in Vancouver von der deutschen Einwanderergemeinschaft aufgenommen, deren Mitglieder ihnen halfen, sich neu zu orientieren. Sie waren mehrheitlich in einem Netzwerk deutschsprachiger Kirchengemeinden organisiert, die Neuankömmlingen Unterstützung anboten. Diese Kirchen waren im Grunde soziale und kulturelle Einrichtungen, die der boomenden deutschen Bevölkerung Vancouvers, die in den 1950er und 1960er Jahren exponentiell wuchs, eine Organisationsstruktur zur Verfügung stellte. Für meine Eltern bestand das gesellschaftliche Leben ebenso wie für andere deutsche Einwanderer aus den Aktivitäten dieser lokalen deutschsprachigen Kirchen, die als wichtigstes Bindeglied zur eigenen Kultur dienten. Dass mein Vater seine erste Anstellung durch die Vermittlung eines Gemeindemitglieds fand, festigte

12 Siehe insbesondere Browning (2020 [1992]) sowie Neitzel und Welzer (2013). Ich greife das Thema im 5. und 7. Kapitel erneut auf.

das Zugehörigkeitsgefühl. Die Pfarrer waren gebürtige Deutsche, die nach ihrer Ausbildung in Deutschland nach Kanada gingen, um dort Gemeinden zu leiten. Dieser Prozess erstreckte sich bis in die frühen 1970er Jahre, als die deutsche Einwanderung erheblich zurückging. Die sonntäglichen Gottesdienste wurde auf Deutsch zelebriert, doch wie viele andere Neuankömmlinge zogen auch meine Eltern es vor, die englischsprachigen Messe zu besuchen, weil sie sich in die kanadische Gesellschaft integrieren wollten.

Zugehörigkeit

Somit war meine Kindheit eingebettet in eine Gemeinschaft von Immigranten, die der deutschen Kultur und Sprache die Treue hielten. Ich verbrachte die ersten Lebensjahre in Toronto und Umgebung, einer Region, die für eine hohe Konzentration deutscher Einwanderer bekannt war. Meinen Eltern vermittelte die deutsche Gemeinde ein Gefühl der Zugehörigkeit; sie gab ihnen ein Stück Heimat und linderte vielleicht auch ihr Heimweh. Wenn ich an meine Kindheit zurückdenke, erinnere ich mich an ein Zuhause, in dem Deutsch gesprochen wurde und Mitglieder der Gemeinde ein- und ausgingen. Die Mahlzeiten waren typisch deutsch; für das üppige Frühstück nahm man sich viel Zeit. Meine früheste Erinnerung betrifft meine Eltern und ihre engsten Freunde, gleichfalls Einwanderer aus Norddeutschland, die sich zum gemeinsamen Frühstück um einen reich gedeckten Tisch versammelt hatten und munter miteinander plauderten.

An die Erinnerung heftet sich ein mit meiner Muttersprache verbundenes Gefühl der Zugehörigkeit. Sie hält einen Moment fest, der frei war von dem Zusammenprall unterschiedlicher Kulturen und Sprachen. Meine Lebensgeschichte ist eine Geschichte zweier Sprachen und unterschiedlicher kultureller Identitäten.[13] Ich bin in einem Haus voller deutscher Bücher aufgewachsen. Den Namen Goethes lernte ich als kleiner Junge auf dem Rücken der Bände zu entziffern, die hoch über mir auf dem Bücherregal standen. Bevor ich lesen lernte, beschäftigte ich mich endlose Stunden damit, Wilhelm Buschs Bildergeschichten von Max und Moritz zu betrachten. Oft fragte ich mich, wie mein Vater wohl reagieren würde, wenn ich mich auch nur entfernt so verhielte wie die beiden Protagonisten der berühmten Bilderpossen aus dem 19. Jahrhundert. Später erst lernte ich englische Kinderbücher kennen und schließlich, dank meiner älteren Schwester, einer echten Leseratte, Jane Austen und die Schwestern Brontë. Tatsächlich scheint meine Schwester die englischsprachige Welt im Alleingang bei uns zuhause eingeführt zu haben – eine Funktion, die in Einwandererfamilien oft vom ältesten Kind übernommen wird.

13 Die zweisprachige Psychologin Rose Marie Pérez Foster beschreibt dies mit folgenden Worten: »[…] bilinguale und bikulturelle Personen besitzen zwei Sprachcodes, mit denen sie über sich selbst nachdenken, Ideen ausdrücken und mit den Menschen in ihrer Welt interagieren können. Diese Dualität ist ein unverwechselbares Charakteristikum zweisprachiger Individuen. Es ist ein fundamentaler Faktor, der ihr Leben beeinflusst und mit Sicherheit auch Einfluss darauf ausübt, wie sie ihre Lebensgeschichte erzählen« (Pérez Foster 1992, S. 62).

Im Alltagsleben außerhalb unseres Zuhauses wurden meine Eltern durch ihren deutschen Akzent und durch Eigenheiten definiert, die in der prononciert angelsächsischen Kultur im englischsprachigen Kanada der damaligen Zeit auffielen. Zweifellos verkörperte ich einige der Kämpfe, die meine Eltern ausfochten, während ich meine eigene Rolle zu finden versuchte. Englisch zu lernen fiel mir schwer. Als ich sechs Jahre alt war, zogen meine Eltern zurück nach Vancouver, die Stadt, in die sie ursprünglich eingewandert waren. An einem der für Vancouver typischen nassen, düsteren Wintertage mitten im Schuljahr kam ich in meine neue Klasse. Nachdem die Lehrerin mich als den »neuen Schüler« vorgestellt hatte, wandte sie sich dem Unterricht zu, schrieb das Wort »rhyme« an die Tafel und fragte die Klasse, was es bedeutete. Ich saß wie gebannt in einer Art Panik auf meinem Stuhl, voller Angst, aufgerufen zu werden. Ich hatte nicht die blasseste Ahnung, was das Wort bedeutete, geschweige denn, wie es ausgesprochen wurde, und fürchtete mich davor, wegen meiner miserablen Englischkenntnisse abgeurteilt zu werden. Das schulische Milieu legte Wert auf kulturelle Assimilation und war von der Zweisprachigkeit alles andere als angetan. Ich war nicht kanadisch wie die Englisch sprechenden Kinder um mich herum, denn mein Englisch war nicht gut, und ich hatte ihre kulturellen Normen nicht verinnerlicht. Ich kam bestenfalls irgendwie zurecht.

Freilich war die deutsche Herkunft damals, als rassistische Vorurteile sich noch offener äußerten als heute, in gewisser Weise auch ein Privileg, denn sie entsprach der kaukasischen Norm der kanadischen Gesellschaft. Doch als Kind deutscher Einwanderer hatte ich ein besonderes Gespür für eine andere Dynamik entwickelt. Ich kann nicht genau sagen, wann diese Sensibilisierung einsetzte, erinnere mich aber, schon früh begriffen zu haben, dass mit der deutschen Herkunft ein Stigma verbunden war. In Vancouver aufzuwachsen bedeutete, dass meine Freunde aus der Nachbarschaft Kinder oder Enkelkinder kanadischer oder britischer Soldaten waren, die im Zweiten Weltkrieg gegen die Deutschen gekämpft hatten. Kanada war am 10. September 1939 in den Krieg eingetreten, eine Woche, nachdem Großbritannien Deutschland den Krieg erklärt hatte. Nach Kriegsende nahm die Stadt eine große Zahl britischer Einwanderer auf, deren Präsenz den angelsächsischen Charakter Vancouvers noch einmal unterstrich. Sie brachten ihre Erinnerungen an den Krieg mit, an die deutschen Luftangriffe auf britische Städte – den »Blitz« – und an den langen Kampf bis zum Sieg über die Nazis.

Wenn wir Kinder aus der Nachbarschaft uns nachmittags trafen, spielten wir zumeist Straßenhockey oder Krieg. Wenn es fürs Hockey zu nass war, spielten wir Geschichten oder Szenen aus Filmen und Fernsehsendungen nach, die vom Sieg der Alliierten über Deutschland handelten. Unweigerlich wurde mir die Rolle des bösen Deutschen zugeteilt. Jeder Protest meinerseits traf infolge des kulturellen Hintergrundes meiner Eltern auf taube Ohren. Es war mir nicht möglich, der historischen Realität meiner Vergangenheit zu entkommen. Ob es Sticheleien waren oder Teil unserer Spiele – Wörter wie *Sieg Heil* und *Achtung* zielten ganz speziell auf mich. Ich wollte die Rolle des bösen Deutschen, des »Kraut«, nicht spielen, aber mir blieb kaum eine Wahl, und die Tatsache, dass ich als Kind blond war, tat ein Übriges.

Viele Jahre später habe ich mit einem Patienten gearbeitet, dessen Großeltern den Holocaust überlebt hatten. Er schilderte mir, wie aufgeregt sie anlässlich der Geburt seines jüngeren Bruders gewesen seien, eines Babys mit blondem Haar und blauen Augen. Für die Großeltern, die den Lagern entkommen waren, bedeutete das blonde Haar, dass diesem Enkelsohn keine Gefahr drohen würde: Er würde sich unsichtbar machen können, weil er wie ein typischer Deutscher aussah. Womöglich wäre er im Falle einer weiteren Katastrophe sogar in der Lage, die übrige Familie zu retten. Auch mein Sohn ist blond und blauäugig, und ich erlebte eine ähnliche Reaktion seitens älterer Angehöriger meiner Frau, als wir bei einer Hochzeit im erweiterten Familienkreis zusammenkamen. Tatsächlich machten sie Bemerkungen über das helle Haar und wiesen darauf hin, dass es ungewöhnlich sei. Ich erinnere mich, dass ihre Reaktion mich verblüffte, bis ich an meinen ehemaligen Patienten dachte.

Ich machte die Erfahrung, anders zu sein, in meinen alltäglichen Interaktionen mit Freunden und Schulkameraden, besonders eindringlich aber bei den Feierlichkeiten zum jährlichen kanadischen Gedenktag. Man erinnerte sich der Tapferkeit kanadischer Soldaten und erzählte bewegende Geschichten über ihre Erlebnisse im Krieg gegen die Deutschen. Mich faszinierten diese Schilderungen, doch irgendwann wurde mir klar, dass der Feind, von dem hier die Rede war, ein deutscher Soldat war – jemand, der leicht mein Großvater hätte sein können oder einer meiner Großonkel. In solchen Momenten verstummte ich voller Scham und aus Furcht, meiner Umgebung mein kulturelles Erbe zu verraten. Ich hätte den Stolz der anderen Schulkinder auf den Mut ihrer Großväter so gern geteilt. Stattdessen lernte ich, meine Herkunft zu verstecken.[14]

Mein Wunsch, eine »gute Vergangenheit« und »gute Verwandte« zu haben, ist Teil einer kollektiven Sehnsucht vieler Deutscher, Angehöriger einer Nation, die an dem Gewicht der Schuldgefühle und der Scham über den Holocaust schwer trägt. Aus dem Bedürfnis, Angehörige zu haben, die »gute Deutsche« waren, erwuchsen vage, idealisierte Vorstellungen, Familiennarrative, die mit Fakten wenig zu tun haben, aber in der Hoffnung verfertigt und weitergegeben werden, die Nazivergangenheit abzuwehren. Dies scheint insbesondere auf jene Deutschen zuzutreffen, die nach dem Krieg auswanderten. Sie trugen das Stigma der deutschen Herkunft und wurden mit der Geschichte der Nazivergangenheit auf eine ganz andere Weise konfrontiert als ihre Landsleute, die in Deutschland blieben.

Ich erinnere mich, als Schüler in Vancouver einen Klassenkameraden gehabt zu haben, der deutscher Herkunft war und den Familiennamen Rommel trug. Eines Tages erzählte dieser Junge einer Gruppe anderer Kinder, dass er wahrscheinlich mit Generalfeldmarschall Erwin Rommel verwandt sei, dem berühmten deutschen Kommandeur aus dem Zweiten Weltkrieg. Den historischen Fakten nach zu urteilen, entsprach die Behauptung nicht der Wahrheit, aber ihre Wirkung war frappant. Im Gegensatz zu anderen deutschen Offizieren wird Rommel in Kriegsfilmen und in der Boulevardpresse häufig dem Lager der deutschen Hitlergegner zugezählt, und so machte die Bemerkung meines Schulkameraden Eindruck auf uns Jungen und wurde zum Gesprächsthema. Ich erinnere mich an Äußerungen einiger englisch-kanadischer Jungen, dass es vielleicht

14 Meine Erfahrung war keineswegs einzigartig, sondern, wie ich heute weiß, auch anderen deutschen Einwanderern jener Zeit vertraut (vgl. Weber 2001).

gar so schlimm nicht sei, Deutscher zu sein, wenn man Rommel zum Verwandten habe. Mir selbst wurde dadurch bewusst, wie sehr ich mir einen deutschen Verwandten erhoffte, an den ich stolz und guten Gewissens würde denken können, weil er den Nazis die Stirn geboten hatte.

Ich habe die negativen Implikationen der deutschen Abstammung sicherlich durch meine Interaktionen mit anderen kennengelernt, doch mein eigentliches Gefühl des Unbehagens bezüglich der Vergangenheit wurde mir zuhause vermittelt. Es waren meine Eltern, die mir als erste von den Gräueltaten erzählten, die die Deutschen im Holocaust verübt hatten. Ich erinnere mich nicht mehr an die Details dessen, was sie sagten, und weiß auch nicht mehr, ob ich ihnen weitergehende Fragen stellte. Tatsächlich habe ich vor allem ihren gedämpften Tonfall in Erinnerung, ihren sehr ernsten Gesichtsausdruck und das Gefühl einer bangen Ahnung, das mich erfasste. Was sie mir erzählten, war zu furchtbar, als dass ich es hätte begreifen können, doch ich verstand nach und nach, dass es meine eigene Geschichte und die meiner Eltern unwiderruflich prägte. Noch viele Jahre lang blieb der Holocaust für mich ein amorphes Geschehen, ein grauenvolles Ereignis, für das es kaum Worte gab – ein Thema, das Angst und Furcht weckte und ein so hohes emotionales Gewicht besaß, dass es schwierig, wenn nicht unmöglich für mich war, Fragen zu stellen.

Meine Verwirrung angesichts dessen, was ich über den Zusammenhang zwischen meinen liebevollen Großeltern und der grauenhaften Geschichte des Dritten Reichs hörte, spiegelte vermutlich die Schwierigkeiten meiner Mutter und meines Vaters wider, die Überzeugungen und Einstellungen ihrer eigenen Eltern anzuerkennen. Wie kann man die Liebe zu den eigenen Eltern begreifen, wenn man weiß, dass sie der Generation angehörten, die den Holocaust ermöglichte? Rückblickend kann ich mich nicht daran erinnern, mit ihnen über das, woran meine Großeltern glaubten, gesprochen zu haben. Dem Anschein nach wurde zwar eine Tür zu der Nazivergangenheit geöffnet, andere aber blieben verschlossen. Man kann das Schweigen über meine Großeltern als eine Form der intergenerationellen Dissoziation verstehen: Manche Aspekte der Vergangenheit wurden erörtert, andere auf Distanz gehalten. Dieser Dissoziationsprozess spiegelte zugleich das in Deutschland allgemein vertretene kulturelle Narrativ wider, das die kollektive Anerkennung von Schuld und Verantwortung für den Holocaust säuberlich von privaten Familienerinnerungen an die Vergangenheit trennte.

Gemeinsame traumatische Geschichte

Wie reagieren wir auf unsere geerbten Erinnerungen? Was bedeutet es, mit anderen Menschen eine gemeinsame traumatische Geschichte zu teilen? Der Zusammenhang zwischen unserer historischen Prägung und der Art und Weise, wie wir uns selbst als Individuen verstehen, ist ein zentrales Thema in Eva Hoffmans späterem Werk, in dem sie sich mit der Frage auseinandersetzt, was es bedeutet, der »zweiten Generation« anzugehören. In ihrem früherem Buch, der Autobiographie *Ankommen in der Fremde* (Hoffman 1995 [1989]), blieb der Holocaust – unausgesprochen, aber allgegenwärtig – weitgehend im Hintergrund. Im Gegensatz dazu denkt Hoffman (2004) in

After Such Knowledge: Memory, History and the Legacy of the Holocaust direkt über die Erfahrung nach, ein Kind von Holocaust-Überlebenden zu sein:

»Es gibt so viele Möglichkeiten, unser Leben, unsere Identität, unsere Geschichten zu begreifen – der Erinnerung und Biographie Form zu geben. Als erwachsener Frau kam es mir viele Jahre lang gar nicht in den Sinn, mich als ›Kind von Holocaust-Überlebenden‹ zu sehen. Andere Kausalitäts-, Einfluss- und Entwicklungsstränge schienen wichtiger zu sein; oder zumindest gab ich ihnen andere Namen. Ich glaube, dies trifft auf viele von uns zu, die wir in Post-Holocaust-Familien aufgewachsen sind und für die dieses Erbe einerseits ganz normal war und andererseits besser nicht näher thematisiert wurde.« (Hoffman 2004, S. 27)

Hoffman erläutert, wie uns die historischen und kulturellen Welten, in die wir hineingeboren werden, unauslöschlich prägen. Dabei zeigt sie auch den inhärenten Zusammenhang zwischen der gemeinsam geteilten traumatischen Erinnerung und dem individuellen Verständnis auf. Sie räumt ein,

»von Natur aus kein Gruppenmensch [zu sein]; aber der Begriff ›zweite Generation‹ war für mich eine Art Erleuchtung, eine Erleichterung. Er besagte, dass es noch Andere gab, für die ihr Holocaust-Erbe sowohl bedeutsam als auch problematisch war, und dass die Erfahrung, damit zu leben, so greifbar war, dass man sie mühelos wiedererkannte; [...] Das Geschehen, das uns vorausging, war von so grundlegendem Charakter, dass es eine überwältigende Gegebenheit und eine Lebensaufgabe darstellte. Die Bezugspunkte, durch die wir kommunizieren und einander erkennen, haben mit unserer Verortung in der dunklen Topographie der Shoah und mit den Phasen einer langen, schwierigen Aufarbeitung zu tun – mit der Vergangenheit unserer Eltern und dem tiefen Einfluss, den sie auf uns ausübt.« (Hoffman 2004, S. 27-29)

Hoffman will ihr traumatisches Familiennarrativ des Holocaust in ein sachkundiges Verständnis der Vergangenheit transformieren. Ihre Bemühungen, die gelebte Erfahrung, Mitglied der »zweiten Generation« zu sein, in Worte zu fassen, können aber zugleich als ein Spiegel des Wandels gelesen werden, den das kollektive Holocaust-Gedächtnis im Laufe ihres Lebens durchlief – angefangen mit einer in Polen in den unmittelbaren Nachkriegsjahren verbrachten Kindheit über ihre Ankunft in Vancouver Ende der 1950er Jahre bis hin zu ihrer späteren Übersiedelung in die Vereinigten Staaten Ende der 1960er Jahre. In den Jahren unmittelbar nach dem Krieg dachte man in Nordamerika über den nationalsozialistischen Völkermord an den europäischen Juden tatsächlich wenig nach. Wenn man sich überhaupt mit dem Thema beschäftigte, behandelte man es als einzelnen Aspekt einer noch weiterreichenden Ausbreitung von Tod und Zerstörung, die den Ereignissen des Zweiten Weltkriegs ihren Stempel aufprägte.

In den 1950er und 1960er Jahren, den Jahrzehnten, die der zeitliche Bogen der frühen Autobiographie Hoffmans umspannt, war die nordamerikanische Gesellschaft noch nicht bereit, sich über die Schrecken des Holocaust zu informieren. Sein Stellenwert, seine allgemeinere Bedeutung und seine Nachwirkungen wurden damals kaum erforscht. Jüdischen Flüchtlingen, die in den späten 1940er Jahren und während der 1950er nach Nordamerika gelangten, wurde im Allgemeinen signalisiert, dass man von ihren Erfahrungen nichts hören wollte und sich für das, was sie zu sagen hatten, nicht interessierte. Dies galt für das Leben in den nordamerikanischen jüdischen Gemeinden ebenso wie für die Gesellschaft insgesamt. Erst ab etwa Mitte der 1960er Jahre begann man, das Wort »Holocaust« häufiger zu benutzen oder die jüdischen Flüchtlinge, die den Naziterror in Europa überlebt hatten, als »Holocaust-Überlebende« zu bezeichnen.[15] Nach und nach begannen die Veränderungen, die sich im kollektiven Holocaust-Gedenken vollzogen, auch Einfluss darauf auszuüben, wie die Überlebenden von sich selbst sprachen und wie sie ihre Erfahrungen charakterisierten.

Die allmähliche Verbreitung von Informationen über den Holocaust und die Entwicklung des Gedenkens in Vancouver illustrieren diesen gemeinsamen, langwierigen Prozess. In den Nachkriegsjahren wurden Holocaust-Überlebende Lehrer an den jüdischen Schulen der Stadt. Die Schüler wussten um die historische Realität des Holocaust, und sie wussten, dass es unter ihren Lehrern Überlebende gab. Aber man sprach nicht offen über das Holocaust-Trauma. Tatsächlich war der Holocaust an jüdischen Schulen bis in die 1960er Jahre hinein im Allgemeinen kein Unterrichtsthema. Stattdessen waren die Lehrer bemüht, positive Aspekte der jüdischen Geschichte hervorzuheben.[16] Erst als die jüdischen Gemeinden im nächsten Jahrzehnt der Vergangenheit nachzuforschen begannen, entwickelte auch die allgemeine Bevölkerung ein Bewusstsein für den historischen Stellenwert des Holocaust. 1976 fand in Vancouver das erste kanadische Symposium über den Holocaust für Studierende statt. 1984 schließlich wurde aufgrund des steten Interesses am Holocaust die Vancouver Holocaust Centre Society for Education and Remembrance gegründet, die 1994 mit der Eröffnung des Vancouver Holocaust Education and Remembrance Centre eine endgültige Niederlassung fand.

Integraler Bestandteil der sich wandelnden Holocaust-Gedenklandschaft waren die Autobiographien und anderen Zeugnisse von Überlebenden, die nach und nach veröffentlicht wurden. Die Tatsache, dass für viele Angehörige der ersten Generation in den 1980er Jahren das Ende ihres Lebens näherrückte, machte die Aufzeichnung dessen, was sie erlitten hatten, umso dringlicher. Das Video Archive for Holocaust Testimonies der Yale University, gegründet 1981 von dem Psychiater

15 Vgl. Lipstadt (1996) und Novick (2001 [1999]). Lipstadt zufolge entwickelte sich unser heutiges Verständnis des Holocaust als eines definierenden Moments der modernen Geschichte erst, nachdem jüdische Gemeinden sich konsequent mit der Realität der Naziverbrechen und den Erinnerungen der Holocaust-Überlebenden aus ihrer eigenen Mitte konfrontierten. Sobald die jüdischen Gemeinden sich auf den Prozess des Erinnerns einließen, taten nichtjüdische Bevölkerungsteile es ihnen gleich. Eine ausführliche Diskussion der Definitionen von »Holocaust« und »Holocaust-Überlebenden« ist auf der Webseite des Holocaust Resource Center of Yad Vashem in Jerusalem dokumentiert, siehe http://www.yadvashem.org/yv/en/holocaust/resource_center/the_holocaust.asp (zuletzt aufgerufen am 27.6.2020).

16 Siehe Bialystok (2000, S. 92). Dies wurde mir in Gesprächen mit Angehörigen der jüdischen Gemeinde in Vancouver bestätigt, die in jenen Jahren zur Schule gingen.

und Psychoanalytiker Dori Laub, war ein zentraler Teil dieses kollektiven Erinnerungsprozesses.[17] In ähnlicher Weise gibt der Erzählbogen von Eva Hoffmans Werken das Auftauchen eines Selbstverständnisses als »zweite Generation« unter den Kindern der Holocaust-Überlebenden zu erkennen.[18] Für viele von ihnen war die Realität dessen, was ihre Eltern erlebt hatten, immer präsent gewesen, selbst wenn sie ungesagt blieb. Vor Anderen wurde die furchtbare Vergangenheit verheimlicht; das tägliche Leben gehorchte Schweigegeboten und stand im Zeichen der Angst. Wieder Anderen wurde die Vergangenheit durch die unvorstellbaren Geschichten und traumatischen Erinnerungen, die die Eltern aber und abermals erzählten, unablässig vergegenwärtigt.[19]

Hoffmans Bücher zeigen, dass es für Angehörige der zweiten Generation zunächst weder einfach noch naheliegend war, sich als Nachkommen von Holocaust-Überlebenden zu identifizieren. Gleichwohl konnte diese Identifizierung als Möglichkeit dienen, die gemeinsamen emotionalen Erfahrungen, die die Familien vieler Überlebender miteinander verbinden, besser zu begreifen. Indem sie dies aufzeigt, veranschaulicht Hoffman, in welch hohem Maß unser Selbstgefühl durch die Geschichte und die Erinnerungen, die uns vorausgehen, geprägt sein kann.

Begegnungen

Für viele Flüchtlinge und Einwanderer aus Europa wurde der Krieg zum Fixpunkt ihrer Zeitrechnung. Die materiellen und emotionalen Verheerungen machten einen Schnitt zwischen ihrem Vorkriegsleben und dem Leben in der Nachkriegswelt. Vancouver und viele andere nordamerikanische Städte konnten daher auf die Europäer wie Orte ohne Geschichte wirken. Doch das Land, in das sie einwanderten, machte sich seit jeher selbst fortlaufend schuldig, indem es seine Ureinwohner systematisch misshandelte und unterdrückte – mit dem Ergebnis, dass

17 Vgl. Felman und Laub (1992).

18 Vgl. Prince (1999). Eine umfangreiche und weiterhin wachsende Literatur dokumentiert die Erfahrungen der zweiten Generation. Robert M. Prince' Werk *The Legacy of the Holocaust: Psychohistorical Themes in the Second Generation* ist als eine der ersten dieser Arbeiten zu betrachten, deren langer Weg bis zur Publikation den sich wandelnden kollektiven Erinnerungsdiskurs über den Holocaust illustriert. Ursprünglich 1974 als Dissertation an der Columbia University eingereicht, wurde die Arbeit als Buch erst 1985 veröffentlicht. Mit einem aktuellen Vorwort versehen, erschien sie 1999 in einer Neuausgabe. Prince berichtet, dass man zu der Zeit, als er für seine Dissertation forschte, über die psychologischen Fragen, die mit den Erfahrungen von Holocaust-Überlebenden und ihren Kindern zusammenhingen, nur selten diskutierte. Es dauerte also 10 Jahre, bis sich ein Verleger fand, der überzeugt war, dass es ein Interesse an dem Thema dieser Dissertation gab und eine Buchveröffentlichung rechtfertigte. Als 1999 die Neuausgabe erschien, hatte Prince' ursprüngliche Forschung bereits große Anerkennung gefunden, nicht zuletzt, weil sie vielen weiteren Studien als Grundlage diente. Siehe Prince (1998, 1999, 2015, 2018).

19 Für eine Illustration dieses Prozesses siehe Furst (2015).

das reiche Erbe der First Nations den europäischen Neuankömmlingen praktisch verborgen blieb.[20]

Der Verlust vertrauter historischer Landmarken muss für die Neueinwanderer verwirrend gewesen sein. Sie wunderten sich darüber, dass Vancouver vom Zweiten Weltkrieg unberührt geblieben war. Tatsächlich hatte der Krieg kaum sichtbare Spuren hinterlassen, jedenfalls keine materiellen Zerstörungen. Allerdings wimmelte es in der Stadt von Veteranen, die die Strapazen an der europäischen Front durchgemacht hatten. Viele kanadische Soldaten hatten im Kampf gegen die Deutschen ihr Leben verloren, und viele Biographien waren zerstört worden.

Die Realität des Krieges und der Durchführung des Holocaust durch Nazideutschland traten vielleicht nirgendwo deutlicher zutage als in der geographischen Nähe zwischen der kleinen Gemeinde jüdischer Holocaust-Überlebender und der stetig wachsenden Gemeinde nichtjüdischer deutscher Nachkriegseinwanderer. Ob durch die Umstände bedingt oder einer grausamen Ironie geschuldet – die beiden Gemeinden siedelten sich im selben Stadtteil Vancouvers an.[21] Eine halbe Weltreise entfernt von den Todeslagern in Europa kam es hier unweigerlich zu Begegnungen und Zusammenstößen. Eine Holocaust-Überlebende schildert ein solches Aufeinandertreffen in einem mündlichen Interview für das Vancouver Holocaust Education Centre:

> »Als mein Sohn sieben war, hatten wir deutsche Nachbarn. Sie hatten einen Sohn. Mein Sohn sagte: ›Mit ihm spiele ich nicht, er ist Deutscher.‹ Ich sagte: ›Nein, er ist ein unschuldiges Kind genau wie du.‹ Seine Worte hatten mir richtig Angst gemacht. Wir wollten ihn nicht auf diese Weise erziehen. […] Ich hatte Sorge, dass er die Deutschen hassen würde. Ich hasse sie nicht, aber ich weiß auch nicht, wie man sie lieben kann.« (Zit. nach Gerber 1989, S. 55)

20 Diese Wahrnehmung war typisch für eine Zeit, in der die reiche Geschichte und Kultur der kanadischen First Nations (und der Native Americans in den Vereinigten Staaten) nicht beachtet oder sogar vollständig ignoriert oder verleugnet wurde. Während viele europäische Flüchtlinge und Nachkriegsimmigranten mit ihren eigenen traumatischen Lebensgeschichten zu kämpfen hatten, waren die Ureinwohner Kanadas einer außerordentlich diskriminierenden Regierungspolitik ausgesetzt, die sie ausgrenzte und entrechtete. In ganz Kanada wurden ihre Kinder gezwungen, Internate, sogenannte »Residential Schools« zu besuchen, in denen sie misshandelt und missbraucht wurden. Der Kontakt zu ihrer Kultur und Sprache wurde unterbunden. Die kanadische Wahrheits- und Versöhnungskommission sprach im Zusammenhang mit dem Art und Weise, wie die kanadische Regierung ihre First Nations behandelte, ausdrücklich von einem »kulturellen Genozid«: »Über ein Jahrhundert lang bestanden die zentralen Ziele der Ureinwohner-Politik Kanadas darin, die Regierungen der Urvölker zu eliminieren, ihre Rechte zu ignorieren, die Verträge aufzulösen und durch einen Assimilationsprozess dafür zu sorgen, dass die Ureinwohner als distinkte rechtliche, soziale, kulturelle, religiöse und rassische Entitäten in Kanada nicht länger existierten. Die Einrichtung und Unterhaltung von Internaten war ein zentrales Element dieser Politik, auf die der Begriff ›kultureller Genozid‹ zutrifft« (The Truth and Reconciliation Commission of Canada 2015, S.1).

21 Siehe Gerber (1989) sowie Beattie und Ley (2001).

Für diese Familie war die große geographische und historische Entfernung von Europa und vom Holocaust auf einen niedrigen Zaun zwischen zwei Wohnhäusern zusammengeschrumpft. Bedenkt man, welche Traumata Holocaust-Überlebende erlitten hatten, so zeugt der Wunsch, die nächste Generation frei von Hass zu erziehen, von Mitgefühl und Großherzigkeit. Er unterstreicht auch die Bedeutung der Empathie, der Fähigkeit, sich des eigenen Erlebens zu besinnen, um sich vorzustellen, wie der Andere sich fühlt. Empathie ist im moralischen Sinn wertvoll, wenn wir uns in das Leid eines anderen Menschen hineinversetzen und mitfühlend reagieren können. Möglich ist dies nur insoweit, als wir in der Lage sind, unsere grundlegende gemeinsame Menschlichkeit anzuerkennen, ebenjenes Bewusstsein der Gemeinsamkeit, das die Nazis zerstörten.

Das Interview illustriert auch, wie das historische Gedächtnis in unseren Interaktionen geprägt und von einer Generation an die nächste weitergegeben wird. Und es wirft wichtige Fragen auf: Wie wurde die Vergangenheit in der deutschen Einwanderergemeinde thematisiert? Sprachen die Nachkriegseinwanderer mit ihren Kindern darüber und wenn ja, wie ausführlich? Hätte der kleine deutsche Junge verstanden, weshalb sein gleichaltriger Nachbar nicht mit ihm spielen wollte? Der Sohn der Holocaust-Überlebenden wusste genau um Deutschlands Rolle als Täternation, doch war sich das deutsch-kanadische Kind seines historischen Erbes der Täterschaft bewusst? Falls nicht – wann mag es vom Holocaust, von deutscher Schuld und Verantwortung erfahren haben, und wer sprach mit ihm darüber?

Ein kollektives Gedächtnis kann sich nur entwickeln, weil Gemeinschaften eine gemeinsame Geschichte haben. Doch was passiert, wenn diese Geschichte verleugnet wird? Deutsche Einwanderer, die in den 1950er und frühen 1960er Jahren nach Kanada kamen, hatten in einem besiegten Land gelebt, in dem kein kohärentes Narrativ über die kollektiven Verbrechen der Nazivergangenheit existierte. Weil das Gericht die nationalsozialistischen Führungspersonen, denen Ende der 1940er Jahre in Nürnberg der Prozess gemacht wurde, für schuldig erklärte, konnte die Mehrheit der Deutschen über ihre eigene Beteiligung am Grauen des Holocaust schweigen. Sie wurden in ihrer Auffassung, dass es keine kollektive Schuld gäbe, noch bestärkt. In den 1950er Jahren unternahm das westdeutsche Schul- und Bildungssystem keinerlei Anstrengung, die Frage der Verantwortung für den Holocaust zu stellen. Viele Lehrer sprachen tatsächlich nicht über die Nazivergangenheit oder über die Opfer, weil sie sich von ihrem eigenen nationalsozialistischen Hintergrund nie distanziert hatten. Es war schwer, das Schweigen jener Zeit zu brechen. Erst mit den Ende 1963 begonnenen Frankfurter Auschwitz-Prozessen drangen die Folgen des Holocaust nach und nach ins öffentliche Bewusstsein ein.[22] In den folgenden Jahren und insbesondere nach den Studentenunruhen von 1968

22 Die Frankfurter Auschwitz-Prozesse fanden zwischen Dezember 1963 und August 1965 statt. Sie wurden von Fritz Bauer geführt, dem hessischen Generalstaatsanwalt, den die Nazis wegen seiner politischen und juristischen Aktivitäten 1933 selbst für 8 Monate in ein Konzentrationslager gesperrt hatten. Bauer, ein deutscher Jude, war nach seiner Freilassung zuerst nach Dänemark und von dort aus nach Schweden geflüchtet. Nach dem Krieg kehrte er nach Deutschland zurück. Er trat erneut in den Justizdienst ein und war entscheidend daran beteiligt, Deutsche, die als Angehörige und Führer der SS-Wachmannschaften in Auschwitz ge-

geriet der zutiefst konservative Prozess des Vergessens in Westdeutschland ins Wanken. Institutionen wurden gezwungen, Rechenschaft über ihren nahtlosen Übergang vom Nationalsozialismus in die Demokratie der Nachkriegszeit abzulegen. Dieser kulturelle Wandel hatte schließlich zur Folge, dass der Holocaust als Pflichtthema an den Schulen eingeführt wurde.[23]

Als sich diese Veränderungen vollzogen, war die Hauptwelle der deutschen Nachkriegseinwanderung in Kanada bereits abgeebbt. Das bedeutet, dass die meisten Nachkriegsimmigranten die Gelegenheit, an der sich langsam entfaltenden Gedenkkultur in Westdeutschland teilzuhaben, verpassten. Als sie nach Nordamerika kamen, wurden sie – mitunter zum ersten Mal in ihrem Leben – mit einem Bild der Deutschen als Aggressoren und Täter konfrontiert. Das Stigma der deutschen Herkunft war im nordamerikanischen Kontext jener Zeit überaus real und konnte unter Umständen ein Gefühl der Reue über die begangenen Verbrechen wecken. Doch ohne ein persönlicheres Verständnis der Notwendigkeit, die Erinnerung an den Holocaust wachzuhalten, war es unmöglich, die eigentliche Tragweite der Verbrechen zu realisieren und anzuerkennen. Fragen nach der Beteiligung von Familienmitgliedern am Dritten Reich wurden aber im Allgemeinen nicht gestellt.

In den deutschsprachigen Kirchen Vancouvers pflegte man in den Nachkriegsjahrzehnten über die Nazivergangenheit kaum oder gar nicht zu sprechen, was auf den ersten Blick verblüffen mag, denn schließlich hatten die deutschen Priester und die Mitglieder ihrer Gemeinden das Dritte Reich allesamt direkt miterlebt. Sie hatten entweder am Krieg teilgenommen oder waren die Kinder von Tätern und Mitläufern. Dennoch kamen deutsche Schuld und Verantwortung, ja selbst die emotionalen Wunden und Traumata, die so viele von ihnen erlitten hatten, so gut wie nie zur Sprache. Stattdessen konzentrierte sich der gesellschaftliche Diskurs auf Themen, die den meisten Gemeindemitgliedern besonders am Herzen lagen, nämlich die alltäglichen Schwierigkeiten der Einwanderer, sich in eine neue, fremde Gesellschaft zu integrieren.

arbeitet hatten, vor Gericht zu stellen. Von ihm stammten darüber hinaus die Informationen, die es Israel ermöglichten, Adolf Eichmann zu fassen.

23 1950 begann die Ständige Konferenz der Kultusminister der Länder (KMK) in der Bundesrepublik, eine staatliche Bildungspolitik auszuarbeiten, indem sie sich auf gemeinsame Empfehlungen für den politischen Unterricht einigte. Der Holocaust als Unterrichtsthema wurde jedoch zögerlich behandelt. Nach einer Welle antisemitischer Vorfälle 1959/60 verabschiedete die KMK im Februar 1960 eine Empfehlung zur »Behandlung der jüngsten Vergangenheit im Geschichts- und gemeinschaftskundlichen Unterricht«. Wiederholt und erweitert wurde diese Empfehlung im April 1978 in den Leitlinien zur »Behandlung des Nationalsozialismus im Unterricht« und im Dezember 1980 mit einer »Empfehlung zur Behandlung des Widerstandes in der NS-Zeit im Unterricht«. Für eine Übersicht der Entwicklung der Behandlung des Holocaust an deutschen Schulen siehe http://learning-from-history.de/International/Postin/7474. Zahlreiche hilfreiche Webseiten der deutschen Regierung beschreiben die heutige Behandlung des Holocaust im Schulunterricht. Eine Übersicht der Unterrichtsziele im Zusammenhang mit Nationalsozialismus und Holocaust bietet die Webseite http://www.kmk.org/no_cache/bildung-schule/allgemeine-bildung/faecher-und-unterrichtsinhalte/weitere-unterichtsinhalte/nationalsozialismus-und-holocaust.html?sword_list%5B0%5D=holocaust. Ich danke Sara Frankenberger für ihren Hinweis auf diese Dokumente.

Andeutungsweise aber wurde der Holocaust dennoch thematisiert. Ebenso wie viele Einwandererfamilien, die sich nach einem Gemeinschaftsgefühl sehnten, besuchten auch meine Eltern während meiner Kindheit verschiedene deutsche Kirchen. Ich habe nur wenige Erinnerungen an die zahlreichen Sonntagvormittage, die wir dort verbrachten, und fühle mich heute keiner Religion verbunden. Doch ein einziges, wiederkehrendes Thema ist mir im Gedächtnis geblieben. Schon früh hörte ich in der Kirche nicht nur von dem besonderen Status des jüdischen Volkes, dessen Kultur, Geschichte und Traditionen es wertzuschätzen galt; ich erfuhr dort auch, dass der Staat Israel unsere Unterstützung verdiente. Schon als kleiner Junge habe ich dieses Wissen in mein Weltbild integriert. In einem anderen Kontext könnte man den Lobpreis des jüdischen Volkes als Ausdruck einer spezifischen religiösen Einstellung verstehen. Hier aber wurden diese Gefühle von deutschen Priestern und ihren Gemeindeangehörigen geteilt, die den Krieg miterlebt hatten und nun mit den ans Licht kommenden Gräueltaten der Nazis konfrontiert waren.

Auch wenn der Holocaust vermutlich in vielen Gemeindemitgliedern Schuld- und Schamgefühle weckte, blieb ein offener, öffentlicher Diskurs über diese vernichtende Geschichte aus. Bis in die 1970er Jahre hinein gab es keine Sprache und kein allgemeines öffentliches Interesse, über den Holocaust zu sprechen. Ohne einen Prozess des kollektiven Erinnerns wurde die Nazivergangenheit zu einem Relikt der Geschichte, und viele deutsche Einwanderer wollten es dabei belassen. Einhergehend mit ihrer raschen Integration in die kanadische Gesellschaft rückte die Vergangenheit in immer weitere Ferne. Das Bedürfnis, sich zu assimilieren, bedeutete auch für ihre Kinder oft, dass sie die deutsche Geschichte und Sprache hinter sich ließen. Sie übernahmen die wichtigsten Symbole ihres kulturellen Erbes, schauten aber ebenso wie ihre Eltern über die unbequemen Erinnerungen an den Nationalsozialismus hinweg.

Falls mit dem deutschen Jungen, von dem ich oben berichtet habe, niemand ausdrücklich über die Verantwortung Deutschlands für den Holocaust gesprochen hat, waren ihm die Gründe für das Verhalten des Nachbarjungen wahrscheinlich nicht klar. Vermutlich spürte er, dass seine deutsche Herkunft ein Stigma war, aber begriff er auch, was historische Verantwortung bedeutet? Ich sage nicht, dass man auf einfachem, geradem Weg zu einem offenen Dialog über die Vergangenheit und den Holocaust hätte finden können, erst recht nicht in den Jahrzehnten nach dem Krieg. Aber das Ausbleiben eines gemeinsamen, intergenerationellen Dialogs über die Vergangenheit bewirkte, dass Gelegenheiten zur Reflexion, zum Verstehen und zur Anerkennung moralischer Rechenschaftspflicht ungenutzt blieben. Ohne einen solchen Dialog war das kollektive Vergessen unvermeidlich. Das Schweigen über historische Traumata, vor allem über Holocaust-Traumata, kann bedeutsame Konsequenzen haben.

Geheime Vermächtnisse

Wenn wir den Geschichten, die uns die Geschichte erzählt, aufmerksam lauschen, hören wir vielleicht das Flüstern einer ungesagten Vergangenheit, das Raunen unheilvoller, beschwiegener Ereignisse. In Vancouver war der Holocaust während der Nachkriegsjahrzehnte in vielen Familien auf quälende Weise präsent. Im Rückblick auf ihre Kindheit und Jugend in ihrem Deutsch sprechenden Elternhaus berichtet meine Kollegin Margit: »Meine Mutter hatte eine merkwürdige Beziehung zu ihren deutschsprachigen Freundinnen und Freunden. Sie beschwerte sich über sie. Ich glaube, sie hatte niemals das Gefühl, ihnen wirklich trauen zu können.« Margits Mutter, eine gebürtige Österreicherin, war Anfang der 1950er Jahre nach Vancouver ausgewandert.

Vor dem Krieg hatte Margits Mutter mit ihrer Familie in Wien gelebt. Nachdem die Nazis Ende der 1930er Jahre die Macht in Österreich übernommen hatten, stand das Leben der gesamten Familie auf dem Kopf. Margit wuchs mit einem Familiennarrativ auf, demzufolge die Schwester ihrer Mutter wegen kritischer Äußerungen über die Nazis verhaftet und zunächst nach Theresienstadt und später nach Auschwitz verschleppt worden war, wo sie 1942 ermordet wurde. Aus Angst um ihr Leben floh Margits Mutter kurz nach der Verhaftung der Schwester aus Wien nach Italien, lebte dort für die Dauer des Krieges und lernte einen Kroaten kennen, den sie heiratete. Margits Familie besaß in Norditalien eine Villa, die das Ehepaar noch während des Krieges zu einem Hotel umbaute. Nach Kriegsende fiel die Region an Jugoslawien; das Hotelgebäude wurde von den kommunistischen Behörden beschlagnahmt. Nachdem sie zum zweiten Mal alles verloren hatte – zuerst in Wien an die Nazis, und nun an den jugoslawischen Staat –, fand sich Margits Mutter zusammen mit ihrem Mann in einem DP-Lager wieder. Die beiden beschlossen, nach Kanada auszuwandern, wo kurze Zeit später Margit geboren wurde.

Margit erinnert sich, dass die Familiengeschichte stets ein überaus heikles Thema war. Man sprach nur gelegentlich und in Bruchstücken, unzusammenhängenden Erinnerungen, über die Vergangenheit. Neugierige Fragen waren unerwünscht. Schon früh lernte Margit, dass sie über die Vergangenheit nicht mehr erfahren würde, als ihre Mutter und ihr Vater preiszugeben bereit waren. Was es mit dem traumatischen Verlust der älteren Schwester ihrer Mutter auf sich hatte, kam nur selten zur Sprache. Betont wurde, dass die Schwester gestorben war, weil sie ihre Stimme gegen die Nazis erhoben hatte – eine Tragödie, die eine ganze Kette von Ereignissen nach sich zog und mit der Ankunft der Familie in Vancouver ihren Schlusspunkt fand. In Vancouver begann ein neues Leben, weit entfernt vom alten und dennoch eingebettet in eine Geschichte voller Unheil, die lediglich in Andeutungen aufschien. Wenn Margit heute, als Erwachsene, zurückblickt, vermag sie all die Lücken in der fragmentarischen Geschichte, die ihr vererbt wurde, zu erkennen, doch als Kind war sie verwirrt und wusste nicht, was all dies zu bedeuten hatte.

Obwohl Margits Mutter Wienerin war, hegte sie eine Antipathie gegenüber Österreichern, misstraute ihnen und gab ihnen die Schuld am Tod ihrer Schwester. Margit berichtet von einer Erinnerung, die ihre Mutter ihr einmal erzählte, eine Erinnerung an Wiener Nachbarn, die sich gewaltsam Zugang zu den Wohnungen unschuldiger jüdischer Familien verschafften und deren Hab und Gut stahlen. Doch trotz ihrer tiefen Vorbehalte gegenüber den Österreichern hat ihre Mutter ihre Wiener Eigenheiten nie verloren und sich nie vollständig in die kanadische Gesellschaft integriert. Zuhause sprach sie grundsätzlich Deutsch, während die übrigen Familienmitglieder ihr auf Englisch antworteten. Deutsch war die Sprache, die Margits Mutter ganz selbstverständlich sprach und in der sie die Welt heraufbeschwor, die zu verlassen man sie gezwungen hatte. Außerhalb ihres sicheren Zuhauses aber weckte die deutsche Sprache andere Gefühle. Margit erinnert sich an ein gewisses Unbehagen, das sie verspürte, wann immer ihre Mutter sich mit anderen Deutschsprachigen unterhielt. Die Begegnungen standen im Zeichen einer unleugbaren Spannung.

Erst nach dem Tod ihrer Mutter war Margit in der Lage, die Puzzleteile ihrer Familiengeschichte zusammenzusetzen. Sie reiste nach Wien, weil sie annahm, dass dort noch Verwandte leben mussten, auch wenn ihre Mutter den Kontakt zu ihnen abgebrochen hatte. Margit wollte sehen, wo die Mutter aufgewachsen war, vor allem aber wollte sie unbedingt herausfinden, ob ihre Mutter jüdisch war. Nie hatte sie auf diese Frage, die sich im Laufe der Zeit herausgebildet hatte, eine Antwort bekommen. Margit wusste, dass ihre Mutter eine Nichte hatte, und hoffte, durch diese Frau mehr über die Familiengeschichte zu erfahren. Als sie sich endlich trafen, kam die Nichte Margits Fragen zuvor und erklärte: »Nun, du weißt ja, ich bin jüdisch.« Margit erinnert sich, in dieser Nacht von Nazisoldaten geträumt zu haben, die ihr nach dem Leben trachteten.

Margit war von einer Deutsch sprechenden Wiener Mutter und einem kroatischen Vater als Katholikin erzogen worden und hatte nie einen klaren, bewussten Verdacht gehegt, jüdisch zu sein, es aber dennoch irgendwie gespürt.[24] Das Problem war, dass sie keine Fragen stellen durfte: »Meine Eltern verhielten sich so, dass ich mich schlecht fühlte, wenn ich neugierig war. Es waren Kleinigkeiten, über die man rasch hinwegging.« Die vereinzelten historischen Fragmente blieben ohne jeden Zusammenhang. Aber es gab Hinweise. Die Freitagabende waren etwas Besonderes für die Familie. Alle kamen zusammen, um gemeinsam zu essen. Als Margit erfuhr, dass ihre Mutter in einer jüdischen Familie aufgewachsen war, erkannte sie den Bezug zum freitäglichen Sabbatmahl. Von klein auf war Margit »von einem unglaublichen Mitgefühl für das jüdische Volk, für ihr Leiden erfüllt gewesen«. Trotz dieser intensiven Identifizierung mit seiner tragischen Geschichte aber ging sie davon aus, selbst nicht jüdisch zu sein.

Margits Erfahrung illustriert das geheime Erbe des Holocaust und die starken Gefühle, die das Erinnern des historischen Traumas begleiten. So tragisch und unverwechselbar Margits Geschichte auch ist – sie spiegelt sich in dem, was andere Familie erlebten, wider. Ganz gleich, ob sie über ihre Angst vor tödlicher Gefahr sprachen oder nicht, wurden manche Holocaust-Überlebende durch die Bedrohung veranlasst, ihr Leben in einen Mantel der Geheimhaltung zu hüllen. Ein Beispiel ist die Geschichte Miriam

---

24 Es ist wichtig zu betonen, dass Margits kroatischer Vater weder als Partisan gegen die Nazis kämpfte noch Mitglied der mit den Nazis verbündeten Ustascha war. Während des Krieges verfolgte die kroatische Ustascha eine Vernichtungspolitik gegen einheimische Juden, Roma und Serben. Bis heute ist vieles, was mit diesem dunklen Teil der kroatischen Geschichte zusammenhängt, ungeklärt. Margit erinnert sich, dass ihre Mutter stets Distanz zu der kroatischen Einwanderergemeinde Vancouvers wahrte. Im 3. Kapitel erörtere ich die Notwendigkeit, die komplexen Verflechtungen von Sprache, Geschichte und Trauma nach dem Holocaust zu erklären.

Zimmermans, einer Holocaust-Überlebenden aus Lodz, die ebenfalls nach Kanada auswanderte.[25] Miriam, mittlerweile Ende 80, gab ihren eigenen Namen auf und wurde als Mary Gale bekannt. Erst nach einer lebensbedrohlichen Erkrankung vertraute Miriam ihrer Tochter ihre tragische Vergangenheit an. Für sie bedeutete dieser Schritt, die lebenslange Angst zu überwinden, die sie zu ihrer strikten Geheimhaltung bewogen hatte: »Ich bin an den Punkt gelangt, dass ich selbst heute, als der Zahnarzt mir sechs Zähne ziehen musste, eine Betäubung ablehnte, weil die Injektion bedeutet, nicht mehr wiederzukommen. Und genau das bedeutete es für mich, jüdisch zu sein – es bedeutete, nie mehr wiederzukommen … Ich habe so viele schreckliche Dinge gesehen. Ich habe so viele Tote gesehen. Es ist unglaublich, was ein solcher Anblick mit der Psyche machen kann. Ich wusste, dass ich hier in Kanada in Sicherheit war. Aber ich konnte einfach nicht sagen, dass ich jüdisch bin.«

Miriams Vater hatte eine falsche Identität für sie besorgen können, weil sie blond und blauäugig war und nicht auffiel. Sie überlebte den Holocaust, aber ihr Vater und andere Familienmitglieder wurden ermordet. Miriam hielt ihre jüdische Identität 70 Jahre lang geheim. Allein ihr kanadischer Ehemann kannte die Wahrheit. Er hatte das DP-Lager, in dem sie sich nach dem Krieg kennenlernten, geleitet. »Ich habe meinem Mann gesagt, dass ich jüdisch bin, es aber sonst niemandem verraten würde«, berichtet sie. »Und er sagte, es sei mein Leben, ich hätte den Krieg überlebt und könne tun, was ich wolle.«

Die Familie feierte Weihnachten, und Miriam schickte ihre Kinder in den Konfirmationsunterricht einer anglikanischen Kirche. Sie hütete ihr Geheimnis, doch ihre Kinder spürten, dass sie etwas verbarg. Nachdem Miriams Sohn einen furchtbaren Unfall überlebt hatte, konvertierte er zum Judentum und fand einen neuen Sinn im Leben. Miriams Tochter räumt heute ein, dass sie immer den Verdacht hatte, dass ihre Mutter jüdisch sei. Keines der Kinder wusste genau, was die ungesagt bleibende Geschichte der Mutter bedeutete oder was sich im Beschweigen der Vergangenheit verbarg.

Was Margit über ihre Mutter erzählt, weist viele Ähnlichkeiten mit Miriams Geschichte auf. Anders als Miriam aber konnte Margits Mutter ihre Vergangenheit nicht offenbaren.[26] Im letzten Lebensjahr stellte ihr Margit die Frage ganz direkt. Es fiel ihr nicht leicht. Sie wollte wissen, ob ihre Mutter jüdisch sei, doch die Mutter wandte den Blick ab und antwortete: »Nein.« Die tragische Geschichte der Familie wurde Margit schließlich von der Nichte ihrer Mutter erzählt.

Margits Tante war von den Nazis verhaftet worden, nachdem ihr Arbeitgeber sie als Jüdin bei den Behörden denunziert hatte. Als Margits Mutter das Gefängnis aufsuchte und den Wärter um das Leben ihrer Schwester anflehte, gab dieser zurück: »Warum sollte ich dich nicht auch verhaften?« Margits Großvater bestach den Wärter mit Geld, und so konnten ihre Mutter, deren älterer Bruder und ihr Vater von Wien aus nach Ita-

25 Siehe O'Connor (2013).

26 Eine ähnliche Dynamik verheimlichter Vermächtnisse – wenngleich unter anderen Umständen – zeigt der israelische Regisseur Arnon Goldfinger (2011) in seinem preisgekrönten Dokumentarfilm *Die Wohnung*.

lien fliehen. Als der Großvater noch einmal zurückkehrte, um sich um seine verhaftete Tochter zu kümmern, wurde er ebenfalls festgenommen und nach Auschwitz deportiert. Dort wurde er im selben Jahr ermordet wurde wie seine Erstgeborene. Margits Großmutter war schon früher, 1930, gestorben. Margit erinnert sich, dass ihre Mutter zu sagen pflegte: »Gottlob starb sie vor dem Holocaust.« Erst nachdem sie die ganze Familiengeschichte gehört hatte, begriff sie die volle Bedeutung dieser Worte. Seither hat Margit in Erfahrung gebracht, dass einige Familienangehörige in Länder wie Rumänien und Großbritannien flüchteten. Andere suchten gar in China und Argentinien Zuflucht. Diejenigen, die Österreich nicht verließen oder nicht verlassen konnten, wurden umgebracht.

Margits Lebensweg ist aufs Engste mit der Geschichte ihrer Mutter und deren Muttersprache verbunden. Ebenso wie ihre Mutter hat auch Margits Onkel nie über seine jüdische Herkunft gesprochen und immer an der deutschen Sprache festgehalten. Er konvertierte nach dem Krieg zum Christentum, wurde Mitglied der Episkopalkirche und arbeitete als Rechtsoffizier für die US Air Force. Seine Arbeit führte ihn schließlich nach Deutschland, wo er bis ins hohe Alter lebte. Er heiratete eine Deutsche und blieb seinen mitteleuropäischen Wurzeln trotz der traumatischen Verluste, die er durch den Holocaust erlitten hatte, verbunden.

Nachdem der Onkel nach Deutschland umgesiedelt war, folgte Margit seiner Einladung, für eine Weile bei ihm zu wohnen. Sie lernte einen deutschen Mann kennen, den sie später heiratete. Margit erinnert sich, dass sie den Klang der Sprache, in der sich ihr künftiger Mann mit seiner Mutter unterhielt, als tröstlich empfand – vielleicht, weil er sie an ihre eigene vertraute Beziehung zu ihrer Mutter erinnerte. Diese habe, als sie ihr schließlich von der bevorstehenden Hochzeit mit einem Deutschen erzählte, »nicht einmal mit der Wimper gezuckt«, erinnert sich Margit. Schließlich hatte auch ihr Onkel eine deutsche Frau geheiratet. Zusammen mit ihrem Mann kehrte Margit nach Vancouver zurück, wo die beiden ihre zwei Kinder aufzogen. Damals lebte Margits Mutter noch. Eines der Kinder war blond; es wurde in der Schule gehänselt und wegen seines deutschen und österreichischen Familienhintergrundes als »Nazi« bezeichnet. Dass ihre Mutter eine Holocaust-Überlebende und sie selbst jüdisch war, fand Margit erst später heraus.

Das ganze Ausmaß der herzzerreißenden Um- und Abwege ihrer Familiengeschichte offenbarte sich Margit auf einer späteren Reise nach Wien. Um ihrer Mutter Ehre zu erweisen, beschloss sie, deren Wiener Elternhaus aufzusuchen, und entdeckte, dass das Kind des SS-Offiziers, der die Familie 1938 davongejagt hatte, tatsächlich noch immer in jenem Haus lebte.[27] Wie soll man solche Traumata je begreifen? Welche historischen

27 Margits Erfahrungen legen die Vermutung nahe, dass Österreichs Nazivergangenheit nach wie vor zu einem Großteil im Dunkeln liegt und der Untersuchung und Erinnerung harrt. Weil Österreich 1938 von Nazideutschland annektiert wurde, haben viele Österreicher sich die Auffassung zu Eigen gemacht, selbst Opfer des Nationalsozialismus gewesen zu sein. Diese Wahrnehmung ermöglichte es österreichischen Angehörigen der Generation der Täter und Mitläufer, sich ihrer Verantwortung zu entziehen. Die Österreicher waren mehrheitlich Unterstützer der Nazis und hatten Hitler (der selbst gebürtiger Österreicher war) einen enthusiasti-

Fäden verknüpfen die Vergangenheit mit der Gegenwart und das Leben von Überlebenden und Tätern mit den späteren Generationen? Während Margits Geschichte das verheimlichte Erbe des Holocaust in einer einzelnen Familie widerspiegelt, führten die Interaktionen zwischen Angehörigen der Überlebendengemeinschaft einerseits und den deutschen Nachkriegseinwanderern andererseits in Vancouver oft zu schmerzhaften Zusammenstößen.

Die Kollision

Der Holocaust war Teil einer Geschichte, die die deutschen Nachkriegseinwanderer vergessen wollten. Viele von ihnen wollten ihr Leben in Kanada durch die geographische Distanz zu Deutschland und die Annahme einer neuen Kultur und Sprache von der Nazivergangenheit abgrenzen. Belastende Erinnerungen wurden in Schweigen gehüllt, Schuldgefühle und Verantwortung unterdrückt. Selbst als die bundesdeutsche Gesellschaft sich mit ihrer Komplizenschaft am Holocaust auseinanderzusetzen begann, gab es unter den deutschen Nachkriegsimmigranten in Kanada solche, die sich weigerten, die moralischen Implikationen der Verbrechen oder die Rolle, die Mitglieder der eigenen Familie dabei gespielt hatten, anzuerkennen.

»Viele Menschen, die ich kenne, viele Ärzte, sind Juden. Und nicht einer von ihnen erspart mir seine Geschichten von Verwandten, die, nun ja, während des Krieges und in diesem sogenannten Holocaust schlecht behandelt wurden« – Worte, die einem das Blut in den Adern erstarren lassen. Sie stammen aus dem Mund des bekannten deutschstämmigen Fotografen und Nachkriegseinwanderers Fred Herzog, den die Journalistin Marsha Lederman 2012 für Kanadas Nationalzeitung *The Globe and Mail* interviewte.[28] Herzog hatte sich in Vancouver niedergelassen und verbrachte Jahrzehnte damit, die Stadt zu fotografieren. Zur Zeit des Interviews war er Anfang 80 und als Fotograf noch gar nicht lange bekannt. Doch nachdem seine künstlerischen Arbeiten der Öffentlichkeit zugänglich geworden waren, fand er sehr rasch internationale Anerkennung. Eine Retrospektive seiner Fotos fand 2010 in Berlin statt. Herzog starb im September 2019.

---

schen Empfang bereitet. Österreicher der zweiten und dritten Generation nach dem Holocaust haben noch immer Schwierigkeiten, diese Fakten anzuerkennen. Viele Beobachter sind überzeugt, dass Österreich bedeutend weniger als Deutschland und andere Nachbarländer getan hat, um sich mit seiner Nazigeschichte auseinanderzusetzen. So heißt es in einem Bericht, den das Jerusalemer Simon Wiesenthal Center im Jahr 2002 veröffentlichte: »Aufgrund der breiten Beteiligung zahlreicher Österreicher einschließlich der höchsten Ebenen an der Durchführung der Endlösung und anderer Naziverbrechen hätte Österreich bei der Strafverfolgung von Holocaust-Tätern während der vergangenen vier Jahrzehnte eine führende Rolle spielen müssen, so wie es in Deutschland der Fall war. Bedauerlicherweise haben die österreichischen Behörden diesbezüglich wenig erreicht. […] Österreich bleibt das Land, in dem die meisten potentiell Verdächtigen leben und die Wahrscheinlichkeit ihrer Strafverfolgung am geringsten ist« (Zuroff 2002, S. 20; vgl. auch Derschmid 2015 sowie Pelinka, Weinzierl et al. 1997)).

28 Die folgenden Zitate von Herzog stammen ausnahmslos aus dem Interview von Lederman (2012); siehe https://www.theglobeandmail.com/arts/the-collision-fred-herzog-the-holocaust-and-me/article4104746/ (zuletzt aufgerufen am 26.6.2020).

Herzog wurde 1930 in Stuttgart geboren, verlebte seine Kindheit also im aufstrebenden Dritten Reich und in den Jahren des Zweiten Weltkriegs.[29] Seine Mutter war Nazianhängerin und nahm ihn 1938 zu einem der Aufmärsche zu Ehren Hitlers mit. Nach Kriegsbeginn erlitt Herzog in rascher Folge mehrere tragische Verluste. Seine Mutter erkrankte und starb 1941, als er noch ein kleiner Junge war. 1944 wurde sein Elternhaus durch Bomben zerstört, und er verlor alles, was er besaß. Sein Vater überlebte den Krieg und die Bombardierung der Fabrik, in der er arbeitete, starb aber 1946. Trotz der ungeheuerlichen Vorgänge, die sich um ihn herum abspielten, berichtet Herzog, dass der Krieg, der Holocaust, die Schuld und die Verantwortung Deutschlands während seiner Schulzeit keinerlei Erwähnung fanden – eine häufige Beschreibung der deutschen Schulausbildung jener Zeit. 1952 immigrierte Herzog nach Toronto, wo seine Karriere als Fotograf begann. Im folgenden Jahr zog er nach Vancouver um und verdiente seinen Lebensunterhalt als Fotograf im medizintechnischen Bereich. Seine Freizeit nutzte er, um in Vancouver jene Straßenbilder aufzunehmen, die ihn später berühmt machten.

Lederman interviewte Herzog in dessen bescheidenem Heim in Vancouver. Als Journalistin wollte sie die Hintergründe verstehen, die ihn bewogen hatten, seine Heimat zu verlassen und sein Leben in Kanada der Fotografie zu widmen. Eine Frage nach seiner Ankunft in Kanada gab ihm das Stichwort, über die Vergangenheit zu sprechen. Lederman erkundigte sich, ob er als Deutscher im Nachkriegskanada Vorurteilen begegnet sei, und erwähnte, dass sein erster Arbeitgeber jüdisch gewesen sei. Herzog antwortet mit der oben zitierten Bemerkung über »jüdische Ärzte« und den »sogenannten Holocaust«. Lederman war zweifellos schockiert, griff die Bemerkung aber erst etwas später wieder auf und fragte: »Sie haben vom ›sogenannten Holocaust‹ gesprochen. Aus welchem Grund?« Daraufhin versucht Herzog, zu erklären, was er gemeint hat und was hinter seiner Wortwahl steckt:

> »Der Holocaust, vielleicht sollte ich nicht ›sogenannt‹ sagen. […] Dass eine grundsätzliche Ungerechtigkeit herrschte und [dass es da] nichts zu entschuldigen gibt – damit habe ich keine Schwierigkeiten. Aber dass Menschen in solcher Anzahl vergast und entsorgt wurden – das ist umstritten, je nachdem, woher man kommt. Ich bestreite es nicht […]. Aber es gibt andere Bücher, die ich gelesen habe und in denen es heißt, dass es da in Wirklichkeit tatsächlich um Entlausung ging. […] Dass Menschen unnötig ums Leben kamen, daran besteht kein Zweifel. Dass Menschen auf den Transporten in den Zügen starben, ist Tatsache. Dass Menschen am Ende des Krieges verhungert sind, ist Tatsache. Aber viele Menschen, neun Millionen Deutsche, wurden von dort, wo sie lebten, vertrieben. Neun Millionen, ohne zu wissen, wo sie hin sollten. Und viele von ihnen starben an Hunger und so weiter.«

In dem noch verbleibenden Interview legt Herzog großen Wert darauf zu betonen, dass er trotz seiner Bemerkung über den »sogenannten Holocaust« nie »gegen die Juden« gewesen sei oder die Nazis, die seinen Worten zufolge »absolut gemein gegenüber den Zigeunern und den Juden waren«, unterstützt habe.

29 Siehe Arnold (2007).

Mit Herzogs verstörenden Äußerungen bricht sich die Nazivergangenheit Bahn in die Gegenwart. Sie machen uns sprachlos. Wie Lederman sich fühlte, kann man nur ahnen. Je nach Blickwinkel lassen sich Herzogs Worte als Ausdruck einer – schwerlich anzunehmenden – krassen Unkenntnis über den Holocaust lesen oder als eine Weigerung, zu wissen. Wie auch immer man Herzogs Äußerungen deutet – sie sind, zumal fast 70 Jahre nach Kriegsende, unentschuldbar. Meiner Ansicht nach klingt in ihnen die unselige Geschichte der Holocaust-Verleugnung in Kanada an, die heute durch die Gesetze gegen Hassreden unter Strafe gestellt ist.[30] Für Deutschkanadier ist jede Form der Holocaust-Verleugnung besonders beschämend, weil sie an die rassistische Ideologie des Dritten Reichs anknüpft, mit der sich viele in den Jahrzehnten, die seither vergangenen sind, auseinanderzusetzen versucht haben. Herzogs Bemerkungen verweisen auch auf eine gefährliche Kurzsichtigkeit unter einem Teil der ersten deutschen Nachkriegseinwanderer, die durch das unverarbeitete Erbe ihrer in Nazideutschland verbrachten Kindheit und ein tiefes Bedürfnis, sich idealisierte Bilder ihres frühen Lebens und der zurückgebliebenen Angehörigen zu bewahren, veranlasst wurden, sich über historische Fakten hinwegzusetzen. Statt Schuld und Verantwortung anzuerkennen, kultivierten sie antisemitische Vorurteile und Verleugnung.

Marsha Lederman fühlte sich gegen Ende des Interviews gezwungen, Herzog zu sagen, dass ihre Eltern Holocaust-Überlebende waren. Herzog reagierte betroffen und stellte weitere Fragen nach ihrer Vergangenheit. Die Geschichte ihrer polnisch-jüdischen Familie ist unvorstellbar traurig. Unter der deutschen Besatzung Polens wurde die ganze Familie mütterlicherseits 1941 in ein Ghetto gesperrt. Ledermans Mutter wurde von ihren Angehörigen getrennt und musste in einer Munitionsfabrik Zwangsarbeit leisten. 1942 wurden die Eltern der Mutter und ihr jüngerer Bruder im Vernichtungslager Treblinka ermordet. Ledermans Mutter wurde 1944 nach Auschwitz deportiert und später auf den berüchtigten Todesmarsch ins Konzentrationslager Bergen-Belsen nahe Hannover gezwungen, wo sie im letzten Kriegsmonat schließlich befreit wurde. Ledermans Vater entkam knapp der Erschießung, tauchte unter und schlug sich dann bis Kriegsende als angeblich katholischer Arbeiter durch. Auch seine Eltern und Geschwister wurden 1942 in Treblinka ermordet. Ledermans Eltern lernten sich nach dem Krieg kennen und gingen 1951 zusammen nach Kanada. Nachdem Lederman ihm ihre traumatische Geschichte erzählt hatte, gab Herzog zur Antwort: »Ich lasse mich korrigieren. Ich lasse mich korrigieren.« Dann holte er ein Buch mit Fotografien Roman Vishniacs hervor, die das jüdische Leben in Polen vor dem Krieg dokumentieren, und bestand darauf, dass Lederman es mit nach Hause nahm.

Als Lederman und Herzog sich abermals trafen, um über die Fertigstellung des Artikels zu sprechen, erklärte Herzog: »Wenn ich die Ungerechtigkeiten des Holocaust nie wirklich verstanden habe, lag es wahrscheinlich daran, dass ich nie etwas darüber lesen wollte. Ich habe die Bilder gesehen, und ich wusste, dass es passiert ist, aber ich wollte mich nicht näher darauf einlassen, und ich wollte mich nicht schuldig füh-

30 Zum Thema der Holocaust-Verleugnung siehe die wichtige Untersuchung von Doris E. Lipstadt (1993), *Denying the Holocaust: The Growing Assault on Truth and Memory.*

len müssen.« Lederman antwortete einfühlsam mit der Frage, ob vielleicht das frühe Trauma des Krieges, den er als Kind miterlebt hatte, für diese Sichtweise verantwortlich sei. Herzog räumte ein, dass ihn die Tatsache, »ohne Eltern, die mich liebten«, aufgewachsen zu sein, mehr als alles andere geprägt habe. Sodann versuchte er, seine früheren Bemerkungen zu erklären: »Als ich nach dem Krieg als Jugendlicher in Deutschland aufwuchs, hat niemand jemals vom Holocaust gesprochen. Niemand. Nicht mein Chef, nicht die anderen Angestellten. Dort hat niemand jemals über den Holocaust gesprochen. Es war tatsächlich eine flächendeckende Verleugnung. Und erst nachdem ich Deutschland verlassen hatte, gab es meines Wissens in Westdeutschland Prozesse, die den Deutschen den Holocaust auf eine Weise vor Augen geführt haben, dass sie ihn nicht länger ignorieren konnten.«

Zutreffend beschrieb Herzog, wie es war, in den unmittelbaren Nachkriegsjahren in Deutschland aufzuwachsen. Er räumte ein, vom Schweigen jener Zeit beeinflusst worden zu sein, und erkannte an, dass seine Sicht der Nazivergangenheit möglicherweise aus der kollektiven Verleugnung resultierte, die die deutsche Nachkriegsgesellschaft und die Unterrichtspläne der 1950er Jahre bestimmte. Deutsche Nachkriegsimmigranten nahmen die Veränderungen, die sich in den folgenden Jahrzehnten in der Gedächtniskultur vollzogen, möglicherweise nicht bewusst wahr. Weil sich aber auch in Nordamerika eine kollektive Kultur des Holocaust-Gedenkens entwickelte, sind Herzogs Äußerungen nur schwer zu begreifen.

Freilich war die Bereitwilligkeit, mit der Herzog seinen Irrtum Ledermann gegenüber anerkannte, von Bedeutung. Die Frage, ob er bereit gewesen wäre, seine Vorurteile zu hinterfragen, wenn Lederman ihn nicht interviewt oder wenn sie ihm nicht von der Holocaust-Geschichte ihrer eigenen Familie erzählt hätte, lässt sich nicht mehr klären. Dass wir die Antwort nicht kennen, wird unsere Wahrnehmung seiner Persönlichkeit färben.

Das Interview mit Herzog gewährte Lederman Einblick in das Leben eines Kindes, das den Krieg in Deutschland miterlebte. Einfühlsam konstatierte sie: »Ich glaube, ich bin in der Lage, alles durch Herzogs zerschmetterte Linse zu sehen. Ich sehe seine Fotografie als Ausdrucksmöglichkeit eines Opfers, dessen Schmerz in Anbetracht der von seinen Landsleuten verübten Gräueltaten und des Leidens anderer Menschen keine Anerkennung fand; ein junger Mann, der nach Kanada kam und schweigen musste, dessen Werk aber Bände spricht.« Lederman beschließt ihre Beschreibung der traumatischen Geschichte, die eine paradoxe Verbindung zwischen ihnen stiftete, mit den Worten: »Herzogs gemütliches Wohnzimmer auf der Westside von Vancouver ist Millionen Meilen, Millionen Jahre entfernt von den Schrecken des Zweiten Weltkriegs. Und dennoch waren sie da, direkt vor unseren Augen. Eine Mauer. Eine Brücke. Fred Herzog und ich haben eine gemeinsame Geschichte.«

2. Kapitel

Das Aufarbeiten meines großelterlichen Erbes

Während meiner letzten Schuljahre zogen meine Eltern zurück nach Europa. Dies gab mir Gelegenheit, in der Schweiz und in Deutschland zu leben, Ländern, die zu meiner Kindheit gehört hatten, auch wenn ich sie praktisch nur aus der Ferne kannte. Wir hatten Hannover immer wieder besucht, und so entschied ich, für eine Weile dorthin zu ziehen, nachdem ich die Schule abgeschlossen hatte. Es war ein gutes Gefühl, unter Familienangehörigen zu leben, und irgendwie auch beruhigend zu wissen, dass es nicht mehr erforderlich sein würde, ins Flugzeug zu steigen, um wie so oft zuvor nach Kanada zurückzukehren. Ich konnte bei dem Bruder meiner Mutter in Hannover arbeiten und durfte bei meiner Großmutter wohnen. Damals, im Jahr 1983, lebte mein Großvater schon nicht mehr. Meine Großmutter wohnte noch immer in dem Haus, das er nach dem Krieg unmittelbar neben der Ruine des zerbombten Elternhauses meiner Mutter gebaut hatte. Ich tat, was ich konnte, um sie zu unterstützen und ihr im Haushalt zu helfen. Sie kränkelte, was sie aber nicht davon abhielt, mich zu verwöhnen. Sie bereitete köstliche Mahlzeiten zu, und während wir zusammen in der Küche saßen, erzählte sie mir Geschichten aus ihrer Jugend und dem aufregenden Leben in den 1920er Jahren, als sie mit meinem Großvater eine Zeitlang in Berlin gewesen war. Ich denke noch immer gern an diese Momente zurück – nur sie und ich, zusammen in dem Haus, in dem meine Mutter mit ihren Geschwistern aufgewachsen war. Es war ein Ort voller Erinnerungen, an dem ich mich geborgen fühlte.

Durch die Arbeit bei meinem Onkel kam ich mit Menschen in Kontakt, die ich sonst nicht kennengelernt hätte. Mein Onkel hatte ein kleines Bauunternehmen und stellte mich seinen Kunden gern als den Neffen aus Kanada vor. Als wir einmal zusammen im Haus eines älteren Deutschen arbeiteten, fiel mein Blick auf mehrere Fotos, die im Wohnzimmer an der Wand hingen. Sie stammten aus dem Zweiten Weltkrieg und zeigten ein deutsches U-Boot und seine Besatzung. Nachdem wir mehrere Tage lang in dem Haus gearbeitet hatten, konnte ich meine Neugier nicht länger zügeln und fragte den Hausbesitzer nach den Fotos. Der Mann erzählte mir, dass er während des Krieges U-Boot-Kapitän gewesen und an der Atlantikküste stationiert gewesen sei. Nach mehreren Einsätzen unter seinem Kommando war das U-Boot in der Schlacht gesunken. Mit Glück hatte er überlebt.

Nachdem er mir erklärt hatte, welche Bedeutung die Fotos als ganz besondere Erinnerungsstücke für ihn besaßen, wechselte er plötzlich den Tonfall. Er drehte sich mir abrupt zu, zeigte mit dem Finger auf meine Brust und sagte auf Deutsch: »Ihr habt mich versenkt.« Ich erinnere mich, dass ich furchtbar erschrak. Offensichtlich war sein U-Boot von der Royal Canadian Navy zerstört worden. Ich wusste nicht, was ich antworten oder ob ich überhaupt etwas sagen sollte. Ich kann mir das, was damals geschah, noch immer nicht wirklich erklären. Vielleicht hing der Wutausbruch des Mannes mit einem Erlebnis zusammen, das auch nach vielen Jahren noch intensivste Gefühle in ihm weckte. Vielleicht empörte es ihn, dass ihm ein Kanadier unter seinem eigenen Dach in deutscher Sprache mit englischem Akzent naive Fragen stellte. Vielleicht zeigte er auch einfach jene Art unberechenbaren Verhaltens, wie es für alte Menschen manchmal typisch ist. Wie auch immer – der Mann machte kehrt und ging davon, ohne meine Antwort abzuwarten und ohne ein Wort der Entschuldigung oder Erklärung. Ich war bestürzt und völlig verwirrt. Als ich meinem Onkel erzählte, was passiert war, scherzte er: Der alte Mann sei eindeutig verrückt. Ich bin nicht davon überzeugt. Meiner Ansicht nach meinte er das, was er sagte, bitterernst. Die Art, wie er mich ansah, bestätigte meinen Eindruck, dass bestimmte Fragen über die Vergangenheit nicht willkommen waren. Allzu neugierig zu sein war nicht ungefährlich. Als wir die Arbeiten in seinem Haus abschlossen, stieß ich einen Seufzer der Erleichterung aus.

Meine Reaktion auf den Ausbruch des Mannes – die der Grund ist, weshalb ich mir erlaube, diese Episode hier zu schildern – war merkwürdig gemischt. In dem Augenblick, in dem ich zur Zielscheibe seiner Wut wurde, wollte ich mit meiner deutschen Vergangenheit nichts zu tun haben. Rückblickend würde ich dies als naheliegende Reaktion in einem Moment verstehen, in dem mir die Geschichte buchstäblich ins Gesicht brüllte. Schließlich war ich in Kanada und nicht in Deutschland aufgewachsen und besaß einen kanadischen Pass. Aber in mir lief auch eine weniger naheliegende Reaktion ab, die mit Blick auf meine emotionale Verbundenheit mit meinen Großeltern aufschlussreich ist. Ich wollte dem Mann sagen, dass er sich irrte, dass meine Großmutter in der Nähe wohnte und meine Eltern nicht weit entfernt von dem Ort, an dem wir standen, aufgewachsen waren. Die Art und Weise, wie dieser ältere Mann mich als Kanadier identifizierte, fühlte sich an, als wiese er mir eine einzige, fixe Identität zu, die ich mit meinem Selbstbild und der Geschichte meiner Familie überhaupt nicht vereinbaren konnte. Der Impuls, ihn über meinen deutschen Hintergrund aufklären zu wollen, war ein Versuch, meine familiale Verbundenheit aufrechtzuerhalten. Und dennoch hatte es seinen Preis, mich auf diese Weise als Deutschen zu identifizieren. Demselben kulturellen Sprach- und Traditionsmilieu anzugehören wie der alte Mann bedeutete, die Geschichte, die ihn zu seiner Feindseligkeit veranlasste, als meine eigene anzunehmen oder zumindest anzuerkennen. Ich hätte mir Rechenschaft über die Beteiligung meiner eigenen Familie an einer schändlichen Vergangenheit ablegen und klären müssen, welchen Beitrag ich selbst zur Aufrechterhaltung des Schweigens über meine Großeltern leistete. Dieser Herausforderung war ich noch nicht gewachsen. Es hat mich fast drei Jahrzehnte mit vielen unvorhergesehenen Begegnungen dieser Art gekostet, bis ich das Foto meines Großvaters erkennen und die Fäden meiner Familiengeschichte entflechten konnte.

Wäre ich in Deutschland aufgewachsen, hätte ich die Unvermeidbarkeit der Einbindung meines Großvaters in die nationalsozialistische Vergangenheit vielleicht eingesehen. Ich war aber noch nicht lange in Deutschland und entdeckte erst nach und nach, wie es war, dort zu leben und der deutschen Geschichte im Alltag zu begegnen. Als Kind in Kanada hatte ich Deutschland in erster Linie aus der Ferne erlebt. Meine Eltern hatten schon früh über den Holocaust mit mir gesprochen, doch um meine

Identifizierung mit meinen Großeltern zu schützen, hatte ich bedrohliche Vorstellungen und Gedanken über sie dissoziiert. In einer Umwelt, in der grundsätzlich keine Fragen gestellt wurden, vermied auch ich es, die schwierigen Fragen auszusprechen. Wenn ich meine deutsche kulturelle Identität schützen wollte, war es offenbar notwendig, bestimmte Aspekte der Vergangenheit anzuerkennen und andere von mir fernzuhalten. Der Zwischenfall mit dem alten ehemaligen U-Boot-Kapitän rückte diese Widersprüche in den Vordergrund.

Historische Traumata werden häufig in Schweigen gehüllt. Der Ausbruch jenes Mannes aber zeigt, dass wir die Vergangenheit nicht verschwinden lassen können. Sie taucht ein ums andere Mal wieder auf und bricht in die Gegenwart ein. Ich spreche von den verräterischen Zeichen der Traumata, die unsere persönliche und die kulturelle Geschichte markieren. So wie das Foto meines Großvaters einen ungesagten Teil meiner Familiengeschichte preisgab, erinnern sie uns daran, dass nicht alles gesagt wurde. In diesem Sinn verstanden, hören historische Traumata nicht auf, uns zu verfolgen und uns ihrer Gegenwärtigkeit zu versichern.[1]

Wenn wir tatsächlich durch traumatische Ereignisse, die uns vorausgehen, geprägt werden – wie verstehen wir diese Geschichte im Kontext unseres eigenen Lebens? Der Historiker Dominick LaCapra hat die Ansicht vertreten, dass unsere Reaktion auf den Holocaust damit, wer wir sind und wie wir uns identifizieren, also mit unserer jeweiligen Position in Geschichte und Kultur, zusammenhängt:

> »Der Holocaust konfrontiert den Historiker mit einer Übertragung, die man sich traumatischer gar nicht vorstellen kann, aber dies geschieht in einer Form, die je nach der Subjektposition des Analytikers variiert. Ob der Historiker oder Analytiker ein Überlebender ist, ein Verwandter von Überlebenden, ein ehemaliger Nazi, ein ehemaliger Kollaborateur, ein Verwandter ehemaliger Nazis oder ehemaliger Kollaborateure, ein jüngerer Jude oder nichtjüdischer Deutscher ohne eine persönliche Beziehung zum Überleben, zur Mitläuferschaft oder zur Kollaboration, oder ob er, was diese Probleme angeht, gewissermaßen ›außen vor‹ ist, verleiht sogar solchen Aussagen, die formal identisch sind, völlig unterschiedliche Bedeutungen. Bestimmte Aussagen oder ganze Orientierungen können für jemanden in einer bestimmten Subjektposition, nicht aber in anderen, angemessen sein.« (LaCapra 1994, S. 45f.)

Über LaCapras aufschlussreiche Überlegungen hinaus müssen wir untersuchen, wie unsere Interaktionen mit anderen Menschen in Bezug auf die Katastrophe variieren.

1 Darum geht es Stephen Frosh (2013), wenn er schreibt: »Wenn das Unbewusste existiert, dann wird es, ganz gleich, was wir sagen, um ihm auszuweichen, immer zu uns zurückkehren. [...] Dinge, die von früheren Geschehnissen *übrig*geblieben sind oder aus der bewussten Anerkennung *aus*geschlossen wurden. Es sind die randständigen Dinge, die uns von der Seitenlinie und aus den Tiefen anspringen und uns verfolgen, während wir unser vermeintlich normales Leben führen« (S.3). Die Literaturwissenschaftlerin Cathy Caruth (1995) entwirft eine ähnliche Perspektive auf das Trauma: »Die Traumatisierten tragen sozusagen eine unmögliche Geschichte mit sich, oder sie werden selbst zum Symptom einer Geschichte, die sie sich nicht vollständig aneignen können« (S. 5).

Die Art und Weise, wie wir einander wahrnehmen, kann vorgeben, worüber wir sprechen, wie wir darüber sprechen und mit wem wir darüber sprechen – ein Prozess, der bei Begegnungen zwischen Deutschen und Juden sehr deutlich erkennbar wird.

Was ich als Angehöriger der dritten deutschen Generation sehe und verstehe, ist ein Spiegel meiner spezifischen Situation im Leben als Enkel von Deutschen jener Generation, die den Holocaust durchführte. Indem ich im Laufe der Zeit die impliziten Bedeutungen meines Familiennarrativs anzuerkennen lernte, hat sich mein Verständnis dieser Situation und ihrer Implikationen verändert. Durch die Linse des Enkels weit entfernt lebender, idealisierter Großeltern betrachtet, zeigt sich die Vergangenheit ganz anders als durch die Linse des Enkels, der weiß, dass sein Großvater NSDAP-Mitglied war. Wie ich die Geschichte meiner Familie heute verstehe, beeinflusst, wie ich die massiven Traumata des Holocaust begreife, und gibt vor, worüber ich schreibe.[2] Das Schreiben kann uns ermöglichen, neue Perspektiven in Betracht zu ziehen, indem man Erfahrungen, die zuvor nicht greifbar waren, in Worte fasst – ganz ähnlich, wie die Psychoanalyse Licht auf Unbekanntes werfen kann.

Die Psychoanalyse versucht, die emotionale Dynamik des Traumas zu verstehen, doch das Feld selbst ist gegen diese Dynamik gleichfalls nicht immun. Als Profession hat es die Psychoanalyse erhebliche Mühen gekostet, die Traumata des Holocaust im Leben europäischer jüdischer Psychoanalytiker, die den Nazis entkommen konnten, anzuerkennen. Für deutsche Psychoanalytiker ist die Bürde der Scham über die Nazivergangenheit eine andere, aber mitnichten weniger reale Herausforderung. Als Psychoanalytiker deutscher Herkunft sind mir die formidablen Hindernisse, die die Auseinandersetzung mit dem Holocaust erschweren, vertraut.[3] Selbst nach vielen Jahrzehnten kann das Erbe des Dritten Reichs noch immer auf überraschende, schwer handhabbare Weise zutagetreten. Anhand von Beispielen aus meiner therapeutischen

2 Ich verweise auf die Dynamik der Zugehörigkeit und des Wunsches, nicht dazuzugehören, die für viele Mitglieder der zweiten und dritten Generation definiert, was es bedeutet, Deutsche oder Deutscher zu sein. Besonders eindrücklich hat Gabriele Schwab (2010) diese Dynamik in ihrem Buch *Haunting Legacies* beschrieben. Die Dynamik, die ich untersuche, hat sich für viele Deutsche der vierten Generation gewandelt. Sie können sich mit ihrer deutschen Herkunft auch deshalb leichter identifizieren, weil sie vom Holocaust und den dafür verantwortlichen Menschen weiter entfernt sind.

3 Die Psychoanalyse ist ein ausgesprochen diverses Feld mit einer langen und reichen Geschichte. Die moderne psychoanalytische Denkschule, in der ich meine Ausbildung absolviert habe, betont den sozialen und kulturellen Charakter menschlichen Erlebens. Die Begriffe »klassisch« und »modern« oder »zeitgenössisch« werden häufig in einem allgemeinen Sinn benutzt, um gewissermaßen zwei verschiedene Punkte auf einem Kontinuum unterschiedlicher theoretischer und klinischer Sichtweisen zu kennzeichnen. Zur Entwicklung der spezifischen modernen Perspektive, die ich in diesem Buch darlege, siehe Frie (2015). Mein Ansatz gründet in der interpersonalen und in der intersubjektiven psychoanalytischen Tradition. Bedauerlicherweise gedeihen nach wie vor, zumal in den nordamerikanischen psychologischen Fachbereichen, traditionelle stereotype Vorstellungen von der Psychoanalyse, die den enormen theoretischen und klinischen Weiterentwicklungen, die sich seit Freud vollzogen haben, in keiner Weise Rechnung tragen. Diesen Entwicklungen sind zahlreiche einschlägige Arbeiten gewidmet (vgl. Elliott 2002; Greenberg & Mitchell 1983; Stolorow, Atwood und Orange 2002).

Arbeit und autobiographischen Illustrationen untersuche ich im Folgenden, wie das Schweigen, das historische Traumata umgibt, unsere Reaktionen in der Gegenwart weiterhin prägt.[4]

Deutsch sein und nicht deutsch sein

Als Kind deutscher Nachkriegseinwanderer in einer überwiegend angelsächsischen Kultur aufzuwachsen bedeutete für mich, dass Fragen der Zugehörigkeit und der Sprache zu meinem täglichen Leben gehörten. Als ich älter wurde, verbrachte meine Familie offenbar weniger Zeit in der deutschen Gemeinde und hielt sich häufiger in der englischsprachigen kanadischen Gesellschaft auf. Fließend Englisch zu sprechen war für diesen Prozess entscheidend. Doch obwohl meine Eltern die englische Sprache fließend beherrschten, fühlten sich manche Nachbarn merkwürdigerweise bemüßigt, ihre Aussprache zu korrigieren. Diese Momente gingen mir nahe. Ich stellte mir vor, wie meine Eltern sich fühlen mochten, und vermute, dass viele Einwandererkinder sich an ähnliche Situationen erinnern.

Meine eigene Identität als Sohn deutscher Eltern trat auf mancherlei Weise zutage, angefangen mit den mühelos zu identifizierenden Vornamen meiner Eltern, Hans-Joachim und Adelheid. Aufschlussreicher aber war die Aussprache meines Familiennamens, die für viele Englischsprachige eine Herausforderung darstellt. Manche fragen direkt, wie der Name ausgesprochen wird, die meisten aber sprechen ihn instinktiv wie »fry« aus. Ich habe es irgendwann aufgegeben, sie zu korrigieren. Im Laufe der Zeit

4 Ich verwende die Bezeichnungen »Psychoanalyse« und »Psychotherapie« in diesem Buch bewusst nebeneinander und austauschbar, um dem vor allem in akademischen Kreisen weit verbreiteten Irrtum vorzubeugen, dass es sich bei der Psychoanalyse nach wie vor um ein streng freudianisches Behandlungsverfahren handele, das es von anderen psychodynamischen, humanistischen und relationalen Therapien strikt zu unterscheiden gelte. Ich bin darüber hinaus der Meinung, dass sich die historisch definierte Trennung zwischen Psychoanalyse und Psychotherapie nicht nur nicht länger aufrechterhalten lässt, sondern dass sie zu falschen Vorstellungen und Missverständnissen führt, die sich die Psychoanalyse nicht leisten kann. Psychoanalyse wie auch Psychotherapie stellen einen relationalen Raum zur Verfügung, in dem Verständnis entwickelt und emotionales Leid geheilt werden können. In einer gesundheitspolitischen Umwelt, die jeder Art zeitlich unbefristeter psychodynamischer oder humanistischer Therapie – ganz gleich, ob als »Psychoanalyse« oder als »Psychotherapie« definiert – zunehmend feindlich gesinnt ist, kann das Beharren auf doktrinären und technischen Unterscheidungen nur von Schaden sein. Gemeinsam ist sämtlichen Therapien der psychoanalytischen Tradition die Konzentration auf die therapeutische Beziehung, die Würdigung unseres Entwicklungsverlaufs und die Anerkennung, dass unser emotionales Leben sich nicht auf das beschränkt, was unserem Wissen zugänglich ist. Das therapeutische Ziel besteht nach meiner Meinung darin, psychische Phänomene, die zwischen Psychotherapeut und Patient auftauchen, sowie den breiteren Lebenskontext beider Beteiligter zu verstehen. Dieser Blickwinkel schließt auch die Rolle von Geschichte, Kultur und Gesellschaft mit ein. Für eine Diskussion der Konvergenz moderner psychoanalytischer Richtungen und humanistischer Therapien siehe Frie (2012a, 2015) und Orange (2010).

lernte ich, den kulturellen Kontext, in dem ich mich befand, auch anhand der Aussprache meines Namens zu verstehen und einzuschätzen.

Nach meinem Universitätsstudium in England zog es mich nach New York City. Obgleich die Stadt seit jeher ein Einwanderungsziel ist und ebenso viele Sprachen wie ethnische Gruppen beherbergt, ist die Hauptsprache Englisch. Trotzdem wurde mein Familienname in New York zum allerersten Mal korrekt ausgesprochen. Ich habe mich gefreut wie ein Kind, meinen Namen zu hören, ohne sogleich den Impuls zu verspüren, ihn korrigieren oder die Frage nach seiner Aussprache beantworten zu müssen. In meiner neuen Wahlheimatstadt wurde mein Name nicht nur erkannt – vielmehr schien seine Aussprache auch meine Zugehörigkeit zu signalisieren. Ich habe mich dieser neuen Situation rasch angepasst. Länger dauerte es, bis ich die Interaktion von Kultur und Sprache durchschaute, die diese Veränderung erklärte. Im Laufe der Zeit erfuhr ich, dass die deutsche Wurzel meines Namens die etymologische Grundlage einer Reihe verbreiteter jüdischer Familiennamen ist. Ich hatte mich scheinbar von einem in einer angelsächsischen Welt lebenden, als Kind deutscher Einwanderer identifizierbaren Individuum in ein implizit identifizierbares Mitglied der jüdischen Gemeinde auf New Yorks Upper West Side verwandelt. Die Tatsache, dass ich in New York als Psychoanalytiker praktizierte und mit einer jüdischen Frau verheiratet war, schien diese Identifizierung zusätzlich zu bestätigen.

Unter dem Blickwinkel deutschen Erinnerns und deutscher Verantwortung betrachtet, geriet ich dadurch in eine unbehagliche Position. Auch wenn Deutsche ihre Geschichte als abgeschlossenes Kapitel betrachten mögen, gibt es in New York doch viele Menschen, für die die Nazivergangenheit und der Holocaust eine gelebte Realität geblieben sind. In New York zu leben und zu arbeiten verlangte, dass ich meinen deutschen Hintergrund und die Bedeutungen, die er für die Menschen in meiner Umgebung besaß, aufmerksam berücksichtigte, denn mit wem wir interagieren und wo wir uns selbst positionieren, übt einen direkten Einfluss darauf aus, wie wir die Vergangenheit verstehen und wie wir uns zu ihr stellen. In einem deutschen Kontext Deutscher zu sein ist etwas ganz anderes, als in einem nichtdeutschen oder in einem vorwiegend jüdischen Kontext als Deutscher identifiziert zu werden. Je nachdem, wie wir wahrgenommen werden, sei es als nichtjüdisch und deutsch oder als jüdisch, können die Möglichkeiten, mit anderen zu interagieren und Erinnerungen zu untersuchen, radikal unterschiedlich sein.

Meine Arbeit mit Menschen, die von der Dynamik historischer Traumata direkt oder indirekt geprägt worden waren, hat mich dafür sensibilisiert, wie meine Patienten mich identifizieren. Mit der Bedeutung meines deutschen kulturellen Hintergrundes wurde ich schon früh konfrontiert, nämlich als ich während meiner psychoanalytischen Ausbildung mit einem Patienten arbeitete, dessen Schwierigkeiten mit seinem Leben in und zwischen unterschiedlichen Kulturen zusammenhingen. Ausführlich schilderte er die Erfahrung, entweder von der einen oder von der anderen kulturellen Gruppe falsch wahrgenommen zu werden, und das Problem, einen Platz zu finden, an dem er sich zugehörig fühlen könnte. Er fragte sich, ob diese Schwierigkeiten zum Teil vielleicht auch mit einer sprachlichen Hürde zusammenhingen. Er war zwar in zwei Sprachen bewandert, beherrschte aber seine Muttersprache nicht fließend, was von seiner Familie und der Gemeinde sehr kritisch gesehen wurde. Sie hatten den Eindruck, dass er sein Erbe geringschätze. Mein Patient idealisierte Menschen, die seiner Ansicht nach in einer Kultur fest verwurzelt waren, weil er glaubte, dass ihnen das emotionale Dilemma, das ihm selbst zu schaffen machten, erspart bliebe.

Nachdem er mir diese persönlichen Schwierigkeiten offenbart hatte, begann er, sich zu fragen, ob das, was er mir erzählte, für mich überhaupt nachvollziehbar sei. Er nahm mich auf der Grundlage meiner Fähigkeit, fließend Englisch zu sprechen, als Angehörigen einer einzigen Kultur wahr. Er wusste nicht, in welch hohem Maß unser beider Erfahrungen einander ähnelten. Beide waren wir Kinder von Immigranten. Ebenso wie mein Patient führte ich ein Leben zwischen Kulturen und Sprachen. Meine Muttersprache war Deutsch, doch mir ist es immer schwer gefallen, Sprachen zu lernen. Obwohl meine Familie keinen Druck auf mich ausübte, empfand ich meine kulturellen Identitäten oft als verwirrend. Als Kind identifizierte ich mich mit der Kultur und Sprache meiner Eltern, obwohl ich in einer englischsprachigen Umwelt groß wurde. Das Hin- und Herwechseln zwischen verschiedenen kulturellen Identitäten und Sprachen war ein vertrauter, wenngleich nicht immer einfach zu bewältigender Teil meines Heranwachsens.

In meiner Kindheit drängte sich mir die Frage der kulturellen Zugehörigkeit vor allem bei unseren Reisen nach Deutschland auf. Während meine Eltern in Kanada als Einwanderer identifiziert wurden, schienen sie sich in Deutschland im Handumdrehen in das Kultur- und Sprachgewebe einzufügen, das ich selbst im Grunde nur aus der Ferne kannte. Im Gegensatz zu ihnen war ich in Deutschland ein Außenseiter, der »Nordamerikaner«. Ich fühlte mich von meinen Verwandten durchaus geliebt und angenommen, kam mir aber in Gegenwart deutscher Kinder unbeholfen vor. Meine späteren Erfahrungen in der Schweiz waren auf subtile Weise anders gelagert. Hier hatten die Deutschen, wie ich merkte, keinen ganz leichten Stand. Da sie Hochdeutsch statt Schwytzerdütsch sprachen, wurden sie (auch wenn sie lediglich deutscher Herkunft waren) als Deutsche identifiziert, und dies konnte negative historische Assoziationen wecken. Ich fühlte mich also in keiner meiner kulturellen Welten wirklich zuhause, sondern nahm meine Umgebung immer unter einer anderen kulturellen Perspektive wahr. So sehr ich mir wünschte, mich mit einem einzigen kulturellen Kontext identifizieren zu können – es fiel mir schwer. Ich war in einem Moment jemand mit deutschem Hintergrund, im anderen Augenblick Kanadier, fühlte mich aber insgesamt irgendwo dazwischen, so als wartete ich darauf, durch die Verwendung der einen oder der anderen Sprache auf eine bestimmte Identität festgelegt zu werden.[5]

5 In einer sich globalisierenden Welt, in der Kultur einem ständigen Wandel unterliegt, kann man schwerlich von singulären Identitäten sprechen. Ich ziehe deshalb den Begriff »Identifizierungen« vor, um einen laufenden, in steter Veränderung begriffenen Prozess zu bezeichnen, den wir umständehalber oder aus freien Stücken durchlaufen (siehe Bauman 2009). Wie ich »mich selbst identifiziere«, kann ein persönliches Konstrukt sein, zumeist aber werden unsere Identitäten in unseren sozialen Interaktionen erzeugt und von unseren kulturellen Kontexten geprägt (siehe Frie 2011a), mit anderen Worten: Ich kann ein persönliches Narrativ

Die Art und Weise, wie unser Gegenüber auf uns reagiert, kann unsere Identität spontan und auf unbehagliche Weise verändern. Ich fühlte mich durch die Befürchtung meines Patienten, dass ich ihn womöglich nicht würde verstehen können, veranlasst, zu überlegen, ob ich meine eigenen Schwierigkeiten mit Kultur und Sprache ein Stückweit offenlegen sollte. Wenn ich ihm andeutungsweise von meinen Erfahrungen als Einwandererkind berichtete, könnte ich ihm vielleicht die nötige Sicherheit vermitteln und es ihm ermöglichen, offener zu sprechen. Mein Patient hörte mir aufmerksam zu und verfiel dann in ein unbehagliches Schweigen. Zunehmend verunsichert wartete ich auf seine Reaktion. Irgendetwas stimmte nicht. Schließlich hob er an zu sprechen, sorgfältig auf die Wahl seiner Worte bedacht. Mit dem Wissen, dass ich »Deutscher« sei, so sagte er, müsse er sich erst recht fragen, ob ich ihn verstehen könnte. Seine Reaktion verwirrte mich. Ich fühlte mich an die unbehaglichen Momente in meiner Kindheit erinnert, in denen ich meine deutsche Herkunft beschämt verbergen wollte. Mit meiner Selbstenthüllung hatte ich die Situation für ihn entspannen wollen, aber offensichtlich genau das Gegenteil erreicht. Ich hatte ihm von meinen Schwierigkeiten als Sohn deutscher Einwanderer berichtet, doch nun schien es, als habe mein Patient tatsächlich nichts anderes gehört als das Wort »deutsch«.

Auf meine Bitte, seine Befürchtungen näher zu erläutern, berichtete er, dass er Deutsche seit jeher als gefühllos und übertrieben rational wahrgenommen habe. Er räumte ein, dass seine Sichtweise nicht fair sei; dies änderte für ihn aber nichts daran, dass Deutsche in seinen Augen ihre eigenen Interessen grundsätzlich über die Bedürfnisse Anderer stellten. Die Geschichte von Täterschaft, Holocaust und zwei Weltkriegen beweise dies zur Genüge. Nun befürchtete er, dass ich womöglich genauso sei. Ich wusste zunächst nicht, wie ich reagieren sollte. Indem ich meinen kulturellen Hintergrund aufgedeckt hatte, schien ich mich plötzlich in jemand Anderen verwandelt zu haben. In diesem Moment wirkte die Diskrepanz zwischen meiner eigenen Wahrnehmung meiner kulturellen Herkunft und der Art und Weise, wie er mich, gestützt auf ein kulturelles Label und auf die historische Realität, wahrnahm, unüberwindbar. In den Augen meines Patienten war ich mit einer furchtbaren Geschichte identifiziert – einer Geschichte, die ich geerbt hatte, ohne sie selbst erlebt zu haben oder an ihr beteiligt gewesen zu sein.

Ich empfand eine Mischung aus tiefer Frustration und Scham. Einerseits wollte ich das Erbe meiner Großeltern und ihrer Generation verharmlosen. Andererseits weckte meine Scham über die Gräueltaten und die mögliche Beteiligung meiner Familie an diesen Verbrechen den Wunsch in mir, mich zu verstecken – reflexhafte Reaktionen auf die unbehagliche, ungewollte Situation, in die ich mich hineinmanövriert hatte. Doch jeder Versuch, seine Worte zu verleugnen oder die Interaktion in andere Bahnen zu lenken, hätte bedeutet, die Geschichte zum Schweigen zu bringen. Zudem hätte ich mich selbst der Möglichkeit beraubt, die Reaktion meines Patienten besser zu verstehen.

verfertigen (eine Geschichte darüber, wer ich bin), das meine fortdauernde Identität begründet und sie mitkonstituiert. Mein Gefühl, wer ich bin, wird unter Umständen aber nirgendwo persönlicher, privater spürbar als in meiner Wahrnehmung der Reaktion des Anderen.

Unsere Interaktion sensibilisierte mich für die Intensität meiner Angst, mit einem historischen Narrativ identifiziert zu werden, über das ich keine Kontrolle hatte. Damit wir unsere gemeinsame Arbeit fortsetzen konnten, war es wichtig, dass ich die Sichtweise meines Patienten anerkannte. Seine Sorgen waren historisch begründet und konnten nicht als »bloße Übertragung« wegerklärt werden. Historische und kulturelle Realitäten lassen sich nicht auf diese Weise herunterbrechen. Ich musste mich mit der Bedeutung der Vergangenheit auseinandersetzen und sie erforschen, aber meine Fähigkeit, auf diesem Gebiet zu kommunizieren, war alles andere als ausreichend. Nach dem ersten Schock bestätigte ich meinem Patienten, dass die Kriegsgeschichte und Deutschlands Verantwortung für den Holocaust seine Befürchtungen rechtfertigten. Indem ich dies anerkannte, schuf ich die Voraussetzung dafür, dass wir seine angstvollen Vorstellungen über Deutsche – und damit auch sein Bild von mir – untersuchen konnten.

Als wir den Befürchtungen meines Patienten auf den Grund gingen, lernte ich seine Familiengeschichte, über die er bislang nicht gesprochen hatte, ein wenig besser kennen. Die Familie stammte aus Südeuropa und hatte die Besatzung durch die Nazis erlebt. Viele seiner Verwandten hatten im Zweiten Weltkrieg gekämpft. Sein Großvater war in deutscher Kriegsgefangenschaft gewesen. Mein Patient idealisierte ihn ganz ähnlich, wie ich selbst als Kind meinen Großvater idealisiert hatte. Von früh an hatte er Geschichten über grobe Misshandlungen gehört, die der Großvater durch deutsche Soldaten erlitten hatte. Vor diesem Hintergrund fiel es ihm schwer, sich mit meiner deutschen Abstammung zu arrangieren. Er spüre, so sagte er, dass ich vielleicht »anders sei« und dem Bild, das er von den Deutschen habe, nicht entspräche. Dennoch war er verunsichert, und mir ging es zweifellos ähnlich.

Mit dem Unbehagen leben

Dass ich nicht wusste, wie ich auf die Befürchtungen meines Patienten reagieren sollte, hing mit meinen Schwierigkeiten zusammen, meine Großeltern durch seine Augen zu betrachten. Dies hätte nämlich bedeutet, mich von idealisierten Bildern aus meiner Kindheit zu verabschieden und das beklommene, aber unausgesprochene Gefühl anzuerkennen, dass mich im Zusammenhang mit der Geschichte meiner Familie beschlich. Ich möchte diesen Prozess anhand eines weiteren Beispiels illustrieren. Ende der 1980er Jahre – ich war noch Student – verbrachte ich einige Zeit in Frankreich, um meine Sprachkenntnisse zu verbessern. Die Sprachschule, die ich besuchte, befand sich an der französischen Westküste und wurde von Europäern unterschiedlicher Nationalitäten besucht. Ein Großteil der Schüler war deutschsprachig, und ich weiß noch, dass ich damals dachte, dass ich zwar meine Deutschkenntnisse verbessern, mein Französisch davon aber nicht profitieren würde. Ich schloss vor allem mit zwei Deutschen Freundschaft, einem Regierungsangestellten und einem Künstler. Aufgrund unserer so unterschiedlichen Lebenswelten verbrachten wir eine spannende Zeit miteinander, in der sich mir erneut die vertrauten Fragen der Identität und Zugehörigkeit stellten.

Die Schule befand sich an dem Teil der französischen Küste, die im Zweiten Weltkrieg als sogenannter Atlantikwall Berühmtheit erlangt hatte. Die Deutschen hatten hier Befestigungsanlagen errichtet, um Invasionen abzuwehren. Überreste der Bunker sind bis heute erhalten. Fast ausschließlich von Zwangsarbeitern errichtet, stehen sie in regelmäßigen Abständen an weiten Stränden, eine beklemmende Erinnerung an frühere Zeiten. Als wir drei diese deutschen Befestigungsanlagen zum ersten Mal erblickten, meinte einer meiner Mitschüler: »Hey, die Jungs waren vor uns da!« Ich empfand diese merkwürdige, unerwartete Bemerkung als verstörend. Einerseits war ich als Gruppenmitglied identifiziert worden, und als Deutscher unter anderen Deutschen identifiziert zu werden, gab mir ein Gefühl der Zugehörigkeit, das ich als Kind und Heranwachsender zwischen verschiedenen Kulturen und Sprachen so oft vermisst hatte. Im Gegensatz zu den Feierlichkeiten am kanadischen Remembrance Day, bei denen ich meine Herkunft am liebsten verborgen hätte, befand ich mich hier unter Mitschülern, die vermutlich ähnliche Familiengeschichten hatten wie ich selbst. Andererseits war die Bemerkung zutiefst verstörend, denn sie verriet das völlige Fehlen eines historischen Bewusstseins und jeder Sensibilität für die historische Bedeutung der Befestigungsanlagen.

Als Deutscher identifiziert zu werden bedeutete in diesem Kontext ebenso wie in meiner früheren Interaktion mit dem alten U-Boot-Kapitän, dass die Nazivergangenheit ignoriert oder zumindest beiseitegeschoben wurde. Die »Jungs«, von denen mein Mitschüler sprach, waren deutsche Soldaten, die Frankreich besetzt hielten. Die deutsche Armee hielt Dreifünftel des Landes unter Kontrolle, der Rest wurde von dem französischen »Vichy-Regime« verwaltet. Unter deutschem Befehl und mit aktiver Beteiligung der Vichy-Regierung wurden mehr als 75.000 französische Juden sowie jüdische Flüchtlinge aus anderen Ländern, die in Frankreich Unterschlupf gefunden hatten, verhaftet und deportiert. Nach ihrer Ankunft in den Konzentrationslagern auf polnischem, ebenfalls von den Nazis besetztem Gebiet wurden die meisten von ihnen ermordet. Lediglich 3 Prozent der Menschen, die aus Frankreich in den Osten deportiert wurden, haben den Holocaust überlebt.[6]

Die Bemerkung meines deutschen Mitschülers illustriert, auf welche Weise unsere sozialen Interaktionen und kulturellen Kontexte die Formulierung und Äußerung des Erinnerns prägen. Als Deutscher unter Deutschen identifiziert zu werden bringt tatsächlich spezifische Möglichkeiten wie auch Schwierigkeiten des Umgangs mit Erinnerung und Geschichte mit sich. Der deutsch-jüdische Psychoanalytiker Kurt Grünberg (2013) erläutert diese Dynamik mit Blick auf antisemitische Äußerungen im heutigen Deutschland:

6 Siehe Marrus und Paxton (1981), S. 343. Wir kennen die Zahlen dieses Massenmordes, weil die SS und die Verwaltung der Konzentrationslager die Deportationen und die Sterbeziffern penibel dokumentierten. Heute erkennt man weithin an, dass die Endlösung in Frankreich ohne die aktive Mitwirkung des Vichy-Regimes nicht hätte durchgeführt werden können. Es hat viele Jahrzehnte gedauert, bis über die französische Komplizenschaft am Holocaust offen gesprochen werden konnte. Ein ähnliches Phänomen der Komplizenschaft in Kriegszeiten und der anschließenden Verleugnung findet sich auch in anderen Ländern, die während des Zweiten Weltkriegs von Nazideutschland besetzt wurden.

> »Es gibt einen gravierenden Unterschied, ob sich Deutsche ›unter sich‹ fühlen oder ob sie die Ahnung haben bzw. wissen, dass Juden anwesend sind. Wenn sie sich unbeobachtet fühlen, äußern sie ihre antisemitischen Haltungen relativ unverblümt, während man in Gegenwart von Juden Vorsicht walten lässt. Die Anwesenheit von Juden verunsichert die Deutschen, auch heute noch, fast siebzig Jahre nach der Shoah. Und deshalb bleiben Juden im post-nationalsozialistischen Deutschland in der Regel nach wie vor von *direkten* antisemitischen Äußerungen oder Anfeindungen ›verschont‹.« (S. 276)

Mir geht es darum zu betonen, dass in einer Gruppe nichtjüdischer Deutscher häufig anders über die Nazivergangenheit gesprochen und an sie erinnert wird, als wenn Nichtdeutsche oder gar Menschen jüdischer Herkunft anwesend sind. Hätte mein Mitschüler dieselbe Bemerkung gemacht, wenn er mich als einen waschechten Kanadier identifiziert hätte? Allein die Tatsache, dass ich zweisprachig und in zwei Kulturen aufgewachsen bin, hat mich in diese ungewöhnliche Situation gebracht. Die Bemerkung fiel auf Deutsch, nicht auf Französisch. Was hätte es bedeutet, dasselbe inmitten der Einheimischen, die an jenem Tag am Strand unterwegs waren, auf Französisch zu sagen? Wie hätte mein Mitschüler in Gegenwart eines Nachkommen von Opfern der nationalsozialistischen Aggression gesprochen? Hätte er die Bemerkung überhaupt gemacht? Hätte er sie »bloß gedacht«, aber nicht ausgesprochen? Oder wäre er umsichtiger, vielleicht sogar empathisch gewesen?

Die Erfahrung vermittelte mir ein inzwischen vertrautes Unbehagen, auf das ich aber nicht reagierte. Dies wirft wichtige Fragen auf: Unterstützte ich letztlich einen kollektiven Prozess des Vergessens? Hatte ich mich stillschweigend als »Gangmitglied« vereinnahmen lassen? Was hätte ich sagen können, um einen Prozess des Erinnerns und der empathischen Einfühlung anzustoßen? Rückblickend denke ich, dass es wahrscheinlich einfacher für mich war, zu schweigen. Ich war unsicher, welche Richtung das Gespräch nehmen würde, wenn ich protestierte. Ich befand mich auf unbekanntem Gelände, und nicht zu wissen, wie ich über die Nazivergangenheit sprechen konnte, erschwerte mir den Schritt ins Unbekannte. Was mir heute selbstverständlich erscheint, war damals schwierig für mich. Die Situation weist auch unverkennbare Parallelen zu der oben beschriebenen Interaktion mit meinem Patienten auf. Beide Situationen ließen meine sorgfältig gehüteten, idealisierten Bilder der Vergangenheit in zweifelhaftem Licht erscheinen. Sie zwangen mich in einer Weise, die ich nicht erwartet hatte und auf die ich nicht vorbereitet war, mich mit dem Gewicht der Geschichte und der Verantwortung des Erinnerns auseinanderzusetzen – wie sich zeigen sollte, nicht zum letzten Mal.

Auf derselben Frankreichreise hatte ich eine Begegnung mit einem freundlichen älteren Franzosen, der auf mich zukam, als ich aus meinem Auto stieg. Der Wagen gehörte meinen Eltern, die damals in Aachen wohnten. Autos mit deutschem Nummernschild sind im Straßenbild Frankreichs eigentlich nichts Außergewöhnliches. Was die Aufmerksamkeit des alten Herrn weckte, war das Aachener Kennzeichen. Nachdem ich ihm zaghaft auf Französisch bestätigt hatte, dass es sich tatsächlich um das Kennzeichen von »Aix-la-Chapelle« handelte, und ihm erklärte, dass ich da sei, um Französisch zu lernen, begann er, mir in einer Mischung aus Französisch und gebrochenem Deutsch seine Geschichte zu erzählen.

Er hatte im Krieg gegen die Deutschen gekämpft und nach der Niederlage Deutschlands eine Zeitlang in Aachen gelebt. Trotz des Krieges und der historischen Feindschaft zwischen Franzosen und Deutschen erinnerte er sich gern an die Stadt und ihre reiche kulturelle Geschichte. Während er erzählte, kamen mir die deutschen Befestigungsanlagen am Strand wieder in den Sinn, und mir ging durch den Kopf, dass dieser freundliche Mann womöglich gegen meine eigenen Angehörigen gekämpft hatte. Doch unsere Unterhaltung konzentrierte sich auf die Geschichte Aachens, Zentrum des gewaltigen Reiches, über das Karl der Große herrschte. In Aachen wurden die Kaiser des Heiligen Römischen Reiches gekrönt. Es schien, als hätten wir in einem historischen Narrativ aus einer Zeit lange vor den Konflikten und Gräueln des 20. Jahrhunderts ein gemeinsames Band gefunden.

Der Wunsch, auf Deutschland zu blicken, ohne durch das Prisma der beiden Weltkriege und des Holocaust zu schauen, ist stark. Dem Bedürfnis nach einem Geschichtsbild, das die Nazivergangenheit ausschließt, liegt häufig der Glaube an die Möglichkeit einer Normalisierung, wenn nicht gar Tilgung der jüngeren deutschen Geschichte zugrunde. Die zeitlosen moralischen und emotionalen Implikationen des Holocaust werden auf diese Weise beiseitegeschoben. Im Rückblick halte ich es für möglich, dass mein Gespräch mit dem älteren Franzosen gerade deshalb so angeregt verlief, weil es mit einer Anerkennung der Realität des Krieges begann. Sie erinnerte mich daran, dass Deutschlands Geschichte der Aggression und der Verantwortung für den Holocaust nicht übertüncht werden kann – weder durch hemdsärmelige Bemerkungen noch durch einen Prozess des kollektiven Vergessens.

Die von mir beschriebenen Interaktionen illustrieren die Prägung des deutschen Erinnerns durch ihre gesellschaftliche Verortung und den kulturellen Kontext. Auf dem Prozess der Identifizierung an sich lastet die Geschichte, und zwar in Interaktionen sowohl zwischen Deutschen als auch zwischen Deutschen und Nichtdeutschen. Die israelische Psychoanalytikerin Rifka Eifermann hat die Schwierigkeiten und Herausforderungen, die einer deutschen kulturellen Identität inhärent sind, genauer untersucht. Nach einer Deutschlandreise, die sie zur Vorbereitung eines Vortrags unternommen hatte, dachte sie über die Intensität ihrer Gefühle angesichts der Verbrechen der Nazivergangenheit nach: »Die ungeheuerlichen, teuflischen Gräueltaten, die das Dritte Reich gesetzlich genehmigte, organisierte und durchführte, lassen Deutschland und die Deutschen für Stereotypisierungen dieser Art besonders geeignet erscheinen« (zitiert nach Friedrich 1995, S. 262). Der deutsche Psychoanalytiker Volker Friedrich (1995) hat die Ansicht vertreten, dass Deutsche diese Stereotypisierungen möglicherweise nutzen könnten, um sich dahinter zu verstecken und ihre Unfähigkeit, sich vorbehaltlos mit ihrer Vergangenheit zu konfrontieren, zu rechtfertigen. Es ist ein Stereotyp, das einem unweigerlich in den Sinn kommt, wenn Nichtdeutsche auf Deutsche treffen, ein Stereotyp, das schwer zu erschüttern sein mag, gerade weil ihm die historische Realität zugrunde liegt. Für Deutsche gibt es schlechterdings keine Möglichkeit, sich der Tatsache zu entziehen, dass eine Post-Holocaust-Identität die Schrecken des Holocaust immer miteinschließt.[7] Die Frage lautet natürlich, wie der Wunsch nach einer Post-Holocaust-Identität erfüllt werden kann, wenn das Bedürfnis, die Nazivergangenheit in der eigenen Familie zu umgehen, so stark ist.

Psychoanalytische Reflexionen

Meine Sensibilität in Bezug auf meine deutsche Familiengeschichte äußert sich mal deutlicher, mal weniger deutlich, ist aber nie völlig verschwunden. Als ich Mitte der 1990er Jahre mit meiner psychoanalytischen Ausbildung begann, zog ich nach New York und wurde dort schließlich Mitglied in der psychoanalytischen Community. Viele meiner Freunde und Freundinnen, Kollegen und Kolleginnen waren jüdisch. Diejenigen, die mich gut kannten, wussten um meinen deutschen Hintergrund, andere nicht. Es war auch nichts, was ich unbedingt publik machen wollte. Auf den ersten Blick wirke ich nicht wie ein Deutscher und spreche auch nicht mit deutschem Akzent. Doch wie gesagt: Geschichte und Identität schmelzen nicht einfach dahin. Durch meine Arbeit als Psychoanalytiker wurde ich daran erinnert.

Die Psychoanalyse Nordamerikas ist untrennbar verbunden mit der Ankunft jüdischer Psychoanalytiker aus Europa, die entweder 1933, unmittelbar nach der Machtergreifung, oder in den folgenden Jahren vor den Nazis geflüchtet waren. Viele dieser eingewanderten Analytiker haben in New York Zuflucht gefunden und die Entwicklung der psychoanalytischen Profession und der analytischen Institute in dieser Stadt grundlegend beeinflusst. Die historischen Traumata, die sie in Europa oder durch den grausamen Prozess der Exilierung und Emigration erlitten hatten, blieben oft unerwähnt und wurden nicht untersucht. Sowohl in Nordamerika als auch im heutigen Deutschland lastet auf der Psychoanalyse eine tragische Geschichte, über die man sehr lange nicht offen gesprochen hat.[8]

1930 hatte die Stadt Frankfurt am Main Sigmund Freud in Anerkennung seiner Beiträge zur Psychologie und zur deutschen literarischen Kultur den Goethe-Preis verliehen. Nur drei Jahre später, kurz nachdem die Nationalsozialisten die Macht übernommen hatten, wurden seine Bücher öffentlich verbrannt und zerstört. Freuds

7 So schreibt der Literaturwissenschaftler Eric L. Santner (1992): »Deutsche stehen vor der paradoxen Aufgabe, ihr ›Deutschsein‹ im Wissen um die grauenhaften Verbrechen konstituieren zu müssen, die aus einer noch früher aufgebauten nationalen und kulturellen Identität hervorgegangen sind« (S. 145).

8 Der Psychoanalytiker Martin S. Bergmann (1995) zählte zu den ersten, die über den Einfluss des Holocaust auf den Berufsstand der Psychoanalytiker nachgedacht haben. In den vergangenen Jahren hat Emily Kuriloff (2014) dem Erbe des Holocaust-Traumas im Leben früherer und heutiger Psychoanalytiker eine Stimme verliehen. Ihr Buch *Contemporary Psychoanalysis and the Legacy of the Third Reich: History, Memory, Tradition* ist eine wichtige Untersuchung der Schwierigkeiten, die eine Auseinandersetzung mit den historischen Traumata der Shoah und ihres Einflusses auf nachfolgende Analytikergenerationen bewältigen muss.

trocken-ironischer Kommentar: »Was für Fortschritte wir machen. Im Mittelalter hätten sie mich verbrannt, heutzutage begnügen sie sich damit, meine Bücher zu verbrennen« (zitiert nach Gay 1989 [1987], S. 666). Mit der Regierungsübernahme der Nazis war das Ende der Psychoanalyse in Deutschland praktisch besiegelt. Nach der Annexion Österreichs im Jahr 1938 wurde Freuds Tochter Anna in Wien von der Gestapo verhaftet und festgehalten. Wenig später konnten Freud und seine Familie nach Zahlung eines hohen Lösegeldes Wien verlassen und nach London reisen. Abzuwenden war die Tragödie dennoch nicht. Freuds Schwestern Marie Freud, Rosa Graf und Pauline Winternitz wurden nach Treblinka deportiert und 1942 in den Gaskammern ermordet. Esther Adolfine Freud starb 1942 in Theresienstadt.

Die Psychoanalyse ist aus der deutsch-jüdischen und speziell aus der Wiener Kultur hervorgegangen, doch nach dem Holocaust wurde es schwieriger, sich mit ihren deutschen Quellen zu befassen. Die psychoanalytische Profession in Nachkriegsdeutschland musste sich mit ihrem Zusammenschluss mit dem Nationalsozialismus auseinandersetzen. Nachdem die deutsch-jüdischen und politisch linken Analytiker 1933 emigriert waren, wurden die Reste der organisierten Psychoanalyse in Deutschland und Österreich dem Göring-Institut eingegliedert, einer von dem Psychiater Martin Göring, einem älteren Cousin des Naziführers Hermann Göring, gegründeten Einrichtung.[9] Infolge der Verbindung zwischen dem Naziregime und der psychotherapeutischen Praxis im Dritten Reich erwies sich die Wiedereinführung der Psychoanalyse in Nachkriegsdeutschland als schwierig. Der Psychiater Alexander Mitscherlich war einer der wenigen Angehörigen der ersten Generation, die sich auf die Nazis nicht eingelassen hatten. Er spielte eine zentrale Rolle bei der Reintegration der Psychoanalyse in die deutsche Kulturlandschaft der Nachkriegszeit.

Die Konfrontation mit der Geschichte jener deutschen Psychoanalytiker, die in Nazideutschland geblieben waren und ihre Arbeit fortgesetzt hatten, wurde von jüngeren Psychoanalytikern, Angehörigen der zweiten und dritten Generation, forciert. Sie waren im Unterschied zur Vorgängergeneration bereit, die schwierigen Fragen zu stellen. Anfang der 1980er Jahre begannen deutsche Psychoanalytiker, die Verstrickung ihrer eigenen Profession in den Nationalsozialismus zu untersuchen, angefangen mit den Aktivitäten des prominenten Psychoanalytikers Carl Müller-Braunschweig.[10] Dieser Prozess erschloss einen Raum, in dem über die Beziehung der Psychoanalyse zum Naziregime nachgedacht und diskutiert werden konnte, und führte schließlich zur Wiederaufnahme deutscher Psychoanalytiker in die Inter-

9 Ein wichtiger Teil dieser Geschichte ist Martin Görings Ernennung C. G. Jungs zum Präsidenten der Internationalen Allgemeinen Ärztlichen Gesellschaft für Psychotherapie. Jung hatte das Amt von 1933 bis zu seinem Rücktritt 1936 inne. Dass der Bruch zwischen Jung und der Psychoanalyse nach dem Krieg und der Niederlage Deutschlands nicht mehr zu kitten war, überraschte niemanden. Über das Thema wurde sehr viel und sehr oft polemisch geschrieben. Überzeugende und ausgewogene Darstellungen sind die Bücher von Cocks (1997), Kuriloff (2014) und Maidenbaum (2003).

10 Bohleber (2007, 2013) und Lockot (1985, 1994) haben diesen wichtigen Prozess dokumentiert.

nationale Psychoanalytische Vereinigung – ein schwieriger Prozess, der sich über viele Jahre hinzog und bis zum heutigen Tag andauert.

Viele europäische jüdische Psychoanalytiker, die emigriert waren und sich in New York niedergelassen hatten, überantworteten die Nazivergangenheit einem schmerzlichen Kapitel ihres früheren Lebens. In der Wahlheimat wurde über das Trauma des Exils und den Verlust der alten Heimat nicht offen gesprochen. Selbst der politischen Realität und den Auswirkungen des Faschismus widmeten die Emigranten wenig Aufmerksamkeit. Eine bemerkenswerte Ausnahme war Erich Fromm, ehemaliges Mitglied der Frankfurter Schule, der 1934 in New York Zuflucht fand. Hier erforschte er die psychischen und soziopolitischen Kräfte, die den Aufstieg des Nationalsozialismus ermöglicht hatten. Daraus ging sein Buch *Escape from Freedom* hervor, das 1941 veröffentlicht wurde. Eine deutsche Übersetzung unter dem Titel *Die Furcht vor der Freiheit* erschien erstmals 1945. Ich habe mich als Student gründlich mit dem Werk befasst, weil ich hoffte, darin eine Erklärung der Motive zu finden, die das deutsche Volk zur Unterstützung der Nazis veranlasst hatten. Während der Arbeit an diesem Buch begann sich Fromm intensiv mit der vorrangigen Bedeutung sozialer Beziehungen zu beschäftigen.[11] Seine Betonung der Erfahrungskontexte weckte mein besonderes Interesse. Durch Fromm lernte ich das Werk des amerikanischen Psychiaters Harry Stack Sullivan und die Parallelen ihres Denkens kennen.[12] Nach seinem Bruch mit der freudianischen Psy-

11 Im »Anhang« seines Buches *Die Furcht vor der Freiheit* schreibt Fromm (1976 [1941]): »Nach meiner Meinung hingegen kommen wir dem Urgrund der menschlichen Persönlichkeit nur dann näher, wenn wir sie in ihrer Beziehung zur Welt, zu andern, zur Natur und dem eigenen Selbst erfassen. Ich glaube: der Mensch ist primär, d.h. in erster Linie ein soziales Wesen und nicht, wie Freud annimmt, primär sich selbst genügend und erst sekundär zur Befriedigung seiner instinktiven Bedürfnisse auf andere Menschen begierig und angewiesen. Ich glaube daher, dass Individualpsychologie im Grunde Sozialpsychologie, oder wie es Sullivan ausdrückt, eine Psychologie zwischenpersönlicher Beziehungen ist« (S. 282). Fromms angespanntes Verhältnis zur Frankfurter Schule und ihren renommiertesten Vertretern Horkheimer, Adorno und Marcuse ist ein wichtiges und relativ vernachlässigtes Thema (vgl. Frie 2014c).

12 Unter Berufung auf den frühen Karl Marx postuliert Fromm eine primäre menschliche Bezogenheit, die dem Auftauchen des Individuums vorausgeht. Demnach ist der persönliche oder intrapsychische Bereich der interpersonalen Dimension des Erlebens nachgeordnet, während diese interpersonale Dimension wiederum dem breiteren soziokulturellen Kontext allen Erlebens untergeordnet ist. Ebenso wie Fromm konzentriert sich Sullivan vorrangig auf das, was zwischen Menschen geschieht, und nicht auf das, was in der Psyche des Einzelnen vorgeht. Er lokalisiert den Selbstprozess inmitten des interpersonalen Feldes, das Interaktionen zwischen zwei Personen ebenso einschließt wie den größeren soziokulturellen Bereich. Sullivan ist von der Arbeit G. H. Meads und der Chicago School of Sociology beeinflusst und nimmt an, dass psychische Erfahrung aus der Interaktion zwischen interpersonalen Umwelteinflüssen und einem persönlichen Bedeutungssystem hervorgeht, das unsere Wahrnehmungen und Reaktionen prägt. Während Fromm den formativen Einfluss gesellschaftlicher Kontexte auf die psychische Erfahrung betont, unterstreicht Sullivan die Entwicklungsbeziehungen und insbesondere die unartikulierten Interaktionsmuster zwischen dem Kind und seinen Bezugspersonen. Unter einer interpersonalen psychoanalytischen Perspektive betrachtet, ist psychisches Erleben immer in soziale Interaktionen und kulturelle Kontexte eingebettet, die seine Äußerung prägen. Was gesagt oder nicht gesagt und was erinnert oder vergessen wird, hängt

choanalyse gründete Fromm 1943 in New York zusammen mit Sullivan, Clara Thompson und Frieda Fromm-Reichmann das William Alanson White Institute of Psychiatry, Psychoanalysis and Psychology. Die Schriften dieser Kliniker und Theoretiker sind Teil der »soziokulturellen Wende« in der Psychologie und Psychoanalyse und wurden zur Grundlage der »interpersonalen« Denkrichtung, in der ich ausgebildet wurde. Aufgrund meiner Erfahrung, mit verschiedenen Sprachen und in verschiedenen Ländern aufzuwachsen, zog mich die Vorstellung an, dass sich unsere individuelle Psychologie in gemeinschaftlichen Interaktionen herausbildet.

Unser Verständnis der Welt, ja unser Weltbild wird, wie ich in diesem Buch durchgängig zu zeigen versuche, von der Geschichte, der Kultur und der Gesellschaft geprägt. Was die Praxis der Psychotherapie betrifft, so gilt dies für den Therapeuten genauso wie für den Patienten. Ich erinnere mich an ein Seminar, das ich während meiner psychoanalytischen Ausbildung am William Alanson White Institute besuchte. Thema war die Bedeutung der historischen Verwurzelung des Analytikers. Ich fand die Sitzungen hilfreich und unterhaltsam zugleich. Was mich besonders beeindruckte – und weshalb ich hier davon berichte –, war die Gruppenübung gleich zu Beginn. Der Seminarleiter forderte uns auf, in Gegenwart aller Teilnehmer über unseren eigenen kulturellen Hintergrund nachzudenken, unsere kulturelle Biographie zu schildern und den Zusammenhang zwischen Zeit und Ort und Verstehensprozess zu untersuchen. Alle Seminarteilnehmer sprachen über ihre Familiengeschichte, die Orte, an denen die Familie gelebt hatte, und die Umstände, die irgendwann zur Einwanderung in die Vereinigten Staaten geführt hatten.

Viele meiner Kommilitonen, deren Familiengeschichten ich nun kennenlernte, waren jüdischer Herkunft. Diese Familien hatten unter Vorurteilen gelitten und Pogrome überlebt, bevor sie nach New York kamen, und einige waren vom Holocaust unmittelbar betroffen. Die Auswirkungen des historischen Traumas waren in den Gesprächen der Teilnehmer durchgängig spürbar. Während sie der Reihe nach ihre Vergangenheit erläuterten, wurde ich immer nervöser. Welche Reaktionen würde meine Herkunft auslösen? Wie konnte ich Menschen, die den furchtbaren Ereignissen der Shoah direkt oder indirekt ausgesetzt waren, meine geerbten Erinnerungen zumuten? Manche von ihnen wussten nichts über meine deutsche Familiengeschichte, weil ich mit meinen Kommilitonen stets nur Englisch gesprochen hatte. Sie wussten lediglich, dass ich aus Kanada kam und nach New York zugezogen war.

Als ich an der Reihe war, schilderte ich die Geschichte meiner Familie, das Kriegserleben in Deutschland und die Auswanderung nach Kanada. Ich erinnere mich, dass ich hastig sprach, so als wollte ich es möglichst schnell hinter mich bringen. Als ich fertig war, blickte ich in einige überraschte Gesichter, doch alle Kommilitonen verhielten sich hilfreich und interessierten sich für das, was ich zu berichten hatte. Die Bürde, die in dieser Situation auf mir lastete, hing mit einer spezifischen Art der Interaktion

davon ab, wer zuhört, welche kulturellen Kräfte einwirken und aus welcher Entwicklungsgeschichte interpersonale Beziehungen hervorgegangen sind. Für weitere Informationen siehe Frie (2014c, 2015) sowie Greenberg und Mitchell (1983).

zwischen nichtjüdischen Deutschen und Juden zusammen, mit einer Angst, in Gegenwart derjenigen, die der Gewalt direkt oder indirekt ausgesetzt waren, mit der Nazivergangenheit in Verbindung gebracht zu werden. Meine Ängste spiegelten wider, was es bedeutet, mit einer geerbten Geschichte, zu der die Durchführung des Holocaust gehört, aufzuwachsen. Ich erinnerte mich an die Situationen in meiner Kindheit, in denen ich mir wünschte, wenigstens einen Verwandten zu haben, der die Nazis bekämpft hatte. Dann, so meine Vorstellung, hätte ich mich nicht mit der Seite der Täter identifizieren müssen. Aber eine solche Heldengeschichte konnte ich nicht erzählen.

Die Vergangenheit dauert fort

Das beklommene Gefühl, das mich im Kreis meiner Kommilitonen beschlich, erinnerte mich an eine frühere Situation, in der meine naiven Vorstellungen über die Vergangenheit erschüttert worden waren. Als ich Mitte der 1980er Jahre mein Studium aufnahm, verbrachte ich mit einer Gruppe von Studierenden aus aller Herren Länder eine Weile in Paris. Zu der Gruppe gehörte auch eine Frau aus Israel. Sie war in meinem Alter. Wir – ein Kanadier und eine Israelin – mochten uns und erkundeten gemeinsam die faszinierende Stadt. Als sich unsere Freundschaft vertiefte, erzählten wir einander von unser Herkunft, unseren Familien und ihren Geschichten. Meine Familie lebte damals in der Schweiz, und als ich meiner Freundin erzählte, dass ich in Kanada aufgewachsen war, meine Familie aber eigentlich aus Deutschland stammte, war sie einen Moment lang verwirrt. Die Gesprächsatmosphäre schlug um. Meine Freundin sagte, sie sei noch nie in Deutschland gewesen und glaube auch nicht, jemals dorthin fahren zu können. Dann schilderte sie die Geschichte ihrer eigenen Familie. Ihr Großvater hatte ein Konzentrationslager überlebt, aber alle seine Angehörigen waren im Holocaust umgebracht worden. Als sie über diese schmerzliche, traumatische Geschichte sprach, stiegen ihr Tränen in die Augen. Ich hörte ihr zu und fühlte mich hilflos. Ich wollte etwas sagen, um sie zu trösten, Worte finden, um das beklemmende, qualvolle Schweigen zu füllen, doch zwischen dieser furchtbaren historischen Realität und mir selbst bestand eine unabänderliche Verbindung. Diese Momente versetzten mich in eine Vergangenheit, die zu mir gehörte, auch wenn ich sie nicht mitgestaltet hatte. Der Philosoph Alasdair MacIntyre erklärt dies mit folgenden Worten:

> »Denn die Geschichte meines Lebens ist stets eingebettet in die Geschichte jener Gemeinschaften, von denen ich meine Identität herleite. Ich wurde mit Vergangenheit geboren; [...] Ich bin daher zu wesentlichen Teilen das, was ich erbe, eine spezifische Vergangenheit, die in gewissem Umfang in meiner Gegenwart gegenwärtig ist. Ich sehe mich als Teil einer Geschichte, und das heißt ganz allgemein, als einer [sic!] der Träger einer Tradition, ob mir das gefällt oder nicht, ob ich es erkenne oder nicht.« (MacIntyre 1987 [1981, S. 295)[13]

13 Ich danke Mark Freeman für seinen Hinweis auf dieses MacIntyre-Zitat.

Nach diesem Gespräch war ich verunsichert, wann immer wir uns trafen. Es schien, als hätte sich eine Distanz zwischen uns aufgebaut. Wahrscheinlich wussten wir beide nicht, wie wir über diesen Durchbruch der Vergangenheit in die Gegenwart und über unsere unterschiedlichen historischen Hintergründe sprechen konnten. Es gab keine Hinweise darauf, dass meine Freundin mir oder anderen Deutschen meiner Generation gegenüber Ressentiments hegte. Sie war auch nicht wütend, und mein Unbehagen war kein Gefühl der Bedrohung; vielmehr empfand ich in ihrer Gegenwart Schamgefühle. Ähnlich war es mir ergangen, als wir in der Schule zum ersten Mal über den Holocaust gesprochen hatten. Ich wurde, ob nur in meiner Vorstellung oder unmittelbar in den Reaktionen der anderen Kinder, mit der Geschichte Nazideutschlands identifiziert.

Ich fühlte mich gefangen zwischen meinem Wunsch, auf meine israelische Freundin zuzugehen und sie zu trösten, und der Erkenntnis, dass es hier um einen Teil meiner eigenen Vergangenheit ging – so sehr ich mir in diesem Moment auch wünschte, ein waschechter Anglokanadier zu sein. Das plötzliche Aufeinanderprallen unserer historischen und kulturellen Welten war ebenso unabweisbar wie meine tiefe Traurigkeit. Über die Geschichte des Holocaust hatten meine Eltern schon früh mit mir gesprochen, doch erst diese Interaktion ließ mich die Tiefe und Schwere des Traumas wirklich begreifen. Mein behütetes Leben und meine idealisierten Vorstellungen, meine Sehnsucht nach den fernen deutschen Großeltern stießen sich an der Realität der Verbrechen, die von der deutschen Nation begangen worden waren. Dies anzuerkennen bedeutete, dass ich mich mit den Dissoziationen, dem Schweigen und den Schamgefühlen in meiner Familie auseinandersetzen musste.

All die Interaktionen, die ich bislang beschrieben habe und im nächsten Kapitel beschreiben werde, fanden statt, lange bevor ich entdeckte, dass mein Großvater NSDAP-Mitglied gewesen war. Wenn ich an die Intensität meiner Angst zurückdenke, muss ich mich allerdings fragen, ob ich es auf einer bestimmten Ebene nicht schon immer wusste. Inwieweit habe ich die Fakten, denen ich begegnete, schon als Kind dissoziiert? War die Nazivergangenheit meines Großvaters eine Art verleugneter Familiengeschichte? Das Konzept des »ungedachten Wissens« ist in diesem Zusammenhang in höchsten Maß zutreffend. Es bezeichnet eine Erfahrungsdimension, die gelebt, aber nie wirklich gewusst wurde.[14]

Meine Fragen verweisen auch auf die Besonderheiten der »Rückschau« (Freeman 2010) und dessen, was ich rückblickend sehe. Wie stark hat die Entdeckung über meinen Großvater meine Darstellung der Vergangenheit beeinflusst? Hätte ich dieses Buch oder Teile des Buches auch zu der Zeit, in der sich die soeben geschilderten Interaktionen ereignet haben, schreiben können? Ich sehe heute Dinge, die ich vorher nicht sehen konnte. Mein heutiges Verständnis hilft mir, die Vergangenheit besser zu verstehen und Zusammenhänge herzustellen, die mir vorher nicht in den Sinn gekommen wären. Vielleicht bin ich sogar imstande, Dinge in einem neuen Licht zu sehen – ein Prozess, der die Essenz der Therapiearbeit ausmacht. Dem narrativen Psychologen Mark Freeman zufolge ist der Rückschau eine moralische Dimension unmittelbar inhärent:

14 Siehe Bollas (1997 [1987]). Ich greife dieses Thema im 6. Kapitel erneut auf.

> »Ich kann mir viele, viele Dinge vorstellen, die im Laufe meines Lebens geschehen sind und die im Rückblick ganz anders aussehen als in dem Moment, in dem sie sich ereigneten. [...] Ich habe einen gewissen Überblick gewonnen, und unter dieser Perspektive betrachtet, erweisen sich Dinge, die damals eindeutig wahr oder richtig zu sein schienen, als komplett unwahr oder verkehrt. Durch den Rückblick bin ich nicht nur zu einer gewissen Einsicht gelangt, vielmehr habe ich einen, wenngleich kleinen, Schritt in Richtung moralischer Weiterentwicklung zurückgelegt [...] zu jenen breiteren (häufig unter der Rubrik ›Ethik‹ betrachteten) Erfahrungssphären, die mit grundlegenden Fragen, wie man leben sollte, zusammenhängen.« (Freeman 2010, S. 5)

Die Vergangenheit anders zu sehen bedeutet, die moralische Dimension des Erinnerns in Bezug auf die Geschichte meiner Familie aufzudecken oder zumindest anzuerkennen.[15]

Mit der moralischen Dimension hängt noch ein weiterer Punkt zusammen, den ich ansprechen muss, bevor ich fortfahre. Es handelt sich um eine Frage, die für mich von großer Bedeutung ist, obwohl ich weiß, dass es keine definitive Antwort darauf gibt. Wie hätten sich die von mir beschriebenen Erfahrungen und Interaktionen gestaltet, wenn ich über meinen Großvater »Bescheid gewusst« hätte? Wäre ich in der Lage gewesen, über die Vergangenheit, die mein Erbe ist, zu sprechen? Natürlich kann ich nur mutmaßen, wie die übrigen Seminarteilnehmer reagiert hätten, wenn ich ihnen über meine Familiengeschichte das, was ich heute weiß, hätte berichten können. Gleiches gilt für die Interaktion mit meiner israelischen Freundin: Wie hätte ihre Reaktion ausgesehen, wenn ich ihr von der Parteimitgliedschaft meines Großvaters erzählt hätte? Die Schwierigkeit, offen über das zu sprechen, was wir wissen, nicht wissen oder »irgendwie« wissen, zeigt, wie stark die Gefühle sind, die unsere Aufarbeitung und Anerkennung der Vergangenheit begleiten.

Mit Schamgefühlen kämpfen

Primo Levi (1990 [1986]) hat ein Kapitel seines letzten Buchs, *Die Untergegangenen und die Geretteten*, dem Thema Scham gewidmet. Während er in seinem ersten Buch, *Ist das ein Mensch*, seine grauenvollen Erlebnisse schildert (Levi 2010 [1958]), zeugt das Spätwerk von seinem psychologischen Wahrnehmungsvermögen und vielleicht auch von einer Bereitschaft zu urteilen. Für viele Deutsche sind Schamgefühle eine vertraute Reaktion auf die gemeinsame Geschichte des Dritten Reichs. Aber Levi präsentiert eine ganz andere Perspektive, der seine Erfahrung als Überlebender eines Konzentrationslagers und als Opfer der deutschen Gräueltaten zugrunde liegt.

Levi beschreibt eine unüberbrückbare Kluft zwischen dem Konzentrationslager und der Umwelt, zwischen jenen, die – wie er selbst – litten und traumatisiert waren,

15 Auch wenn »Ethik« und »Moral« untrennbar miteinander zusammenhängen, sind zumal in Bezug auf das Erinnern mehrere wichtige philosophische Unterscheidungen erforderlich. Interessierte Leser seien auf die folgenden Arbeiten verwiesen: *Ethik der Erinnerung* von Avishai Margalit (2000) und *The Moral Demands of Memory* von Jeffrey Blustein (2008).

und jenen, die von außen zusahen. So schreibt er: »Uns umgab ein Meer vergangener und gegenwärtiger Leiden [...]. Es war sinnlos, die Augen zu verschließen oder sich abzuwenden, weil dieses Meer allgegenwärtig war, sich in allen Richtungen erstreckte bis zum Horizont« (Levi 1990 [1986], S. 86). Diese Kluft erhielt eine spezifische Bedeutung, als Levi die Reaktionen der ersten russischen Soldaten beobachtete, die Auschwitz befreiten und ins Lager kamen. Er schildert ihre Reaktion auf den Anblick sterbender Gefangener und zahlloser Leichen:

> »Sie grüßten nicht, lächelten nicht; sie schienen befangen, nicht so sehr aus Mitleid, als aus einer unbestimmten Hemmung heraus, die ihnen den Mund verschloß und ihre Augen an das düstere Schicksal gefesselt hielt. Es war die gleiche wohlbekannte Scham, die uns nach den Selektionen und immer dann überkam, wenn wir Zeuge einer Mißhandlung sein oder sie selbst erdulden mußten[,] jene Scham, die Deutsche nicht kannten, die der Gerechte empfindet vor einer Schuld, die ein anderer auf sich lädt und die ihn quält, weil sie existiert, weil sie unwiderruflich in die Welt der existenten Dinge eingebracht ist und weil sein guter Wille nichts oder nicht viel gilt und ohnmächtig ist, sie zu verhindern.« (Levi 1990 [1986], S. 71f.)

Die Scham, »die Deutsche nicht kannten«, wie Levi es ausdrückt, hängt mit dem Bedürfnis, spurlos und ungesehen zu verschwinden, zusammen. Diese Scham, in die sich Schuldgefühle mischten, empfanden viele, weil sie überlebt hatten, während Millionen andere gestorben waren. Der Philosoph Bernard Williams (2000 [1993]) charakterisiert die mächtige emotionale Dynamik des Sich-Schämens als »Gefühl des Selbstschutzes« (S.104): »[...] außerdem drückt sich die Scham ganz allgemein, aber auch in ihrer besonderen Ausprägung: dem Gefühl des peinlichen Berührtseins, nicht nur in dem Wunsch aus, sich – oder sein Gesicht – zu verstecken, sondern auch in dem Wunsch, ganz zu verschwinden und nicht mehr da zu sein. Es ist nicht einmal nur der Wunsch, im Boden zu versinken, wie man es häufig ausdrückt, sondern der Wunsch, der Raum, den ich gerade einnehme, möge sofort leer sein« (S.104f.). Das Bedürfnis, sich zu verstecken oder ganz zu verschwinden, macht es schwierig, den anderen Menschen anzublicken, geschweige denn mit ihm zu interagieren oder einen Dialog aufzunehmen.

Vielleicht kannten deutsche Täter und Mitläufer tatsächlich keine Scham. Vielleicht auch haben sie sich ihrer eigenen Taten nie geschämt. Angehörige der nachfolgenden deutschen Generationen aber haben mit dem schändlichen Erbe, das ihre Eltern und Großeltern ihnen hinterlassen haben, gerungen. Luttgard Wundheiler, ein deutscher Immigrant, der in New York als Psychoanalytiker praktizierte, räumt ein, dass Schuld- und Schamgefühle es Deutschen erschweren können, über die Vergangenheit zu sprechen. Er schreibt: »Es schmerzt, Deutscher zu sein. Nicht nur, weil viele Menschen negative Vorstellungen von den Deutschen haben, sondern weil ich mich zutiefst schäme, Deutscher zu sein« (Wundheiler 1991, S. 186). Das Problem, so Wundheiler, besteht darin, »dass sich die Scham naturgemäß zu verbergen sucht. Man kann also per definitionem über seine Schamgefühle nicht sprechen« (S. 186). Viele Nachkriegsdeutsche haben die emotionalen Brücken zu den unsäglichen Verbrechen der Nazivergangenheit abgebrochen, um Schuld- und Schamgefühlen auszuweichen. Doch dies hat lediglich zur

Folge, dass wir schweigen, statt über die Vergangenheit zu sprechen, und beraubt uns der Möglichkeit, zu verstehen, wie die Generation der Täter und Mitläufer sich so, wie sie es getan hat, verhalten konnte.

Der deutsche Psychoanalytiker Jörg Bose, ehemaliger Direktor des William Alanson White Institute, vertritt ähnliche Überlegungen wie Wundheiler. Geboren in Berlin im Jahr 1938, verlebte Bose seine frühen Kinderjahre in der Zeit des Nationalsozialismus und des Zweiten Weltkriegs. Nachdem er in Deutschland Medizin studiert hatte, wanderte er Ende der 1960er Jahre in die Vereinigten Staaten aus und ließ sich in New York nieder. Er beschloss, seine psychoanalytische Ausbildung am William Alanson White Institute zu absolvieren, weil dieses Institut von Psychoanalytikern gegründet worden war, die nicht dem psychoanalytischen Establishment angehörten, und es ihm am wenigsten dogmatisch erschien. Bose hat sich gründlich mit der Frage auseinandergesetzt, was es heißt, als Deutscher in New York zu leben. Ihn belasten die kulturelle Identität und die Geschichte, die unwiderruflich mit Schuld- und Schamgefühlen wegen der Nazivergangenheit verbunden sind, und er berichtet:

> »Ich habe die Befürchtung und manchmal auch das Gefühl, zumindest anfangs als ›der Deutsche‹ und infolgedessen als ›der Nazi‹ wahrgenommen zu werden. Seit ich in diesem Land und zumal in New York, unter vielen jüdischen Menschen, lebe und durch die Analyse gelernt habe, bewusster wahrzunehmen, fürchte ich manchmal, von jüdischen Menschen als Zumutung empfunden zu werden. Mitunter denke ich: ›Wie konnte ich dermaßen unsensibel sein und in diese Stadt kommen, in die sich Menschen geflüchtet haben, um sich vor den Deutschen zu retten?‹« (Zitiert nach Kuriloff 2014, S. 78)

Ich hatte Gelegenheit, mit Bose zu sprechen, und habe ihn gebeten, seine Sicht der Nazivergangenheit ausführlicher darzulegen und zu erläutern, was das Ringen mit diesem Erbe persönlich und beruflich für ihn bedeutet hat. Bose schilderte, wie er sich selbst als Deutscher in einer Stadt – und darüber hinaus in einer Profession – unter so vielen Menschen fühlt, deren Angehörige durch das Dritte Reich traumatisiert und ermordet wurden, und gesteht, dass er sich gelegentlich bewusst zurücknehme, um nicht als aggressiv oder bösartig wahrgenommen zu werden. Es sei nicht immer einfach gewesen, sagt er, fügt aber hinzu, dass »mir in all meinen Jahren in den Vereinigten Staaten nie jemand zu verstehen gegeben hat, dass ihm meine Gegenwart nicht behagt, weil ich Deutscher bin. Tatsächlich haben mich meine Kollegen in New York allgemein sehr positiv aufgenommen.« Boses Worte legen die Vermutung nahe, dass seine Befangenheit nicht direkt mit den Reaktionen anderer Menschen zusammenhängt, sondern mit der anhaltenden Last der deutschen Geschichte.

Boses Äußerungen sind aus mehreren Gründen wichtig. Anders als Deutsche, die ihre Gefühle in Bezug auf die Nazivergangenheit verbergen, versucht er, seinen Patienten »ehrlich zu sagen, wie schwierig das Leben mitunter für mich und für jeden von uns ist und dass die Scham darüber erhebliche Destruktivität hervorrufen kann. […] Ich versuche mit einigen meiner Patienten, die Illusion der Überlegenheit, die ich als Kind verinnerlicht habe, mein Gefühl der deutschen Überlegenheit, zu verstehen und zu transformieren.« Bose betrachtet die wahnhafte Überzeugung von der deutschen Überlegenheit als eine direkte Reaktion auf das Gefühl der Ohnmacht: »Ich sehe die deutsche Erfahrung zweigeteilt: Der erste Teil sind die grauenhaften Verbrechen, die dem jüdischen Volk angetan wurden und die meiner Meinung nach unfassbar bleiben; der zweite Teil ist der emotionale und wahnhafte kulturelle Boden, aus dem diese Taten hervorgingen, insbesondere der von den Nazis kultivierte Mythos der deutschen Überlegenheit und seine historischen Wurzeln in dem noch früheren Mythos von der Überlegenheit der deutschen Sprache.« Er fügt hinzu: »Sich über andere erhaben zu dünken ist, glaube ich, für manche Deutsche selbst heute noch verführerisch, auch wenn diese Eigenschaft nicht allein dieser Nation vorbehalten ist. Mein klinisches Interesse galt der Unmenschlichkeit des alltäglichen Lebens, der Unmenschlichkeit, die auftaucht, wenn wir uns selbst und andere verurteilen, weil unser Wertesystem nicht realistisch und mitfühlend ist, sondern unrealistisch aufgebläht und prätentiös.« Weil Bose die situationsbezogenen Faktoren in seinen Interaktionen mit Patienten sensibel wahrzunehmen vermag, kann er einen empathischen Kontext herstellen, der es ermöglicht, über die historischen und kulturellen Unterschiede, die in der therapeutischen Beziehung zutage treten, zu sprechen. Vielleicht am wichtigsten ist seine Bereitschaft, die mit diesen Unterschieden einhergehenden intensiven Gefühle offen anzuerkennen.

Die Furcht vor Selbstenthüllungen

Ich bin eine Generation jünger als Wundheiler und Bose, und ich bin kein geborener Deutscher. Trotz meiner zeitlichen Distanz zu den Ereignissen der Shoah trage ich die Verantwortung, zu erinnern. Jedes Mal, wenn ich einem Menschen begegne, dessen Familie von den Verbrechen der Täter- und Mitläufergeneration heimgesucht wurde, bin ich mit dem Erbe meiner Großeltern konfrontiert. Aufs schmerzlichste bewusst war ich mir dieser Geschichte, als ich mit Patienten zu arbeiten begann, deren Angehörige dem Holocaust entkommen waren. Was bedeutete es für mich, einen Nachfahren der Tätergeneration, therapeutisch mit jemandem zu arbeiten, dessen Eltern oder Großeltern den Holocaust überlebt hatten oder dessen Angehörige in den Gaskammern ermordet worden waren? Viele meiner Patienten trugen die emotionalen Narben der früheren Generation, selbst wenn dies nicht der Grund dafür war, dass sie sich in Therapie begaben. Konnte ich ihnen, angesichts meines Hintergrundes, überhaupt helfen?

Ich befand mich in einem Dilemma: Sollte ich über meine Vergangenheit sprechen oder nicht? Im Gegensatz zu Wundheiler und Bose, deren kultureller Hintergrund ihren Patienten leichter ersichtlich ist, wird meine Identität als Deutschstämmiger oft nur in spezifischen Interaktionen erkennbar. Wie schon erläutert, handelt es sich um Interaktionen, in denen der plötzliche Durchbruch der Geschichte in die Gegenwart unerwartete Reaktionen auslöst. Meine Patienten und ich können dadurch in schwierige, unvertraute Situationen geraten, auf die keiner von uns vorbereitet ist.

Zumeist werde ich von meinen Patienten mit dem Land, in dem ich aufgewachsen bin, und mit der kanadischen Kultur identifiziert. Wenn Patienten nach meiner Herkunft fragen, gebe ich gewöhnlich Kanada an. Auf die Frage, wo ich studiert und meine Ausbildung absolviert habe, antworte ich, dass ich in England zur Universität gegangen bin und in den Vereinigten Staaten meine psychoanalytische Ausbildung gemacht habe. In New York machte mich dies zu einem Außenseiter, der gleichwohl gut hineinpasste. Implizit nahmen viele meiner Patienten damals an, dass mein Familienname jüdisch sei. Manche fragten explizit nach, die meisten jedoch nicht. Wenn man mich fragte, ob ich Jude sei, verneinte ich und erkundete dann in der Regel, welche Bedeutung dies für die gemeinsame Arbeit haben könnte. Meine Vertrautheit mit dem Judentum mag für manche Patienten offensichtlich gewesen sein; im Allgemeinen stellten sie keine weiteren Fragen nach meinem kulturellen Hintergrund.

Ich halte es für möglich, dass meine Patienten mein eigenes emotionales Dilemma wegen meines Hintergrundes spürten und aus ebendiesem Grund nicht weiter nachfragten. Dies wirft natürlich die seit langem kontrovers diskutierte Frage nach der »Selbstenthüllung in der Therapie« auf, das heißt die Frage, inwieweit Psychotherapeuten gegenüber ihren Patienten persönliche Informationen preisgeben dürfen. In der Geschichte der Psychoanalyse gibt es seit jeher die Regel, dass der Analytiker anonym zu bleiben habe. Dem klassischen Blickwinkel zufolge soll er sich als eine Art »leere Leinwand« zur Verfügung stellen. Die meisten Patienten wiederum wissen oder spüren ohnehin, dass persönliche Fragen unangebracht sind. Unter dem modernen psychoanalytischen Blickwinkel betrachtet, vernachlässigen Konzepte wie Neutralität oder Anonymität – zumal wenn sie rigide angewendet werden –, dass alles, was im analytischen Setting geschieht, von beiden Beteiligten in der therapeutischen Interaktion gemeinsam erzeugt wird. Das Vorgehen, das ich beschreibe, trägt der Einsicht Rechnung, dass angemessene, umsichtige Selbstenthüllungen im therapeutischen Prozess tatsächlich eine wichtige Rolle spielen können.[16]

Als moderner Psychoanalytiker widme ich meine Aufmerksamkeit der gelebten Erfahrung und den Beziehungsmustern, die sich in der Interaktion mit meinen Patienten entfalten. Ich sehe die therapeutische Beziehung an sich als einen Fokus des Verstehensprozesses, verhalte mich im Allgemeinen eher interaktiv und binde meine Patienten in einen empathischen, forschenden Dialog ein. Anfangs aber ist es mir nicht leichtgefallen, Fragen zu stellen oder Auskünfte über mich selbst zu geben. Da ich in einer Familie und einer Kultur aufgewachsen bin, in der es Fragen sorgfältig abzuwägen galt, um nicht gegen familiale Normen und gesellschaftliche Erwartungen zu verstoßen, fühlte ich mich nicht recht wohl dabei, meine Neugier offen zu zeigen. Und ebenso schwierig wie aktives Nachfragen war es für mich, zu entscheiden, was ich über mich selbst preiszugeben bereit war.

16 Die umsichtige Preisgabe persönlicher Informationen impliziert mitnichten eine Philosophie des »Alles ist möglich«. Mit der kontroversen Debatte über Selbstenthüllungen in der Psychoanalyse wird wahrscheinlich am häufigsten die Arbeit Owen Reniks in Verbindung gebracht (vgl. z.B. Renik 1999).

Ich gestehe, dass es mir sehr schwerfiel, in Gegenwart eines Menschen, dessen Familie von den Schrecknissen der Shoah betroffen war, über meine Vergangenheit zu sprechen.[17] Meine Angst hatte zahlreiche sowohl reale als auch imaginäre Gründe. Ich hatte erlebt, welche Folgen das Sprechen über meine Herkunft haben und wie es sich auf eine Beziehung auswirken konnte. Ich fürchtete mich vor ähnlichen Reaktionen wie der meiner israelischen Freundin in Paris, ihrer tiefen Traurigkeit und meiner eigenen Hilflosigkeit angesichts ihres Schmerzes. Ich wollte nicht als »der böse Deutsche« angesehen werden, und ich hatte Angst vor der daraus resultierenden Distanzierung. Vor allem aber spürte ich wohl, dass die Thematisierung meiner Lebensgeschichte in Anwesenheit meiner Patienten mich zwingen würde, meiner eigenen Herkunft und dem Erbe meiner Großeltern auf eine Weise nachzuforschen, die ich bislang vermieden hatte.

Verheimlichte ich die Vergangenheit meiner Familie, indem ich keine Informationen preisgab, sofern ich nicht direkt gefragt wurde? War ich meinen Patienten gegenüber moralisch verpflichtet, meine Familiengeschichte aufzudecken? Ich habe immer versucht, mich über die deutsche Geschichte kundig zu machen, und das Erinnern als eine unverbrüchliche Verpflichtung empfunden. Ich habe die Dynamik der Interaktionen von nichtjüdischen Deutschen und jüdischen Menschen sehr aufmerksam beobachtet. Aber war das genug? Zweifellos ist diese Art des autobiographischen Schreibens eine Form der Selbstenthüllung, die mit den Grundsätzen der traditionellen Psychoanalyse nicht im Einklang steht. Natürlich frage ich mich, wie die Leser dieses Buches auf das, was sie über mich oder meine Familie erfahren, reagieren werden. Als bilingual aufgewachsenes, akzentfrei Englisch sprechendes Kind deutscher Einwanderer habe ich schon früh begriffen, dass ich meinen Familienhintergrund verbergen konnte, wenn ich ausschließlich Englisch sprach. Für bilinguale Menschen kann die Wahl der Sprache von spezieller Bedeutung sein. Wenn wir, wie ich behaupte, von Grund auf durch Geschichte und Kultur geprägt sind, dann gibt unser Sprachgebrauch auch Aufschluss über unsere Identitäten. Die therapeutischen Beispiele, die ich in diesem Kapitel beschrieben habe, betrafen englischsprachige Interaktionen. Als ich die Arbeit mit einem Patienten aufnahm, dessen Eltern Holocaust-Überlebende waren und der ausdrücklich einen deutschsprachigen Psychoanalytiker gesucht hatte, verspürte ich eine gewisse

17 Der Psychoanalytiker Sammy Speier hat beschrieben, welche problematischen Auswirkungen das Schweigen im Zusammenhang mit den Holocaust-Traumata auf den therapeutischen Prozess haben kann: »Ich verstand, daß ich mich der Patientin — im Bann der Abstinenzregel — bisher emotional weitgehend entzogen hatte; sie sollte von meiner Wirklichkeit nichts erfahren, sie sollte mir keine unangenehmen Fragen stellen, und sie konnte mich infolgedessen nicht begreifen. Averbal hatte ich als Therapeut ein Tabu-Klima geschaffen, in dem Fragen wie ›Wer bist du, wo kommst du her, wie sieht deine Vergangenheit, wie sieht deine Gegenwart aus?‹ nicht gestellt werden konnten« (Speier 1987, S. 485f.). Speier erläutert hier ein vertrautes Phänomen, das auftaucht, sobald Therapeuten ihre »Komfortzone« verlassen oder befürchten, Privates, Persönliches preiszugeben. Speier konstatiert unumwunden: »Es ist einfacher, mit Psychoanalysepatienten über Schlafzimmer zu sprechen als über Gaskammern« (S. 486).

Befangenheit. Von Beginn der Therapie an war ich definiert durch meine Fähigkeit, Deutsch zu sprechen. Die bloße Tatsache aber, dass mein Patient und ich uns auf Deutsch miteinander unterhielten, machte das Sprechen über die Nazivergangenheit und die traumatische Holocaust-Geschichte keineswegs einfacher, im Gegenteil. Wie ist das »Sprechen über den Holocaust« überhaupt möglich? Und wie kann ein solcher Dialog verlaufen, wenn Deutsche und Juden zusammenkommen?[18]

18 Die deutschen Psychotherapeuten Heimannsberg und Schmidt (1993) beschreiben die komplizierten Beziehungen zwischen dem »Sprechen« über die Vergangenheit und einer sich einlassenden Auseinandersetzung mit dem emotionalen Erbe der Geschichte wie folgt: »Das Sprechen als solches ist nicht heilend; Sprache kann vergessen machen, verdrängen, kaschieren und verletzten. Aber beruhend auf der Erkenntnis, daß wir mittels Sprache das Gehäuse unseres Bewußtseins und unserer Identität bauen, wird Therapie als kreativer dialogischer Prozeß, der metasprachliche Kommunikation und nicht-sprachlichen Ausdruck einschließt, Heilkraft entfalten« (S. 9).

3. Kapitel

Geprägt durch Geschichte, gefangen in Sprache

Wie verhalten wir uns nach dem Holocaust angesichts der Kluft zwischen der deutschen und der jüdischen Vergangenheitserfahrung? Sind solche historisch determinierten Diskrepanzen überbrückbar? Als meine Frau und ich uns kennenlernten, schien unsere unterschiedliche Herkunft relativ unwichtig zu sein. Erst als sich unsere Beziehung vertiefte, begriffen wir, dass die deutsche Geschichte und der Holocaust auch in unserem gemeinsamen Leben eine Realität sind. Im Laufe der Zeit haben wir gelernt, uns über die Bedeutung, die diese Realität für jeden von uns beiden und für uns beide zusammen hat, auszutauschen. In diesem Prozess lernten wir, die Welt durch die Augen des Anderen zu sehen.

In der frühen Phase unserer Beziehung studierten wir beide in England. Meine Eltern lebten damals in Deutschland und wir pendelten oft hin und her. Auch dies gab uns Gelegenheit, über die Vergangenheit und ihren Einfluss auf unser beider Leben in unterschiedlichen Kulturen und Ländern nachzudenken. Manchmal rückte sie unabweisbar in den Vordergrund, doch zumeist blieb sie Teil unseres Hintergrunderlebens. Allerdings konfrontierte unser gemeinsamer Umgang mit dem Erinnern in Deutschland, dem Holocaust und den kulturellen Unterschieden unsere Eltern mit Herausforderungen anderer Art. Die Eltern meiner Frau sind Amerikaner und genauso alt wie meine Eltern. Die Familie meiner Frau stammt väterlicher- wie auch mütterlicherseits aus Osteuropa, mehrheitlich aus Litauen. Beide Eltern haben keine direkten Verwandten, die im Holocaust ermordet wurden, sind aber in Gemeinden aufgewachsen, in denen viele Mitglieder Angehörige verloren haben. Der Holocaust hat einen Schatten auf ihr Leben geworfen, ebenso wie auf das Leben so vieler Menschen in den jüdischen Gemeinden Nordamerikas, denen die völkermörderische Politik Nazideutschlands aufs schmerzlichste bewusst war.

Als meine Frau und ich Anfang der 1990er Jahre in Berlin lebten, kam meine Schwiegermutter aus den Vereinigten Staaten zu uns zu Besuch. Sie war viele Jahre zuvor schon einmal in Deutschland gewesen, aber der Besuch in Berlin war ihr erster längerer Aufenthalt in diesem Land. Außerdem sollten sie und meine Eltern einander bei diesem Besuch kennenlernen. Meine Frau und ich waren nervös, so wie jedes Paar, dessen Eltern einander zum ersten Mal begegnen. Darüber hinaus aber fühlten wir das zusätzliche Gewicht der Geschichte auf unseren Schultern, während wir beobachteten, wie die Eltern miteinander interagierten. Das Abendessen fand in Berlin statt, und zu unserer Erleichterung verlief dieses erste Aufeinandertreffen problemlos. Man unterhielt sich über die allgemeinen kulturellen Erfahrungen in Nordamerika und über den Vater meiner Frau, der die Reise leider nicht hatte antreten können. Die Nazivergangenheit und der Holocaust kamen nicht zur Sprache. Dass die Vergangenheit unerwähnt blieb, war zweifellos allen Beteiligten bewusst und wurde dankbar akzeptiert.

Während ihres Aufenthaltes besichtigte meine Schwiegermutter auf eigene Faust Berlin und die Umgebung, während meine Frau und ich unsere Tage in der Staatsbibliothek verbrachten und lernten. Damals, kurz nach der Wiedervereinigung, war Berlin-Mitte eine einzige riesige Baustelle. Der Potsdamer Platz, in den 1920er Jahren als quirligster Verkehrsknotenpunkt ganz Europas bekannt, war kahl – ein Relikt des ehemaligen »Niemandslandes«, das Ost- und West-Berlin voneinander trennte. Nicht weit entfernt harrte die Neue Synagoge an der Oranienburger Straße ihrer Renovierung. Eine kleinere Synagoge und ein jüdisches Café ganz in der Nähe waren geöffnet. Dem zufälligen Beobachter musste es so scheinen, als gäbe es ein überschaubares, aber durchaus wahrnehmbares Wiedererwachen jüdischen Lebens in einem Viertel, das vor dem Krieg der Mittelpunkt des jüdischen Berlins gewesen war. Wenn wir meine Schwiegermutter abends trafen, erzählte sie von ihren Streifzügen durch die aufregende und faszinierende Stadt. Sie hatte tatsächlich entdeckt, dass sie nicht nur vieles verstand, was die Menschen um sie herum sagten, sondern sogar selbst ein wenig Deutsch sprechen konnte. Sie hatte die Chance ergriffen und einige deutsche Worte gesagt, und schon bald war sie in der Lage, mit Menschen, die sie unterwegs kennenlernte, einfache Gespräche zu führen.

Dass meine Schwiegermutter Deutsch verstand, hing mit ihrer Vergangenheit zusammen, insbesondere mit der Tatsache, dass sie zuhause als Kind zuhörte, wie ihre Eltern Jiddisch miteinander sprachen. Doch erst als sie sich in einer Deutsch sprechenden Umgebung befand, wurde ihr klar, dass sie selbst die Fähigkeit, Jiddisch zu verstehen und zu sprechen, nicht verloren hatte. Mit besonderer Eindringlichkeit wurde ihr dies bei einem Open-Air-Konzert im Berliner Tiergarten bewusst, das wir gemeinsam besuchten. Ein Folksänger trug wunderschöne, schwermütige jiddische Lieder vor, Erinnerungen an die einst so lebendige Welt, die der Holocaust ausgelöscht hatte. Dieser Berlin-Besuch war die erste von zahlreichen Reisen, die meine Schwiegereltern in die deutsche Hauptstadt, die ihnen beiden ausnehmend gut gefällt, unternahmen. Jener erste Besuch hatte die Beziehung meiner Schwiegermutter zur jiddischen Kultur und Sprache wiederaufleben lassen. Seither hat sie sich gründlich ins Jiddische eingearbeitet, und ich selbst habe dabei vieles über diese Sprache gelernt, die eine so reiche Geschichte hat, aber auch mit dem unbeschreiblichen Verlust und der Ermordung ganzer Gemeinden in Osteuropa verbunden ist. Die Bewahrung des Jiddischen schafft eine wichtige Verbindung zu einem alten kulturellen Erbe.

Einige Jahre später haben meine Frau und ich geheiratet. Weil unsere Eltern nach wie vor in großer Entfernung voneinander lebten, war die Hochzeit auch eine Gelegenheit, einander näher kennenzulernen. Am Tag vor der Hochzeit luden meine Schwiegereltern zu einem Familienabendessen ein. Ich saß am Tisch neben meinem Vater und meinem Schwiegervater, die sich offenbar gut verstanden. Im Verlauf des Abends vertieften sie sich in ein intensives Gespräch über die Vergangenheit. Mein Schwiegervater, dessen Neugier schon immer unersättlich war, fragte meinen Vater über Nazideutschland und über das, was er als Kind erlebt und gesehen hatte, aus.

Mein Vater beantwortete seine Fragen bereitwillig. Vielleicht lag es an dem besonderen Kontext der Interaktion, dass er meinem Schwiegervater sogar Erinnerungen schilderte, von denen ich selbst noch nie gehört hatte. Meines Erachtens illustriert auch dies, dass die Geschichte und die Kultur grundlegend beeinflussen, welche Erinnerungen in uns auftauchen und wie sie Ausdruck finden. Anders als meine Mutter sprach mein Vater normalerweise nur selten von sich aus über seine Erinnerungen an die Kriegszeit. Dass er seinen eigenen Vater so früh verloren hatte, war für mich als Kind von großer Bedeutung. Es tat weh, sich vorzustellen, wie es ihm ergangen sein musste, und ich respektierte seine Intimsphäre und war darauf bedacht, nicht allzu viele Fragen zu stellen. Für viele Angehörige der deutschen zweiten Generation kann das Erbe des Verlustes ebenso schwer oder gar noch schwerer wiegen als das Erbe der Schuld. Oft liegt ihm eine Geschichte beschwiegener Gefühle zugrunde, die mit dem Tod von Familienangehörigen im Zweiten Weltkrieg zusammenhängen.[1] Mich hat das Gespräch daher nicht nur überrascht, ich fühlte mich auch zunehmend beklommen, während ich den beiden zuhörte. Ich erinnere mich, dass mir der Gedanke durch den Kopf ging, wie anders das Leben dieser beiden Männer, eines nichtjüdischen Deutschen und eines jüdischen Amerikaners, unter anderen historischen Umständen hätte aussehen können.

Mein Vater berichtete vom Tod seines eigenen Vaters und erzählte, dass er selbst einen Großteil des Krieges in der kleinen Stadt Bennigsen südlich von Hannover verbracht habe, wo seine Großeltern väterlicherseits lebten. Deren Haus stand in der Nähe der Eisenbahnstrecke, die durchs Stadtzentrum führte. In einem kleinen Häuschen unmittelbar am Bahnübergang wohnte ein freundlicher älterer Bahnwärter, dessen Aufgabe es war, die Schranken zu bedienen, sobald sich ein Zug näherte. Mein Vater hat ihn als Kind gern besucht und durfte ihm dann manchmal dabei helfen, die große, schwere Kurbel zu drehen, um die Schranken zu heben und zu senken. Waren die Schranken unten, trat er einen Schritt zurück und sah zu, wie der Zug langsam vorbeifuhr.

Im Laufe des Gesprächs schilderte mein Vater irgendwann eine Erinnerung, die sich meinem Gedächtnis eingeätzt hat. Bei abgesenkten Schranken fuhr eines Tages ein Güterzug die Strecke entlang. Aus dem Innern der Waggons waren menschliche Stimmen zu hören. Selbst als Kind erschien es meinem Vater sonderbar, dass man Menschen in Viehwaggons statt in einem Personenzug transportierte. Auf seine Fragen erhielt er keine Antwort. Erst sehr viel später begriff er, was er damals gesehen und gehört hatte. Mich erschütterte diese Erinnerung meines Vaters. Die emotionale Distanz zu den Schrecknissen des Holocaust, die ich aufrechtzuerhalten versucht hatte, ging mit einem Mal verloren. Sie schienen allzu nah, seine Erinnerung an die Stimmen der in den Viehwaggons eingesperrten Menschen allzu verstörend. Ich habe damals mit meiner Frau über diese Erinnerung nicht gesprochen. Sie hat erst, als ich an diesem Buch schrieb, davon erfahren. Der Austausch zwischen meinem Vater und meinem Schwiegervater ist mir gewärtig geblieben, eine quälende Erinnerung an die Kindheit meiner Eltern in Nazideutschland.

1 Über die psychischen Erfahrungen der 2,5 Millionen deutschen Kinder, die nach dem Krieg ohne Vater aufwuchsen, liegt mittlerweile eine Fülle an Literatur vor (vgl. Radebold 2004; von Franz, Hardt & Brähler 2007). Thomas Kohut (2017 [2012]) hat die Ansicht vertreten, dass das Erbe des Verlustes nicht nur Seite an Seite mit dem Erbe der Schuld auf Deutschen lastet, sondern mitunter sogar noch schwerer wiegt.

Meine Schwiegereltern haben meinen deutschen Familienhintergrund stets akzeptiert und sich mit meinen Eltern gut verstanden, auch wenn sie sich nicht sehr häufig sehen. Problematisch aber war meine deutsche Herkunft gelegentlich für ältere Angehörige der erweiterten Familie meiner Frau. Man hob die Augenbrauen, als wir beide unser erstes Auto kauften – »Musste es unbedingt ein Volkswagen sein?« –, und manche Einladungen fielen weniger verbindlich aus, als es unter anderen Umständen vielleicht der Fall gewesen wäre. Gleichzeitig schien meine eigene erweiterte Familie die jüdische Herkunft meiner Frau entweder überscharf präsent zu haben oder auf merkwürdige Weise zu ignorieren. Ich habe über das vermutliche Unbehagen meiner Verwandten nachgedacht und mich gefragt, ob die Anwesenheit meiner Frau sie anfangs vielleicht zu Gedanken über die Geschichte unserer Familie bewog, die ihnen Beklommenheit bereiteten. Meine Frau sagt, dass sie sich in Deutschland ausgesprochen wohl fühle und besonders sehr gern in Berlin sei, sich aber manchmal auch sehr bewusst als jüdische Frau in einem Land mit nur wenigen jüdischen Einwohnern und einer furchtbaren Geschichte wahrnehme. Dies scheint ein unlösbares Problem zu sein, mit dem die jüdische Gemeinschaft in Deutschland nach dem Holocaust konfrontiert ist. Indem sich Deutsche gegenüber jüdischen Menschen übervorsichtig verhalten, ist es fast so, als stellten sie die »Wir-und-sie«-Mentalität der dunklen Vergangenheit wieder her.[2]

Ich stelle diese persönlichen Reflexionen an den Anfang, weil ich die Schwierigkeit erörtern möchte, die der Auseinandersetzung mit der traumatischen Geschichte im jüdischen und nichtjüdischen deutschen Erleben innewohnt. Wir wissen nie, was im Dialog mit anderen Sprechern zutage treten oder aufgedeckt werden wird. Dies gilt vor allem, wenn Deutsche und Juden über das furchtbare Thema Holocaust sprechen, das angstvolle Gedanken und Phantasien weckt. Gleichzeitig bietet eine solche Begegnung Gelegenheit, neue Wege des Lernens einzuschlagen, neue Wege des Denkens, Sehens oder Fühlens, die einem zuvor nicht offenstanden. Von zentraler Bedeutung ist diese Lerngelegenheit in der Psychotherapie. Wenn Therapeut und Patient sich auf ihre gemeinsame Reise begeben, weiß keiner von beiden, was der Andere sagen oder wohin die therapeutische Arbeit führen wird.[3] Ebendieses »Nichtwissen«, die Anerkennung der Tatsache, dass Erfahrung mehr ist, als wir »wissen« können, unterstreicht die Komplexität menschlichen Verstehens.

Was können wir sehen und was bleibt uns verborgen, wenn wir über unser Leben nachdenken? Das Verfertigen persönlicher Narrative hilft uns, unseren eigenen Erfah-

---

2 Der deutsch-jüdische Journalist Rafael Seligmann (2014) hat über dieses Thema unter dem Blickwinkel der jüdischen Gemeinschaft im heutigen Deutschland gesprochen. Seine Arbeit erscheint in dem Online-Journal *Jewish Voice from Germany* (http://jewish-voice-from-germany.de). Aufschlussreiche Einsichten gewährt auch Yascha Mounks Beschreibung seiner Erfahrung, im heutigen Deutschland in einer jüdischen Familie aufzuwachsen (Mounk 2015 [2014]).

3 Der deutsche Philosoph Hans-Georg Gadamer (1990 [1960]) hat diesen Prozess des »Nicht-Wissens« in einem Dialog zwischen zwei Personen wunderbar beschrieben: »Wie da ein Wort das andere gibt, wie das Gespräch seine Wendungen nimmt, seinen Fortgang und seinen Ausgang findet, das mag sehr wohl eine Art Führung haben, aber in dieser Führung sind die Partner des Gesprächs weit weniger die Führenden als die Geführten. Was bei einem Gespräch ›herauskommt‹, weiß keiner vorher« (S. 387).

rungen einen Sinn zu geben. Diese Geschichten über uns selbst erzählen wir anderen Menschen. Der Psychotherapeut lernt uns durch die Geschichten kennen, die wir im therapeutischen Setting erzählen. Allerdings verläuft dieser Prozess nur selten geradlinig. Das, was wir zu wissen bereit oder in Worte zu fassen fähig sind, ist niemals »die ganze Geschichte«. Dies gilt vor allem dann, wenn sich unserem Leben traumatische Geschichten eingeschrieben haben, die uns durch unsere Familie und unsere Gesellschaft vererbt wurden. Ich spreche von unserem Leben in der Kultur und von Bedeutungen, die nicht in Worte gefasst wurden und ihrer Äußerung harren.[4]

In der Interaktion der psychotherapeutischen Beziehung können die Lebensgeschichten des Therapeuten und des Patienten prägen, was zwischen beiden Beteiligten passiert. Ich wurde mit den unausgesprochenen Bedeutungen meiner eigenen Familiengeschichte konfrontiert, als ein Deutsch sprechender jüdischer Mann, der Sohn von Holocaust-Überlebenden, zu mir in Therapie kam. Daniel, wie ich ihn nenne, hatte gezielt nach einem deutschsprachigen Psychoanalytiker gesucht. In den Sitzungen unterhielten wir uns auf Deutsch und Englisch und wechselten zwischen beiden Sprachen hin und her. Diese Wechsel von einer Sprache in die andere waren Reaktionen auf die intensiven Gefühle, die auftauchten, als wir das historische Trauma, das uns vorausgegangen ist, zu verarbeiten versuchten. Ich beschreibe Aspekte unserer Arbei, um die Schwierigkeiten zu illustrieren, die mir die Bearbeitung der Nazi-Erbschaft bereitete – nicht als abstraktes oder weit entferntes Thema, sondern als persönliche Erfahrung meines Patienten und seiner Familie, die durch Deutsche Gewalt und Leid erfahren hat.[5]

4 In dieser Passage verbinde ich zwei Perspektiven miteinander, auf die ich mich in diesem Buch durchgängig stütze, nämlich die narrative Hermeneutik und die interpersonale Psychoanalyse. Beschreibungen der narrativen Hermeneutik finden sich bei Brockmeier (2016) und Freeman (2010). Freemans Konzept des narrativen Unbewussten führe ich im 6. Kapitel ein. Während die narrative Hermeneutik auf unsere gelebte Erfahrung und auf die Rolle fokussiert, die Geschichten für die Konstruktion und Bewahrung von Bedeutung spielen, gilt die Aufmerksamkeit der interpersonalen Psychoanalyse insbesondere der relationalen Dynamik, die unser emotionales Verstehen lenkt und es uns ermöglicht, die Geschichten, die wir hören, zu verstehen (vgl. Stern 1997; Stolorow, Atwood & Orange 2002). Für eine Erörterung der Interaktion von Narrativ, Hermeneutik und moderner Psychoanalyse siehe Frie (2012c, 2016).

5 Traditionell konzentrieren sich Fallberichte aus Psychotherapien auf das Erleben der Patienten. Diese Vorgehensweise ermöglicht es uns, mehr über deren psychisches Leben zu erfahren, gibt aber kaum Aufschluss über die Beziehung zwischen dem Therapeuten und dem Patienten, in der sich der therapeutische Prozess entfaltet. Die exklusive Konzentration auf den Patienten lässt zudem das unselige Bild eines allwissenden Psychoanalytikers entstehen, der über sich selbst oder über seinen Beitrag zum Geschehen praktisch nichts preisgibt. Im Gegensatz dazu ist der Fokus der folgenden Beschreibung auf mein eigenes Erleben gerichtet, auf das, was ich im Laufe der Arbeit mit meinem Patienten über mich selbst erfahren habe. Fallberichte, die auf das Erleben des Therapeuten im therapeutischen Setting abheben, finden sich bei Chris Jaenikke (2014) und Darlene Ehrenberg (1992).

Um Unterschiede herumtanzen

Aus Daniels Überweisungsunterlagen wusste ich, dass er älter als ich war und dass er unter depressiven Gefühlen litt, die er selbst mit seiner Familiengeschichte in Verbindung brachte. Daniels Eltern waren Holocaust-Überlebende; er kannte aber nur wenige Details über das, was ihnen widerfahren war. Als Kind und Jugendlicher hatte er keine Fragen gestellt. Neugier war nicht erlaubt, geschweige denn gern gesehen. Daniel wusste, dass sein Vater die Gräuel eines Konzentrationslagers überlebt hatte. Als sowjetische Soldaten das Lager befreiten, ergriff er die Chance zum bewaffneten Kampf gegen die Nazis und erwies sich dabei offensichtlich als höchst erfolgreich. Daniels Mutter hatte im Versteck überlebt. Von den näheren Umständen wusste er nur wenig. Daniel beschrieb seine Kindheit in allgemeinen Worten – er hatte sie als erträglich bis miserabel in Erinnerung. Sein Vater litt unter Ängsten, und seine Mutter starb einen frühen, tragischen Tod. Daniel sagte, es falle ihm schwer, anderen Menschen zu vertrauen, und er zweifle oft daran, ob er sich in seinen Beziehungen überhaupt sicher fühlen könne.

Die Informationen über Daniels Hintergrund bewirkten, dass ich die Arbeit nicht ohne eine gewisse Besorgnis aufnahm. Ich freute mich darauf, mit ihm Deutsch sprechen zu können, fragte mich aber auch, welche Belastungen unsere Vorgeschichten mit sich bringen würden. Daniel war ein Holocaust-Überlebender der zweiten Generation, und ich nahm die Arbeit mit dem ganzen Gewicht der ererbten Schuld- und Schamgefühle auf, die mit meinem deutschen Hintergrund zusammenhingen. Gleichzeitig hatten wir viele Lebenserfahrungen und Interessen gemeinsam. Obwohl wir unsere Kindheit in verschiedenen Kontexten und auf verschiedenen Kontinenten verbracht hatten, sprachen wir beide in unseren Herkunftsfamilien Deutsch und studierten später an englischen Universitäten. Oberflächlich betrachtet, waren wir beide bilingual und hatten New York zu unserer Wahlheimat gemacht. In der Gegenwart verbanden uns eine ganze Reihe gemeinsamer kultureller und sprachlicher Erfahrungen; im Hintergrund lauerten unsere Familiengeschichten.

In unserer ersten Sitzung fragte Daniel, woher ich käme und weshalb ich so gut Deutsch spräche. Ich forschte seiner Frage an sich nach und antwortete ihm, ohne jedoch ins Detail zu gehen. Ich sagte, dass ich in Kanada aufgewachsen sei, dass meine Familie Deutsch spräche und dass ich in der Schweiz gelebt hätte, weil meine Eltern während meiner letzten Schuljahre dorthin umgesiedelt seien. Ich erzählte auch von meinem beruflichen Werdegang, und so wusste Daniel, dass ich als Student in Deutschland gelebt und gearbeitet und viel Zeit in Berlin verbracht hatte. Er schien all dies wie selbstverständlich zu akzeptieren – vielleicht zog er es vor, nicht mehr herauszufinden. Ich wiederum gab keine weiteren Details aus freien Stücken preis.

Als Daniel auf seine Kindheit zu sprechen kam, fragte er mich, ob ich jüdisch sei. Ich fragte zurück, welche Bedeutung meine Antwort für ihn haben würde. Er erwiderte, dass ich ihn, wäre ich jüdisch, vielleicht besser verstehen könnte. Andererseits sei er sich nicht sicher, inwieweit es überhaupt eine Rolle spiele, zumal er eine Beziehung zu einer nichtjüdischen Frau habe. Ich ließ die Frage vorerst unbeantwortet, weil ich der weiteren Untersuchung der Bedeutung, die meine Identität möglicherweise für ihn hatte, nicht vorgreifen wollte. Ich erinnere mich noch an mein Gefühl von damals – das Gefühl, aus Furcht vor dem, was geschehen würde, wenn meine Familiengeschichte ans Licht käme, um die Unterschiede zwischen uns beiden herumzutanzen.

Daniel schien zufrieden, ja sogar erleichtert darüber zu sein, mit mir Deutsch sprechen zu können. Mit den meisten Menschen sprach er Englisch, doch sein Gefühls- und Traumleben spielten sich in seiner Muttersprache ab. In der gesamten frühen Phase unserer gemeinsamen Arbeit kommunizierten wir weitgehend auf Deutsch, wechselten aber auch bruchlos ins Englische und wieder zurück. Tatsächlich war mir zunächst ein wenig mulmig bei der Vorstellung, wie Daniel auf mein Deutsch reagieren würde, weil ich es heute nicht mehr genauso fließend spreche wie als Kind und Jugendlicher. In meiner frühen Adoleszenz hatte ich irgendwann ein starkes Bedürfnis, mich meiner kanadischen Umwelt anzupassen, und so sprach ich wenig Deutsch und fand die alte Gewandtheit erst wieder, als ich in der Schweiz lebte. Infolgedessen spreche ich Deutsch heute fehlerhaft und mit Akzent, freute mich aber ebenso wie Daniel darüber, in meiner Muttersprache sprechen zu können.

In der Psychoanalyse und Psychotherapie kann das Wechseln zwischen der Muttersprache und einer Zweitsprache als Möglichkeit dienen, emotionale Zustände zu verstehen und zu untersuchen. Der Sprachwechsel gibt oft zu erkennen, dass mit der Wahl der Sprache, vor allem wenn sie gar nicht gezielt und bewusst erfolgt, intensive Gefühle einhergehen. Für viele bilinguale Menschen lässt die erste Sprache, die Muttersprache, unter Umständen Entwicklungs- und Interaktionserfahrungen mit ihren Bezugspersonen wiederaufleben. Hingegen kann das Sprechen in einer Zweitsprache eine Distanzierung von starken emotionalen Erfahrungen ermöglichen, und zwar vor allem von solchen, die in der Muttersprache gemacht wurden. Wenn ich an mein eigenes Leben denke, fallen mir etliche Erfahrungen, häufig emotionaler Art, ein, für die ich auf Deutsch mühelos Worte finde, und andere, die ich tatsächlich leichter auf Englisch ausdrücken kann.

Wenn es um seine Familie ging, sprach Daniel in unseren Sitzungen zumeist Deutsch. Deutsch war die Sprache, in der er Erinnerungen, Träume, Wünsche und spontane Emotionen beschrieb. Ich stellte fest, dass meine sprachliche Reaktion auf das, was Daniel sagte, das Erleben verstärken oder intensivieren konnte. Wenn meine deutschsprachige Reaktion auf seine deutschsprachige Gefühlsäußerung abgestimmt war, erschloss sie dem Nachforschen und Nachdenken einen Raum. Wenn ich Daniel auf Englisch antwortete, lenkte ich die Aufmerksamkeit von der Emotion ab. Bewusst oder unbewusst vollzog ich in diesen Momenten durch meinen eigenen Sprachwechsel einen Schulterschluss mit Daniel. Gemeinsam errichteten wir eine Art Sicherheitsschranke zum Schutz vor Emotionen und Empfindungen, die in unserer Muttersprache gründeten und die wir beide noch nicht in Worte fassen konnten oder wollten. Diese Dynamik hat die Erforschung unserer so unterschiedlichen Familiengeschichten maßgeblich beeinflusst.

Als unsere Beziehung sich weiterentwickelte, wurde Daniel mir gegenüber nicht nur vertrauensvoller. Er schien auch offener zu sein, mehr über mich zu erfahren. Ich achtete aufmerksam darauf, welche Fragen er mir stellte, fragte mich allerdings auch, inwieweit mein Zögern vor dem Schritt ins Unbekannte die sich entwickelnde Beziehung beeinflusste. Daniel lernte, häufiger nachzufragen, und ich nahm an, dass wir, sobald er dazu bereit wäre, auch Gelegenheit finden würden, unsere kulturellen Unterschiede und Identitäten zu erforschen. Freilich muss ich hinzufügen, dass meine eigene Bereitschaft eine weitere unabdingbare Voraussetzung dafür war. Um eine oft wiederholte Formulierung zu benutzen: »Der Patient kann nur so weit gehen, wie der Analytiker oder Therapeut zu gehen bereit ist.«

Wenn ich über diese frühe Phase unserer gemeinsamen Arbeit nachdenke, ist mir klar, dass meine Befürchtung, in irgendeiner Weise abgelehnt oder als »böser Deutscher« gesehen zu werden, mich nicht eben ermutigte, den Sprung mit Daniel zu wagen. Von Anfang an prägte meine Sorge wegen meiner Herkunft unsere Interaktionen. Ich befürchtete unüberwindbare Hindernisse für den Fall, dass die historische Realität verfrüht zum Thema würde. Andererseits war sie in unseren Sitzungen sehr präsent. Sie wurde lediglich nicht offen anerkannt. Stattdessen herrschte ein Schweigen, das – wie mir schien – immer lauter wurde. Daniel und ich waren uns unserer Gemeinsamkeiten bewusst, doch es galt, die Bedeutung unserer Unterschiede zu untersuchen. Daniel war der Sohn von Holocaust-Überlebenden, ich war der Sohn von Deutschen.

Schweigen oder Neugierde?

In den frühen Phasen unserer gemeinsamen Arbeit bezeichnete Daniel mich immer wieder einmal als Schweizer oder spielte auf meinen schweizerischen Hintergrund an. Weil er in den ersten Sitzungen direkt nachgefragt hatte, wusste er, dass ich in der Schweiz gelebt und dort auch Familie hatte. In diesen Momenten fühlte ich mich, als hätte ich mich in den Mantel der zweifelhaften Schweizer Neutralität gehüllt.[6] Einem bestimmten Teil meiner selbst waren die Anspielungen gewiss willkommen. Schließlich war es einfacher, für einen Schweizer als für einen Deutschen gehalten zu werden. Trotz meines wachsenden emotionalen Dilemmas schwieg ich beharrlich weiter.

Rückblickend frage ich mich, ob ich Daniel gegenüber nicht zu größerer Offenheit verpflichtet war. Ich hatte die Bedeutungen, die der traumatischen Geschichte der Vergangenheit innewohnen, in meiner Ehe und in meinen Beziehungen zu anderen

6 »Zweifelhaft«, weil »Neutralität« für die Schweiz – und im Übrigen auch für Schweden oder Portugal – in den Jahren, als diese Länder ihre Souveränität gegenüber den Achsenmächten zu wahren versuchten, durchaus wechselnde Bedeutungen haben konnte. So kam in den 1990er Jahren ans Licht, in welchem Ausmaß Nazideutschland, das faschistische Italien und die Schweizer Banken miteinander Geschäfte gemacht hatten. Die Schweiz hat sich insbesondere zur Aufbewahrung von Wertgegenständen bereit erklärt, die die Nazis europäischen Juden geraubt hatten. In derselben Zeit hatten Schweizer Banken Geld und andere Werte, die Holocaust-Opfern gehörten, in Verwahrung genommen; später weigerten sie sich oft, sie den Überlebenden oder den Erben der Ermordeten zurückzugeben. Diese beklagenswerte Situation änderte sich erst in Reaktion auf erheblichen internationalen Druck und eine breite mediale Berichterstattung.

Menschen besprochen. Warum verhielt ich mich bei Daniel anders? Wie auf so viele andere Fragen, die ich in diesem Buch erörtere, gibt es auch auf diese keine einfache, unkomplizierte Antwort. Die Gründe, die mich veranlasst hatten, bestimmte persönliche Aspekte offenzulegen, andere aber nicht, sind nur im Kontext meiner Arbeit mit Daniel zu verstehen, im Zusammenhang mit der spezifischen Konstellation unserer damaligen Beziehung. Hinzu kamen die Fragen, was und wie viel ich offenlegen sollte und wie es Daniel beeinflussen würde. Doch abgesehen von allen theoretischen Bedenken, waren meine Befürchtungen letztlich sehr persönlicher Natur.

Etwas an meiner Arbeit mit Daniel stellte meine wohlüberlegte Einstellung zur Vergangenheit infrage. In Daniels Gegenwart war ich gezwungen, die Geschichte des Holocaust als einer gelebten Realität in ebenjener Sprache zu bearbeiten, mit der ich aufgewachsen war; darüber hinaus teilte Daniel meinen deutschsprachigen kulturellen Hintergrund. Wir konnten uns quasi nostalgisch der deutschen Literatur oder Philosophie besinnen, aber dies war dieselbe Kultur und Sprache, in welcher der Holocaust verübt wurde. In ganz ähnlicher Weise konnte ich meine Großeltern lieben, doch ebendiese liebevollen Großeltern gehörten der Generation der Täter und Mitläufer an. Gab es überhaupt eine Möglichkeit, diese scheinbaren Widersprüche zu begreifen?

Wohin die Erforschung unserer Unterschiede führen würde, war für Daniel ebenso ungewiss wie für mich. Ich fragte mich, wie sich seine Wahrnehmung meiner Person und sein Erleben unserer Beziehung im Laufe des Prozesses verändern würden. Ich befürchtete, mit dem Erbe der Generation meiner Großeltern identifiziert zu werden. Vor allem wollte ich mich Daniels Enttäuschung, seiner Wut und seiner Ablehnung entziehen. Die Erfahrungen, die wir als Erwachsene gemeinsam hatten, machten es einfacher, sich auf Ähnlichkeiten zu konzentrieren und die Geschichte derweil auf Distanz zu halten.

Vielleicht hing meine Angst auch damit zusammen, dass ich nicht wusste, »wie« man über die Vergangenheit sprechen kann. Daniel und ich hatten beide gelernt, die Leerstellen in unseren Familiennarrativen irgendwie zu überbrücken. Wir sind, wenngleich auf völlig unterschiedlichen historischen Positionen, mit einem Schweigecode aufgewachsen.[7] In Daniels Kindheit stießen Fragen nach der Holocaust-Geschichte seiner Eltern auf Missbilligung. Die Schrecken der Vergangenheit schienen in einen Mantel aus Schweigen gehüllt. Auf ähnliche Weise beeinflusste das Schweigen meiner Angehörigen über meinen Großvater die Interaktionen unserer Familie, in der nie jemand versucht hatte, das Familiennarrativ über seine Aktivitäten oder Überzeugungen im Dritten Reich infrage zu stellen. Wusste auch nur einer von uns, wie sich das Schweigen hätte brechen lassen?

Im Laufe der Zeit wuchs Daniels Selbstvertrauen, und er brachte seine Bedürfnisse und Wünsche nachdrücklicher zum Ausdruck. Er begann, anders als gewohnt über die wichtigen Menschen in seinem Leben nachzudenken. Im Laufe dieses Prozesses fragte

7 Etliche Beobachter haben auf die Paradoxie hingewiesen, dass die gleichzeitige Anwesenheit und Abwesenheit von Erinnerungen an den Holocaust die Familien der Opfer und Überlebenden mit den Familien der Täter und Mitläufer verbindet (vgl. Bar-On 2004; Hoffman 2004).

er sich, ob er fähig oder bereit sei, mehr über seinen distanzierten Vater zu erfahren. Die Parallelen zu seiner Beziehung zu mir lagen auf der Hand. Dass Daniel seinem Vater »nichts zu sagen« hatte, wie er es formulierte, und ihm erst recht keine Fragen stellen konnte, war ein wesentlicher Teil des Dilemmas. Sobald Daniel begann, seine Mitmenschen mit anderen Augen zu sehen und zu begreifen, wie wichtig es war, dass er seine Bedürfnisse äußerte, war er nicht nur eher bereit, Fragen zu stellen, sondern erwartete auch Antworten.

Sich der Vergangenheit stellen

Meiner Erinnerung nach geschah es ganz plötzlich. Ich hatte Fragen nach meinem »Deutschsein« kommen sehen, wurde dann aber doch von ihnen überrumpelt. Daniel wollte wissen, weshalb ich so gut Deutsch sprach, obwohl ich doch in Kanada aufgewachsen sei. Er konstatierte auch, dass ich keinen schweizerischen Akzent hatte. Mir schossen in diesem Moment zwei Gedanken durch den Kopf: »Warum hat es so lange gedauert?« Und: »Los geht's.«

Auf meine Frage, was es für Daniel bedeuten würde, mehr über mich zu wissen, antwortete er, er habe schon seit einer Weile überlegt, mich zu fragen, aber nicht gewusst, ob es mir recht sei. Gut möglich, dass ich selbst ihm diesen Eindruck vermittelt habe. Er schien zufrieden damit, seiner Neugier Ausdruck zu geben, ohne auf einer sofortigen Antwort zu beharren. Wir untersuchten seine mich betreffenden Fragen im Zusammenhang mit den neuen Perspektiven, die er in seinen emotionalen Beziehungen zu anderen Menschen entwickelt hatte. Dann kam er auf das Internet zu sprechen. Er sagte, er wisse, dass er dort Informationen über mich fände, sei sich aber irgendwie nicht sicher, ob er überhaupt mehr über mich wissen wolle. Gleich darauf wechselten wir das Thema. Ich erinnere mich, dass ich nach der Sitzung überlegt habe, inwieweit mein eigenes Zögern in Bezug auf meine Vergangenheit es Daniel erschwerte, näher auf das Thema einzugehen.

In einer der nächsten Sitzungen verkündete Daniel, dass er im Internet nach mir recherchiert habe. Ich fragte ihn, wie es ihm dabei ergangen sei. Daniel antwortete, er habe herausgefunden, dass ich zu philosophischen Themen publiziert hätte, und fügte hinzu, im Nachhinein sei ihm nicht ganz geheuer dabei, sich mit mir über Philosophie ausgetauscht zu haben. Unter einer kulturellen Perspektive ist hier darauf hinzuweisen, dass Daniel in diesem Moment womöglich den »Herrn Professor« in mir sah, der in der deutschsprachigen Kultur – im Gegensatz zur englischsprachigen – oft die Krone intellektueller Autorität trägt. Ich erwiderte, dass ich an unseren Gesprächen über die Philosophie große Freude gehabt hätte und dass wir dieses Interesse miteinander teilten. Daniels Einlassungen waren in der Tat so bemerkenswert, dass ich über verschiedene Facetten des Lebens vieles von ihm gelernt habe. Dass er hochintelligent war, bewies auch seine sehr erfolgreiche berufliche Laufbahn. Die Vorstellung, was er über mich herausfinden würde, machte ihn eindeutig nervös, aber dieses Gespräch schien uns emotional miteinander zu verbinden, und so fühlte er sich ermutigt, mehr zu erfahren.

Wie war es zu erklären, so überlegte Daniel, dass ich in England studiert hatte, in Kanada aufgewachsen war und Deutsch sprach? Meinen Veröffentlichungen entnahm er, dass meine Eltern aus Deutschland stammen mussten. Nun war es also soweit! Schon bald würde er fragen: »Was haben Ihre Eltern im Krieg gemacht?« Ich musste entscheiden, welche Antwort ich Daniel auf seine Fragen geben würde. Ich hatte ihn ermutigt, seine Beziehungen zu erforschen und das Bild, das er von wichtigen anderen Menschen in seinem Leben hatte, zu hinterfragen. Dies war ihm sehr schwer gefallen, und noch schwerer fiel es ihm, Antworten zu verlangen: zu lernen, seine Bedürfnisse und Wünsche in der Gewissheit zu äußern, dass er auch eine Antwort verdiente. Hier saß ich nun und überlegte hin und her, ob ich Daniels Fragen beantworten sollte oder nicht. Welche Folgen würden meine Antworten haben, und wie würde er reagieren, wenn ich seine Fragen unbeantwortet ließ? Ich befürchtete, durch mein Schweigen eine emotionale Distanz herzustellen und den Eindruck zu erwecken, etwas zu verheimlichen. Konnte Daniel mir vertrauen? Und damit zusammenhängend: Konnte ich den Fragen, die er mir stellen würde, standhalten, auch wenn ich vielleicht keine Antwort auf sie wusste?

Als Daniel fragte, was meine Eltern im Krieg gemacht hatten, antwortete ich, dass sie Kinder gewesen seien. Daniel wollte nicht nur wissen, wie es ihnen ergangen war, sondern fragte auch, wo meine Großeltern gewesen seien und was sie gemacht hätten. Ich berichtete ihm zusammenfassend, was ich über die damalige Geschichte meiner Familie wusste. Erst viel später, unsere gemeinsame Arbeit war schon lange beendet, habe ich von der NSDAP-Mitgliedschaft meines Großvaters erfahren. Rückblickend kann ich nur mutmaßen, wie Daniel auf diese Information reagiert hätte. Meine Angst, heute über meinen Großvater zu sprechen, hängt mit der schmerzlichen Geschichte zusammen. Die Angst, die ich während meiner Arbeit mit Daniel empfand, hing mit dem Schritt ins Unbekannte zusammen – nicht nur, was die Interaktion zwischen Daniel und mir selbst, sondern auch, was meine Beziehung zur Geschichte meiner Familie anging.

Es war wichtig, dass ich Daniels wissbegierige Fragen nach meiner Familiengeschichte akzeptierte und anerkannte. Daniel war bereit, meine Schattenseite zu sehen. Freilich befürchtete ich auch, dass womöglich jede Antwort Anlass zu neuen Fragen geben würde. Doch Daniel schien zufrieden mit dem, was ich ihm erzählte. Vielleicht wollte er nicht weiter nachhaken. Bemerkenswert war nicht nur seine Fähigkeit, neugierig zu sein und unser gemeinsames Schweigen zu brechen – nicht weniger bemerkenswert war unser wiederholter Sprachwechsel. Die Erforschung meiner Vergangenheit und meiner deutschstämmigen Identität fand ausschließlich auf Englisch statt. Dies ist insoweit aufschlussreich, als wir uns zuvor vorwiegend auf Deutsch oder in einer Mischung aus beiden Sprachen unterhalten hatten. Fast schien es, als falle es uns beiden leichter, Englisch zu sprechen. Wenn wir über den Krieg, den Holocaust und unsere unterschiedlichen Geschichten sprachen, schien das Deutsche sogar plötzlich fehl am Platz. Ich erinnere mich, dass ich mir damals mit einer gewissen Erleichterung notierte: »Die Katze ist aus dem Sack.« Ich versteckte mich nicht länger. Aber ich fragte mich bang, welche Gefühle diese neue Information in Daniel auslösen würde. Meine Identität als jemand, der »deutsch« ist, war realer geworden. Was bedeutete dies für unsere gemeinsame Arbeit?

Sprache und historisches Trauma

In den folgenden Sitzungen sprach Daniel über unterschiedliche Themen, ohne auf das, was er über mich erfahren hatte, zurückzukommen. Auch ich brachte es nicht zur Sprache. In diesen Sitzungen hielt ich relativ strikt an der psychoanalytischen Tradition fest, dem Patienten die Führung zu überlassen. Rückblickend finde ich es auffällig, dass wir ausschließlich Englisch miteinander sprachen. Ich nahm den Sprachwechsel damals nicht sofort bewusst wahr, und als ich seiner gewärtig wurde, hielt ich mich mit einem Hinweis zunächst zurück. Ich hatte das Gefühl, dass wir an einem vorerst relativ ruhigen Ort angelangt waren, den ich nicht verlassen wollte. Ich war nicht bereit, das Gespräch über unsere Unterschiede – das womöglich Konflikte und Enttäuschungen mit sich bringen würde – erneut aufzunehmen. Gleichwohl fühlte ich mich gezwungen, Daniel darauf aufmerksam zu machen, dass wir nicht länger Deutsch miteinander sprachen. Ich fragte ihn, ob der Wechsel ins Englische vielleicht etwas mit unserem Gespräch über die Vergangenheit, über Familie, Deutschland und den Holocaust zu tun haben könnte. Daniel bezeichnete uns beide als Angehörige der Nachfolgegeneration und sagte, dass die jüngste deutsche und jüdische Geschichte gründlich erforscht seien. Da mir sein Geschichtsbewusstsein durchaus präsent war, erwiderte ich, dass er möglicherweise Recht habe, es aber dennoch merkwürdig sei, dass wir nicht länger Deutsch sprächen.

Unser Sprachgebrauch diente Daniel und mir zur Regulierung der emotionalen Distanz. Mit dem Wechsel ins Englische erschloss sich ein Raum, in dem wir vor den hochgradig emotionalen und potenziell gefährlichen Gedanken und Phantasien, die der Vorstoß in meinen familiären Hintergrund ausgelöst hatte, relativ geschützt waren. Ich hatte in diesen Situationen das Gefühl, als führten wir eine einsprachige Therapie durch, in der sich die Frage nach dem »Deutschen« und dem »Deutschsein«, nach deutscher Geschichte, Kultur oder Sprache überhaupt nicht stellte. Ich erinnere mich an die Vorstellung, dass uns jemand, der uns in einer dieser Sitzungen zuhören würde, für zwei Englisch sprechende New Yorker Immigranten hätte halten können. Während das Englische in unseren Interaktionen zuvor irgendwie fremd gewirkt hatte, wirkte es nun unangemessen, Deutsch zu sprechen.

Im Laufe unserer gemeinsamen Arbeit war der Wechsel ins Deutsche immer wieder mit intensiven Emotionen einhergegangen. Der aktuelle Wechsel ins Englische erfolgte hingegen in einer ganz anderen Stimmung, die ich vielleicht am treffendsten als zurückhaltend und gebremst charakterisieren kann.[8] Und während der Verzicht aufs Deutsche zunächst unbewusst erfolgte, war der fortgesetzte Gebrauch des Englischen gewollt. Er erwies sich als Möglichkeit, über die furchterregende Geschichte zu sprechen und über die Rolle nachzudenken, die sie in unserer gemeinsamen Arbeit spielte. Nicht zu

---

8 So betont Pérez Foster (1998) in ihrer Beschreibung der bilingualen Beziehung: »Ausgehend von einer basalen, durch Affekte, affektive Abstimmung und Ansteckung erzeugten Erfahrungsebene werden beide Beteiligte in einen sensorischen Raum – manche würden von einer veränderten Stimmung sprechen – hineingezogen, der allein durch die sensuelle Prosodie der neuen Sprachpräsenz im Raum erzeugt wird« (S. 71).

vernachlässigen ist die Bedeutung, die das Englische für uns beide besaß. Für Daniel stand die englische Sprache dafür, was es bedeutete, in New York und damit an einem Ort zu leben, an dem der Antisemitismus, den er in seinen frühen Jahren erlebt hatte, nicht allgegenwärtig war. Für mich war das Englische der sprachliche Hort meiner Beziehung zu meiner Frau und der Überbrückung unserer kulturellen Unterschiede. Vor allem konnten Daniel und ich auf Englisch darüber nachdenken, was die deutsche Sprache und das »Deutschtum« in unserer gemeinsamen Arbeit bedeuteten.

Die Interaktion mit Daniel veranlasste mich, das Thema Sprache in der deutschen und jüdischen Erfahrung genauer zu untersuchen. Dabei entdeckte ich den folgenden Bericht eines jungen deutsch-jüdischen Mädchens, das vor dem Krieg mit seiner Familie aus Nazideutschland nach Belgien geflohen war, um sich vor der Verfolgung zu retten. Im Mai 1940 fiel die deutsche Wehrmacht in Belgien ein, und das Land, das bislang ein sicherer Hafen gewesen war, wurde mit einem Mal sehr gefährlich. Später, als erwachsene Frau, beschrieb sie die Erfahrung, inmitten unterschiedlicher Sprachen zu leben:

> »Meinen größten Konflikt mit der deutschen Invasion in Belgien […] erlebte ich, wenn ich hörte, wie andere Menschen Deutsch sprachen. Es fühlte sich so heimatlich an, und es schien so verlockend, mit diesen Soldaten zu sprechen und Freundschaft mit ihnen zu schließen, denn wir waren ja alle in einem fremden Land – abgesehen davon, dass sie ihre Muttersprache in aller Öffentlichkeit sprechen konnten, während es für uns alles andere als klug gewesen wäre. *Sie konnten ein Stück Heimat mit sich nehmen, während wir unsere Sprache aufgeben mussten, um uns nicht in Gefahr zu bringen.«* (Zitiert nach Amati Mehler 1995, S. 101; Hervorhebung R. F.)

Die eigene Sprache »aufgeben« zu müssen ist, ganz gleich unter welchen Umständen, unvorstellbar. Die Sprache erdet uns und verleiht unserer emotionalen Entwicklung und Geschichte Ausdruck. Sie erscheint uns genauso selbstverständlich wie die Luft, die wir atmen. Dass uns die Sprache mit Gewalt entrissen werden kann, zeigt nicht nur, wie verletzlich wir sind, sondern auch, zu welcher Grausamkeit wir fähig sind. Eine der Waffen, die die europäischen Kolonisatoren einsetzten, um einheimische Völker zu unterdrücken, war das Verbot ihrer Sprachen. Tragische Beispiele sind die kulturelle Dezimierung der First Nations in Kanada und der Native Americans in den Vereinigten Staaten.[9] Die Sprache birgt unsere Traditionen und Identitäten, ja unser Bild von der Welt in sich. Was bedeutet es, die eigene Sprache nicht länger sprechen zu dürfen?

9 In *Radical Hope: Ethics in the Face of Cultural Destruction* beschreibt Jonathan Lear (2006), dass das indigene Volk der Crow in den Vereinigten Staaten Ende des 19. Jahrhunderts nicht allein seine Sprache, sondern auch seine Kultur verlor. Die Verfolgung der Crow durch die US-Armee, die Überfälle auf ihr Land und der Landraub durch weiße europäische Siedler zerstörten ihre Kultur und Lebensweise. Wenn Sprache unsere Kultur in sich birgt und kommuniziert – was bedeutet es dann, sowohl die Sprache als auch die Kultur zu verlieren? Dazu Lear (2006): »Das Problem besteht darin, dass die Crow die Konzepte verloren haben, mit denen sie Narrative verfertigen. Dies ist ein *realer Verlust*, nicht lediglich ein unter einem bestimmten Blickwinkel beschriebener. Es ist der *reale Verlust eines Blickwinkels.«* (S. 32)

Und was bedeutet es, wenn sich das Böse und das Trauma der Sprache, in der wir aufgewachsen sind, bemächtigen, so dass wir es nicht mehr ertragen, sie zu hören?

Für deutsch-jüdische Emigranten, die vor dem Krieg aus Deutschland fliehen konnten, war die deutsche Sprache mit widersprüchlichen Gefühlen verbunden. So schreibt die deutsche Historikerin Monika S. Schmidt (2003) in ihrer Untersuchung über deutsche US-Einwanderer:

> »Einerseits war es die Sprache der Familie, die Sprache der Kultur, zu der die jüdischen Mitglieder der deutschen Gesellschaft einen untrennbaren und wichtigen Beitrag geleistet hatten, die Sprache des Landes, dem sie sich zugehörig fühlten, dessen Bürger sie waren – oder gewesen waren – und mit dem viele oder die meisten von ihnen eine tiefe Loyalität und starke patriotische Gefühle verbanden. Andererseits war das Deutsche zur Sprache des Verfolgers geworden, zur Sprache der Gesetze, die Juden aus der deutschen Gesellschaft ausschlossen, und zur Sprache der SA-Männer, die sie in ihrem sicher geglaubten Zuhause überfielen.« (S. 134)

In Nordamerika oder Israel angelangt, sahen sich deutsch-jüdische Emigranten mit der Frage konfrontiert, ob sie das Deutsche weiterhin als *ihre* Sprache ansehen und sich auch untereinander auf Deutsch miteinander verständigen sollten. Eine eindeutige Antwort gab es nicht. Für manche Emigranten blieb die deutsche Sprache die Sprache der emotionalen Bindung, des Lernens und der Tradition, während sie für andere die Verfolgernation repräsentierte, die sie hinter sich gelassen hatten.[10]

Schon vor dem Krieg machte sich in den nordamerikanischen jüdischen Gemeinden ein Unterschied bemerkbar zwischen Deutsch sprechenden jüdischen Einwanderern – darunter vielen assimilierten Städtern – und Jiddisch sprechenden Immigranten aus Osteuropa, die zumindest anfangs an ihren Traditionen festhielten.[11] In den Jahren nach der Shoah verstärkten sich diese Unterschiede. Während die deutsch-jüdischen Nach-

10 Die Geschichte der Holocaust-Überlebenden und gebürtigen Berlinerin Margot Friedlander bringt die von mir beschriebene Dynamik um Sprache, Zugehörigkeit und Kultur auf den Punkt. Friedlander überlebte den Holocaust in Deutschland und wanderte 1947 nach New York aus. Nach dem Tod ihres Mannes beschloss sie 2010, nach Berlin zurückzukehren. Friedlanders Geschichte ist das Thema des von Thomas Halczinsky gedrehten Dokumentarfilms *Don't Call It Heimweh* und seiner Fortsetzung *Späte Rückkehr*. Siehe auch Friedlander und Schwerdtfeger (2008).

11 Die historischen und kulturellen Unterschiede, die in den nordamerikanischen jüdischen Gemeinden zwischen deutsch-jüdischen Einwanderern und Einwanderern aus Osteuropa zum Tragen kamen, gehen auf das späte 19. Jahrhundert zurück. Sie waren lange vor dem Aufkommen des Nationalsozialismus auch in Deutschland spürbar. Jiddisch sprechende Angehörige osteuropäischer jüdischer Gemeinden gelangten Ende des 19. Jahrhunderts auf der Flucht vor den Pogromen nach Deutschland. Sie unterschieden sich deutlich von den hochgebildeten und assimilierten Angehörigen der deutsch-jüdischen Gemeinden, die damals in die deutsche Hochkultur integriert waren. Wie Baumann (2012 [1989]) erläutert, hielten die Antisemiten in Deutschland die assimilierten und integrierten deutschen Juden für weit bedrohlicher als die neuen Zuwanderer aus Osteuropa, weil letztere im Unterschied zu den Integrierten leicht zu identifizieren waren.

kriegszuwanderer weiterhin Deutsch sprachen, weil die deutsche Sprache ihnen in dem fremden Land ein Stück Vertrautheit bedeutete, reagierten viele nicht-deutsche Juden ausgesprochen negativ, wenn sie Deutsch hörten.[12]

Unter meinem heutigen Blickwinkel kann ich die Gründe für diese spontane emotionale Reaktion durchaus nachvollziehen. Als ich mit meiner Familie in New York lebte, bin ich mit meiner Tochter und meinem Sohn oft ins Jüdische Gemeindezentrum gegangen. Ich habe mit meinen Kindern stets Deutsch gesprochen und die Sprache meiner eigenen Kindheit mit ihnen geteilt. Irgendwann wurde mir bewusst, dass ich jedes Mal, wenn wir das Jüdische Gemeindezentrum betraten, automatisch ins Englische wechselte. Meinem Sprachwechsel lag zweifellos meine Unsicherheit zugrunde – ich wusste nicht, wie die anderen Besucher meine Kinder und mich wahrnehmen würden, wenn wir Deutsch sprächen. Gleichzeitig versuchte ich, meinen jüdischen Nachbarn respektvoll zu begegnen. Die Vorstellung, wie sie sich fühlen würden, wenn in ihrer Gegenwart Deutsch gesprochen würde, bereitete mir Sorgen. Für mich ist es nach wie vor wichtig, Deutsch zu sprechen, und ich versuche es nach Möglichkeit auch mit meinen heranwachsenden Kindern durchzuhalten. Meine Frau spricht ebenfalls Deutsch; sie hat es während ihres Studiums gelernt. Ich denke jedoch, dass es für einige ihrer älteren Verwandten schwierig oder zumindest ausgesprochen merkwürdig gewesen sein muss, mich mit den Kindern, als sie noch klein waren, Deutsch sprechen zu hören.

Es gab noch eine weitere Situation, in der ich, wenngleich aus anderen Gründen, vor dem Deutschen zurückschreckte. Ich nahm an einem Seminar teil, das auch von mehreren älteren deutsch-jüdischen Emigranten besucht wurde. Von einem älteren Paar, das mich, wie ich später begriff, sehr stark an meine Großeltern erinnerte, fühlte ich mich besonders angezogen. Im Seminar fiel mir auf, dass sie auf Deutsch leise Zwiegespräche miteinander führten. In einem Raum voller Englisch sprechender Menschen schien das Deutsche ihre Privatsprache zu sein. Sie wussten nicht, dass ich ebenfalls Deutsch sprach. Ich fand ihre Stimmen auffällig: Intonation und Manierismen waren mir tief vertraut. Dieses Gefühl überkommt mich gelegentlich, wenn ich Deutsch höre – es ist meine Muttersprache, und ich stimme mich sofort auf sie ein. Nun aber war die Situation anders. Obwohl ich die beiden gern angesprochen hätte, hielt ich mich zurück. Die Vorstellung, ihren intimen Austausch zu unterbrechen, schreckte mich ab. Wenn ich darüber nachdenke, glaube ich, dass ich Angst hatte, wie sie auf mich reagieren würden. In diesem Moment schien es mir, als sei ihr Deutsch die Sprache der Zärtlichkeit, meines hingegen die Sprache des Aggressors. Die Last der Vergangenheit und die ererbte Scham können überaus real sein.

Wenn ich in Kanada oder in den Vereinigten Staaten vor Zuhörern, darunter manchmal auch jüdischen, über deutsches Erinnern und den Holocaust spreche, bin ich mir der starken Dynamik, die im Klang der von mir benutzten deutschen Wörter mitschwingt, stets bewusst. Deshalb war ich anfangs verunsichert, als ich zum ersten Mal in Deutschland über das Thema referierte. Einerseits fühlte es sich ganz natürlich an, zu einer Gruppe von Deutschen zu sprechen und mit ihnen in ihrer Muttersprache zu dis-

12 Solche Reaktionen sind generationenübergreifend zu beobachten; vgl. Morris Sunshine, zitiert in Hirsh (2010), sowie Kuriloff (2014).

kutieren. Weil mein Vortrag aber andererseits vom historischen Trauma des Holocaust handelte und das Deutsche die Tätersprache war, fragte ich mich, was möglicherweise verlorenginge oder übersehen würde, wenn ich die Aufmerksamkeit nicht auch auf die emotionalen Konnotationen und Assoziationen lenkte, die der deutschen Sprache in diesem Zusammenhang innewohnen – ein weiteres Beispiel dafür, dass Erinnerungen, die mit der Durchführung des Holocaust assoziiert sind, je nach Sprache und Kontext, in dem sie Thema sind, auf unterschiedliche Weise erzählt, besprochen oder weitergegeben werden. Die Perspektive, die ich hier aufzeige, spiegelt meine eigene Situation wider: Ich bin zweisprachig aufgewachsen und lebe sowohl in deutschen als auch in jüdischen Kontexten.

Aufgrund all dieser Erfahrungen frage ich mich, ob Daniel und ich das uneingestandene Bedürfnis hatten, uns auf eine von uns selbst geschaffene, von den Komplexitäten der Geschichte ganz und gar unberührte Sprachinsel zurückzuziehen und dort zu bleiben. Ich kann natürlich nicht für Daniel sprechen, auf mich selbst aber könnte diese Vermutung durchaus zutreffen. Obwohl es sich völlig natürlich anfühlte, mit Daniel Deutsch zu sprechen, gab es Situationen, in denen die Sprache an sich Erinnerungen an die traumatische Vergangenheit heraufbeschwören und emotionale Anspannung erzeugen konnte. Das Deutsche ist eine Sprache des alltäglichen Lebens und Lernens, es ist aber auch die Sprache der Täter – zweifellos eine der Paradoxien, die von der deutschen Kultur in den Jahrzehnten nach dem Holocaust nicht zu trennen sind. Wie wurde aus der Sprache Goethes und Rilkes die Sprache Hitlers und Goebbels? Welche der beiden Sprachen hören wir, wenn Deutsch gesprochen wird? Ich bin überzeugt, dass wir die Sprache stets kontextabhängig wahrnehmen, je nachdem, wer spricht und wer zuhört und in welcher Beziehung man zueinander steht. Daniel war in einer Deutsch sprechenden jüdischen Gemeinde aufgewachsen, und seine Beziehung zum Deutschen ist heute zumindest in der Perspektive der breiteren jüdischen Bevölkerung ungewöhnlich. Dass die deutsche Sprache von uns beiden als emotional befreiend, aber auch als historisch determiniert erlebt wurde, warf die Frage auf, wie es sich für Daniel anfühlte, mit mir Deutsch zu sprechen.

Die Geschichte verhandeln

Nachdem wir begonnen hatten, die Vergangenheit zu erforschen, schien es, als müsse Daniel erneut lernen, mir zu vertrauen. Vielleicht kann man tatsächlich mit Fug und Recht einwenden, dass ich besser hätte schweigen und mein »Deutschsein« verstecken sollen. Wer mich sprechen hört, glaubt, es mit einem Kanadier zu tun zu haben. Anklänge einer zweiten Sprache oder Kultur sind nicht zu hören – vielleicht abgesehen davon, dass ich gelegentlich ein Wort britisch ausspreche. Dies verweist auf die Vielseitigkeit unserer Identitäten. In meiner Arbeit mit Daniel trug meine Befürchtung, »festgelegt« oder auf irgendeine Weise als »anders« abgestempelt zu werden, dazu bei, dass ich mich versteckte. Meine Sorge hing mit früheren Interaktionen der Art zusammen, wie ich sie in den vorangegangenen Kapiteln beschrieben habe, mit der Erfahrung, dass die Reaktionen anderer Menschen auf uns selbst spontane, unwillkürliche Identitätswechsel auslösen können. So wurde meine Identität als »Deutscher« kurioserweise in ebenjenem Moment fixiert, in dem Daniel dazu überging, nicht mehr Deutsch, sondern nur noch Englisch mit mir zu sprechen.

Rückblickend ist mir klar, dass die größte Herausforderung für mich darin bestand, die Scham, die ich in Daniels Gegenwart verspürte, auszuhalten. Ich hatte den Impuls, jede Verbindung zur Geschichte meiner Familie und zu den Ereignissen vor meiner Geburt zu verleugnen und mich so zu verstecken. Doch ich musste Daniels Ängsten, Phantasien und potenziellen Anklagen standhalten, damit sich die Situation zwischen uns entfalten konnte. Gegen Ende unserer gemeinsamen Arbeit fand ich Gelegenheit, mit Daniel über einige Aspekte meiner Scham zu sprechen. Dass ich meinen eigenen emotionalen Kampf nicht verhehlte, hat es ihm möglicherweise erleichtert, offener über das, was er über mich in Erfahrung gebracht hatte, zu sprechen. Er fragte mich unter anderem, weshalb ich so zurückhaltend gewesen sei. Tatsächlich hatte er vermutet, dass ich für einen Schweizer gehalten werden wollte. Nachdem er den Fallbericht über unsere Zusammenarbeit gelesen hatte, fragte er auch, ob unser wiederholter Sprachwechsel nicht vielleicht mit meinen emotionalen Schwierigkeiten mit der Vergangenheit zusammenhing. Vermutlich war es so. Ich hatte versucht, meine Geschichte nicht laut werden zu lassen und eine Identität aufrechtzuerhalten, die auf einem ausgewogenen Maß an Kontrolle und persönlichem Wohlbefinden beruhte. Statt mit Daniel den Schritt ins Unbekannte zu wagen, hatte ich es vorgezogen, als »neutraler« Schweizer angesehen zu werden.

Daniel und ich sprachen miteinander Englisch, um dem Misstrauen, das in der uns vorausgegangenen angsterregenden Geschichte wurzelte, die Stirn zu bieten. Nach und nach erst und zunächst genauso unbemerkt wie vorher der Wechsel ins Englische schlich sich auch die deutsche Sprache erneut in unsere Arbeit ein. Irgendwann wurde mir bewusst, dass wir auch wieder Deutsch miteinander sprachen. Nachdem es uns eine Weile widerstrebt hatte, fühlte es sich nun wieder ganz selbstverständlich an. Wir hatten beide den Eindruck, dass unsere Verwendung des Deutschen nicht mehr nur durch die Vergangenheit vorgegeben oder von ihr beherrscht wurde. Vielmehr hatten wir einen Punkt erreicht, an dem wir uns wie zu Beginn in beiden Sprachen miteinander unterhalten konnten.

Meine Arbeit mit Daniel hat mir vor Augen geführt, in welch hohem Maß Geschichte und Sprache innig vertraut wirken und ihre Sprecher zugleich in eine andere raumzeitliche Dimension versetzen können. Das Englische war die Sprache unseres Lebens in der Gegenwart, die Sprache unserer gemeinsamen Wahlheimat New York und unserer Identität als Immigranten. Das Deutsche hingegen war die Sprache unseres kulturellen Hintergrundes, der Familie und der Kindheit. Es ermöglichte uns, darüber nachzudenken, wie wir uns von anderen Bewohnern unserer Wahlheimat unterschieden. Und doch ist das Deutsche zugleich die Sprache der Shoah. In diesem Sinn verbindet es Vergangenheit mit Gegenwart, Opfer mit Tätern und traumatische Geschichte mit Alltagserleben.

Postskript

Ich hatte zwar meine Familiengeschichte, nicht aber meine persönlichen Erfahrungen mit dem Verhältnis von Deutschen und Juden offengelegt. Unsere Bereitschaft, vorbehaltloser miteinander umzugehen, bedeutete, dass wir unseren Erkundungen neue Räume erschlossen. Daniel schickte sich an, tiefer zu graben, und wollte wissen, was es mit meiner eigenen Familie auf sich hatte. Er wusste, dass ich verheiratet war, und wollte nun mehr über meine Frau erfahren, genauer gesagt: Er wollte wissen, ob meine Frau jüdisch sei. Ich bejahte. Soweit ich mich erinnere, erwiderte er daraufhin: »Wirklich? Wow!« Diese verspielte Kombination aus Deutsch und Englisch war durchaus passend. Ich wartete seine weitere Reaktion ab. Er meinte, dass er diese Neuigkeiten in gewisser Weise beruhigend fände: Sie zeigten, dass ich ihn besser verstehen könne.

Zweifellos hat meine Beziehung zu meiner Frau es mir erleichtert, die deutsche und jüdische Geschichte mit Daniel zu bearbeiten. Wir beide haben im Laufe der Jahre gelernt, uns mit unseren Unterschieden und den Bedeutungen, die unsere gegensätzlichen Identitäten in sich bergen, auseinanderzusetzen. Wenn ich sie ansehe, sehe ich in ihr nicht jemanden, der jüdisch ist, und ebenso wenig sieht sie in mir jemanden mit deutscher Abstammung. Wir interagieren auf der Basis unserer individuellen und unserer gemeinsamen Erfahrungen, unseres inhärenten Verständnisses der Bedürfnisse und Wünsche des Anderen. Gleichwohl sind unsere kulturellen Identitäten real, und ich habe gelernt, bewusst darauf zu achten, was geschieht, wenn diese Unterschiede in den Vordergrund rücken und sich einmal mehr zeigt, dass Kategorien wie »deutsch« oder »jüdisch« je nach den sich wandelnden Kontexten unseres Lebens veränderbar sind.

Vermutlich empfand ich es als beruhigend, Daniel sagen zu können, dass ich mit einer jüdischen Frau verheiratet bin. Wie verwirrend meine Gefühle damals waren, habe ich aber durchaus noch in Erinnerung. Als ich später mit einer deutschen Kollegin über meine Konfusion sprach, erwiderte sie, dass die Heirat mit einem Menschen jüdischer Herkunft manchen Deutschen möglicherweise helfe, ihre Schuldgefühle zu lindern, mit anderen Worten: Ich könnte die Tatsache, mit einer jüdischen Frau verheiratet zu sein, als Entlastung von meinen geerbten Schuld- oder Schamgefühlen empfinden. Die Antwort meiner Kollegin erinnerte mich an meinen alten Wunsch, wenigstens einen Angehörigen zu haben, der sich gegen die Tyrannei und den Terror der Nazis aufgelehnt hätte. Ich hatte mir vorgestellt, mich mit einem solchen Menschen in der Familie in Bezug auf die Vergangenheit anders fühlen zu können. War es ein Bedürfnis, als »guter« Deutscher zu erscheinen, statt womöglich als »böser« Deutscher, beladen mit dem Gewicht der historischen Schuld, dazustehen? Freilich lässt sich unsere gelebte Realität nie dermaßen eindeutig kategorisieren. Unser Bedürfnis nach singulären Definitionen und Identitäten kann sehr stark sein, vor allem wenn wir schwierigen, oft widersprüchlichen Gefühlen bezüglich der Frage, wer wir sind, ausweichen möchten.

Die Komplexität der Gefühle, die ich beschreibe, fand Ausdruck in einem Traum, den ich knapp ein Jahr nach Beginn meiner Arbeit mit Daniel hatte. Ort des Traumgeschehens war Hannover, die Traumsprache war Deutsch. Ich kann mich lediglich an Bruchstücke erinnern, und das, was ich in Erinnerung habe, war furchterregend. Ich befand mich allein irgendwo in der Stadt und wurde von Nazi-Soldaten verfolgt. Verzweifelt suchte ich nach einem Unterschlupf, um mich vor meinen Verfolgern, die näher und näher kamen, zu verstecken. Angsterfüllt wachte ich auf. Dies war, soweit ich mich erinnern kann, der erste Traum, in dem mir Nazis nach dem Leben trachteten. Meine Frau berichtet, solche Träume zu haben, seit sie als Kind zum ersten Mal vom Holocaust hörte. Im 1. Kapitel beschreibe ich den Traum über Nazis, den Margit in der Nacht träumte, nachdem sie entdeckt hatte, dass ihre Mutter eine jüdische Holocaust-Überlebende war. Man könnte die Ansicht vertreten, dass sich die Arbeit mit Daniel in meinem Traum niederschlug und dass er widerspiegelte, was Daniel mir über den Umgang mit der Holocaust-Vergangenheit in seiner Familie erzählt hatte. Für mich besteht die Signifikanz des Traumes darin, dass er eine Veränderung meiner gefühlten Wahrnehmung der historischen Realität ausdrückte. Ich hatte begonnen, meine deutsche Herkunft auf andere Weise zu erleben. Durch meine Arbeit mit Daniel begann ich, klarer als zuvor und vor allem in meiner Muttersprache zu begreifen, wie es sich anfühlte, ein Opfer des Naziregimes zu sein.

Weder Daniel noch ich selbst hatten in Deutschland gelebt, und dennoch beeinflusste die deutsche Geschichte maßgeblich, wie wir einander wahrnahmen. Vielleicht waren wir am Ende zum Ausgangspunkt zurückgekehrt. Die deutsche Sprache schuf erneut eine Verbindung zwischen uns, und zwar deshalb, weil wir nun in der Lage waren, unsere historisch determinierten Unterschiede in dieser Sprache anzuerkennen. Ich habe im Laufe der Jahre mit einigen Holocaust-Überlebenden der zweiten und dritten Generation gearbeitet. Wenn Patienten mich nach meinem kulturellen Hintergrund fragen, fällt es mir heute leichter als damals, zu Beginn meiner Berufstätigkeit, die Bedeutung dieser Fragen zu ergründen und auf sie zu antworten. In heutigen Situationen merke ich, dass sich im therapeutischen Setting ein Sicherheitsgefühl entwickeln kann, wenn ich meine persönliche Vertrautheit mit dem Judentum nicht verhehle. Durch meine Arbeit mit Daniel habe ich gelernt, offen über meine Familiengeschichte zu sprechen, obwohl mir nach wie vor beklommen zumute ist, wenn ich in einem jüdischen Kontext auf meine deutsche Herkunft angesprochen werde. Vor einiger Zeit wurde ich auf einem Treffen der Familie meiner Frau jemandem vorgestellt, der, wie ich wusste, dem Holocaust entkommen war. Ich wurde plötzlich nervös, obwohl mir klar war, dass dieser freundliche ältere Herr nichts über mich wusste und vermutlich auch andernfalls keine Vorbehalte mir gegenüber gehegt hätte.

Die Last der Geschichte und die Holocaust-Traumata sind unabänderlich. Ihre Folgen verlieren auch mit wachsendem zeitlichem Abstand nicht an Realität. Mir wurde diese Last ganz besonders schwer, als ich mit meiner Tochter zum ersten Mal über den Holocaust sprach. Sie war noch sehr jung, und ich versuchte, ihre vielen Fragen zu beantworten und ihr dabei zu helfen, sich angesichts unserer gemeinsamen und vielgestaltigen Identitäten zu orientieren. Ich bin mit ihr und mit meinem Sohn laufend im Gespräch, und dieses Buch ist aus einem gemeinsamen Prozess hervorgegangen. Wie sprechen wir über den Holocaust? Wie erkennen wir, was die Holocaust-Traumata uns sagen können? Geschichte ist nicht lediglich »Wissen«, Geschichte wird gelebt. Dank meiner Arbeit mit Daniel bin ich heute eher bereit, mich meiner Scham über diese Geschichte zu stellen und mit ihr zu leben, auch wenn es schwierig sein kann.

4. Kapitel

Wessen Leiden? Narrative des Traumas

Das Geräusch eines Flugzeugs am Himmel über mir lässt ein plötzliches Gefühl der Angst, ein unverkennbares, körperliches Gefühl, in mir aufsteigen. Ich bin auf einer Straße in der Nähe meines früheren Apartments auf der New Yorker Upper West Side unterwegs. Das Gefühl kriecht mir entlang der Wirbelsäule bis hinauf in den Nacken. Ich spüre ihm nach und schaffe es, einen Moment lang logisch zu denken. Es ist höchst unwahrscheinlich, sage ich mir, dass irgendetwas, so wie am 11. September 2001 geschehen, vom Himmel herabstürzen wird.

Es war ein außergewöhnlich warmer, frühherbstlicher Tag mit strahlendblauem Himmel. Ich weiß es, weil ich an jenem Tag immer wieder hinausging und hochblickte. Ich wartete auf meine Frau, die morgens zur Arbeit gegangen war. Nun lief sie zu Fuß durch Midtown Manhattan und durch den Central Park, zusammen mit vielen, vielen anderen Menschen, die von Lower Manhattan nordwärts strömten und sich einen Weg, irgendeinen Weg, zu bahnen versuchten, um von der Insel wegzukommen. Ich ließ unsere acht Monate alte Tochter den ganzen Vormittag lang nicht aus den Armen, starrte auf den Fernsehbildschirm, wo sich unvorstellbare Szenen abspielten, und lief zwischendurch ein ums andere Mal hinaus ins Freie. Ich hörte die Sirenen der Krankenwagen, die zum Ort des Einschlags rasten, zum World Trade Center, nur ein paar Kilometer entfernt – womöglich war es doch ein Unfall und die Medienspekulationen über einen Terroranschlag werden sich als Irrtum erweisen?

Später am selben Tag versammeln sich um die Ecke von unserem Apartmenthaus Menschen zu einer Kerzenmahnwache. Still, im Schock, stehen sie da. Niemand sagt viel; was gibt es zu sagen? Jeder scheint jemanden zu kennen, der sich am Vormittag in der Gegend des World Trade Center aufgehalten hat. Meine Frau, die es nach Hause geschafft hat, berichtet von den Schreien und dem unkontrollierbaren Schluchzen einer Arbeitskollegin, deren Mann in einem der beiden Zwillingstürme in den oberen Stockwerken arbeitete und nicht an sein Telefon ging. Meine Frau sollte eigentlich ab dem 1. Januar 2002 hoch oben in einem der Türme des World Trade Center arbeiten – nur dreieinhalb Monate zwischen uns und der Tragödie.

Am nächsten Tag, dem 12. September, laufe ich an Menschen vorbei, die in einer langen Schlange anstehen, um Blut zu spenden, obwohl kein Blut benötigt wird. Es gibt keine Überlebenden. Doch das weiß noch niemand. Ich bin auf dem Weg zum Roten Kreuz, um zu sehen, ob ich irgendetwas tun kann. Ich schließe mich einer großen Gruppe von Pflegekräften und Ärzten an, die alle hoffen, sich irgendwie nützlich machen zu können, und sich ohne Ausnahme vollkommen hilflos fühlen. Plötzlich wird die Menge unruhig, man hört laute, wütende Stimmen. Manche der Wartenden haben die ganze Nacht ausgeharrt, um nach Downtown zum World Trade Center gebracht zu werden. Nun haben sie das Gefühl, dass Neuankömmlinge ihnen ihren Platz in der Schlange streitig machen wollen. Niemand weiß mehr mit seinen Gefühlen umzugehen. Mit der Angst. Der Ohnmacht.

Stunden später laufe ich zurück, vorbei an unserer Feuerwache auf der Upper West Side. Eine merkwürdige Stille liegt in der Luft, vor dem Gebäude haben sich Menschen versammelt. Manche weinen. Feuerwehrleute werden vermisst. Viele. Niemand kann mit Sicherheit sagen, wie viele. An einer Mauer lehnen Fotos der bestätigten Vermissten. Jemand hat Blumen unter ein Foto gelegt. Irgendwann später werden wir erfahren, dass es sieben sind. Sieben Feuerwehrleute von »Ladder 25«, die ums Leben kamen, als sie die Treppen hinaufrannten, um die Menschen in den oberen Etagen der Türme zu retten. Es ist dieselbe Feuerwache, an der ich vier Jahre später unzählige Male vorbeilaufen werde, wenn ich meine Tochter zur Schule bringe. Die Wache befindet sich nur einen Block entfernt vom Jüdischen Gemeindezentrum; das Gebäude wird kurz nach dem 11. September rundherum durch wuchtige, schwere Barrieren geschützt. Die Gefahr ist gestaltlos, aber sie ist real.

Vier Jahre nach dem 11. September wird meine Tochter eingeschult. Ich halte ihre kleine Hand in meiner, wenn wir durch die geschäftigen Straßen New Yorks laufen. Das Geräusch von Flugzeugen am Himmel jagt mir noch immer dieses unheimliche, mittlerweile aber vertraute Gefühl über den Rücken. Wie immer rufe ich mir in Erinnerung, dass alles gut ist. Restlos sicher bin ich mir dessen nicht und werde ich mir nie wieder sein können. Aber ich hoffe es. Um unserer- und um ihretwillen. Erst sehr viel später werden mir die Assoziationen bewusst, begreife ich die Verbindungen zwischen der Vergangenheit und der Gegenwart. Als ich in London studierte, wurden Bombenanschläge in der City verübt: Die Irish Republican Army zeigte Präsenz. Der Konflikt in Nordirland füllte tagtäglich die Zeitungen, und mitunter rückte, was weit entfernt zu sein schien, ganz nah. Doch es war nie so nah und es weckte in mir nie dieselbe Angst wie an jenem 11. September.

Als in Manhattan arbeitender klinischer Psychologe und Psychoanalytiker habe ich in den folgenden Monaten und Jahren viele, viele Menschen kennengelernt, die durch die Angriffe auf das World Trade Center traumatisiert worden waren. Irgendwann begannen die Erfahrungen, von denen meine Patienten berichteten, mich zu überwältigen. Ich hatte unentwegt das Bild einer hoffnungslos überfüllten Notfallambulanz in dem Krankenhaus, in dem ich arbeitete, vor Augen. Ich musste meinen Nachrichtenkonsum einschränken, den Fernseher ausschalten und aufhören, den Menschen, die von weit her anriefen und wissen wollten, was passiert war, Auskunft zu geben.

Diese Geschichte hat noch eine zweite Seite. Die furchtbaren Geschehnisse jenes Tages hatten sich irgendwie an meine Vergangenheit angeheftet, an eine Geschichte, die nicht meine eigene ist: Es waren die Geschichten meiner Mutter über ihre Hannoveraner Kindheit, über die Bombenangriffe und das nächtliche Hasten in den Luftschutzkeller und ihr verzweifeltes Bemühen, die schweißnasse Hand meiner Großmutter nicht zu verlieren. Die Bombenangriffe fanden immer nachts statt, in erstickender Dunkelheit, unterbrochen nur durch Leuchtgranaten und Flakscheinwerfer, die den Himmel nach Bombern absuchten. Diese Erinnerungen erfüllten mich von klein auf mit Angst. Die Gefühle, die in der Stimme meiner Mutter mitschwangen, weckten Bilder und Vorstellungen in mir – ich hörte das Heulen des Fliegeralarms, das Grollen der Bomberschwadronen, das Schwirren der abgeworfenen Bomben, die rasch aufeinanderfolgenden Explosionen, die es so schwierig machten, in den Luftschutzbunker zu rennen, und all dies gipfelnd in der Bombardierung und Zerstörung des Elternhauses meiner Mutter.

Ich war geprägt von der Erinnerung an traumatische Ereignisse, die ich selbst gar nicht miterlebt hatte. Erst am 11. September wurde mir klar, welche Bedeutung diese Erinnerungen, ihre anhaltenden, aber unmissverständlichen Auswirkungen, für mich besaßen. Nachdem wir New York viele Jahre später verlassen hatten, wurde mir irgendwann bewusst, dass ein wiederkehrender Traum aufgehört hatte. Ich hatte seit dem 11. September zunächst oft, im Laufe der Zeit dann seltener, von brennenden Türmen geträumt. In meinem Traum sah ich die Türme aus weiter Ferne, spürte die Gefahr und hatte Angst, war aber außerstande, irgendetwas zu ändern; weder konnte ich die Flammen löschen, noch vermochte ich den Betroffenen zu helfen. Schließlich erwachte ich aus dem Albtraum. Angsterfüllt.

Die brennenden Türme waren zum Symbol der Szenen meiner gelebten Erfahrung geworden. Nur dass mein Traum den Tag in die Nacht verwandelte. Gelb- und orangefarben schlugen die Flammen in den schwarzen Himmel, loderten in jener tiefschwarzen Dunkelheit, die ich vor langen Jahren mit dem Rennen meiner Mutter in den Luftschutzbunker assoziiert hatte. In unserem sicheren, behaglichen Heim sitzend, lauschte ich ihren Erinnerungen an den Luftkrieg, die mich in eine andere Zeit, an einen anderen Ort versetzten. Die Geschichten über nächtliche Bombardierungen kamen von weither. Diese Erinnerungen gingen mir voraus und ergriffen dennoch Besitz von mir. Die veränderten Kontexte unseres Lebens nahmen ihnen fast nichts von ihrer Realität. Erst heute, als Erwachsener und durch die traumatischen Ereignisse des 11. Septembers von der Gegenwart in die Vergangenheit versetzt, kann ich verstehen und in Worte fassen, was ich mir schon im Kindesalter vorgestellt habe.

Drei Jahrzehnte sind vergangen, nachdem ich Kanada zum ersten Mal verlassen habe. Heute lebe ich mit meiner Familie in Vancouver. Wenn am Himmel Flugzeuge zu hören sind, registriere ich sie, aber ihr Dröhnen jagt mir keine Angst mehr ein. Der Albtraum, den ich seit dem Angriff auf das World Trade Center immer wieder hatte, verschwand, als wir nach Vancouver, eine relativ ruhige Stadt, umzogen. Die Bedeutung meiner Erinnerungen hat sich gewandelt. Sie auf diesen Seiten zu beschreiben lässt sie weniger bedrohlich erscheinen, auch wenn sie nach wie vor unabweisbar intensive Gefühle wecken. Ich habe verstanden, dass meine ererbten Erinnerungen mit meinem Erleben des 11. Septembers in eins fallen und dass diese Vermengung zu einer Quelle meiner Angst wurde.

In ihrer Autobiographie *After Such Knowledge* beschreibt Eva Hoffman (2004) ihre Reaktion auf das Geschehen des 11. Septembers. Sie lebte damals in England und verfolgte die Bilder von den Flugzeugen, die ins World Trade Center krachten, auf dem Fernsehbildschirm. Vor ihrem Umzug nach London hatte sie viele Jahre lang in New York gearbeitet, und die Bilder des sich entfaltenden Traumas ergriffen sie zutiefst. Gleichwohl reichte ihre Resonanz über den aktuellen Moment hinaus hinein in die Vergangenheit und illustrierte einmal mehr die Wirkmacht ererbter Erinnerungen.

Hoffman, eine Holocaust-Überlebende der zweiten Generation, sieht durch den 11. September bestätigt, was sie unausgesprochen schon immer wusste: Es ist unmöglich vorauszusagen, was geschehen wird. Ihr Gefühl der Desorientiertheit beim Anblick der Fernsehbilder von Tod und Zerstörung weicht einem Ansturm von Hilflosigkeitsgefühlen und Wut. Diese Reaktionen verbinden Hoffman mit den Empfindungen und Erinnerungen, die ihre Eltern ihr übertragen haben. Die Katastrophe, mit der sie in ihrer Vorstellung stets gerechnet hat, ist nun mit furchtbarer Unmittelbarkeit eingetreten. Für den machtvollen Einfluss der Vergangenheit auf ihre Wahrnehmung der Gegenwart findet Hoffman (2004) folgende Worte:

> »Für jemanden wie mich oder vielleicht für jeden, der im Schatten des Zweiten Weltkriegs aufgewachsen ist und für den jene Verheerung DAS EREIGNIS war, ist es schwer, die Erschütterungen der Gegenwart nicht durch das Prisma des früheren Bebens zu lesen, keine Parallelen wahrzunehmen oder sich Sorgen über ihre Folgen zu machen. Die psychischen Verknüpfungen scheinen jedenfalls unausweichlich zu sein. Eine Tochter von Holocaust-Überlebenden erzählte mir, dass der 11. September einen sorgsam aufrechterhaltenen Abwehrschild durchlöchert und lähmende Ängste geweckt habe, die sie längst schon verarbeitet zu haben glaubte. Eine Deutsche, die im Krieg noch ein Kind gewesen war, berichtete, dass sie nach den Angriffen zum ersten Mal in all den Jahrzehnten von der brutalen Bombardierung deutscher Städte geträumt habe, die sie gegen Kriegsende miterlebt hatte. Es wäre extrem selbstgefällig zu glauben, dass Kriegskinder durch den 11. September in besonderem Maß beeinträchtigt worden seien; aber ganz sicher haben wir unsere Assoziationen.« (S. 239f.)

Ich habe diese Überlegungen zum 11. September an den Anfang des Kapitels gestellt, weil ich die Beschaffenheit ererbter Erinnerungen und insbesondere die Traumanarrative untersuchen möchte, die von einer Generation an die nächste weitergegeben werden. In meinem Fall ließen die Angriffe vom 11. September die Erlebnisse meiner Mutter während der alliierten Bombenangriffe auf Hannover im Zweiten Weltkrieg gespensterhaft wiederaufleben. Bei Hoffman, einer Holocaust-Überlebenden der zweiten Generation, rührte der 11. September an die »unterschwellige Erwartung einer Katastrophe«. Dieses Nebeneinander verschiedener, anscheinend aber miteinander zusammenhängender Reaktionen auf den 11. September lässt darauf schließen, dass neben den weitergegebenen Erinnerungen von Holocaust-Überlebenden und ihren Nachkommen auch Narrative der deutschen Kriegserfahrung tradiert werden. Jeder Versuch eines Vergleichs zwischen dem deutschen und dem jüdischen Erleben ist aber naturgemäß nicht nur problematisch, sondern moralisch suspekt. Wie Hoffman schreibt: »Man kann – darf – aus Albträumen keine Schlussfolgerungen ziehen. Zum einen wäre es töricht, dieselbe historische Analyse auf die Träume über eine deutsche und eine jüdische Kindheit anzuwenden. Die Träume mögen gleichermaßen verstörend sein; ihre breiteren Ursachen aber sind sehr unterschiedlich, und diesen Unterschieden Rechnung zu tragen ist ebenso entscheidend für ein gerechtes Verständnis der Vorgänge wie das Mitgefühl für individuelles Leid« (S. 239).

Die deutsche Wahrnehmung des Zweiten Weltkriegs ist ein schwieriges und strittiges Thema. Jahrelang war die Zivilbevölkerung rigorosen, Tod und Zerstörung bringenden Bombardements ausgesetzt. Deutsche, die vor der Sowjetarmee aus den Ostgebieten flüchteten oder in den Nachkriegsjahren aus osteuropäischen Ländern vertrieben wurden, verloren ihr Zuhause und die physische Verbindung zu ihrer Vergangenheit. Im letzten Kriegsjahr wurden deutsche Frauen in alarmierend hoher Zahl vergewaltigt.[1] Dass solche Erfahrungen traumatisch sein können, lässt sich schwerlich in Abrede stellen. Doch wie spricht man über das Leiden einer Nation, die den Holocaust verübte, Verbrechen gegen die Menschlichkeit in unvorstellbarem Ausmaß beging und für den brutalen Krieg verantwortlich war, mit dem sie ganz Europa überzog? Die von individuellen Deutschen erlittenen Traumata verblassen angesichts der Verbrechen, deren sich das mörderische Nazi-Regime schuldig machte. Ist es nach dem Holocaust überhaupt möglich, von »deutschem Leiden« zu sprechen? Und wenn sich Deutsche auf ihre eigenen Traumata konzentrieren – vermeiden sie es, über das Leid zu sprechen, das ihre Nation anderen zugefügt hat?

Dies sind keine rhetorischen Fragen. Es sind Fragen, die auf den Kern der Schwierigkeiten zielen, mit denen der deutsche Erinnerungsdiskurs im privaten, familialen Kreis nicht anders als in öffentlichen Diskussionen über die Nazi-Vergangenheit konfrontiert ist. Die Erinnerungen, die mir vererbt wurden, lassen mich vermuten, dass die deutsche Kriegserfahrung zumeist abgelöst von ihren historischen Umständen erinnert wird. Wenn Deutsche sich ihrer traumatischen Kriegserlebnisse erinnern, verlieren sie die moralischen Kontexte, in denen es zu diesen Traumata kam, leicht aus dem Blick. Sobald dies geschieht, wendet sich der generationenübergreifende Erinnerungsdiskurs in deutschen Familien den Deutschen als Opfer zu. Der Schwund an Moral, den ich hier beschreibe, leistet der Verfertigung ahistorischer Narrative der Vergangenheit Vorschub. Erinnerungen werden isoliert von den begangenen Gräueltaten geschildert; über die Nazivergangenheit und die Rolle, die Familienangehörige als Täter und Mitläufer gespielt haben, wird geschwiegen.

Meiner Ansicht nach geht es nicht darum, ob Deutsche während des Zweiten Weltkriegs gelitten haben oder nicht. Kriegstraumata sind real – ebenso wie ihre langfristigen psychischen Folgen. Die Frage, die mich beschäftigt, lautet, was passiert, wenn die traumatischen Erfahrungen individueller Deutscher auf eine gesamte Bevölkerung verallgemeinert werden. Allein die Formulierung »deutsches Leiden« ist hochproblematisch, weil sie an ein Verständnis von »Deutschsein« oder »Deutschtum« anknüpft, das die Erfahrungen all jener Deutscher ausschließt, gegen die im Namen der deutschen Nation eine völkermörderische Politik ins Werk gesetzt wurde – die Erfahrungen von Juden, Roma, Sinti, Schwulen, Lesben, psychisch und physisch Behinderten und anderen »unerwünschten Personen«.[2]

1 Die Behandlung der deutschen Zivilbevölkerung durch die Soldaten der Roten Armee war oft brutal. Dies gilt vor allem für die furchtbaren Massenvergewaltigungen. Doch womöglich noch schlimmer wurde das russische Volk von der Nazi-Armee, die ihre mörderische Rassenideologie befolgte, behandelt. Dass in deutscher Gefangenschaft zahllose sowjetische Kriegsgefangene ums Leben kamen, wird oft übersehen.

2 Zahlreiche Autoren, die zum Diskurs des deutschen Leidens Stellung bezogen haben, weisen auf diesen Punkt hin. Eine umfassende englischsprachige Darstellung, auf die ich mich hier berufe, ist die Arbeit der beiden Historiker Schmitz und Seidel-Arpaci (2011).

In respektvoller Rücksichtnahme auf Menschen, die nach wie vor unter diesen Traumata leiden, möchte ich im Folgenden untersuchen, wie die in Deutschland erlittenen Kriegstraumata erinnert werden. Meine Ausführungen konzentrieren sich auf das, was im intergenerationellen deutschen Dialog über die Vergangenheit erinnert und was vergessen wird. Weil dieser Dialog oft eines breiteren historischen und moralischen Kontextes ermangelt, untersuche ich die Erfahrungen meiner eigenen Familie Seite an Seite mit den Erfahrungen deutsch-jüdischer Familien und das Kriegsnarrativ meines Großvaters Seite an Seite mit der Erfahrung von Konzentrationslagerhäftlingen und Zwangsarbeitern. In diesem Prozess versuche ich, eine Art von »moralischem Kompass« zu entwickeln, um mit dessen Hilfe ererbte deutsche Erinnerungen und das Leiden jener, die den Krieg mitmachten und den Holocaust überlebten, zu verstehen.

Deutsche Leiden?

Über die Bombardierung deutscher Städte durch die Kampfflugzeuge der Alliierten im Zweiten Weltkrieg wird seit Langem kontrovers diskutiert. Die Feuerstürme im Anschluss an die Bombardements von Dresden, Hamburg und Pforzheim führten zu gewaltigen Verlusten an Menschenleben und hinterließen bei denen, die nicht umkamen, lebenslange traumatische Erinnerungen. Man schätzt, dass in der Hafenstadt Hamburg während der Operation Gomorrah – so der Codename für die Bombardierungen, die am 24. Juli 1943 begannen und in mehreren Nächten fortgesetzt wurden – 37.000 Menschen starben. Über die Zerstörung der historischen Stadt Dresden in den Nächten und Tagen zwischen dem 13. und 15. Februar 1944 wird nach wie vor heftig debattiert. Das zerstörte Dresden wurde von Deutschen, die überzeugt sind, dass ihr Leiden nicht zur Kenntnis genommen wird, zu einem Symbol ihrer Verluste.[3] Im gesamten Luftkrieg kamen annähernd 380.000 Deutsche ums Leben.[4] Der hohe Preis an Menschenleben und die Zerstörungen infolge der Bombenangriffe werfen Fragen bezüglich einer Kampfstrategie auf, die mehr und mehr auf den Tod von Zivilisten und die Auslöschung von Städten fokussierte, nachdem militärische Ziele bereits erfolgreich in Schutt und Asche gelegt worden waren.

---

3 Über die Zerstörung Dresdens ist sehr viel geschrieben und eingehend berichtet worden. Oft sind diese Diskussionen polemisch und hochgradig politisiert. Eine hilfreiche Übersicht der Debatte über die Erinnerung an die Zerstörung Dresdens verfasste Joel (2013).

4 Die Angaben zu den Zivilisten, die im Luftkrieg der Alliierten über deutschem Boden starben, schwanken erheblich. Nach wie vor wird über die Zahlen diskutiert. In seiner vor einigen Jahren veröffentlichten Darstellung des Bombenkriegs schätzt Richard Overy (2014 [2013]), dass die Gesamtzahl getöteter Zivilisten knapp über 350.000 liege, mithin beträchtlich niedriger sei als in früheren Berichten angenommen. Diese Zahl schließt die Deutschen, die in den Ostgebieten durch Luftangriffe getötet wurden, nicht mit ein. Overy gibt auch die geschätzte Anzahl der Toten in Hamburg an, auf die ich Bezug nehme. Für seine Beurteilung der Rolle, die der alliierte Bombenkrieg innerhalb der breiteren deutschen Diskussion und Auseinandersetzungen spielt, siehe Overy (2003).

Seit der Jahrtausendwende ist in Reaktion auf die weitverbreitete Überzeugung, dass es im Allgemeinen vermieden worden sei, über deutsches Leiden zu sprechen, eine Fülle an Büchern über den Luftkrieg erschienen.[5] In seinem bekannten Buch *Luftkrieg und Literatur* geht W. G. Sebald (2001) dem vermeintlichen Schweigen über den Luftkrieg auf den Grund.[6] Seiner Ansicht nach hat die deutsche Nachkriegsliteratur es vermittels einer Art willkürlicher Amnesie unterlassen, die Auswirkungen der alliierten Bombenangriffe auf Zivilisten zu behandeln:

> »Die in der Geschichte bis dahin einzigartige Vernichtungsaktion ist in die Annalen der neu sich konstituierenden Nation nur in Form vager Verallgemeinerungen eingegangen, scheint kaum eine Schmerzensspur hinterlassen zu haben im kollektiven Bewußtsein, ist aus der retrospektiven Selbsterfahrung der Betroffenen weitgehend ausgeschlossen geblieben, hat in den sich entwickelnden Diskussionen um die innere Verfassung unseres Landes nie eine nennenswerte Rolle gespielt [...].« (S. 11f.)

Sebald erklärt den Grund dieses Schweigens, indem er eine Reihe von Themen anführt, die im Gedächtnis Nachkriegsdeutschlands ein ums andere Mal abgehandelt wurden. Er führt das Schweigen über deutsches Leiden im Krieg auf die manische, zukunftsorientierte Arbeit am Wiederaufbau zurück, auf das Bedürfnis der Menschen, sich und ihre Vergangenheiten neu zu erfinden, auf die Schwierigkeit, von Geschehnissen zu erzählen, die sich einer Beschreibung widersetzen, sowie auf das gesellschaftliche Tabu, in Anbetracht des Holocaust von deutschem Leiden zu sprechen, und die zugrundeliegende Vorstellung, dass Täter nicht zugleich Leidende sein können.

Während Sebald das vermeintliche Ausbleiben eines Diskurses über die Bombardements umtreibt, hat Jörg Friedrich keine Schwierigkeiten, Worte zu finden, um das Leiden deutscher Zivilisten zu beschreiben. Sein Buch *Der Brand: Deutschland im Bombenkrieg, 1940-1945* stellt den Luftkrieg unter dem Blickwinkel der Einwohner zerbombter Städte dar und ist eine wahre Enzyklopädie an Fakten und detailreichen Schilderungen grauenvollen Sterbens und massiver Zerstörung.[7] Friedrichs Beschreibungen des Todes durch Verbrennen, Ersticken oder schmelzenden Asphalt infolge des weitverbreiteten Einsatzes von Brandbomben sind schwer erträglich. Indem der Autor sich speziell auf das Erleben der Bombardierten konzentriert, setzt er dem deutschen

5 Auch über die Erlebnisse deutscher Flüchtlinge aus den ehemaligen deutschen Ostgebieten gibt es eine Flut an Literatur. Günter Grass (2002) beispielsweise beschreibt in seinem Roman *Im Krebsgang* das Schicksal der Flüchtlinge, die sich vor dem sowjetischen Vormarsch retten wollten, speziell den Untergang des deutschen Kreuzfahrtschiffes Wilhelm Gustloff mit 9.000 Personen an Bord. Ich beschränke mich in meiner Auseinandersetzung mit der Frage des deutschen Leidens auf die Debatte über die anglo-amerikanischen Luftangriffe. Dass Grass 2006 eingestand, im letzten Kriegsjahr Mitglied der berüchtigten Waffen-SS gewesen zu sein, fügt der Komplexität seiner im *Krebsgang* beschriebenen Thematik eine weitere Ebene hinzu.

6 Das Buch, 1999 erstveröffentlicht, ist aus Vorlesungen hervorgegangen, die Sebald im Spätherbst 1997 in Zürich hielt.

7 Das Buch fand bei seiner Erstveröffentlichung 2002 viel Beachtung im negativen wie auch im positiven Sinn und gab Anlass zur Produktion mehrerer TV-Sendungen über den Bombenkrieg.

Leiden mit seiner Analyse quasi ein Denkmal. Dies macht seine Arbeit gleichermaßen provokativ wie fragwürdig.

Friedrich konzediert, dass Großbritannien alles tun musste, um sich gegen die deutsche Aggression zu verteidigen, nachdem die Nazis ganz Westeuropa unter ihre Kontrolle gebracht hatten. Er geht auch darauf ein, dass immer mehr Besatzungsmitglieder der alliierten Kampfflugzeuge bei diesen Einsätzen ums Leben kamen. Für rund 55.000 Flieger endete ihre gefährliche Mission tödlich. Wenig Aufmerksamkeit aber widmet Friedrich der Tatsache, dass dem alliierten Bombenkrieg, so zerstörerisch er war, deutsche Bombenangriffe auf urbane Zentren bereits vorausgegangen waren: Deutsche Bomber hatten Madrid 1936, Guernica 1937, Warschau 1939 und Rotterdam 1940 in Schutt und Asche gelegt. Der Londoner »Blitz« begann 1940, und Coventry wurde 1941 zerstört. Diese Angriffe auf Zivilbevölkerungen erfolgten willkürlich, wie der Historiker Charles Maier (2005) schreibt: »[...] die baskische Stadt [Guernica] erfüllte praktisch keine militärische Funktion, und als Warschau und Rotterdam bombardiert wurden, stand der Sieg ohnehin unmittelbar bevor« (S. 430). Deutsche Bombenangriffe hatten offenbar in erster Linie die Funktion, die Zivilbevölkerung in Angst und Schrecken zu versetzen und zu demoralisieren.

Friedrich stellt die deutschen Zivilisten in seiner Beschreibung des Luftkriegs als terrorisierte Opfer dar – gefangen zwischen den Schrecken der nächtlichen Fliegerangriffe und dem Übel des nationalsozialistischen Regimes, das sie vor den Bombardements nicht hinreichend schützt. Friedrichs Berufung auf Augenzeugenberichte und lokale Dokumentationen führt zu einer gefühlsbetonten, aber einseitigen Sicht auf das, was geschehen ist. Seine Darstellung enthält kaum Hinweise auf die Tatsache, dass die Bombenopfer einer Nation von Tätern angehörten oder dass die gesamte Struktur der Zivilgesellschaft im Dienst des Nazistaates stand. Friedrichs Schilderung der Ereignisse macht die Bombardierten in einer Weise zu Opfern, dass es für den Leser nur ein kleiner Schritt ist zu der Schlussfolgerung, dass dieses Opferdasein hinter dem der realen Opfer Nazideutschlands in nichts zurücksteht. Der aufschlussreichste Aspekt von Friedrichs Analyse ist dabei die Sprache, die er wählt, um die Bombardierungen zu beschreiben. Ausdrücklich verweist Friedrich auf vermeintliche direkte Analogien zu den Gräueln des Holocaust, wenn er zum Beispiel die Keller unterhalb brennender Gebäude mit »Krematorien« vergleicht und die Politik der Alliierten als »Vernichtung aus der Luft« und als »Politik der Ausrottung« charakterisiert.[8] Damit gibt er einer jahrzehntealten deutschen Überzeugung Ausdruck, dass die Luftangriffe ebenfalls ein »Holocaust« gewesen seien, verübt von den Alliierten am deutschen Volk, aber als solcher nicht anerkannt.

Friedrichs Analyse der Bombardements bestätigt die Auffassung, dass Nationalstaaten sich im Grunde wie Individuen verhalten. Unweigerlich streichen sie ihren eigenen Schmerz und ihr Leid heraus, bevor sie das Leid anerkennen, das sie anderen zugefügt haben. Es ist zweifellos einfacher, sich auf den Tod deutscher Zivilisten durch Bombenangriffe zu konzentrieren, als über die sechs Millionen ermordeten europäischen Juden

8 Siehe Friedrich (2004), S. 110, 112 und 93.

nachzudenken – darunter mehr als eine Million Kinder. Es ist einfacher, die Bombardements als eine Katastrohe zu betrachten, die über Unschuldige hereinbrach, als zu erklären, wie es zur Zerstörung deutscher Städte gekommen ist.

Doch auch im Krieg gab es Menschen, die den Deutschen die Augen öffnen wollten für das, was sie taten. Thomas Mann, der Nobelpreisträger, war nach dem Machtantritt der Nazis aus Deutschland geflüchtet. Nach Kriegsausbruch wandte er sich allmonatlich in Rundfunkansprachen über die BBC an »deutsche Hörer«, um sie zum Widerstand gegen Hitler zu drängen. Seine berühmteste Ansprache hielt er am 11. April 1942, kurz nachdem die ersten britischen Bomben auf Lübeck gefallen waren – auf seine Heimatstadt, in der auch sein berühmter erster Roman spielt. Thomas Mann verschweigt nicht seinen Kummer über die Zerstörungen in der geliebten Stadt, aber er liefert seinen deutschen Zuhörern auch eine Erklärung für die Bombardements. Er spricht über die früheren Angriffe der Luftwaffe auf Städte in Spanien und Polen und insbesondere über die Bombardierung Coventrys und Rotterdams. Dann wendet er sich der Frage des deutschen Leidens zu:

> »Die Zeit kommt und ist schon da, wo Deutschland zu schluchzen hat auch über das, was es erleidet, und dieses Rührungsmotiv wird überhand nehmen […]. Hat Deutschland geglaubt, es werde für die Untaten, die sein Vorsprung in der Barbarei ihm gestattete, niemals zu zahlen haben? Es hat kaum zu zahlen begonnen […]. Auch was die Royal Air Force in Köln, Düsseldorf, Essen, Hamburg und andern Städten bis heute zuwege gebracht hat, ist nur ein Anfang. […] Beim jüngsten britischen Raid über Hitlerland hat das alte *Lübeck* zu leiden gehabt. Das geht mich an, es ist meine Vaterstadt. Die Angriffe galten dem Hafen, den kriegsindustriellen Anlagen, aber es hat Brände gegeben in der Stadt, und lieb ist es mir nicht zu denken, daß die Marienkirche, das herrliche Renaissance-Rathaus oder das Haus der Schiffer-Gesellschaft sollten Schaden erlitten haben. Aber ich denke an Coventry – und habe nichts einzuwenden gegen die Lehre, daß alles bezahlt werden muß. Es wird mehr Lübecker geben, mehr Hamburger, Kölner und Düsseldorfer, die dagegen auch nichts einzuwenden haben, und, wenn sie das Dröhnen der R.A.F. über ihren Köpfen hören, ihr guten Erfolg wünschen.« (Mann 1956, S. 654f.)

Manns Erklärung ist eine wichtige Erinnerung an die Notwendigkeit, die Realität des deutschen Kriegstraumas im breiteren Kontext des deutschen Aggressionskrieges anzuerkennen. Trotz der Zerstörung deutscher Städte und der Tötung ihrer Bewohner war Mann davon überzeugt, dass die Bombardements unverzichtbar waren, um ein kriminelles Regime niederzuschlagen.

Eine ähnliche Perspektive beschreibt der deutsch-jüdische Schriftsteller und Publizist Ralph Giordano. Er überlebte nicht nur die Bombardierung Hamburgs, sondern entkam auch der Verfolgung durch das Regime. Giordano, Sohn eines italienischen Immigranten und einer deutsch-jüdischen Mutter, war zehn Jahre alt, als die Nazis 1933 die Macht übernahmen, und bekam die Auswirkungen der Rassenpolitik in seiner Geburtsstadt Hamburg schon bald zu spüren. Es war, so berichtet er, der schmerzlichste Moment in seinem bisherigen Leben, als sein bester Freund ihm 1935 plötzlich eröffnete, nicht länger mit ihm zusammen spielen zu können: »Wenn ich Ihnen diese

Geschichte erzähle, laufen mir noch heute kalte Schauer über den Rücken. Ich habe später, als die Gestapo mich verhaftet hatte, furchtbare Dinge erlebt. Aber diese Worte, ›Ale (mein Spitzname), wir werden nicht mehr mit dir spielen, du bist ein Jude‹ – das war eine Minute, eine Sekunde, die ich nie vergessen werde, und sollte ich 150 Jahre alt werden« (Giordano 2011). In den folgenden Jahren wurde Giordano mehrmals von der Gestapo verhaftet und gefoltert. 1940 musste er die Schule verlassen.

Irgendwie ist es den Giordanos gelungen, in Hamburg zu bleiben, wo sie dann die Schrecken der Bombenangriffe miterlebten. Der Schriftsteller schildert den Feuersturm vom 24. Juli 1943, in dem so viele Menschen starben und ein Großteil der Stadt völlig zerstört wurde. Er und seine Familie verloren zwar ihr Zuhause, hatten aber Glück, mit dem Leben davongekommen zu sein. Nachdem sie ein Jahr außerhalb der Stadt verbracht hatten, kehrten sie nach Hamburg zurück. Kurz vor Ende des Krieges erhielt Giordanos jüdische Mutter ihren Deportationsbefehl. Ein Freund versteckte die Familie in einem Keller. In den letzten Kriegsmonaten hatten sie fast nichts mehr zu essen, ihre Situation war verzweifelt. Als die Briten am 4. Mai 1945 die Stadt einnahmen, waren sie endlich gerettet. Um Giordano (2011) sprechen zu lassen: »Meine Familie hat das Rennen zwischen der ›Endlösung der Judenfrage‹ und dem Endsieg der Alliierten nur um Haaresbreite gewonnen.«

Giordano wendet sich entschieden gegen die Art und Weise, wie die Debatte über das deutsche Leiden unter den Luftangriffen der Alliierten geführt wurde. Die Überzeugung, Deutsche seien Opfer eines ungerechten Luftkrieges gewesen, ignoriert, dass Deutschland für den Krieg verantwortlich war. Ganz gleich, so Giordano, wie oft und wie eindringlich das deutsche Leiden auch thematisiert wird – es ändert nichts daran, dass Hitler und die Massen seiner Anhänger die Verantwortung tragen, und zwar nicht nur für die ungeheure Zahl an Todesopfern, die der Krieg insgesamt forderte, sondern auch für die große Zahl an Deutschen, die in den Luftangriffen starben. Giordano (2003) betont: »Diese Verantwortlichkeit, ihre Kausalität und ihre Chronologie, müssen die Grundlage jeder Diskussion« (S. 166) über deutsches Leiden bleiben.

Selbst inmitten des entsetzlichen Hamburger Feuersturms erlebt Giordano (2011) die alliierten Bomber als seine Befreier. In einer besonders emotionalen Passage bekennt er:

> »Noch inmitten dieses Infernos blieben die Männer über uns unsere Befreier. Auch wenn es ein wirklich sehr tragisches Schicksal gewesen wäre, von unseren Befreiern getötet zu werden. Aber die Bomben konnten nicht zwischen den Verfolgern und den Verfolgten unterscheiden. Wir haben einfach Glück gehabt. […] Die Luftangriffe haben dazu beigetragen, dass ich heute hier vor Ihnen sitze und dass auch viele tausende, hunderttausende von Konzentrationslagerhäftlingen befreit werden konnten.«

Weder die ständigen Bombardierungen noch der Tod so vieler deutscher Kinder vermochten an der Entschlossenheit der Nazis, Europas jüdische Bevölkerung auszulöschen, etwas zu ändern. Giordano erinnert daran, dass am 14. Februar 1945 der letzte Zugtransport mit Ziel Theresienstadt aus Hamburg abfuhr – am Morgen nach der Nacht des berüchtigten alliierten Bombenangriffs auf Dresden, bei dem zwischen 25.000 und 30.000 Menschen ums Leben kamen. Für Giordano ist dies nicht lediglich eine historische Tatsache, sondern eine hochemotionale Realität. Seine Mutter sollte auf diesem Transport sein. Er schreibt: »Das Ende des ›Dritten Reiches‹ stand auf der Welttagesordnung, alles ging hier drunter und drüber – nur Eichmanns Deportationsmaschine funktionierte noch« (Giordano 2003, S. 168).

Vertraute Geschichten

Die Deutschen haben von Anfang an über ihr Leiden gesprochen. Dass Gespräche über Kriegserlebnisse gesellschaftlich tabuisiert gewesen wären, lässt sich nicht belegen. Die seit einigen Jahren zu beobachtende Veränderung des deutschen Erinnerungsdiskurses bedeutet nicht etwa, dass ein Schweigen gebrochen wurde, sondern dass einer narrativen Tradition, die mit dem Ende des Krieges anhob, nun offen Ausdruck gegeben wird. Erinnerungen an deutsche Leiden wurden auf lokaler Ebene, in den Annalen der Städte und Kommunen, sowie in privaten Familiengeschichten seit 1945 verfertigt und bewahrt. In den unmittelbaren Nachkriegsjahren waren die meisten Deutschen damit beschäftigt, die emotionalen und materiellen Kosten des Krieges zu bewältigen, und ihre eigene Misere war ein Dauerthema. Infolge ihrer Konzentration auf das eigene Leiden waren die Menschen wenig motiviert, sich mit ihrer Teilhabe an einem unmoralischen Regime oder seiner völkermörderischen Politik auseinanderzusetzen. Es war zweifellos leichter, sich als Leidende und Opfer zu identifizieren, als Schuld- und Schamgefühle über die eigene Täterschaft zu empfinden. Die heimatkundlichen Geschichten aus jener Zeit spiegeln diese Dynamik wider. Sie stellen das Leiden in den Mittelpunkt, nicht die komplizierten Verstrickungen ins Regime. Bis in die frühen 1970er Jahre hinein wurden die Deutschen, wann immer der Luftangriffe im Zweiten Weltkrieg gedacht wurde, als Opfer bezeichnet – ohne jegliche Bezugnahme auf einen historischen oder moralischen Rahmen.[9]

Ich bin mit Geschichten über die Bombardements und das Leid, das sie brachten, groß geworden. Vor allem wenn ich in Deutschland zu Besuch war und mehrere Generationen meiner Familie zusammenkamen, wurde von den Luftangriffen erzählt. Als Kind hielt ich sie für ein ganz natürliches Gesprächsthema. Es war ein Hin und Her zwischen Gegenwart und Vergangenheit – man erzählte sich Geschichten über Dinge, die in der Woche zuvor passiert waren, und dann wandte sich das Gespräch erneut den Leiden und Mühen aus ferner Vergangenheit zu. Die Gefühle, die manche dieser Erinnerungen begleiteten, waren für mich schon als Kind greifbar. Sie bargen auch eine

9 Ich stütze mich hier auf die Analyse des Historikers Christian Groh (2011), »Expressions of Memory in Pforzheim, a City Hit by Air War«, insbesondere S. 75–81. Siehe auch Groh (2007), »›Sehen wir Pforzheim!‹ Erinnerungspolitik und Erinnerungskultur in Pforzheim: Das Beispiel des ›23. Februar 1945‹«, https://www.loebliche-singer-pforzheim.de/vortraggrohmatinee2007/ (zuletzt aufgerufen am 10.5.2020).

gewisse Faszination in sich, denn schließlich handelten die Geschichten von meinen Großeltern und meinen Eltern, gewährten mit Einblicke in deren Kindheit und führten mir vor Augen, dass sie völlig anders aufgewachsen waren als ich.

Diese gefühlten Erinnerungen begleiteten mich bereits, noch bevor ich die von Deutschen orchestrierte Geschichte der Aggression und Täterschaft kennengelernt und lange bevor ich begriffen habe, dass mein Großvater Mitglied der NSDAP war. Die Schwierigkeit, so der deutsche Sozialpsychologe Harald Welzer, besteht darin, dass deutsche Erinnerungen an das Leiden gewöhnlich mit intensiven Gefühlen einhergehen und hochemotional weitergegeben werden, während das Wissen um den Holocaust ein erlerntes, kognitives ist. Dies macht es für Nachkriegsdeutsche einfacher, sich dem Leiden von Familienmitgliedern verbunden zu fühlen, als in ebendiesen Verwandten Täter und Mitläufer zu sehen; erleichtert wird zudem die Abtrennung deutschen Leidens vom historischen Kontext und von den moralischen Fragen, die sich zwangsläufig aus ihm ergeben. Diese Art gefühlter Erinnerung, die ich hier beschreibe, erklärt auch, weshalb Bücher wie Friedrichs *Der Brand* so populär sind – sie behandeln deutsches Leiden isoliert von seinem Kontext. So schreibt Welzer (2004), dass sie so auflagenstark waren, »weil sie der gefühlten Geschichte der Bundesbürger viel näher stehen als die autoritative Erzählung über die Vernichtung der europäischen Juden und die anderen Verbrechen des Dritten Reichs« (S. 53).

Das Narrativ meiner Familie ist mitnichten einzigartig. Nicht nur meine Familie erlebte Bombardements oder andere Tragödien, über die später im privaten Kreis geredet wurde. In den Jahrzehnten nach dem Zweiten Weltkrieg schien der Kontext dieser Familientreffen eine ausschließliche Fokussierung auf das Leiden zu fördern und zu unterstützen. Die erste Generation erzählte die Familiengeschichten, und die zweite, eventuell sogar schon die dritte Generation stimmte ins Erzählen ein. Vielen Familien dienten diese vertrauten Narrative, die Geschichten, die immer wieder tradiert wurden, als Möglichkeit, den Kriegserfahrungen einen Sinn abzugewinnen.

In seinem autobiographischen Text *Am Beispiel meines Bruders* beschreibt der Schriftsteller Uwe Timm, wie seine eigene Familie die Kriegsereignisse schilderte. Timm wurde 1940 geboren und lebte während des Feuersturms mit seinen Eltern in Hamburg. In seinem Buch untersucht er, wie sie die Bombardements und die problematische Geschichte seines älteren Bruders erzählen, eines SS-Angehörigen, der starb, als Timm drei Jahre alt war. Auch Timms Bericht ist Teil des Diskurses über deutsche Kriegsleiden, jedoch mit einem wichtigen Unterschied: Der Autor richtet den Fokus konsequent auf Schuld und moralische Verantwortung. Anders als zahlreiche Werke zum selben Thema enthält er sich der so verbreiteten Kultivierung einer deutschen Opferrolle.

Als Kind wurde Timm von Bildern der Brände verfolgt, von Erinnerungsbruchstücken, die sich später zum Narrativ seiner Familie zusammenfügten. Es konstituiert eine Art »oral history«, die der zweiten von der ersten Generation vermittelt wurde und zur Erklärung der Geschehnisse beiträgt. Rückblickend schreibt Timm (2010 [2003]):

»Noch Jahre nach dem Krieg, mich durch meine Kindheit begleitend, wurden diese Erlebnisse immer und immer wieder erzählt, was das ursprüngliche Entsetzen langsam abschliff, das Erlebte fassbar und schließlich unterhaltend machte: Wie die ältere Schwester und der Vater erst die Habseligkeiten auf die Mitte der Straße gestellt hatten, wie sie dann das Kind, mich, in die Kinderkarre gelegt und mit Handtüchern zugedeckt hatten, Handtücher, die sie an einem geplatzten Wasserrohr angefeuchtet hatten, wie die Eltern und die Schwester, die wenigen geretteten Sachen auf der Straße stehen lassend, die Osterstraße hinunter Richtung Schulweg gelaufen waren, rechts und links die brennenden Häuser« (S. 37).

Timm denkt über den Grund des Wieder- und Wiedererzählens der Feuersturmgeschichte nach und vermutet, dass die Ereignisse durch die ständige, ritualisierte Wiederholung an Grauen verloren: »Die Frauen und Alten erzählten von den Bombennächten in der *Heimat*. Das Fürchterliche wurde damit in Details aufgelöst, wurde verständlich gemacht, domestiziert. Es löste sich meist beim gemütlichen Zusammensein in Anekdoten auf, und nur sehr selten, urplötzlich, brach das Entsetzen hervor.« (S. 102)

Nach und nach begann das Familiennarrativ die Beschreibung und die Vorstellung von Ereignissen zu prägen. Es strukturierte, was gesagt wurde und was ungesagt blieb. Im Prozess des Erzählens verlor der Feuersturm, so Timm, an Bedrohlichkeit, wurde schließlich sogar »unterhaltend« (S. 37), doch in diesem Prozess vollzog sich gleichzeitig eine Distanzierung von seinem historischen Kontext. Am Ende ließen die Erzählungen das Unvorstellbare nahezu alltäglich erscheinen, losgelöst von jeder moralischen Verantwortung.

»Das waren die alltäglichen Geschichten, die nach dem Krieg erzählt wurden, in den Betrieben, den Kneipen, zu Hause, im Dialekt, im gepflegten Hochdeutsch, so wurde das Geschehene und mit ihm die Schuld kleingemahlen. Und man konnte davon – was man sich heute nicht mehr vorstellen kann – ganz frei erzählen. Die Russen waren noch immer die Feinde, die Frauen vergewaltigt, Deutsche vertrieben hatten und noch immer deutsche Kriegsgefangene hungern ließen, ohne dass sich die Frage nach der Schuld stellte, nach Chronologie und Kausalität der Grausamkeiten. Man selbst hatte nur auf Befehl gehandelt. Vom gemeinen Soldaten bis hin zum Generalfeldmarschall Keitel, der vor dem Nürnberger Gerichtshof erklärte, er sei nicht schuldig, er habe schließlich Befehle ausgeführt.« (S. 131f.)

Auch wenn sich der offizielle deutsche Nachkriegsdiskurs solcher Geschichten über Leid und Gewalt enthielt, erzählte man sie, getrieben von einem tiefsitzenden Glauben an die eigene Opferrolle, im privaten Kreis. Letztlich war es ein Diskurs der Klage.

Unweigerlich verwischte die Fixierung auf das Leiden im Krieg die Grenze zwischen Opfer und Täter. Über die Einstellung seiner Eltern nach dem Krieg schreibt Timm:

»Die formelhafte Zusammenfassung der Eltern für das Geschehen war der *Schicksalsschlag*, ein Schicksal, worauf man persönlich keinen Einfluss hatte nehmen können. *Den*

Jungen verloren und das Heim, das war einer der Sätze, mit denen man sich dem Nachdenken über die Gründe entzog. Man glaubte mit diesem Leid seinen Teil an der allgemeinen Sühne geleistet zu haben. *Fürchterlich* war eben alles, schon weil man selbst *Opfer* geworden war, Opfer eines unerklärlichen kollektiven Schicksals.« (S. 90)

Timms Beschreibung seiner Familie illustriert, dass die Nazi-Ära in den Glaubenssystemen und Geschichten, die man sich nach dem Krieg erzählte, fortbestand. Die Überzeugung seiner Eltern, selbst Opfer zu sein, blieb ebenso unhinterfragt wie die Entscheidung seines Bruders, zur Waffen-SS zu gehen – die Werte des Dritten Reichs lebten fort. Unter diesem Blickwinkel betrachtet, lautet die zwingende Frage nicht, ob die Leiden im Krieg beschwiegen wurden; vielmehr geht es um die Frage, was jene Familiennarrative, die in den Nachkriegsjahrzehnten wieder und wieder erzählt wurden, ungesagt ließen.

Bestätigt werden Timms autobiographische Reflexionen durch die Beobachtungen der deutsch-jüdischen Philosophin Hannah Arendt, die Deutschland 1950 zum ersten Mal wieder besuchte, nachdem sie 1933 aus ihrer Heimat geflohen war und zunächst in Paris Zuflucht gefunden hatte.[10] Nach dem Einmarsch der Nazis entkam Arendt ein zweites Mal und gelangte 1941 in die Vereinigten Staaten. Sie lehrte im philosophischen Fachbereich der New Yorker New School. Kurz nachdem sie das Manuskript ihres berühmten Buches *The Origins of Totalitarianism* (1951) – eine deutsche Ausgabe mit dem Titel *Elemente und Ursprünge totaler Herrschaft* erschien 1955 – fertiggestellt hatte, reiste sie nach Deutschland. In ihrem Essay »Besuch in Deutschland. Die Nachwirkungen des Nazi-Regimes« beschreibt sie die ungeheure Verleugnung und Gleichgültigkeit unter der Bevölkerung und identifiziert kollektive Techniken des Ausweichens und Vermeidens:

»Diese Gleichgültigkeit und die Irritation, die sich einstellt, wenn man dieses Verhalten kritisiert, kann an Personen mit unterschiedlicher Bildung überprüft werden. Das einfachste Experiment besteht darin, *expressis verbis* festzustellen, was der Gesprächspartner schon von Beginn der Unterhaltung an bemerkt hat, nämlich daß man Jude sei. *Hierauf folgt in der Regel eine kurze Verlegenheitspause […]; und danach kommt – keine persönliche Frage, wie etwa: ›Wohin gingen Sie, als Sie Deutschland verließen?‹, kein Anzeichen für Mitleid, etwa dergestalt: ›Was geschah mit Ihrer Familie?‹ – sondern es folgt eine Flut von Geschichten, wie die Deutschen gelitten hätten (was sicher stimmt, aber nicht hierhergehört); und wenn die Versuchsperson dieses kleinen Experiments zu-*

10 Arendt wurde in eine assimilierte jüdische Familie aus Hannover hineingeboren und wuchs in Königsberg (dem heutigen Kaliningrad) auf. Sie studierte an den Universitäten Marburg, Freiburg und Heidelberg, zunächst bei Martin Heidegger, später bei Karl Jaspers, der sie mit einer philosophischen Arbeit promovierte. Nach ihrer Flucht aus Deutschland setzte sie ihre Studien in Paris, wo sich zahlreiche Emigranten aus Nazideutschland wiedertrafen, fort. In den vergangenen Jahrzehnten gaben ihre Liebesbeziehung zu Heidegger (der bekanntlich 1933 in die NSDAP eintrat und zum Rektor der Freiburger Universität ernannt wurde) sowie ihre Studie über den Eichmann-Prozess Anlass zu häufig hochpolemischen Diskussionen. Für eine ausgewogene Darstellung der Arendt-Heidegger-Beziehung siehe D. Maier-Katkin (2010).

fällig gebildet und intelligent ist, dann geht sie dazu über, die Leiden der Deutschen gegen die Leiden der anderen aufzurechnen, womit sie stillschweigend zu verstehen gibt, daß die Leidensbilanz ausgeglichen sei und daß man nun zu einem ergiebigeren Thema überwechseln könne. Ein ähnliches Ausweichmanöver kennzeichnet die Standardreaktionen auf die Ruinen. Wenn es überhaupt zu einer offenen Reaktion kommt, dann besteht sie aus einem Seufzer, auf welchen die halb rhetorische, halb wehmütige Frage folgt: ›Warum muß die Menschheit immer nur Krieg führen?‹ Der Durchschnittsdeutsche sucht die Ursachen des letzten Krieges nicht in den Taten des Naziregimes, sondern in den Ereignissen, die zur Vertreibung von Adam und Eva aus dem Paradies geführt haben.« (S. 44f.; Hervorhebungen R.F.)

Hannover

Ich erinnere mich an meinen ersten Ausflug in Hannovers »neues Rathaus«, wo ich gebannt auf riesige Modelle der Stadt starrte. Ich war ein neugieriger 11-jähriger Junge, ein Besucher von weither, und fühlte mich dem, was ich erblickte, dennoch auf merkwürdige Weise verbunden. Zwei der Modelle zeigten bis in kleinste Details hinein radikal gegensätzliche Ansichten Hannovers, nämlich zum einen die Stadt im Jahr 1939, vor Kriegsbeginn, und sodann die Ansicht bei Kriegsende 1945. Es handelte sich um Rekonstruktionen in großem Maßstab, die aufgrund ihrer architektonischen Detailliertheit bemerkenswert waren. Auf dem ersten Modell war das mittelalterliche Stadtzentrum, von Plätzen und breiten Straßen gerahmt, zu sehen. Das zweite Modell zeigte eine Stadt in Schutt und Asche, Ruinen, das Ergebnis der materiellen Zerstörung durch die Bombardements. Dieses Nebeneinander erzielte einen ganz ähnlichen Effekt wie Vorher-nachher-Fotos, doch die architektonische Darstellung fügte dem noch eine weitere Dimension hinzu, die ihre Betrachter zutiefst beeindrucken musste. Die Gestalter der Modelle forderten dazu heraus, sich vorzustellen, wie die Bewohner die verheerende Zerstörung, die von der Stadt nur Trümmer übrig ließ, erlebt haben mochten. Ich fand diese Modelle dermaßen faszinierend, dass meine Eltern mich von ihnen wegziehen mussten. Meine Neugier hatte etwas damit zu tun, dass ich hier eine dreidimensionale Darstellung der Bombardierungen sah, von denen ich zuvor immer nur gehört hatte.

Die Schäden waren verheerend. Im Stadtzentrum hatten die Bomben mehr als 90 Prozent der Gebäude, einschließlich des majestätischen Rathauses, zerstört. Hannover war im Zweiten Weltkrieg zu einem Hauptziel der strategischen Bombardierungen geworden, weil die Stadt ein Verkehrsknotenpunkt und überdies ein Zentrum der Produktion kriegsrelevanter Güter war. Mit der Ausweitung der Bombardements auf zivile Ziele wurden auch weiträumige Wohngebiete bombardiert. Dabei starben ca. 7.000 Menschen, unter ihnen 1.000 Zwangsarbeiter. Die Zahl der Opfer war deutlich niedriger als in anderen deutschen Städten, u.a. deshalb, weil Hannover vor der Intensivierung des Luftkrieges zahlreiche Luftschutzbunker errichtet hatte. Die ersten Bomben fielen in der Nacht des 19. Mai 1940. Bis kurz vor der Einnahme der Stadt

Foto 3: Das zerbombte Stadtzentrum von Hannover, Blick auf Ägidienkirche und Opernhaus, Anfang 1945. HAZ-Hauschild-Archiv, Historisches Museum Hannover.

durch die amerikanische Armee am 10. April 1945 wurden die Bombardements fortgesetzt. Im Laufe des Krieges erlebte Hannover insgesamt 88 Luftangriffe, den schwersten in der Nacht vom 8. auf den 9. Oktober 1943, als zahlreiche Brandbomben über der Stadt abgeworfen wurden. Fast 1.250 Menschen starben, eine Viertelmillion wurde obdachlos. Als die Stadt nach dem Krieg wiederaufgebaut wurde, konnte man einige der mittelalterlichen Gebäude bergen oder rekonstruieren. Die Ägidienkirche aus dem 14. Jahrhundert wurde nicht wiederaufgebaut. Ihre Ruine soll an die Zerstörung durch den Krieg erinnern.[11] Vom historischen Charakter der Stadt hat Nachkriegs-Hannover kaum etwas bewahrt (siehe Foto 3).

Dass mich die Modelle Hannovers so faszinierten, hing unmittelbar mit dem Familiennarrativ zusammen, mit dem ich aufgewachsen war. Die beiden Modelle nebeneinander zu sehen vermittelte mir einen Eindruck davon, was meine Mutter und ihre Familie durchgemacht hatten. Sie veranschaulichten die materielle Zerstörung der Stadt in furchteinflößendem Detail. Zugleich aber war die Aussagekraft dieser Modelle insofern begrenzt, als sie die Komplexität des Krieges auf eine einzige Dimension reduzierten: auf den Verfall der Pracht der Vorkriegsarchitektur des Jahres 1939 zur Nachkriegsruine von 1945. Ebenso wie die Narrative von deutschen Kriegsqualen entbehrten die

11 Das Schicksal Hannovers im Zweiten Weltkrieg ist in zahlreichen historischen Quellen dokumentiert (vgl. Mlynek 1994).

Foto 4: Naziaufmarsch in der Stadtmitte von Hannover, 1936. Das Geschäft der Gebrüder Hirschfeld, das links in der Bildmitte zu sehen ist, befand sich in der Karmarschstraße. Auch dieses Konfektionsgeschäft wurde in der Pogromnacht vom 9. auf den 10. November 1938 geplündert. HAZ-Hauschild-Archiv, Historisches Museum Hannover.

Modelle jeglichen historischen und moralischen Kontextes. Das Modell der Stadt Hannover im Jahr 1939 zeigte keine Naziflaggen, keine Naziinsignien auf öffentlichen Gebäuden, keine Männer in Naziuniform, keine Kinder in der Uniform der Hitlerjugend oder des Bundes deutscher Mädel. Von Hannovers hochengagierter, begeisterter Unterstützung Hitlers und des Naziregimes war keine Spur zu sehen (siehe Foto 4).

Zu sehen war auf beiden Modellen auch nicht, wo sich der einst florierende jüdische Stadtbezirk befunden hatte. Die Modelle teilten dem Betrachter nichts mit von dem Terror, dem die jüdische Gemeinde ausgesetzt war, oder von den Zwangsarbeitern aus sieben KZ-Außenlagern und von Hunderten Zwangsarbeiterlagern im Stadtzentrum und der Umgebung. Die Verfolgung und Ermordung der jüdischen Gemeinde war kein Ergebnis des alliierten Bombenkrieges, sondern des hassgetriebenen Verhaltens der Stadtbewohner vor 1939 und während des Krieges – derselben Stadtbewohner, die am eigenen Leib die furchtbare Zerstörung miterlebten, die das Modell der zertrümmerten Stadt detailliert darstellte. Weder massive Bombardements noch materielle Zerstörung oder emotionale Traumatisierungen haben an der staatlichen Politik des Genozids etwas geändert.

Die Bombe

Sie fiel in der Nacht vom 27. auf den 28. September 1943. Die Bombe traf den rückwärtigen Teil des Hauses und hinterließ einen tiefen Krater im Boden. Es war keine Brandbombe, sondern ein Sprengsatz – glücklicherweise, denn mein Großvater befand sich in einem sogenannten Stahlraum im Keller auf der gegenüberliegenden Hausseite. Es gab Trümmer, aber keinen Brand. Der zuständige Luftschutzwart, der das Haus noch am selben Tag inspizierte, eröffnete meinem Großvater, dass die Bombe seinen Schutzraum getroffen und ihn getötet hätte, wenn sie nur eine Sekunde früher gefallen wäre. Eine oft erzählte Geschichte (siehe Foto 5).

Meine Mutter hatte die Nacht zusammen mit ihrem jüngeren Bruder und meiner Großmutter im Luftschutzbunker verbracht. Ein ungeschriebenes Gesetz besagte, dass zuerst die Frauen und Kinder im Bunker in Sicherheit sein mussten, bevor auch Männer eingelassen wurden. Aus diesem Grund suchten sie mitunter alternative Schutzmöglichkeiten auf. Als meine Großmutter mit den Kindern am nächsten Morgen heimkehrte, musste sie sich einen Weg zwischen tiefen Bombenkratern hindurch bahnen. Auf den ersten Blick sah ihr Haus oder doch zumindest die Vorderfront ganz normal aus. Mein Großvater begrüßte die drei auf der Straße und führte sie dann zum rückwärtigen Teil des Gebäudes – er war vollständig eingestürzt (siehe Foto 6).

Für meine achtjährige Mutter und ihren sechs Jahre alten Bruder war der Anblick ihres zerstörten Heims grenzenlos schockierend. Meine Mutter erinnert sich, dass sie am ganzen Leib zu zittern begann, und auf das Gesicht meines Onkels tritt noch heute ein entrückter Ausdruck, wenn er von dem Moment erzählt. Die Erleichterung darüber, dass mein Großvater überlebt hatte, war ebenso groß wie die Traurigkeit über den Verlust ihres Heimes und ihrer gesamten Habe. Das vorherrschende Gefühl war das der Desorientiertheit. Sie hatten alle gewusst, dass ein Bombenangriff sie ihr Haus kosten konnte. Im Zentrum Hannovers war ebendies viele Male passiert, aber nun waren die Bomben zum ersten Mal in ihrer eigenen Wohngegend gefallen, und ihr Haus war in dieser Nacht als einziges zerstört worden. In einer nüchternen Einschätzung des Luftangriffs der Royal Air Force auf Hannover am 27./28. September 1943 ist davon die Rede, dass »wenig« erreicht worden sei.[12]

Die Familie verbrachte den Rest des Krieges in kleinen Räumen in nahegelegenen Gebäuden, die von größeren Zerstörungen verschont blieben. Immer öfter suchten sie nun den Luftschutzbunker auf. Mit fortschreitendem Krieg blieben sie oft tage- und nächtelang ununterbrochen im Bunker, so dass meine Tante, die im April 1944 geboren wurde, dort einen Großteil ihres ersten Lebensjahres verbrachte – von dem Chaos, das draußen herrschte, durch die mehr als einen Meter dicken Betonwände getrennt. Zerbombte Häuser, Luftschutzbunker. Beinahezusammenstöße und glückliches Davonkommen.

12 Siehe Davis (2006), S. 173.

Foto 5: Das Elternhaus meiner Mutter in Vinnhorst (damals noch eigenständige Gemeinde) Mitte der 1930er Jahre.

Foto 6: Das durch eine Bombe zerstörte Haus der Familie, September 1943.

Der Bunker

Luftschutzbunker spielen in der deutschen Erinnerung an die Kriegszeit eine herausragende Rolle.[13] Sie wurden deutschlandweit in den urbanen Zentren errichtet, und viele von ihnen existieren, weil sie praktisch unzerstörbar sind, bis zum heutigen Tag. Nach dem Krieg wurden die Bunker in den westdeutschen Zivilschutzplan integriert. Freilich war der Bau von Bunkeranlagen zum Schutz der Zivilbevölkerung vor Bombardements mit der Ideologie der Nazi-Führer nicht vereinbar. Diese betrachteten ihn eher als eine Art passiver Reaktion auf feindliche Angriffe und als Symbol deutscher Schwäche. Erst nachdem die Briten 1940 mit ihren Luftangriffen auf Berlin begonnen hatten, gab Hitler mit dem sogenannten Führer-Sofortprogramm die Planung und den Bau von Luftschutzbunkern in Auftrag. Trotz emsiger Bautätigkeit reichten die Bunkerplätze für all die Schutzsuchenden nie aus; zudem waren nicht alle Bunker gleichermaßen sicher. Berichte über Bomben, die durch das Dach in die Gebäude einschlugen und im Innern explodierten, wurden von der Nazi-Führung umgehend unterdrückt. Doch dies geschah mit fortschreitendem Krieg und dem Einsatz immer größerer Bomben ziemlich regelmäßig. Gegen Kriegsende kam es so weit, dass manche Menschen die Bunker mieden, um nicht in ihnen verschüttet und begraben zu werden.

Der Luftschutzbunker spielt in den Erinnerungen meiner Mutter an die Luftangriffe auf Hannover eine zentrale Rolle. Sie beschreibt das ohrenbetäubende Heulen der Alarmsirenen, das sie nachts aus dem Schlaf riss, und die Schockwellen explodierender Bomben, die es so schwierig machten, zum Bunker zu rennen. Als Kind jagten mir diese furchtbaren Erinnerungen Angst ein, und ich fand es immer erleichternd zu wissen, dass es einen Ort gab, der ihr Schutz bot. Der Bunker fesselte meine Aufmerksamkeit.

Meine Mutter begann den lokalen Luftschutzbunker schon bald nach seiner Errichtung 1942 zu benutzen, dem Jahr, in dem die Bombenangriffe auf Hannover intensiviert wurden. Damals war sie sechs Jahre alt. Es handelte sich um einen sogenannten Hochbunker, in dem mehrere hundert Personen Platz fanden. Nunmehr leer und verschlossen, steht das dreistöckige Gebäude mit fensterlosen Wänden und einem roten Ziegeldach bis zum heutigen Tag als gespenstische Erinnerung an den Zweiten Weltkrieg an seinem Platz (siehe Foto 7).

Als Kind stellte ich mir den Luftschutzbunker als einen düsteren, furchterregenden und dennoch Sicherheit bietenden Ort vor, der es ermöglichte, tödliche Gefahren zu überleben. Ich baute mir unter den Treppen einen Bunker, den ich als »mein Fort« bezeichnete. Natürlich fielen in Kanada keine Bomben. Der Bunker, den ich baute, war das Echo einer anderen Zeit, ein Ort der Gefahrenabwehr. Wenn ich auf meine Kindheit zurückblicke, erinnere ich mich an ein unausgesprochenes, aber unmissverständliches Gefahrenbewusstsein, an das Gefühl einer dräuenden Katastrophe. Es spiegelte sich in

13 In zahlreichen wissenschaftlichen Untersuchungen werden die Errichtung und der Gebrauch der Luftschutzbunker in Deutschland im Zweiten Weltkrieg beschrieben. Ich stütze mich hier auf mehrere dieser Quellen, insbesondere auf Foedrowitz (1998), Arnold (2011) und Steneck (2011).

Foto 7: Der Vinnhorster Hochbunker, den meine Mutter und ihre Familie nutzten, wie er heute aussieht. Michael Grube, www.geschichtsspuren.de.

den Ängsten meiner Eltern wider, die – für mich wahrnehmbar – ständig direkt unter der Oberfläche lauerten. Rückblickend ist es natürlich einfach, emotionale Zusammenhänge dieser Art herzustellen, und wir sollten vor einem reduktiven Psychologisieren auf der Hut sein, denn unser Leben ist immer vielfach determiniert. Der Zweite Weltkrieg aber wirft einen langen Schatten, und die Kindheitstraumata meiner Eltern, etwa die Bombardements und die Zerstörungen, die sie miterlebten, sind Teil meiner eigenen Geschichte. Es hat viele Jahre gedauert, bis ich den Zusammenhang zwischen meinem »Fort« unter der Treppe und meinen ererbten Erinnerungen, ungeformten Eindrücken aus der Vergangenheit, die an mich weitergegeben worden waren, erkannte.

Weil ich verstehen wollte, wie man sich fühlt, wenn man bombardiert wird, habe ich mich in die Literatur über das Leben in den Bunkern vertieft. Ich denke, dass viele Familien in deutschen Städten ähnliche Erinnerungen haben wie meine Mutter. Tatsächlich weisen die Geschichten, die ich gelesen habe, eine gewisse Redundanz auf, die die Wucht des Erzählten mindert. In einem Buch über die Geschichte Hannovers entdeckte ich dann einen Bericht, dessen Inhalt mir irgendwie bekannt vorkam. Ich musste ihn mehrere Male lesen, bevor ich begriff, dass die Namen auf der Seite tatsächlich die meiner eigenen Familie waren. Es war die Geschichte meiner Großmutter und meiner Tante, die gegen Ende des Krieges geboren wurde. Die Worte sind unmissverständlich:

> »Im Vinnhorster Rathaus wohnt Familie Andresen und erwartet Nachwuchs. Das Haus der Familie Andresen war im Jahre 1943 das erste Opfer einer Bombe in Vinnhorst. [...] Mit Hilfe einer Hebamme kommt im Rathaus am Abend des 10. April 1944 ein Mädchen auf die Welt. Fliegeralarm zwingt zum Einpacken, um den Bunker zu erreichen. Das Neugeborene wird auf einer Trage mitgenommen. Auf halbem Wege wird im Straßengraben Schutz gesucht, die ersten Bomben fallen. Der Bunker wird unversehrt erreicht, die folgenden neun Tage bleibt das Kleinkind im Bunker. Hieraus entstand ein in Vinnhorst grassierendes Gerücht, daß dieses Kind im Bunker geboren sei. [...] Zum ersten Geburtstag, am 10. April 1945, sind die Amerikaner im Norden von Hannover vorgedrungen.« (Zitiert nach Meyer und Klingebiel 1996, S. 15)

Das Narrativ wurde vermutlich von einem Lokalhistoriker aufgezeichnet – wo und wann ist mir ein Rätsel. Das Bild von meiner Großmutter zusammen mit meiner nur wenige Stunden alten, neugeborenen Tante im Graben, am Himmel über ihnen die Flieger, die ihre Bombenlast abwerfen, erschüttert mich. Gehört habe ich die Geschichte in dieser oder jener Version schon früher, allerdings aus dem Blickwinkel meiner Mutter. Sie erinnert sich, wie sie am 9. April 1945, am Vorabend des ersten Geburtstages meiner Tante – und einen Tag vor Ankunft der Amerikaner – den Bunker aufsuchte. In der gesamten Umgebung wurde noch gekämpft, so dass die Erde unter zahlreichen Explosionen erbebte, als sie zusammen mit meinem Großvater zum Bunker rannte. Als meine Mutter am nächsten Tag mit ihren Eltern, ihrem Bruder und der einjährigen Schwester den Bunker verließ, war der Boden übersät mit den Leichen der Hitlerjungen, die einen selbstmörderischen Versuch unternommen hatten, den Vormarsch der amerikanischen Armee über eine Brücke zu verhindern. Trotz meiner Bemühungen, Geschichten wie diese nicht allzu nahe an mich heranzulassen, sind die Furcht und Angst, in die sie mich versetzen, über die Jahre kaum gewichen.

Hannovers jüdische Gemeinde

Während meine Familie Zuflucht fand, überlebte und ihre Geschichte erzählen konnte, gab es für Hannovers jüdische Einwohner keine Sicherheit. Sie wurden weiterhin verhaftet, in Konzentrationslager deportiert und mit wenigen Ausnahmen ermordet. Vor dem Aufstieg des Nationalsozialismus war die jüdische Gemeinde Hannovers mit annähernd 5.000 Mitgliedern eine der zehn größten Deutschlands gewesen.[14]

14 Die Ergebnisse der Volkszählungen 1925 und 1933 bezogen auf die Stadt Hannover: 1925, 16. Juni | 425.274 Einwohner | 5.523 Juden | 1,3 Prozent 1933, 16. Juni | 443.920 Einwohner | 4.839 Juden | 1,1 Prozent. Die Statistiken verzeichnen für Mitte der 1920er Jahre mehrheitlich annähernd 5.500 jüdische Einwohner. Andere Angaben belaufen sich auf fast 7.000. Insgesamt war die jüdische Bevölkerung kleiner als in größeren deutschen Städten. Berlin wies mit ca. 160.000 Personen die meisten jüdischen Einwohner auf (siehe https://www.bundesarchiv.de/gedenkbuch/einfuehrung.html.de?page=2 ; zuletzt aufgerufen am 14.6.2020). Die Geschichte der jüdischen Gemeinde Hannovers ist in verschiedenen Quellen dokumentiert (siehe Buchholz und Schmid 2010; Mechler und Nies 2008; Schulze 2005; Schmid 2017

Foto 8: Die Neue Synagoge in Hannover vor ihrer Zerstörung, Ende des 19. Jahrhunderts. The Archives, Yad Vashem.

Es war eine lebendige Gemeinde, deren Wurzeln bis ins 13. Jahrhundert, ein Jahrhundert vor dem Bau der Ägidienkirche zurückreichten. Sie verfügte über mehr als 20 kulturelle und wohltätige Einrichtungen und bildete einen integralen Bestandteil des Kulturlebens der Stadt, für deren urbanen Charakter sie prägend war. Die majestätische Neue Synagoge, 1870 von Edwin Oppler im neoromanischen Stil entworfen und

sowie Avneri und Daemming, »Hannover«: https://www.jewishvirtuallibrary.org/hanover; zuletzt aufgerufen am 14.6.2020).

Foto 9: Ein im Dritten Reich geschändeter jüdischer Friedhof in Hannover. Das Foto entstand 1946. The Archives, Yad Vashem.

nahe dem Stadtzentrum errichtet, repräsentierte die selbstbewusste Emanzipation der jüdischen Bevölkerung Deutschlands, das Ende jahrhundertelanger Diskriminierung (siehe Foto 8).

Nach der Wahl der Nazis im März 1933 spielte die Integration in die deutsche Gesellschaft, so gelungen sie auch scheinen mochte, keine Rolle mehr. Die Gesetze, die deutsche Juden schützen sollten, wurden einfach ignoriert und umgeschrieben. Kein Mensch jüdischer Herkunft war mehr sicher. Im Zuge des antijüdischen Boykotts setzte auch das Kaufhaus Karstadt, in dem meine Mutter später, in den 1950er Jahren, ihre Lehre machte, sämtliche jüdischen Mitarbeiter vor die Tür. Im Mai 1933 gab es antijüdische Ausschreitungen, die sich in den folgenden Jahren ein ums andere Mal wiederholten.

Deutsche Juden verloren ihre Arbeit, als Geschäfte und ganze Berufsstände »arisiert« wurden. Jüdische Schulkinder wurden isoliert, gedemütigt, missachtet, zurückgesetzt und ausgrenzt durch Lehrer oder auch Mitschüler und durften »deutsche« Schulen schließlich nicht mehr besuchen. Jüdische Friedhöfe wurden geschändet (siehe Foto 9). Diskriminierung und Terror gipfelten im Pogrom der Nacht des 9. November 1938, der sogenannten Kristallnacht. Im Laufe der nächsten zwei Tage strömten die Nazi-Braunhemden mit direkter und indirekter Unterstützung eines Großteils der Bevölkerung in Massen durch Städte und Orte und randalierten gegen die jüdischen Gemeinden. In Hannover wurde die Neue Synagoge zum Sammelplatz des Aufruhrs. Sie wurde in Brand gesetzt. Das Cover dieses Buches zeigt das erschütternde Bild der Gewalttat. Weil die Feuerwehr darauf achtete, dass das Feuer nicht auf die alten Häuser übergriff, blieben die alten Fachwerkhäuser von den Flammen unberührt. Die

Foto 10: Die brennende hannoversche Neue Synagoge in der Pogromnacht vom 9. auf den 10. November 1938. HAZ-Hauschild-Archiv, Historisches Museum Hannover.

Synagoge brannte aus und wurde am Morgen des 10. November gesprengt. Die Beseitigung der Trümmer zog sich bis in den Januar 1939 hin. Aufgenommen wurde das Foto vom Glockenturm einer Kirche aus, die sich direkt gegenüber der Synagoge befand.[15] Die beiden sakralen Gebäude, Synagoge und Kirche, waren an jeweils einer Seite eines Quadrats errichtet worden, als mahnendes Symbol der Gleichheit deutscher Juden und Christen in den Jahrzehnten vor 1933.

Das Foto der brennenden Synagoge (siehe Foto 10) zeigt die äußerste, zügellose Bösartigkeit, von der die Naziideologie lebte. Solche Bilder sind bedeutsame Erinnerungen an die Gewalt, der die jüdischen Gemeinden deutschlandweit ausgesetzt waren. Und doch beschränkten sich die Verheerungen der Kristallnacht nicht auf die Neue Synagoge. Praktisch alle Geschäfte und Läden, die hannoverschen Juden gehörten, wurden zerstört, Wohnhäuser und Wohnungen geplündert. In Reaktion auf den sich ausbreitenden Terror nahmen sich deutsche Juden das Leben. Andere wurden von den braunen Horden ermordet. Im Regierungsbezirk Hannover wurden 333 Männer und eine Frau verhaftet und ins Konzentrationslager Buchenwald vor den Toren Weimars, Deutschlands historischem und kulturellem Zentrum, deportiert.[16]

15 Es handelt sich um die Neustädter Kirche, errichtet zwischen 1666 und 1670 in der Calenberger Neustadt, die durch die Leine von der Altstadt getrennt wird. Der Fotograf war Wilhelm Hauschild, der für die *Hannoversche Allgemeine Zeitung* arbeitete. Seine Aufnahmen von der Stadt sind eine Chronik der Jahre des Nationalsozialismus, des Zweiten Weltkriegs und seiner Folgen.

16 Die einzige Frau, Else Graetz, wurde schnell wieder freigelassen. 181 der 333 Männer stamm-

Bei Kriegsbeginn lebten in Hannover nur noch etwa 2.000 Juden. Wer emigrieren konnte, hatte Deutschland bereits verlassen. Anfang September 1941 wurden die noch verbliebenen Gemeindemitglieder »ghettoisiert«: Man zwang sie, unter erbarmungswürdigen Umständen in 15 sogenannte Judenhäuser, die über das Stadtgebiet verteilt waren, zu ziehen. Zu ihnen gehörte auch die Familie Kleeberg.[17] Ihre Tochter, Ruth Kleeberg, kam 1933 zur Welt, war also nur zwei Jahre älter als meine Mutter und mein Vater. Obwohl sie in derselben Stadt und nur wenige Kilometer voneinander entfernt lebten, bestand zwischen Ruths Kindheit und den frühen Lebensjahren meiner Mutter ein gewaltiger, grauenvoller Unterschied.

1933, kurz nach Ruths Geburt, verlor Erich Kleeberg seine Arbeit, weil er Jude war. Er hatte als erster Verkäufer im Warenhaus Karstadt, vormals Warenhaus Althoff, gearbeitet, demselben Warenhaus, in dem meine Mutter später arbeitete. In den kommenden Jahren wurde Ruths Mutter Maria, eine Christin, von der Gestapo unter wachsenden Druck gesetzt, sich von ihrem jüdischen Ehemann scheiden zu lassen. Ruths Großeltern väterlicherseits zogen bald bei ihren Eltern ein. Die Familie lebte in Sorge und Angst angesichts der Entwicklungen. 1939 erhielten alle deutschen Juden Personalausweise mit einem aufgestempelten großen »J« für *Jude.* Frauen wurden gezwungen, »Sara« als zweiten Vornamen anzunehmen, Männer erhielten den Zweitnamen »Israel«. Es war verboten, das Haus nach 20 Uhr zu verlassen. Ab 1940 durfte Ruth nicht mehr zur Schule gehen. Von September 1941 an hatte jeder deutsche Jude einen gelben Stern mit dem aufgedruckten Wort »Jude« auf der Kleidung zu tragen. Der »Judenstern«, wie das

---

ten aus Hannover. 275 der 333 Verhafteten wurden dann nach Buchenwald gebracht. Warum nicht alle Verhafteten weitertransportiert worden sind, ist nicht genau zu sagen (vgl. Petry 2008). Das berüchtigte KZ Buchenwald befindet sich nur 10km vom Zentrum Weimars entfernt. Weimar, die Stadt Goethes und Schillers, später Regierungssitz der kurzlebigen demokratischen Weimarer Republik und Heimat der Bauhaus-Bewegung, galt lange als intellektueller und philosophischer Mittelpunkt Deutschlands. Das Nebeneinander von deutscher Gelehrsamkeit, Literatur und Kunst auf der einen und Barbarei und Verderbtheit unter dem Nationalsozialismus auf der anderen Seite ist der Grund, weshalb Weimar vielen als lebendiges Symbol des Besten und des Schlimmsten gilt, das Deutschland und seine Geschichte aufzuweisen haben.

17 Ruth Kleeberg (heute Gröne) hat über ihre Erfahrungen als Kind in Hannover berichtet. Ihre Erinnerungen werden in der Gedenkstätte Ahlem aufbewahrt, die auf dem Gelände der ehemaligen Israelitischen Gartenbauschule errichtet wurde. Hier mussten sich die jüdischen Einwohners Hannovers versammeln, bevor sie in die Vernichtungslager im Osten deportiert wurden (siehe http://www.Hannover.de/Kultur-Freizeit/Architektur-Geschichte/Erinnerungskultur/Gedenkstätte-Ahlem ; zuletzt aufgerufen am 14.6.2020; Regine Stünkel, »Wenn ich in Ahlem bin, sage ich ›Hallo, Vati‹«: https://www.ndr.de/geschichte/chronologie/kriegsende/10-April-1945-Befreiung-des-KZ-Hannover-Ahlem,ahlem214.html (zuletzt aufgerufen am 14.6. 2020); für Informationen zu einem virtuellen Rundgang mit Ruth Gröne siehe: https://www.hannover.de/Leben-in-der-Region-Hannover/Verwaltungen-Kommunen/Die-Verwaltung-der-Region-Hannover/Region-Hannover/Weitere-Meldungen-der-Region-Hannover/2019/Ruth-Gröne-führt-durch-die-Gedenkstätte (zuletzt aufgerufen am 14.6. 2020); für Informationen zur Deportation von 1001 jüdischen Hannoveranerinnen und Hannoveranern siehe Berlit-Jackstien und Kreter (2011); für Informationen zu Ruth Grönes Erfahrungen in den »Judenhäusern« siehe Horndasch und Gröne (2006), S. 27–29.

Foto 11: Das »Judenhaus« in der Knochenhauerstr. 61 in Hannover (Gebäude links). Historisches Museum Hannover.

Abzeichen genannt wurde, war eine der allgegenwärtigen antisemitischen Anordnungen, denen Folge zu leisten war. Im selben Jahr wurden die Kleebergs aus ihrem Haus vertrieben und gezwungen, auf engstem Raum in einem der völlig überfüllten »Judenhäuser« unterzukommen (siehe Foto 11). Wiederholt musste Ruth hier miterleben, dass Gestapomänner alle Bewohner des »Judenhauses« einschließlich der Kinder in den Keller kommandierten und dann willkürlich zwei Männer auswählten, von denen der eine sich bäuchlings über einen Stuhl oder eine Kiste legen musste. Der andere musste ihn verprügeln – hätte er sich geweigert und nicht mit voller Härte zugeschlagen, hätte er sich selbst über den Stuhl beugen müssen. Dies alles geschah vor den Augen der jüdischen Männer, Frauen und Kinder, die gezwungen waren, zuzusehen.

Im Oktober 1943 wurde dieses Gebäude von Bomben zerstört. Die Familie fand schließlich Zuflucht in einem »Judenhaus« auf dem Gelände der Israelitischen Gartenbauschule Ahlem, wurde aber auch hier von der Katastrophe eingeholt. Ende November 1944 verhaftete die Gestapo Ruths Vater. Im Februar 1945 wurde er auf der Ladefläche eines LKW ins Konzentrationslager Neuengamme gebracht. Ruth erinnert sich, ihm zum Abschied nachgewinkt zu haben. Was tatsächlich geschah, begriff sie erst später. Sie war zu diesem Zeitpunkt erst elf Jahre alt.

Nach dem Krieg erfuhr Ruth, dass sie nicht nur ihren Vater, sondern auch ihre Großeltern verloren hatte. Erich Kleeberg war zwar noch von den Alliierten befreit und von Neuengamme aus in das Lager Sandbostel gebracht worden, starb dort aber kurze Zeit später an den furchtbaren Misshandlungen. Erich Kleeberg hat seine Familie und seine geliebte Tochter nie wiedergesehen. Ruths Großeltern, Hermann und Frieda Kleeberg, waren unter den 1.001 deutschen Juden, die am 15. Dezember 1941 von Hannover aus ins Ghetto von Riga deportiert wurden. Sie mussten sich an der Israelitischen Gartenbauschule in Ahlem versammeln und wurden vom Bahnhof Fischerhof aus nach Osten verschleppt. Nur 69 Personen haben überlebt. Die Deportation nach Riga erfolgte noch vor der berüchtigten Wannsee-Konferenz vom 20. Januar 1942, auf der die »Endlösung« offiziell beschlossen wurde.

Bis Kriegsende fanden noch sechs weitere Deportationen von Hannover nach Theresienstadt, ins Warschauer Ghetto und nach Auschwitz statt. Mitte 1942 bestand die Hannoveraner jüdische Bevölkerung aus nur noch 300 Seelen.[18] Im Februar 1945 wurden die verbliebenen jüdischen Bürger, die wie Ruths Vater mit Nichtjuden verheiratet waren, deportiert. Bis Kriegsende waren mehr als 2.000 jüdische Mitbürger, die aus Hannover deportiert wurden, in Ghettos und Konzentrationslagern ermordet worden. Während meine Familie mit den Unbilden des Krieges kämpfte, wurden Hannovers jüdische Einwohner terrorisiert, angespuckt, geschlagen, eingesperrt und erbarmungslos getötet.[19]

Die jüdische Gemeinde zu Hannover ist seit dem Ende des Krieges wieder gewachsen und heute größer als 1933. Ihre Zusammensetzung aber ist eine andere und spiegelt die demographischen Veränderungen wider, die sich in allen jüdischen Gemeinden Nachkriegsdeutschlands vollzogen haben.[20] Nur wenige der einstigen Mitglieder ha-

18 Siehe Avneri und Daemming, »Hannover«: https://www.jewishvirtuallibrary.org/hanover (zuletzt aufgerufen am 6.14.2020).

19 Am 9. Oktober 1994 wurde zum Gedenken an die ermordeten Juden Hannovers ein Denkmal am Opernplatz enthüllt; siehe https://www.hannover.de/Kultur-Freizeit/Architektur-Geschichte/Erinnerungskultur/St%C3%A4dtische-Erinnerungs%C2%ADkultur/Erinnerungsorte/Holocaust-Mahnmal-am-Opernplatz (zuletzt aufgerufen am 14.6.2020).

20 Deutsche Nachkriegsregierungen haben den Wiederaufbau der deutschen jüdischen Gemeinschaft aktiv unterstützt. Den vielleicht wichtigsten Beitrag zu dieser Entwicklung leistete die Einwanderung von Juden aus der ehemaligen Sowjetunion nach dem Mauerfall 1989. Heute

ben überlebt, und an jeden Tod knüpft sich eine tragische Familiengeschichte. Eine dieser Geschichten ist die des israelischen Psychoanalytikers Yecheskiel (Chezzi) Cohen, dessen Familie 1938 aus Deutschland nach Palästina auswanderte. Die Cohens lebten in Bernburg an der Saale, wo die Eltern ein Warenhaus betrieben. Als Chezzi Cohen sechs Jahre alt war, wurde sein Vater acht Wochen lang eingesperrt, weil er sich geweigert hatte, sein Geschäft für einen Bruchteil des Wertes an die Nazi-Obrigkeit zu verkaufen. Während der Haftzeit gelang es seiner Mutter, das Geschäft zu veräußern, und die Familie konnte sich den Weg aus Deutschland heraus erkaufen. Die Eltern hatten Palästina bereits 1933 in dem Wissen besucht, dass sie trotz aller Hoffnung, in Bernburg bleiben zu können, eines Tages würden emigrieren müssen. Cohen hat nur eine einzige Erinnerung an den Tag, an dem die Familie Deutschland verließ: Sein Vater brach am Bernburger Bahnhof in Tränen aus – eine einzige, schmerzliche Erinnerung an jenen Tag.

Ich habe Cohen durch meine Arbeit über deutsches Erinnern und den Holocaust kennengelernt.[21] Als er von der Geschichte meiner Familie in Hannover erfuhr, verriet er mir, dass seine eigene Mutter Mitglied der hannoverschen jüdischen Gemeinde gewesen war. Er schrieb mir:

> »Lieber Roger, ich möchte Sie wissen lassen, dass wir etwas ganz Entscheidendes gemeinsam haben: meine Mutter ist in Hannover zur Welt gekommen und dort aufgewachsen! Und hier eine traurige Geschichte: Meine Mutter hatte 4 Geschwister. Einer immigrierte in den 30ern, nach Hitlers Machtantritt, in die US. Einer kam nach Israel (damals noch Palästina), und seine Mutter (meine Großmutter) folgte ihm. Sie fand die hiesigen Verhältnisse aber so fremdartig und schwierig, dass sie zurückkehrte [nach Hannover]. Sie behauptete, ihr werde nichts passieren, weil sie einen Sohn (den anderen Bruder meiner Mutter) im Ersten Weltkrieg verloren habe und ihr für dieses Opfer sogar ein spezieller Orden verliehen worden sei … aber Sie können sich vorstellen, wie es in Wirklichkeit aussah … sie wurde nach Theresienstadt geschickt und ist dort gestorben.« (Persönl. Mitteilung, 2013)

Die Deportation von Cohens Großmutter und die Auslöschung der gesamten hannoverschen jüdischen Gemeinde geschahen im selben kulturellen Kontext, in dem meine Eltern ihre Kindheit verlebten, und am selben Ort. Ich habe Cohen später in Jerusalem persönlich kennengelernt, und wir haben uns zusammengesetzt, um über unsere Familiengeschichten zu sprechen. Seine Freundlichkeit und seine Bereitschaft, mit mir gemeinsam die Vergangenheit aufzusuchen, waren wirklich bemerkenswert. Bei dieser

---

gehen die Einwanderungszahlen zurück, und die deutsch-jüdische Gemeinschaft versucht, dafür zu sorgen, dass die jüdischen Neueinwanderer den Charakter der bestehenden Gemeinden zu bewahren helfen. Für Informationen über die Jüdischen Gemeinden in Hannover heute siehe https://www.haus-der-religionen.de/de/religionen/juden/juedisches-leben-in-hannover (zuletzt aufgerufen am 14.6.2020).

21 Anna Ornstein hat freundlicherweise den Kontakt zu Chezzi Cohen für mich hergestellt. Ich beschreibe Ornsteins Lebenslauf und ihre Deportation im nächsten Kapitel. Zu Cohens autobiographischer Schilderung seiner Arbeit und seiner Herkunft siehe Cohen (2010).

Begegnung schien es mir, als läge die Geschichte unserer Familien in weiter Ferne, obwohl doch gerade sie es war, die uns zusammengeführt hatte.

Cohens Eltern konnten von Palästina aus einen gewissen Kontakt zu Familienmitgliedern aufrechterhalten, die in Deutschland geblieben waren. Zu ihnen gehörten Cohens Großmutter mütterlicherseits und sein Großvater väterlicherseits. Sie korrespondierten über das Deutsche Rote Kreuz auf einem Formular mit dem Hinweis: »Höchstzahl 25 Worte«! In einem Zeitzeugen-Gespräch hat Cohen drei dieser Nachrichten zitiert. Die erste ist eine Antwort seines Großvaters auf eine Nachricht, die Cohens Eltern aus Palästina geschickt haben: »Hoch erfreut über nachricht. Bin gesundt. Die Sehnsucht nach Euch gross. Herzlichste Glückwünsche zum Geburtstag.« Mit Bezug auf andere Familienmitglieder fügt er hinzu: »Willi, Eugen, Julchen, keine Nachricht.« Im zweiten dieser Kurzbriefe schreibt Cohens Großvater: »Willi, Eugen, Julchen verreist.« Seine letzte Nachricht enthält nichts als die Worte: »Ich verreise.«[22] Cohens Großvater wurde nach Theresienstadt deportiert und dort genauso wie Cohens Großmutter und wie Willi, Eugen und Julchen ermordet.

Gefühlte Erinnerungen

Gegenüber der Ungeheuerlichkeit des von den Nazis in Hannover und ganz Europa verübten Völkermordes sind die persönlichen Erinnerungen eines einzelnen deutschen Kindes oder die Geschichte einer einzelnen deutschen Familie überschaubar. Dies ist wahrscheinlich der Grund, weshalb die Geschichten über individuelles Leiden, die ich von meinen Eltern hörte, für mich fassbarer waren als die unvorstellbaren Schrecken des Holocaust. Als meine Eltern mir in meiner Kindheit zum ersten Mal von den grauenvollen Verbrechen der Shoah erzählten, schien mir dieses Wissen weniger real zu sein als mein gefühltes Wissen um die Schwierigkeiten, mit denen sie selbst als Kinder zu kämpfen gehabt hatten. Im Nachhinein kann ich sagen, dass es sich um eine Art emotionaler Dissoziation handelte – das Resultat der Verwirrung, die jene Informationen über die Gräuel in mir auslösten, Gräuel, die von der Generation meiner Großeltern in derselben kulturellen Lebenswelt, in der ich selbst aufwuchs, verübt worden waren. Rückblickend glaube ich, dass die Dissoziation, mit der ich auf die Informationen über die Shoah reagierte, nicht nur die Scham meiner Eltern und ihre Schwierigkeiten widerspiegelte, mir zu erzählen und zu erläutern, was sich in ihrer Kindheit abgespielt hatte, sondern auch ihre späteren Bemühungen, das, was sie als Kinder in ihrer Umwelt gesehen und gehört hatten, irgendwie zu begreifen.

Man könnte meine Dissoziation indes auch als eine Reaktion auf meine emotionale Verbundenheit mit meinen Großeltern verstehen. Wie war es möglich, dass Menschen, die ich als so liebevoll kennengelernt hatte, ein unmoralisches, verbrecherisches Regime unterstützt haben sollten? Wie so viele Enkelkinder hatte auch ich ein idealisiertes Bild meiner Großeltern – nicht zuletzt deshalb, weil ich sie nicht sehr oft sah und der persönliche Kontakt zu ihnen für mich keine Selbstverständlichkeit war. Ihre Freundlich-

22 Siehe Cohen (2012).

keit mir gegenüber schien mir absolut unvereinbar zu sein mit allem, was ich über den Holocaust und die deutsche Geschichte wusste.

So gesehen, war es natürlich einfacher für mich, mir einen Luftschutzbunker vorzustellen als ein Konzentrationslager. Der Bunker sollte Leben retten, die Lager dienten dem organisierten Massenmord an Unschuldigen. Bunker wie auch Lager waren das Ergebnis akribischer Planungen des Nazi-Regimes. Ich erinnere mich noch sehr deutlich daran, wie ich den Luftschutzbunker zum ersten Mal erblickte. Ich hatte meine Mutter gebeten, ihn mir zu zeigen. Mein Wunsch schien sie ein wenig zu verwirren, zumal es sie selbst nicht unbedingt dorthin hinzog. Der Bunker war wesentlich größer, als ich ihn mir vorgestellt hatte – eine imposante Realität, vor der das kindliche Bild, das ich mir von ihm gemacht hatte, verblasste. Der Bunker war kein Teil meines Alltagslebens und dennoch in gewisser Weise genauso real wie die Welt, in der ich, Tausende von Kilometern entfernt, lebte. Als ich hingegen zum ersten Mal das Konzentrationslager Bergen-Belsen nahe Hannover besuchte, empfand ich ein greifbares Gefühl der »Unwirklichkeit«, während ich das, was ich erblickte, und das Entsetzen, das ich angesichts der Grausamkeiten, die hier verübt worden waren, empfand, irgendwie zu begreifen versuchte. Die emotionale Reaktion, die darauf folgte, meine Trauer und mein Abscheu vor dem, was geschehen war, drängten die gefühlten Erinnerungen meiner Familie beiseite.

Im Laufe der Zeit wandelte sich die potenzielle Sicherheit, die ich als Kind mit dem Luftschutzbunker assoziiert hatte, in eine unheilvolle Vorahnung. Anders als das Bild, das ich mir von dem Bunker gemacht hatte, verkörperte seine physische Präsenz eine historische Realität voller Schrecknisse, die nicht wegerklärt oder dissoziiert werden konnten. Der Luftschutzbunker machte die Vergangenheit – die Kindheit meiner Eltern und die Verbrechen der Generation meiner Großeltern – für mich zu einer gelebten Realität. Errichtet von der Nazi-Regierung, war seine Nutzung all jenen untersagt, die laut den Rassegesetzen des nationalsozialistischen Staates keine deutschen Staatsbürger mehr waren.[23] Für Juden galt *Zutritt verboten.*

Unverrückbar steht der Bunker an seinem Platz und erinnert an das, was passiert ist. Die Bedeutung, die ich meinen ererbten Erinnerungen an ihn beilege, ändert sich je nach dem Blickwinkel, unter dem ich die Vergangenheit betrachte. Unter dem Blickwinkel der Schreckenstaten des Naziregimes zeigt sich der Bunker als ein anonymes Symbol der Verbrechen, deren die Generation meiner Großeltern sich schuldig gemacht hat, als Symbol ihrer Verantwortung für den Krieg und den Holocaust. Unter dem Blickwinkel der deutschen Kriegserfahrung ist der Bunker ein Ort der Traumatisierung durch die Luftangriffe. Es ist nur allzu einfach, sich auf das Narrativ des deutschen Leidens zu konzentrieren und darüber die Schuld und Verantwortung hintanzustellen oder völlig auszublenden. Ebendies hatte Theodor W. Adorno im Sinn, als er den Umgang Nachkriegsdeutschlands mit der Vergangenheit kritisierte. Die Realität der Luftschutzbunker und die an mich übertragenen Erinnerungen haben einen irreduziblen historischen und moralischen Kontext, der für meine Reaktion auf die Vergangenheit maßgeblich sein muss.

23 Siehe Arnold (2011), S. 38.

Heute kann ich den Bunker nicht ansehen oder mir vorstellen, ohne zu fragen: Wie konnte dies geschehen? Und dennoch laufen Menschen tagtäglich an dem Gebäude vorbei, ohne über seine mannigfaltigen Bedeutungen nachzudenken. Wie lebt man mit einem Übermaß derart bedeutungsschwerer Erinnerungen?

Kontextualisierung der Vergangenheit

Während meiner Kindheit in Kanada hat mich die Tatsache, dass mein Großvater am Bau der berüchtigten deutschen V-Waffen beteiligt war, wenig beeindruckt. Als Kind begriff ich nicht, dass die Bombardierung deutscher Städte und das V-Waffen-Programm direkt miteinander zusammenhingen und dass der Wunsch, an Großbritannien Vergeltung zu üben, Propagandaminister Joseph Goebbels veranlasst hatte, diese neuen Waffensysteme als »Vergeltungswaffen«, kurz »V-Waffen«, zu bezeichnen. Die Waffen waren ausdrücklich dazu bestimmt, Angst und Schrecken zu verbreiten. Ebenso wenig begriff ich, dass sie nur durch den massiven Einsatz von Zwangsarbeit hergestellt werden konnten und ihre Produktion zum Bau des berüchtigten Konzentrationslagers Mittelbau-Dora führte, in dem Tausende Menschen, die unter barbarischen Bedingungen unter der Erde schuften mussten, ihr Leben ließen. Diese Fakten waren nicht Teil des Familiennarrativs, mit dem ich aufgewachsen bin. Wenn ich heute zurückblicke, bleiben viele Fragen unbeantwortet. Glaubte und unterstützte mein Großvater Goebbels' Propaganda? Wünschte er sich die Chance herbei, Vergeltung an den Briten zu üben, deren Bomber sein Haus zerstört hatten? Hatte er direkten Umgang mit den Zwangsarbeitern in der Rüstungsindustrie? Wusste er, dass sie in Konzentrationslagern lebten und furchtbare Grausamkeiten erleiden mussten? Mein Großvater ist vor vielen Jahren gestorben, und ich werde nie wissen, wie er meine Fragen beantwortet hätte. Mir bleiben lediglich meine eigenen Erinnerungen an ihn und jene, die meine Mutter und ihre beiden Geschwister geschildert haben. Das Narrativ meines Großvaters verlangt ebenso wie das deutsche Leiden danach, kontextualisiert zu werden.

Bei meinen Besuchen in Deutschland habe ich als Kind nach und nach verstanden, welche Zerstörungen die alliierten Bombenangriffe hinterlassen haben. Die materiellen Kriegsschäden haben mich, als ich Mitte der 1970er Jahre zum ersten Mal in Berlin war, enorm beeindruckt. Die Ruinen zahlreicher Gebäude vor allem nahe der Mauer, die Ost und West teilte, waren noch immer zu sehen. Das ganze Ausmaß des deutschen Aggressionskrieges aber begriff ich erst, als ich nach Europa umgezogen war und in Ländern außerhalb Deutschlands lebte. Ich begann, die deutsche Geschichte aus der Perspektive anderer europäischer Kontexte und der materiellen und emotionalen Verheerungen zu betrachten, die die Bombardements durch die Deutschen angerichtet hatten.

Während meiner Studienjahre in England pendelte ich regelmäßig zwischen der Insel und dem Kontinent, zwischen der angelsächsischen Welt und deutschsprachigen Kulturen, hin und her. Die Distanz zwischen England und Kontinentaleuropa ist weniger eine geographische – sie beruht vor allem auf einer langen Konfliktgeschichte und auf kulturellen Unterschieden, die sich nach wie vor prägend auf die Wahrnehmung auswirken. Die in vielen europäischen Ländern verbreitete Abneigung gegenüber Deutschland ist in England besonders deutlich spürbar. Die antideutschen Ressentiments gehen auf zwei Weltkriege und die historisch bedingte Distanz zwischen beiden Ländern zurück. Als ich in London lebte, wurde ich einmal von einem Nachbarn, der einer Unterhaltung von mir zugehört hatte, gefragt, ob ich Holländisch spräche – die Hoffnung in seiner Stimme war unüberhörbar. Später, als ich in Cambridge wohnte, wurde das deutsche Auto, mit dem ich hin- und herreiste, von einer älteren Frau angefahren, die es sehr erleichternd fand, dass ich kein Deutscher, sondern Kanadier war. Der Umgang mit Kanadiern, so sagte sie, sei wesentlich einfacher. Ich bin Menschen ganz unterschiedlichen Alters begegnet, die mir erklärt haben, nicht im Traum daran zu denken, nach Deutschland zu reisen – ihr Deutschlandbild ist unwiderruflich geprägt durch die zwei Weltkriege und die Stereotypen, die von den Medien bedient werden.

Wirklich sichtbar wurde Deutschlands Aggressionskrieg für mich tatsächlich in London. Durch den »Blitz«, die Luftangriffe, die im September 1940 einsetzten und sich bis Mai 1941 hinzogen, versuchte die Luftwaffe, die Kriegskapazitäten Großbritanniens zu zerstören und den Weg für die Invasion der Nazis freizubomben. Um die britische Bevölkerung zu demoralisieren, wurde die anfängliche Fokussierung auf militärische Ziele und Flugplätze schon bald auf zivile Ziele ausgedehnt. Auf die größeren Städte ganz Großbritanniens fielen Bomben, wobei Industriezentren und Hafenstädte am schwersten in Mitleidenschaft gezogen wurden. Der Umfang der Zerstörungen war gewaltig: Bis zum Ende des Krieges wurden allein in London mehr als eine Million Wohnungen zerstört. Mehr als 40.000 Briten kamen durch die Bomben ums Leben, die Hälfte von ihnen in der Hauptstadt.[24] Doch trotz dieses breit angelegten Vernichtungskrieges war die Luftwaffe nicht in der Lage, den Plan zu verwirklichen. Als die deutsche Wehrmacht die Sowjetunion überfiel, konzentrierte sich die nationalsozialistische Kriegsmaschinerie auf ein neues Ziel.

1941, mitten im »Blitz«, versuchte der britische Schriftsteller und Journalist George Orwell, die Luftangriffe zu verstehen. In einem Essay mit dem Titel »England, Your England« resümiert er:

> »Während ich schreibe, fliegen über mir hochzivilisierte Menschen und wollen mich töten. Sie sind mir als Individuum ebenso wenig feindselig gesinnt wie ich ihnen. Sie ›tun nur ihre Pflicht‹, wie man so sagt. Ich zweifle nicht daran, dass die meisten von ihnen gutherzige und gesetzestreue Männer sind, die im Privatleben nicht im Traum daran denken würden, einen Mord zu begehen. Doch wenn es einem von ihnen gelingen sollte, mich mit einer präzise platzierten Bombe in die Luft zu sprengen, wird es ihn keine Minute seines Schlafes kosten. Er dient seinem Land, das über die Macht verfügt, ihn vom Bösen freizusprechen.« (Orwell 1984, S. 74)

24 Siehe Overy (1980). Für eine vergleichende Untersuchung über die Wahrnehmung der Bombardements in Deutschland und England sowie über die gesellschaftlichen Reaktionen auf die Bombardierungen siehe Süß (2014).

Orwell formulierte diese Überlegungen zu Beginn eines langwierigen Konfliktes, der im Laufe der Zeit immer blutiger wurde. Rückblickend ist es schwierig, das Wort »hochzivilisiert« im Zusammenhang mit irgendeinem Aspekt des deutschen Militärs im Zweiten Weltkrieg zu benutzen. Mein Großvater hat, wenn auch nicht als Pilot, so doch als Angehöriger der Luftwaffe eine Rolle im Luftkrieg gespielt. Ich erinnere mich, dass er in allen Belangen stets äußerst gewissenhaft war. Galt dies auch für seine Beteiligung an den Kriegsanstrengungen der Nazis? Tat er lediglich seine Pflicht wie die Männer, über die Orwell schreibt? Orwell unterstrich den banalen Charakter der Aggressionsakte, der zum Kennzeichen des Krieges wurde, die Art und Weise, in der – wie später von Arendt analysiert – der Akt des Tötens an sich durch bürokratisches Denken, in dem jeder Beteiligte lediglich Befehle ausführt, entmenschlicht wird.

In Reaktion auf die deutschen Bombardements entwickelte die britische Air Force ihren eigenen Strategieplan und begann schon bald, deutsche Städte zu bombardieren. Laut Sir Arthur Harris, genannt »Bomber Harris«, Oberbefehlshaber des R.A.F. Bomber Command, ging es darum, die Moral der deutschen Bevölkerung zu brechen und sie gegen den Krieg und gegen den Führer aufzuwiegeln. Ich lebte in Cambridge, als 1992 in London an der Kirche St. Clement Dane eine Statue von »Bomber Harris« enthüllt wurde. Die Sockelinschrift lautet: »Zum Gedenken an einen großen Befehlshaber und an die tapferen Mannschaften des Bomberkommandos, von denen über 55.000 Männer ihr Leben im Kampf um die Freiheit verloren. Die Nation ist ihnen allen zu großem Dank verpflichtet.« Unter Harris' umstrittenem Kommando ging der britische Luftkrieg, so eine verbreitete Meinung, weit über das Maß an Zerstörung hinaus, das die Briten selbst erlitten hatten, so dass viele Deutsche die Bombardements als einen Vergeltungskrieg betrachten. Als die Statue enthüllt wurde, erschienen in der englischen wie auch in der deutschen Presse erbitterte Leitartikel, die auf die ein Jahrzehnt später einsetzende Debatte über deutsches Leiden vorausdeuteten. In Deutschland wird Harris nach wie vor geschmäht – was auch den englischen Fußballfans nicht entgangen ist, die ihn in ihren Gesängen aufleben lassen, um die Anhänger deutscher Mannschaften zu provozieren.

Letztlich haben die Bombardements deutscher Städte die Moral nicht nur nicht brechen können, sondern die Bevölkerung für Goebbels' Propaganda womöglich noch empfänglicher gemacht.[25] Viele Deutsche warteten voller Ungeduld auf die von ihm in Aussicht gestellten V-Waffen, die terrorisieren und zerstören sollten. Zwischen Juni 1944 und März 1945 wurden sie vorwiegend gegen London und Antwerpen eingesetzt. Sie brachten Angst, Tod und Vernichtung, vermochten aber Goebbels' Siegesversprechen nicht einzulösen. In London kamen durch die V-Waffen, die immer präziser und gefährlicher wurden, annähernd 3.000 Menschen ums Leben. Die Angriffe hörten erst auf, nachdem die heranrückenden Armeen der Alliierten sämtliche Abschussbasen zerstört und die Produktionsstätten eingenommen hatten. Der historische Konnex zwischen Goebbels, den V-Waffen und meinem Großvater lässt mich nicht ruhen.

25 Siehe Maier (2005).

Peenemünde

Peenemünde ist ein Name, der sich mir als Kind aufgrund seines Klangs und seiner Schreibweise, vor allem aber, weil er Teil des Narrativs meines Großvaters ist, unauslöschlich eingeprägt hat. Peenemünde ist der Ort, an dem die V-Waffen entwickelt und anfangs auch gebaut wurden. In dieser kleinen Stadt auf der Ostseeinsel Usedom wurde 1936 eine geheime Forschungsanlage zur Entwicklung von Luftraketen eingerichtet und nach Kriegsbeginn unter Leitung Wernher von Brauns zum Produktionszentrum für die Herstellung der V-Waffen ausgebaut.[26] Eine zentrale Rolle sollte dabei, wie deutschlandweit in der gesamten Rüstungsindustrie, die Zwangsarbeit spielen. Aufgrund des hohen Bedarfs an Arbeitskräften wurden Konzentrationslagerhäftlinge in die Fabriken verlegt, um dort unter oft unvorstellbaren Bedingungen zu arbeiten. Ihr Wohlergehen interessierte die Nazis nicht, da aus dem riesigen Netzwerk ihrer Lager jederzeit Ersatz beschafft werden konnte.

Im Juni 1943 wurde Michel Fliecx, ein 22-jähriger französischer Widerstandskämpfer, zusammen mit 600 weiteren Konzentrationslagerhäftlingen von Buchenwald nach Peenemünde verlegt. Fliecx war einige Monate zuvor in Frankreich verhaftet und von der Gestapo nach Deutschland deportiert worden, wo er in einem Zeitraum von zwei Jahren die Schrecknisse von Buchenwald, Peenemünde, Dora und Bergen-Belsen überlebte. Am 15. April 1945 befreite die britische Armee Bergen-Belsen, und Fliecx kehrte bald darauf nach Frankreich zurück. Wenig später veröffentlichte er einen Bericht über sein Martyrium (Fliecx 2014 [1947]). Das Buch *Vom Vergehen der Hoffnung. Zwei Jahre in Buchenwald, Peenemünde, Dora, Belsen* wurde vor etlichen Jahren neuaufgelegt und als Teil einer Sammlung von Augenzeugenberichten aus Bergen-Belsen auch ins Deutsche übersetzt.

Fliecx Beschreibung des Lebens in Peenemünde offenbart die furchtbaren Grausamkeiten, denen er und die anderen Zwangsarbeiter ausgeliefert waren. Als sich die deutschen Verluste mehrten und die Vergeltungswaffen immer dringender benötigt wurden, stieg auch der Bedarf an Zwangsarbeitern. Im Juni 1943 wurde in Peenemünde ein Außenlager des Konzentrationslagers Ravensbrück eingerichtet. Es bestand zunächst vorwiegend aus französischen und russischen Häftlingen; später kamen als dritte Gruppe europäische Juden hinzu. Insgesamt schufteten in den Munitionsfabriken Peenemündes rund 1.200 Zwangsarbeiter. Bewacht wurden sie von SS-Truppen, die ihren Spaß daran hatten, sie zu quälen. Fliecx erklärt, dass er und andere Häftlinge nach Möglichkeiten suchten, besonders sadistischen Aufsehern aus dem Weg zu gehen,

26 Die Entwicklung und Produktion der V-Waffen in Peenemünde und später in Nordhausen wurden von Historikern gründlich erforscht. Meine Darstellung stützt sich im Wesentlichen auf Neufeld (1995) und Petersen (2009). Besonders beeindruckend ist Petersens Untersuchung in ihrem dokumentarischen Teil, der die Grausamkeiten der Nazis belegt, die in Peenemünde begannen und in Nordhausen einen Gipfel an Niedertracht erreichten (Petersen 2009, v.a. S. 160–208). Noch viele Jahrzehnte nach dem Krieg galten diese Einrichtungen in erster Linie als Sitz bahnbrechender wissenschaftlicher Forschung, die mit der abstoßenden Realität des Nationalsozialismus angeblich nichts zu tun hatte.

um nicht zur Zielscheibe ihrer willkürlichen Angriffe zu werden. Jeder Häftling konnte ohne ersichtlichen Grund zusammengeschlagen werden. Viele wurden totgeprügelt.

Das Wachpersonal in Peenemünde wurde aus inhaftierten sogenannten Berufsverbrechern (BV) rekrutiert, deren Befehlen die anderen Gefangenen zu gehorchen hatten. Fliecx erinnert sich an einen bestimmten Sonntag, an dem die Häftlinge in Fünferreihen antreten und sich ausziehen mussten. Sämtliche persönlichen Gegenstände wurden von den Berufsverbrechern konfisziert. Dann gingen sie dazu über, die nackten Männer mit Eisenstangen, Knüppeln und Gürteln zu schlagen und Steine nach ihnen zu werfen. SS-Wachen standen daneben und bogen sich ob des Spektakels vor Lachen. Im Übrigen waren die Berufsverbrecher ihrerseits den mörderischen Anschlägen der SS ausgeliefert.

In knappen Worten, wie für ihn typisch, beschreibt Fliecx (2014 [1947]) die Ereignisse eines »lustige[n] Sonntag[s] in Peenmünde« (S. 85). Der Lagerkommandant ließ alle Häftlinge vor dem Teil der Fabrik, der den Unterkünften der SS vorbehalten war, zwei Stunden lang exerzieren. Dann hielt er seine Ansprache: »Einige eurer Kameraden haben in der Fabrik Brennspiritus und Trockenmittel gestohlen. Sie haben das getrunken. Auf dem Rückweg werdet ihr sie sehen. Ihr Beispiel soll euch eine Lehre sein!« In Fünferreihen müssen die versammelten Häftlinge an einer Leiter vorbeilaufen, »daran ist ein BVer, der Frisör des Lagers, mit Händen und Füßen gefesselt. Mit Schaum vor dem Mund windet er sich, und sein Kopf rollt von einer Seite zur anderen. Die anderen sind schon tot, daher werden sie für uns nicht zur Schau gestellt. Dieser da ist nach einer Stunde auch tot« (S. 85).

Nachdem im Juli 1943 die ersten Bomben auf Peenemünde gefallen waren, verschlechterten sich die Zustände weiter. Fliecx und andere Häftlinge mussten in engen Hohlräumen in Betonbunkern schlafen, in denen sie kaum Luft bekamen. Der Platz war zu eng zum Sitzen, geschweige denn zum Schlafen. Die Nahrung war knapp, jeder Krümel, den man fand, eine Kostbarkeit. Die Häftlinge waren wandelnde Skelette. Versuche, etwas zu essen zu stehlen, führten zu den bekannten Konsequenzen. Weitere Häftlinge wurden getötet. In diesen entsetzlichen Verhältnissen wurden viele Männer krank, auch Fliecx engster Freund, der bald darauf starb. Fliecx schreibt: »Wir alle begreifen sehr wohl das Gesetz der KZ. Wer krank ist, kann fürs Überleben nur auf sich selbst zählen. Das ist wenig zum Leben, aber zum Sterben reicht es« (S. 93). Es sollte noch schlimmer kommen.

Der entscheidende Bombenangriff auf Peenemünde fand in der Nacht des 17. August 1943 statt. Die Bomben zerstörten den Großteil der Fabrikanlagen, verheerten die Umgebung und machten den Ort dem Erdboden gleich. Deutsche Wissenschaftler, Dorfbewohner und Lagerhäftlinge starben in großer Zahl. Fliecx spürte, dass der Bombenangriff die SS-Wachen nachhaltig demoralisierte, auch wenn sie es nie zugegeben hätten. Was Fliecx im Rückblick auf das Bombardement schreibt, erinnert an Giordanos Gefühle in der Nacht, als Hamburg in Schutt und Asche gelegt wurde: »Indem sie diese geheime Versuchsanstalt komplett zerstörten und das wissenschaftliche Personal massakrierten und dabei uns, die politischen Häftlinge, auf beinahe wundersame Weise verschonten und so die Serienproduktion der V2 um fast sechs Monate aufhielten, haben die englischen Piloten zweifellos und vielleicht ohne sich darüber klar zu sein, die Welt vor der Hitlerdiktatur gerettet« (S. 97).

Fliecx Bericht über Peenemünde gewährt Einblick in die gelebte Realität der Zwangsarbeiter und ihre unmenschliche Behandlung am Standort hochmoderner Rüstungsforschung und -produktion. Zwangsarbeiter wurden in nahezu jedem Bereich der Fabriken eingesetzt. Wenn mein Großvater eine Zeitlang in Peenemünde gelebt hat, muss er Kontakt zu ihnen gehabt haben. Hat er sie mit denselben Augen gesehen, wie andere Deutsche es taten? Ich möchte gern glauben, dass er anders auf sie reagiert und dass er Zwangsarbeiter wie Fliecx ebenso freundlich behandelt hat wie mich selbst. Mein Wunsch ist sehr wahrscheinlich naiv. Für jeden, der das Wertesystem des Naziregimes verinnerlicht hatte, waren Zwangsarbeiter ein notwendiger, funktionaler Bestandteil der deutschen Kriegsmaschine, keine Menschen – erst recht keine »Deutschen«.

Die letzte Phase der V-Waffen-Produktion war zugleich geprägt von den furchtbarsten, ja barbarischsten Verbrechen, aus denen die lange verheimlichte Geschichte der deutschen Munitionsindustrie bestand. Im Oktober 1943 wurde Fliecx zusammen mit 650 anderen Häftlingen von Peenemünde nach Nordhausen verlegt. Hier wurden nach der Zerstörung Peenemündes auf Anordnung Hitlers im Sommer 1943 unterirdische Produktionsfabrik für die V2-Rakete errichtet, die den Luftangriffen der Alliierten standhalten sollten. Dafür mussten die Zwangsarbeiter Tunnel graben. Im Herbst 1943 wurden rund 10.000 von ihnen unter der Erde gefangen gehalten. Die pausenlose körperliche Arbeit, absolut unmenschliche Bedingungen und der fast vollständige Mangel an Nahrung hatten zur Folge, dass im Frühjahr 1944 fast 5.000 von ihnen gestorben waren. Fliecx schildert das Leben in den Tunneln als einen höllischen Überlebenskampf in ständiger, wachsender Todesgefahr. In den Tunneln von Nordhausen fand die Nazi-Politik der »Vernichtung durch Arbeit« ihren drastischsten Ausdruck.

Erst als die Sterberaten die Produktion zu behindern drohten, wurde ein oberirdisches Konzentrationslager errichtet – der berüchtigte KZ-Komplex Mittelbau-Dora. Viele Häftlinge, die krank oder zu schwach waren, um weiter zu arbeiten, wurden in andere Lager transportiert. Sie starben unterwegs in hoher Zahl, und wer noch am Leben war, wurde nach Ausschwitz verschleppt und dort ermordet. Im April 1944 erkrankte auch Fliecx schwer. Auf einem der letzten Zugtransporte gelangte er, angeblich zur Erholung, nach Bergen-Belsen. Anders als viele seiner Kameraden, die es nicht geschafft haben, hat Fliecx diesen Transport und die anschließenden zwölf Monate in Belsen wie durch ein Wunder überlebt. Von den 60.000 Personen, die nach Nordhausen deportiert wurden, um in Mittelbau-Dora zu arbeiten, wurde mindestens ein Drittel ermordet.

Als amerikanische Truppen dem Gebiet Anfang April 1945 näherrückten, begannen die SS-Wachen, die verbliebenen Häftlinge zu evakuieren und in andere Konzentrationslager, vor allem nach Bergen-Belsen, zu verschleppen. Die meisten wurden zu einem Fußmarsch gezwungen. Auf solchen Todesmärschen starben Tausende an Erschöpfung oder wurden, wenn sie zusammenbrachen, von SS-Truppen ermordet. Primo Levi (1990 [1986]) beschreibt die »wahnsinnige« Begründung der Todesmärsche:

»Die SS-Kommandos und der Sicherheitsdienst verwandten dann die größte Sorgfalt darauf, daß kein Zeuge überlebte. [...] Ob sie unterwegs starben, hatte keinerlei Bedeutung, Bedeutung hatte einzig, daß sie nichts erzählten. Nachdem die Konzentrationslager zunächst als Zentren des politischen Terrors, dann als Todesfabriken und schließlich (oder gleichzeitig) als unerschöpfliches Reservoir an stets erneuerbaren versklavten Arbeitskräften gedient hatten, wurden sie für das sterbende Deutschland gefährlich, weil sie ihr eigenes Geheimnis enthielten, das größte Verbrechen in der Geschichte der Menschheit. Das Heer von Larven, das dort noch vor sich hin vegetierte, bestand aus *Geheimnisträgern*, deren man sich entledigen mußte. Die Vernichtungseinrichtungen, ihrerseits wiederum beredte Zeugnisse, wurden gesprengt, und man entschloß sich, die Häftlinge ins Innere des Landes zu verbringen, in der absurden Hoffnung, sie wieder in andere, von den heranrückenden Fronten weniger bedrohte Lager einsperren zu können, um aus ihnen noch den letzten Rest an Arbeitskraft herauszupressen, und in der anderen, weniger absurden Hoffnung, daß die Tortur dieser biblischen Märsche ihre Zahl noch einmal verringern würde. Die Zahl verringerte sich dann auch in erschreckendem Ausmaß, aber einige haben dennoch sowohl das Glück als auch die Kraft gehabt, zu überleben und Zeugnis abzulegen.« (S. 9f.)

Als amerikanische Soldaten Nordhausen erreichten und Mittelbau-Dora am 11. April 1945 befreiten, fanden sie 500 halbtote Häftlinge im Krankenbau des Lagers vor, umgeben von Bergen verwesender Leichen.

Unter den ersten amerikanische GIs, die das Konzentrationslager Mittelbau-Dora betraten, befand sich Morris Sunshine. Sunshine sagt, dass der Geruch von Nordhausen niemals weiche (Hirsh, 2010, S. 311-313). Mit seinen Worten: »Was man auf Bildern sieht – halb so wild. Der Geruch des Todes ist der penetranteste Gestank der Welt. Und Gestank in diesem Ausmaß, Leichen in diese Ausmaß, das bleibt für immer haften.« Sunshines Wut richtet sich gegen die Bevölkerung, die nahe den Lagern lebte und jede Kenntnis bestritt. »Der Schock, diese Entrüstung zu sehen, diese Entrüstung der Zivilisten. Für mich ist das unverzeihlich, absolut unverzeihlich. [...] Es war immer die gleiche Reaktion – sie hätten nichts gewusst. *Ich bin nicht ein Nazi.* Und: Ich war gezwungen, in der Hitlerjugend mitzumachen – all diese Ausreden.« Sunshine gibt zu, bis zum heutigen Tag Abscheu zu empfinden, wenn er die deutsche Sprache hört: »[...] von jungen Leuten, ganz egal von wem, meine Reaktion ist dieser Hass. Ich spüre ihn im Hinterkopf, wissen Sie, mir sträuben sich die Nackenhaare.« Sunshine räumt ein: »Im Kopf verstehe ich, dass es verrückt von mir ist, so zu reagieren. Aber es ist nun einmal da, und ich kann niemandem diese Bestialität verzeihen.«

Trotz der verbrecherischen Geschichte der V-Waffen wurden Wernher von Braun, der Direktor von Peenemünde, und die Mehrheit der übrigen Beteiligten nie vor Gericht gestellt. Nach dem Krieg brachten die Amerikaner Braun und andere deutsche Wissenschaftler in die USA, um sie dort in das amerikanische Raketenprogramm einzubinden, das sich bereits in direkter Konkurrenz zum sowjetischen befand. Von Braun avancierte für die Amerikaner rasch zu einer Schlüsselfigur des Rüstungswettrennens. 1955 erhielt er die US-Staatsbürgerschaft. Drei Jahre später prangte sein Gesicht auf dem Cover des *Time*-Magazins. Ende der 1960er Jahre wurde er für seinen Beitrag zur Entwicklung der

Saturn-Raketen, die im Rahmen der Apollo-Mondmissionen ins All geschossen wurden, als amerikanischer Held gefeiert. Zu von Brauns Lebzeiten wurden weder seine Mitgliedschaft in der SS noch der Tod Tausender Konzentrationslagerhäftlinge in den Produktionsstätten der V-Waffen offen eingeräumt. Von Braun starb 1977, ohne sich je zu seiner Schuld oder zu seiner Verantwortung für seine Verbrechen bekannt zu haben.[27] Die Politik des Kalten Krieges hatte über das Verlangen nach Gerechtigkeit obsiegt.

Trauma und Opferrolle

Können Deutsche angesichts der grauenhaften Verbrechen, deren sich das Dritte Reich schuldig gemacht hat, überhaupt eigene Klagen vorbringen? Wie ist es möglich, bei voller Kenntnis des Holocaust über ein »deutsches Trauma« zu sprechen? Das Leid individueller Deutscher und ihrer Familien während des Krieges wirkt im Vergleich dazu belanglos. Und dennoch gibt es sie: die traumatischen Erinnerungen, die Angst und die Depression von Deutschen, die die Kriegsjahre miterlebt haben. Nur wenige Mitglieder der Täter- und Mitläufergeneration sind heute noch am Leben, und unser Wissen um die Nazi-Vergangenheit macht es mitunter schwierig, Mitgefühl für sie aufzubringen. Viele Angehörige dieser ersten Generation haben die Grausamkeiten des Krieges erlebt und waren später gezwungen, sich mit zerstörten Lebensläufen zu arrangierten. Sie verdienen unsere Rücksichtnahme, auch wenn die Art und Weise, wie wir sie wahrnehmen, von unserer eigenen historischen und kulturellen Prägung abhängt, von unserer Einstellung zu den Schrecknissen der Nazivergangenheit. Andere für schuldig zu erklären ist einfacher als der Versuch, sich in sie einzufühlen. Ich werde dieses Thema im Zusammenhang mit meinen Großeltern im letzten Kapitel wiederaufgreifen.

Die Deutschen der zweiten Generation waren weder Täter noch Mitläufer. Geboren etwa zwischen 1932 und 1947, wurden sie in ein Leben hineingeworfen, in dem sie schon als Kinder furchtbare Dinge sahen oder miterlebten. Nach dem Krieg waren sie gezwungen, das Erbe ihrer Eltern anzutreten, ein Erbe der Zerstörung und des Völkermordes. Ihre Reaktionen auf dieses Vermächtnis waren enorm unterschiedlich, die emotionalen Auswirkungen jener Zeit aber sind nach wie vor spürbar. Die psychische Entwicklung der zweiten Generation ist ein Thema, das man in Deutschland unter dem Stichwort »Kriegskinder« diskutiert. Seit einigen Jahren erst wird über diese Kinder geforscht, und weil solche Untersuchungen mittlerweile einen wichtigen Beitrag zum Verständnis der Vergangenheit leisten, möchte ich sie im Folgenden näher erörtern.[28]

27 Siehe Biddle (2009) und Petersen (2009).

28 Eine der ersten Tagungen über die traumatischen Auswirkungen des Zweiten Weltkriegs auf die emotionale Kinderentwicklung fand 2005 in Frankfurt am Main statt. Die Tagungsbeiträge erschienen anschließend in einem Buch mit dem Titel *Kindheiten im Zweiten Weltkrieg. Kriegserfahrungen und deren Folgen aus psychohistorischer Perspektive* (Radebold, Heuft & Fooken 2006). Der Band machte die Forschung über das psychische Leben der Kriegskinder einer breiteren Öffentlichkeit zugänglich. Seither haben zahlreiche Tagungen stattgefunden. In wachsender Zahl sind darüber hinaus Buchpublikationen sowie Sendungen in den Medien zu

Psychotherapeutische Behandlungen von Angehörigen der zweiten deutschen Generation haben gezeigt, dass frühe Traumatisierungen durch das, was die Kinder im Krieg gesehen, gehört oder erlebt haben – entweder unmittelbar oder durch die Eltern vermittelt –, noch Jahrzehnte später nachwirken. So kann man zum Beispiel davon ausgehen, dass die Bombardements viele Kinder tiefgreifend beeinflusst haben – entweder weil ihr Zuhause und ihre Heimatstadt zerstört oder weil sie selbst aufs Land evakuiert und über lange Zeit von ihren Müttern getrennt wurden. Sehr viele Kinder haben überdies ihren Vater im Krieg verloren, doch Todes- oder Vermisstenfälle wurden kaum betrauert, solange sich alles ums Überleben oder um den Wiederaufbau drehte. In den unmittelbaren Nachkriegsjahren wurden die traumatisierenden Auswirkungen des Krieges durch Armut und Not sowie durch die Ankunft einer Welle deutscher Flüchtlinge aus dem Osten noch verstärkt. Dennoch ist in Gesprächen über die Kriegskinder Vorsicht geboten. Wer von der Traumatisierung einer ganzen Generation spricht, gerät leicht ins Spekulieren und übersieht, dass die Resilienz der Kinder individuell genauso unterschiedlich war wie das, was sie im Einzelfall tatsächlich durchgemacht haben.[29]

Ein weiteres wichtiges Thema im Zusammenhang mit den Kriegskindern ist die transgenerationelle Weitergabe des Traumas von der ersten an die zweite Generation. Die generationenübergreifenden Folgen des Traumas rückten in den 1970er Jahren in den Fokus der Forschung. Auf die Veröffentlichung des mittlerweile klassischen Aufsatzes »Gespenster im Kinderzimmer« von Fraiberg, Adelson und Shapiro (2011 [1975]) folgte nach und nach eine Fülle an Publikationen über die charakteristischen Formen der von den Kindern der Holocaust-Überlebenden erlittenen Traumata.[30] Das Konzept des transgenerationellen Traumas trägt heute kulturenübergreifend zur Erklärung der Folgen traumatischer historischer Ereignisse auf die psychische Entwicklung bei.[31]

---

verzeichnen. Ins Englische übersetzt wurde bislang nur ein kleiner Teil dieser Arbeiten (vgl. Ermann, Pflichthofer & Kamm 2009). Außerhalb Deutschlands ist das Interesse am psychischen Erleben der Kriegskinder praktisch ein rein akademisches – wahrscheinlich eine Widerspiegelung der Distanz, die nach wie vor zwischen historisch und kulturell determinierten Perspektiven auf die Kriegserfahrung zu verzeichnen ist. Zum Thema der intergenerationellen Weitergabe des Traumas unter Deutschen siehe Radebold, Bohleber & Zinnecker (2008) sowie Ermann (2010).

29 Ornstein (2013) hat die individuellen Unterschiede zwischen den Kindern von Trauma-Überlebenden im Zusammenhang mit dem Genozid an den Armeniern und dem Holocaust diskutiert. Sie erörtert die Gefahr, die darin liegt, eine ausgesprochen heterogene Gruppe von Individuen auf eine Reihe verallgemeinernder Beobachtungen über menschliches Verhalten zu reduzieren.

30 Zu diesem breiten und weiterhin expandierenden Forschungsgebiet liegen zahlreiche Publikationen vor; vgl. z.B. Auerhahn und Laub (1998) und Prince (1998, 1999). Eine Sammlung relativ aktueller psychoanalytischer Darstellungen wurde von Grand und Salberg (2016) herausgegeben.

31 Das Konzept des transgenerationellen Traumas wurde benutzt, um die psychischen Folgen ganz unterschiedlicher Geschehnisse zu verstehen, etwa die Auswirkungen des Völkermordes an den Armeniern, der Sklaverei in den Vereinigten Staaten, der Apartheid in Südafrika sowie der Misshandlung und des Missbrauchs der eingeborenen Völker in Australien und Kanada. Paris (2000) erläutert, auf welche Weise unterschiedliche Länder (Deutschland, Frankreich,

Der israelische Psychologe Dan Bar-On wies als einer der ersten überzeugend nach, dass die Verbrechen und das Schweigen ihrer Eltern auf den Kindern deutscher Täter lasten.[32] Bar-On (2004) schreibt, dass sowohl die Familien von Holocaust-Überlebenden als auch die der deutschen Täter mit einer quälenden, furchterregenden traumatischen Geschichte konfrontiert seien. Infolgedessen kommt es bei beiden Gruppen zu Dissoziationsformen, die er als »Phänomen der doppelten Mauer« bezeichnet: »Sie haben eine Mauer zwischen ihren traumatischen oder grauenhaften früheren Erfahrungen und ihrem Leben in der Gegenwart errichtet. Ihre Kinder wuchsen auf, nahmen diese Mauer wahr und errichteten ihre eigenen Mauern. Wenn irgendwann später eine Seite ein Fenster in der eigenen Mauer öffnen wollte, traf er auf die Mauer des Anderen« (Bar-On 2006, S. 51).

Abgesehen von diesen basalen Ähnlichkeiten, sind die historischen Bedingungen, die charakteristische Interaktionsmuster in deutschen Familien einerseits und jüdischen Familien entstehen ließen, radikal unterschiedlich. Auf einer allgemeinen Ebene denken die Kinder der deutschen ersten Generation unter Umständen über die Taten ihrer Eltern nach, versuchen sie zu verstehen und fragen sich, wie sie selbst sich verhalten hätten. Sie ziehen womöglich den Schluss, dass die Taten der Eltern- und Großelterngeneration moralisch verwerflich waren, oder beteiligen sich an einem Narrativ des Opferseins, dem ausgewählte Familienerinnerungen zugrunde gelegt werden. Wenn hingegen die Kinder von Holocaust-Überlebenden über die traumatischen Erfahrungen ihrer Eltern nachdenken, sind sie mit Situationen konfrontiert, in denen ihre Angehörigen extremer Grausamkeit und Demütigung ausgeliefert waren und weder sich selbst schützen noch die Ermordung ihrer Leidensgenossen verhindern konnten. Die Anwendung eines psychologischen Modells, das in der psychotherapeutischen Arbeit mit Holocaust-Überlebenden und ihren Nachkommen entwickelt wurde, auf die Generation deutscher Täter und auf deren Kinder muss uns zu denken geben, zumal sie vordergründigen Vergleichen beider Gruppen Vorschub leistet.[33] So schreibt Gabriele Rosenthal (1999) überaus treffend:

> »Während die Überlebenden der Shoah fast täglich von Erinnerungen an Szenen gepeinigt werden, in denen die Männer deutscher Einheiten wie der SS oder auch der Wehrmacht orthodoxen Juden ihre Bärte abschneiden, Säuglinge erschlagen, Menschen in Häuser

---

Japan, die USA, Südafrika und die Nationen des ehemaligen Jugoslawiens) versucht haben, Verbrechen und ihre traumatischen Folgen einem allgemeinen Schweigen zu überantworten oder sie zu leugnen.

32 Bar-Ons Untersuchung war eine der ersten Studien dieser Art. Den Anfang machte sein bekanntes Buch *Die Last des Schweigens. Gespräche mit Kindern von NS-Tätern* (Bar-On 2004). Seither ist auf diesem Forschungsgebiet eine Menge passiert. Zwei relativ aktuelle Veröffentlichungen sind die Bücher von M. G. Fromm (2012) und Volkan (2015).

33 Gabriele Schwab (2010) nimmt direkt Bezug auf diese Überlegungen: »Die Folgen transgenerationeller Traumatisierung anzuerkennen bedeutet nicht, diese Nachkommen der Täter zu exkulpieren und von der Verantwortung für ihr Erbe freizusprechen, im Gegenteil. Eine solche systemische Perspektive macht deutlich, dass Menschen gar keine andere Wahl haben, als auf die Geschichte, die sie geerbt haben, zu reagieren und Verantwortung zu übernehmen, ganz gleich, auf welcher der beiden Seiten sie geboren wurden.« (S. 26)

sperren und anzünden oder Hunde auf schwangere Frauen hetzen, sprechen ihre Verfolger und deren Kinder über das Leiden an den Kriegserlebnissen und an der unmenschlichen Behandlung in der Kriegsgefangenschaft.« (S. 351)[34]

»Kriegskinder« sind ein emotionales Thema, und die Tatsache, dass es in Deutschland in den vergangenen Jahren zu einem vieldiskutierten wurde, wirft Licht auf die Verflechtung des Leidensnarrativs mit einem spezifischen Modell des psychischen Traumas.[35] Diesem Modell zufolge bleibt das Trauma aufgrund seiner Schwere und seines unaussprechlichen Charakters verborgen. Solange nicht daran gerührt wird, werden die Angehörigen der zweiten deutschen Generation über ihre Vergangenheit entweder schweigen oder sich wegen der Taten ihrer Mütter und Väter schuldig fühlen und die Eltern angreifen. In diesem Fall kann das mit der traumatischen Erfahrung verbundene Leid nicht betrauert werden, und der Heilungsprozess, den die Trauer ermöglichen könnte, findet nicht statt.

Die Hinwendung zu einem Diskurs des Leidens wird in Deutschland als Gelegenheit betrachtet, über die traumatischen Erfahrungen der Kriegskinder, die bislang vermeintlich beschwiegen werden mussten, zu trauern. Hier verquicken sich mächtige emotionale Kräfte wie Verleugnung und Verdrängung mit Trauer und Durcharbeiten. Das Interesse an den Kriegskindern erhält dadurch seine Rechtfertigung: Es ist notwendig, um die zuvor unaussprechlichen Traumata zu heilen. So überzeugend dieser konzeptuelle Bezugsrahmen sein mag, stützt er sich doch auf eine Traumatheorie, die das Erinnern tief im Individuum verortet. Die Schwierigkeit besteht darin, dass ein aus der Konzentration auf das Individuum hervorgehendes Verständnis von Trauma und Erinnerung sehr leicht die sozialen Kontexte vernachlässigt, in denen Erinnerungen generiert werden, und womöglich auch die politischen Kräfte übersieht, die für deutsche Reaktionen auf die Kriegsjahre bestimmend waren. Letztlich ist selbst die Sprache, die benutzt wird, um die traumatischen Erfahrungen der Kriegskinder zu benennen, ein unauflöslicher Bestandteil des breiteren kulturellen und politisierten Erinnerungsdiskurses.[36]

---

34 Rosenthal hat diesen Aspekt in all seinen Facetten erforscht und ist insbesondere den fragwürdigen politischen und moralischen Implikationen der Versuche, die beiden Gruppen miteinander zu vergleichen, auf den Grund gegangen (vgl. Rosenthal 1992, 1999). Zusammen mit Bar-On hat Rosenthal vergleichende Untersuchungen über das Nachkriegsleben von Überlebenden des Holocaust und von Nazi-Tätern durchgeführt.

35 Für eine kritische Diskussion der deutschen Erinnerungskultur und Traumadiskussion siehe Jureit und Schneider (2010).

36 Hier ist eine hilfreiche Unterscheidung zu treffen zwischen dem persönlichen Erleben des Traumas (der Erfahrung, traumatisiert zu werden) und der Sprache, die man verwendet, um über Traumata zu sprechen. Traumatisierte Menschen leiden nicht nur; sie haben unter Umständen auch das Gefühl, dass ebendieses Leiden sie von anderen Menschen isoliert. Gleichwohl ist die Sprache, in der das traumatische Erleben identifiziert und benannt wird, Teil des breiteren sozialen Kontextes, in dem der traumatisierte Mensch lebt. Ganz ähnlich kann die Erinnerung an ein Trauma hochindividualisiert und vielleicht sogar unaussprechlich sein, doch die Art und Weise, wie die Erinnerung erzeugt und bewahrt wird, hängt mit dem sozialen Verständnis traumatischer Erinnerungen zusammen. Kurz, menschliche Erfahrung entfaltet sich stets in sozialen und kulturellen Kontexten, die als Kommunikationsinstrumente für das

Die Behandlung psychischer Traumata ist eine wichtige und sensible Aufgabe. Aus ebendiesem Grund sind wir verpflichtet, die Art und Weise, wie Kriegstraumata erinnert und auf der gesellschaftlichen Ebene thematisiert werden, zu hinterfragen. Kommen die traumatischen Erinnerungen der Kriegskinder tatsächlich erst jetzt, nachdem sie jahrzehntelang verborgen blieben, ans Licht? Oder ist das Interesse an individuellen psychischen Traumata das Produkt eines breiteren zeitgenössischen Narrativs vom deutschen Leiden? Wie auch immer die Antwort ausfallen mag – die Herausforderung besteht nach meiner Ansicht darin, traumatisierte Menschen zu behandeln, ohne an der Verfertigung eines Opfernarrativs mitzuwirken oder von einem einzelnen Individuum oder einer Gruppe betroffener Individuen auf eine ganze Generation zu schließen. Kurzum, die psychischen Folgen des deutschen Kriegstraumas sind real, aber nicht weniger real ist der moralische Kontext von Schuld und Verantwortung, in dem sich das Trauma ereignete. Hier zu einer Balance zu finden ist nicht einfach.

Darüber hinaus besteht auch in Deutschland kein Einvernehmen, was die psychischen Nachwirkungen der Nazi-Vergangenheit anlangt. Die Gedächtnisforscherin Aleida Assmann beschreibt eine Verlagerung von einem juristischen Diskurs, in dem die 68er-Generation ihren Eltern Schuld zuwies, auf einen aussichtsreicheren therapeutischen Diskurs, der sich der Realität des Leidens nicht verschließt. Assmann (2006) erkennt die Bedeutung der 68er-Generation an, wenn sie schreibt: »Ihr Blick zurück im Zorn hat entscheidend dazu beigetragen, dass die braunen Kontinuitäten in der Gesellschaft und ihren Institutionen zerschlagen wurden und die Bundesrepublik auf eine neue moralische Grundlage gestellt werden konnte. Es hat [dennoch] zwei Jahrzehnte gedauert, bis einige Angehörige dieser Generation begannen, mit Empathie zurückzublicken« (S. 192). So hoffnungsvoll gestimmt Assmanns Beschreibung des Wechsels auf einen therapeutischen Diskurs auch sein mag, versuche ich doch zu zeigen, dass das Sprechen vom deutschen Leiden häufig in ein pauschales Opfernarrativ mündet. Assmann (2006) scheint sich dieser Gefahr durchaus bewusst zu sein: »Das Leidgedächtnis der Familien kann sich nicht mehr über das Schuldgedächtnis des Staates hinwegsetzen, aber das Schuldgedächtnis des Staates kann auch kein Riegel sein, der die erlebten Leidensgeschichten verschließt. […] Wo die einen einen Perspektivenwechsel in der deutschen Erinnerungsgeschichte sehen, sehen die anderen eine Perspektivenerweiterung. Ich zähle mich zu den letzteren« (S. 203f.).

Im Gegensatz zu Assmann, die die Veränderung im deutschen Erinnerungsdiskurs zurückhaltend optimistisch beurteilt, sieht Harald Welzer (2005) darin eine »unheilvolle Entwicklung« (S. 29). Welzer warnt vor der Gefahr, durch ein Narrativ des nationalen

---

Verstehen und Sich-Mitteilen dienen. Ähnliches lässt sich über das, was im therapeutischen Setting zwischen Patient und Therapeut geschieht, sagen. Die therapeutische Beziehung dient als sichere, stützende Umwelt, in der emotionaler Schmerz und psychisches Leid bearbeitet werden können. Gleichwohl existiert die Praxis der Psychotherapie nicht isoliert von der sozialen Umwelt. Was sich im therapeutischen Prozess vollzieht, hängt immer mit den sozialen Kontexten zusammen, in denen Therapeut und Patient leben, sowie mit den allgemeineren kulturellen und politischen Kräften, die sich in der Gesellschaft und im Gesundheitswesen entfalten.

Leidens einen Opferhabitus zu kultivieren. Er stellt das Leiden jener Menschen, die als Kinder die Bombenangriffe erlebt haben, nicht in Abrede, bringt aber wenig Sympathie für den therapeutischen Diskurs über die Kriegskinder auf. Das Problem besteht seiner Ansicht nach darin, dass die Geschichten von deutschem Leiden dazu dienen können, aus individuellen Erfahrungen einen neuen narrativen Diskurs zu verfertigen, der dann auf eine ganze Generation Anwendung findet. Indem sie sich selbst als Kriegskinder identifizieren, erklären sich die Angehörigen der zweiten deutschen Generation zu Opfern des Krieges und benutzen das Leidensnarrativ, um ihr Leben und das ihrer Familien umzudeuten.[37]

Heute, 75 Jahre später, könnte es den Anschein haben, als hätten solche Diskussionen mit unserem heutigen Leben nicht mehr viel zu tun. Spielen diese Dinge nach all den Jahren überhaupt noch eine Rolle? Ich bin davon überzeugt und möchte dies kurz erläutern. An dem von Welzer beschriebenen Prozess sind Angehörige der dritten deutschen Generation beteiligt, zu der auch ich zähle. In meiner therapeutischen Praxis höre ich häufig Leidensgeschichten von Patienten, die traumatisiert wurden oder unter den Folgen einer traumatischen Familiengeschichte leiden. Als ich mit Nachkommen von Holocaust-Überlebenden zu arbeiten begann, fiel es mir anfangs schwer, den Geschichten, die sie zu erzählen hatten, zuzuhören. Wenn sie von den Gräueln des Holocaust sprachen, wurde ich in eine historische und kulturelle Welt hineinversetzt, die jenseits meiner selbst lag. Das Erbe des Lebens meiner Großeltern hielt mich, auch wenn ich mich ihm gern entzogen hätte, gefangen und machte es mir schwer, mich empathisch in meine Patienten einzufühlen.

Ich betrachte die Empathie, das Sich-Hineinversetzen in das Leid eines anderen Menschen, als einen zentralen Aspekt meiner psychotherapeutischen Arbeit.[38] Wenn es mir nicht gelingen will, mich in meine Patienten einzufühlen, muss ich mich fragen, ob unsere Lebensgeschichten allzu wenig Gemeinsamkeiten haben, als dass ich begreifen könnte, was sie sagen, oder ob ich mir – was wahrscheinlicher ist – nicht vorstellen will, wie sich die Erfahrungen, die sie mir schildern, anfühlen. Meine Schwierigkeit, mich gegenüber meinen Patienten empathisch zu verhalten, hing mit der Scham darüber zusammen, dass meine Großeltern jener deutschen Generation angehörten, die ihren Familien die Gewalttaten zufügte.

Und noch eine andere Dynamik war im Spiel, über die zu schreiben mir weit schwerer fällt. Sie hängt direkt mit dem Opfernarrativ zusammen. Kaum wahrnehmbar zunächst und dann zunehmend bewusst, wich meine empathische Haltung in Gegenwart meiner Patienten mitunter einem ich-bezogenen Nachdenken über meine eigene Familiengeschichte: über die Bombardierung des Elternhauses meiner Mutter, den Tod meines Großvaters väterlicherseits an der russischen Front und den späteren Flüchtlingsstatus meines Vaters und meiner Großmutter, den Tod zahlreicher Verwandter, den Hunger und die Not der Kriegs- und Nachkriegsjahre bis hin zur Auswanderung meiner Eltern, die einen Neuanfang machen wollten. Es war, als wollte ich sagen, dass doch auch mei-

37 Siehe Welzer (2008).

38 Zu diesem Empathieverständnis siehe Nussbaum (2007).

ne Familiengeschichte der Beachtung, wenn nicht des Mitgefühls, wert sei. Suchte ich Trost in meiner Familiengeschichte des Leidens? Wollte ich mich womöglich selbst als ebenfalls »Leidenden« definieren?

Mich bestürzte meine Reaktion auf die Schilderungen traumatischer Familiengeschichten meiner Patienten, und ich habe eine Weile gebraucht, um sie zu verstehen. Nach und nach wurde mir klar, dass ihr eine Art »paradoxer Identifizierung« mit meinen Patienten zugrunde lag. Wir waren die Empfänger ererbter traumatischer Erinnerungen, und unser gemeinsamer Status als Nachkommen des Traumas machte jede historische Unterscheidung zwischen Täter und Opfer zunichte. Im Laufe meiner Studien entdeckte ich später, dass Bar-On und Rosenthal meine Erfahrung dokumentiert hatten. Sie sprechen von einer »Pseudo-Identifikation mit den Opfern« (Rosenthal 1999, S. 353), um eine aktive, wenngleich unbewusste Strategie zu bezeichnen, mit deren Hilfe Angehörige der zweiten und dritten deutschen Generation die Last der ererbten Schuld zu bewältigen versuchen. Mit anderen Worten, meine Reaktion auf meine Patienten war Teil einer breiteren kulturellen Praxis, eine Art gelernter Reaktion auf die Vergangenheit. Bezogen auf ihre eigene deutsche Perspektive schreibt Rosenthal (1999): »Parallelisiert man das eigene Leiden mit dem Leiden der Nazi-Opfer und identifiziert sich mit ihnen, so kann man einerseits einer Auseinandersetzung mit den Täteranteilen der Familienvergangenheit ausweichen und sich andererseits vor einer Empathie und Perspektivenübernahme mit den Opfern der Nazi-Verfolgung schützen« (S. 353). Ich hatte teil an einer bewährten kulturellen Vermeidungspraxis und benutzte das Leiden meiner Familie, um der ererbten Schuld und Verantwortung auszuweichen. Dies illustriert die Spannung, die dem deutschen Erinnern unauflöslich innewohnt.

Das Problem des Opfernarrativs besteht darin, die Geschichte auf eine einzige Dimension zu reduzieren und die Entwicklung einer empathischen Sichtweise zu erschweren. Sinnhaftes Erinnern muss mit Empathie für den Anderen einhergehen, mit einer persönlichen Verantwortung, zu erinnern, *und* einer Bereitschaft, sich den damit verbundenen emotionalen Schwierigkeiten zu stellen. Die deutsche Psychotherapeutin Barbara Heimannsberg (1992) beschreibt diesen Prozess wie folgt:

> »Erinnerungsarbeit ist ein integrativer Prozeß, bei dem Sinne, Denken und Fühlen zusammenwirken. Zur Wahrnehmung der Fakten und deren Folgen gehört die Wahrnehmung verschiedener Perspektiven, Einfühlung in die Seite der Opfer und in die Seite der Kriegsgegner von damals. Integrative Erinnerungsarbeit umfaßt die Wahrnehmung von Ereignissen, die Wahrnehmung deren emotionaler Bedeutung und die Empathie in fremde Wahrnehmungen, Bedeutungen und Gefühle. Die dabei entstehende Gegensatzspannung muß allerdings ausgehalten werden. Gelungene Erinnerungsarbeit ist auch die wiederholte Erfahrung der Bewältigung von Ambivalenzkonflikten.« (S. 23)

Der letzte Punkt ist besonders wichtig: Ambivalente Gefühle sind ein notwendiger Bestandteil des Erinnerungsprozesses. Hingegen führt die explizite Reduktion auf ein einziges Narrativ als Lösung solcher Ambivalenzkonflikte zu einer offenkundigen Politisierung des Erinnerns. Deutsches Trauma und Leid existieren nicht unabhängig von deutscher Täterschaft. Sie waren deren direkte Folge. Beide hängen inhärent miteinander zusammen. Jede bedeutungshaltige Darstellung des deutschen Erinnerns muss daher mit der Anerkennung deutscher Schuld und Verantwortung beginnen. Assmann und Welzer stimmen darin offenbar überein: Verantwortung für den Krieg und für die Durchführung des Holocaust muss jedem Erinnerungsdiskurs in Deutschland als Grundlage dienen. Und wie ich in diesem Buch durchgängig betone, muss die öffentliche Verantwortung zu erinnern mit einer Bereitschaft zum Erinnern auf der privaten Ebene einhergehen.

Was bedeutet all dies für uns? Ich habe, ausgehend von den Erfahrungen meiner Familie, Fragen über die Art und Weise formuliert und untersucht, wie an deutsches Leiden in den Kriegs- und Nachkriegsjahren erinnert und wie darüber gesprochen wird. Ich behaupte *nicht*, dass das Trauma deutscher Kinder, die den Luftkrieg der Alliierten miterlebten, grundlos oder ungerechtfertigt sei, im Gegenteil. Ausgehend von meiner Beschreibung des 11. Septembers und der Erzählung meiner Familiengeschichte habe ich die Ansicht vertreten, dass die Traumata der Vergangenheit unser Leben in der Gegenwart nach wie vor prägen. Leiden ist ein Bestandteil der deutschen Kriegserfahrung, und deshalb muss darüber gesprochen werden. Die Frage ist nur: Wie? Die Antwort, so meine Überzeugung, verweist uns auf die moralischen Kontexte des Erinnerns.

5. Kapitel

Mit der Nazivergangenheit leben

Mein Großvater war ein leidenschaftlicher Münzsammler. Ich erinnere mich gern daran, wie ich als Kind neben ihm saß, wenn er mir seine Sammlung vorführte und mir die Bedeutung einzelner Münzen erklärte. Wann immer wir die Großeltern besuchten, bat ich ihn, mir die Münzen zu zeigen. Ich durfte die Kassette, in der er seine Sammlung aufbewahrte, tragen, und ihr Gewicht ließ meine Kinderarme ermüden. Welchen Weg mochte die Münze, die ich dann in der Hand hielt, auf ihrem langen Weg vom Ort ihres Ursprungs durch all die Zeit bis in unsere Gegenwart zurückgelegt haben? Mich faszinierte die glatte Oberfläche, abgegriffen vom Gebrauch durch all die Menschen, mit denen die Münze in Kontakt gekommen sein musste. Für meinen Großvater war der Geldwert seiner Münzen unwichtig; ihn interessierten der historische Ursprung und die Zusammensetzung des Metalls. Besonders reizvoll fand er Exemplare, über die andere Sammler hinwegsahen, einfache Münzen aus Metallen wie Eisen oder Kupfer – ein Interesse, das mit seiner Arbeit als Kunsthandwerker zusammenhing. Nie versäumte er es während meiner Besuche, mit mir zusammen eine Münze für mich zu kaufen. Wir suchten ein Münzgeschäft auf, wo er mich dann zu bestimmten Münzen hindirigierte und mich ermunterte, mir diejenige auszusuchen, die mir am interessantesten erschien.

Bei meinem letzten Besuch vor seinem Tod eröffnete mir mein Großvater, dass ich seine Münzen eines Tages erben würde. Ich war 15, als er starb, und erst als meine Eltern wieder in Europa lebten, nahm ich die Münzen in meinen Besitz. Als ich sie zum ersten Mal wieder ansah, dachte ich an unsere gemeinsamen liebevollen Momente zurück. In der Sammlung entdeckte ich auch drei Militärauszeichnungen. Zwei davon hatten, wie ich herausfand, meinem Urgroßvater gehört und waren ihm in Anerkennung seines Militärdienstes im Deutschen Heer während des Ersten Weltkriegs verliehen worden. Mein Großvater hatte die Medaillen offensichtlich all die Jahre in Ehren gehalten.

Mein Urgroßvater wurde zum Kriegsdienst in der kaiserlichen Armee eingezogen und überlebte jahrelang in den Schützengräben an der Westfront. Seine Frau und die beiden kleinen Söhne waren in Hannover allein. Erst nachdem er durch einen Granatsplitter verwundet worden war, konnte er zu seiner Familie zurückkehren. Unzählige Soldaten auf beiden Seiten des Konflikts hatten weniger Glück. Mein Urgroßvater hatte in einem Krieg gekämpft, der die moderne Kriegsführung für immer veränderte. Die ungeheure Anzahl an Todesopfern, die der Erste Weltkrieg forderte, leitete ein neues Zeitalter ein; doch bei aller Brutalität war dieser Krieg dennoch Teil einer anderen Ära der deutschen Geschichte: Für den Kaiser in dem Krieg, der angeblich alle Kriege beenden sollte, zu kämpfen, war etwas ganz anderes, als sich in den Dienst Hitlers und der Kriegsmaschine der Nazis zu stellen. Deutsche Juden wurden aus der kaiserlichen Armee nicht ausgeschlossen, es gab keinen Völkermord und keine Welteroberungsstrategie.

Als ich die Medaillen meines Urgroßvaters betrachtete, erfasste mich eine gewisse Demut, und ich versuchte mir vorzustellen, wie es ihm in den Schützengräben ergangen sein mochte. Er war in hohem Alter kurz nach meiner Geburt gestorben und hatte offenbar nie über seine Kriegserlebnisse gesprochen. Ebenso wie mein Großvater war er künstlerisch begabt gewesen und hatte als Designer von Tapisseriewaren gearbeitet. Sonntags hörte er sich gern eine Oper an und rauchte Zigarren dazu. Als Kind des wilhelminischen Zeitalters erlebte er den Niedergang des deutschen Kaiserreiches, die Abdankung Kaiser Wilhelms II., die kurzlebige Weimarer Republik, die 12-jährige Naziherrschaft, die Geburt der Bundesrepublik Deutschland und die Teilung Deutschlands in West und Ost.

Ich würde gern mit vorbehaltlosem Respekt auf das Leben meines Urgroßvaters, eines Mannes, den ich nie kennengelernt habe, zurückblicken, aber so einfach ist es nicht. Während die Nazis Veteranen wie ihn feierten, ermordeten sie die deutsch-jüdischen Soldaten, die neben ihm in den Schützengräben des Ersten Weltkriegs gekämpft hatten. Ihre Tapferkeit und ihr Einsatz für den Kaiser haben sie und ihre Familien vor den Gaskammern nicht bewahrt. Wie hat mein Urgroßvater auf die Ermordung seiner ehemaligen Kameraden reagiert? War er entsetzt ob ihres Schicksals? Machte es ihn betroffen, oder war es ihm gleichgültig? War er damit einverstanden, dass sein Sohn in die NSDAP eintrat? Hat er die Nazis womöglich selbst unterstützt? Ich werde es nie wissen. Aber ich kann meine Zweifel nicht zum Schweigen bringen.

Die dritte Medaille bereitete mir entschiedenes Unbehagen – ihre Herkunft war unmissverständlich. Sie stammte aus dem Zweiten Weltkrieg und war – ebenso wie eine der Auszeichnungen meines Urgroßvaters aus dem Ersten Weltkrieg – ein Eisernes Kreuz. Der Medaille jüngeren Datums aber war mittig das Hakenkreuz aufgeprägt. Da mein Großvater im Februar 1944 zum aktiven Dienst in der Deutschen Luftwaffe einberufen und dann als Nichtkombattant in der Entwicklung und Produktion der V-Waffen eingesetzt wurde, ist ihm das Eiserne Kreuz in Anerkennung seines Dienstes für das Naziregime wahrscheinlich in einer Spätphase des Krieges verliehen worden. Die Medaille muss ihm etwas bedeutet haben, denn er bewahrte sie auf, obwohl das Tragen von Militärabzeichen aus der Nazizeit und das Zeigen des Hakenkreuzes nach dem Krieg in Deutschland verboten wurden.

Ich erinnere mich, dass ich die Medaillen in eine Reihe nebeneinanderlegte – eine Geschichte, die mir vorausging, zwei Kriege, die für die Vergangenheit meiner Familie bestimmend wurden. Die Nachkommen der alliierten Soldaten, die im Zweiten Weltkrieg gekämpft haben, mögen mit Stolz auf die Tapferkeit ihrer Vorväter zurückblicken – mutiger Soldaten, die die Strände der Normandie erstürmten, gefährliche Bombeneinsätze über Deutschland flogen oder die Konzentrationslager befreiten. Den Nachkommen deutscher Soldaten hingegen bleibt lediglich das schwer erträgliche Wissen um all das, was das Naziregime repräsentierte. Die Umstände, unter denen mein Großvater seine Auszeichnung erhielt, sind meinen Angehörigen nicht im Einzelnen bekannt – vielleicht haben sie es tatsächlich nie genau gewusst. Dass er die Medaille trotz Deutschlands Niederlage und nach Bekanntwerden der grauenhaften Verbrechen der Nazis aufbewahrt hat, gab mir zu denken. Was hat das Eiserne Kreuz meinem Großvater bedeutet? Empfand er Schuldgefühle, Verantwortung oder Reue, wenn er es anschaute? Oder verband er das Hakenkreuz mit einem »Pflichtgefühl« gegenüber seinen

Kameraden und dem geschlagenen nationalsozialistischen Regime? Wie dem auch sei – er hat es mir als Teil seiner Münzsammlung vererbt. Ich frage mich, ob er je darüber nachgedacht hat, welche Einstellung ich dazu haben oder wie es auf mich wirken würde. Im Laufe der Zeit wurde die Medaille meines Großvaters immer mehr zum Symbol meiner widersprüchlichen Gefühle. Ich konnte über die Bedeutung des Hakenkreuzes, die nackte Aggression und die Grausamkeiten, für die es stand, nicht hinwegsehen, so lieb mir meine Erinnerungen an den Großvater und die Zeit, die wir miteinander verbracht haben, auch waren. Die Medaille war Teil einer Familiengeschichte, die ich geerbt hatte und die ich als meine eigene nicht annehmen wollte. Ich schloss die Münzsammlung mit den Medaillen fort und versuchte mich in einer Art innerer Abschottung: aus den Augen, aus dem Sinn. Es funktionierte nicht.

Einige Jahre später holte ich die Münzsammlung wieder hervor und beschloss, die Medaille meines Großvaters wegzuwerfen. Danach war ich erleichtert. Das Eiserne Kreuz befand sich nicht mehr in meinem Besitz. Doch eine Unrechtsgeschichte lässt sich nicht einfach entsorgen. Nachdem ich die Medaille weggeworfen hatte, fühlte ich mich besser, zumindest schämte ich mich weniger. Ohne aber mehr über die Bedeutung der Auszeichnung oder den Dienst meines Großvaters herauszufinden – ohne zu klären, weshalb nie darüber gesprochen worden war, dass er mitgemacht und das Regime unterstützt hatte –, blieb ich in einer Haltung gefangen, die nur allzu verbreitet ist. Ich beteiligte mich an der Tradierung des vertrauten Familiennarrativs über meinen Großvater, ohne über meinen eigenen Beitrag zu seiner Bewahrung und Verfertigung nachzudenken. Ich ging den schwierigen, emotional belastenden Fragen aus dem Weg – was vielleicht erklärt, weshalb ich erst viel später entdeckte, dass mein Großvater eine Nazivergangenheit hatte.

Wenn ich heute an die Medaille zurückdenke und sie vor meinem inneren Auge sehe, steht sie für ererbte Erinnerungen, die zutiefst verstörend und darüber hinaus weiterhin lückenhaft sind. Deshalb muss ich der Vergangenheit nachforschen, auch wenn ich vielleicht nie abschließende Antworten finden werde. Das Zurückerinnern, das mir hier vorschwebt, ist kein passives Erinnern, sondern ein aktives Sich-Einlassen, das auch nach Fragen verlangt – dem Hinterfragen, das es in meiner Kindheit nicht gegeben hat. Die Medaille wegzuwerfen, ohne versucht zu haben, herauszufinden, wofür sie stand, warum sie aufbewahrt wurde, welche Überzeugungen meine eigenen Großeltern vertreten und was sie getan haben, war vergleichbar mit dem Besuch einer Gedenkstätte, ohne einen Gedanken an deren Bedeutung zu verschwenden, oder mit dem Erlernen historischer Fakten, ohne deren Relevanz zu erfassen. Diese Analogie ist wichtig, weil der Akt des Erinnerns an die Verbrechen der Nazivergangenheit und an die Durchführung des Holocaust im heutigen Deutschland eine kollektive Gedenkkultur darstellt, die durch nationale Erinnerungsstätten und eine offizielle Geschichte repräsentiert wird. Mit dem privaten Familiengedächtnis aber haben diese Gedenkstätten und dieser Prozess des Geschichte-Lernens häufig wenig oder gar nichts zu tun.

Was bedeutet es, mit der Nazivergangenheit zu leben? In vielen deutschen Familien arbeitet ein starker, wenn auch schwer greifbar Wunsch nach einer von jeder Naziassoziation freien familialen Vergangenheit dem Erinnerungsprozess massiv entgegen.

Wie erkennt eine Nation ehemaliger Täter die Ungeheuerlichkeit ihrer Verbrechen an, wenn über das Verhalten individueller Familienmitglieder geschwiegen wird oder es nicht einmal bekannt ist? Wie existiert die kollektive Verantwortung zur Anerkennung der Vergangenheit Seite an Seite mit dem persönlichen Bedürfnis, sich mit der Vergangenheit nicht beschäftigen zu müssen? Diesen Fragen werde ich im Folgenden nachgehen. Einfache Antworten darauf gibt es nicht. Jede Antwort von Belang wird in Richtung der moralischen Dimension des Gedenkens weisen.

Gleichgültigkeit

Vierzig Jahre nach seiner Befreiung aus Auschwitz dachte Primo Levi über Durchschnittsdeutsche nach, die den Holocaust mit ihrer Unterstützung des Naziregimes direkt wie auch indirekt ermöglicht hatten:

> »Ich […] mußte verstehen, mußte sie verstehen. Nicht das Häufchen der in hohem Maße Schuldigen, sondern das deutsche Volk, jene Deutschen, die ich aus der Nähe erlebt hatte, jene, unter denen die SS-Soldaten rekrutiert worden waren; aber auch die anderen, die, die geglaubt hatten, und all jene, die, obwohl sie nicht glaubten, gleichwohl geschwiegen und nicht einmal den bescheidenen Mut aufgebracht hatten, uns in die Augen zu sehen, uns ein Stück Brot zuzuwerfen, uns ein mitfühlendes Wort zuzuflüstern. Ich erinnere mich sehr gut an jene Zeit und ihr Klima und glaube, die Deutschen von damals vorurteilslos und ohne Zorn beurteilen zu können. Fast alle, aber eben doch nicht alle, waren taub, blind und stumm gewesen: ein Heer von ›Invaliden‹ im Bannkreis einer Gruppe von Bestien. Fast alle, aber eben doch nicht alle, waren feige gewesen.« (Levi 1990 [1986], S. 172f.)

Ich habe weder meinen Großvater noch meine Großmütter gefragt, was sie im Krieg getan, woran sie geglaubt oder was sie über den Holocaust gewusst haben. Indem ich den Familiengesprächen aufmerksam zuhörte, lernte ich schon früh, dass manche Themen akzeptabel waren und andere nicht. Meine Großeltern haben über ihre Erlebnisse in den Kriegsjahren, über die Not, die sie litten, offen gesprochen, nicht aber über das, woran sie glaubten oder was sie taten. Ich erinnere mich tatsächlich nicht daran, dass jemals einer von ihnen den Holocaust zur Sprache gebracht hätte. Gelegentlich räumte man beiläufig ein, dass schlimme Dinge geschehen waren, doch dabei blieb es. Von Verantwortung war nie die Rede.

Ich bereue es, nie gefragt zu haben. Meine fehlende Neugier war ein Ergebnis des gesellschaftlichen Erinnerungsdiskurses jener Zeit. Wie in so vielen anderen deutschen Familien wurden unangenehme Diskussionen auch in meiner eigenen beiseitegeschoben, vor allem solange die erste Generation noch am Leben war. Ich habe aber auch selbst, sei es bewusst, sei es unbewusst, entschieden, keine Fragen zu stellen. Man tanzte um das Thema Holocaust herum, und ich nahm, ohne es zu wissen, daran teil. Rückblickend frage ich mich, ob wir alle Feiglinge in dem von Levi beschriebenen

Sinn waren: bereit, der Verantwortung für die Vergangenheit in der eigenen Familie den Rücken zu kehren, statt die Verbrechen, die begangen wurden, anzuerkennen.

Die Feigheit, von der Levi spricht, ist keine passive. Es ist eine willkürliche Ignoranz, ein *aktives Nicht-Wissen*, das Levi mit folgenden Worten erklärt:

> »Niemand wird je in der Lage sein, mit Genauigkeit festzustellen, wie viele im nationalsozialistischen Apparat *nicht nichts wissen konnten* von den unsagbaren Greueln, die begangen wurden, und wie viele etwas wußten, aber so tun konnten, als wüßten sie nichts, und wie viele wiederum die Möglichkeit hatten, alles zu wissen, aber sich entschlossen, den Weg der Vorsicht zu gehen und Augen und Ohren (aber vor allem den Mund) fest verschlossen zu halten. Wie immer dem auch sei, da man nicht einfach voraussetzen kann, daß die Mehrheit der Deutschen die Massenvernichtung leichten Herzens hinnahm, muß in der nicht erfolgten Verbreitung der Wahrheit über die Konzentrationslager eine schwerwiegende Kollektivschuld des deutschen Volkes gesehen werden und der deutlichste Beweis für die Feigheit, auf die der Hitler-Terror es reduziert hatte: eine Feigheit, die zur Gewohnheit wurde, und zwar so tiefgreifend, daß sie die Männer davon abhielt, ihren Frauen etwas zu erzählen, und die Eltern, mit ihren Kindern darüber zu sprechen – eine Feigheit, ohne welche die schlimmsten Auswüchse niemals möglich gewesen wären und ohne die Europa und die Welt heute anders aussehen würden.« (Levi 1990 [1986], S. 10f.)

Nach dem Krieg haben viele gewöhnliche Deutsche aktiv versucht, sich selbst und anderen einzureden, nichts über den Holocaust oder über das Schicksal jener gewusst zu haben, die in Konzentrationslagern gefangen gehalten wurden. In seinen autobiographischen Erinnerungen *Schweigen oder sprechen* hebt der deutsche Schriftsteller und Dramatiker Dieter Forte die Absurdität dieser Einstellung hervor. Forte kam 1935, im selben Jahr wie meine Eltern, zur Welt und verbrachte die Kriegsjahre als Kind in seiner Heimatstadt Düsseldorf. Er spricht offen darüber, in welch hohem Maß die Konzentrationslager ins Alltagsleben der Stadt integriert waren, und schreibt:

> »In der Stadt gab es über 100 Lager, Kriegsgefangenenlager, Fremdarbeiterlager, Straflager, dazu die Außenlager der KZs. Inmitten der Stadt gab es also bewachte Lager, zum Beispiel im Volksgarten, das war ein Stadtpark direkt bei uns, da war ein KZ-Lager mit Stacheldraht umzäunt und nachts stark erleuchtet. In der letzten Sekunde vor dem Angriff wurden die Lichter ausgeschaltet. Dann wußten wir immer, die Bomber sind genau über uns. Und es gab sehr viele kleinere Nebenlager, in ehemaligen Kinos und Gaststätten, die Gefangenen waren überall untergebracht. Auf engstem Raum. Man wohnte fast Wand an Wand mit ihnen. Sie arbeiteten in den vielen Waffenfabriken, und sie waren auch dazu da, nach jedem Luftangriff die Straßen aufzuräumen und die gefährdeten Häuser einzureißen. Auch direkt nach dem Luftangriff Menschen aus den Kellern zu retten. Man konnte also froh sein, wenn man eine KZ-Uniform sah, die einen aus dem Kellerloch zog. So ergab sich über die Jahre ein gemeinsames Leben unter dem Bombenhagel.« (Forte 2002, S. 50)

Eindrückliche Kindheitserinnerungen, die Forte mit den Worten kommentiert: »Also zu sagen, wir haben es nicht gewußt, ist albern. Alle haben es gewußt, die ganze Stadt war voll mit diesen KZ-Gefangenen« (S. 52).

Foto 12: Eine Gruppe Überlebender vor dem KZ-Außenlager Limmer. Das Foto entstand einige Tage nach ihrer Befreiung im April 1945. Historisches Museum Hannover.

Die Situation, die Forte für Düsseldorf beschreibt, wiederholte sich in ganz Deutschland, vor allem natürlich in den Städten mit kriegsrelevanter Industrie. Hannover war ein Zentrum der Rüstungsindustrie, so dass mit fortschreitendem Krieg ein stetig steigender Anteil der Arbeitskräfte aus Zwangsarbeitern rekrutiert wurde. Ende 1944 machten Zwangsarbeiter 50 Prozent sämtlicher Arbeiter in Hannover aus. Während des gesamten Krieges lebten mindestens 60.000 von ihnen in der Stadt, gefangen gehalten in rund 500 Lagern, in denen sich die Bedingungen laufend verschlechterten und an Brutalität zunahmen. Gespräche mit ehemaligen Zwangsarbeitern, von denen die jüngsten damals erst 13 Jahre alt waren, gewähren Einblick in tragisch verkürzte Lebensläufe.[1] Die Allgegenwart der Zwangsarbeiter und ihre Integration ins Hannoveraner Alltagsleben während des Krieges waren für jedermann sichtbar. Man kann sich in der Tat schwer vorstellen, dass jemand während des Krieges in Hannover lebte, ohne etwas von den erbärmlichen Verhältnissen mitzubekommen, denen die Zwangsarbeiter und die KZ-Häftlinge inmitten der Stadtbevölkerung ausgeliefert waren.

Die sieben KZ-Außenlager in und um Hannover gehörten allesamt zu dem riesigen Konzentrationslager Neuengamme bei Hamburg. Die Häftlinge waren in der Produktion für die deutsche Kriegsmaschine eingesetzt. Die Errichtung des ersten Außenlagers begann im Sommer 1943. Die Lager wurden direkt neben die Fabriken gebaut, die sie fortan mit einem unerschöpflichen Vorrat an Arbeitskräften versorgten. Eines dieser Außenlager befand sich im Hannoveraner Stadtteil Limmer auf der anderen Seite der Leine, unweit der berühmten Königlichen Gärten von Schloss Herrenhausen. Ich habe die Königlichen Gärten als Kind oft besucht und erinnere mich daran, wie ich unter den Augen meiner adrett gekleideten Großeltern die sorgsam gepflegten Fußwege entlan-

1 Für eine umfassende Übersicht siehe Anschütz und Heike (2000).

grannte, während ein Hauch von Zigarrenduft in der Luft schwebte. Heute schaudert es mich bei der Vorstellung, dass die Gärten meiner Kindheitserinnerungen und eines der Hannoveraner Konzentrationsaußenlager so dicht beieinanderlagen. Eine brutale Geschichte, die anzuerkennen man weitgehend verweigerte, gab den Hintergrund ab für das artige, korrekte Gebaren der deutschen Nachkriegsgesellschaft. Die Deutschen setzten ihr Alltagsleben nach dem Krieg fort – trotz der verbrecherischen Geschichte des Dritten Reichs, die in ihren Alltag hineinragte. Ich muss nur ein wenig genauer hinsehen, um dieses Nebeneinander allerorten wiederzuerkennen.

Im Juni 1944 ließ die SS auf dem Gelände der Continental AG Limmer, eines Industriegiganten, der Gummigemische produzierte, zwei Baracken für mehr als 1.000 Frauen bauen (siehe Foto 12), überwiegend Mitglieder des französischen Widerstandes bzw. polnisch-jüdische Überlebende des Warschauer Ghetto-Aufstandes. Sie wurden von der SS bewacht und arbeiteten in mehreren Fabriken. Nach den alliierten Bombenangriffen mussten sie in den umliegenden Stadtgebieten Schutt und Trümmer räumen. Dadurch kamen die Frauen in direkten Kontakt zur deutschen Bevölkerung. Dass sie die gestreifte Kluft der KZ-Häftlinge trugen, war kaum zu übersehen. Später berichtete eine französische Überlebende: »Es gingen sehr viele Menschen an uns vorbei. Das war für uns nicht besonders angenehm, weil nicht nur Erwachsene, sondern auch Kinder uns ›Banditen‹ nannten. Es gab noch die Jungen aus der Hitlerjugend, die uns beschimpften oder bespuckten. Oft bekam eine Frau einen Stein ab oder Sand in die Augen« (zit. nach Anschütz und Heike 2003, S. 103).[2] Am 6. April 1945 – die Amerikaner standen unmittelbar vor Hannover – mussten die Frauen den Todesmarsch nach Bergen-Belsen antreten. Wie viele von ihnen auf dem Marsch oder in den ersten Tagen in Bergen-Belsen starben, ist nicht bekannt. Es dauerte 40 Jahre, bis das Limmer KZ-Außenlager ein Denkmal erhielt. 1987 enthüllt, wurde es außerhalb des Geländes der Continental AG errichtet, weil die Gesellschaft jede Verantwortung für das Außenlager wie auch für den Einsatz der Zwangsarbeiterinnen von sich wies.[3]

2 In der Einführung zu ihrem Buch *Man hörte auf, ein Mensch zu sein* beschreiben Janet Anschütz und Irmtraud Heike (2003, S. 9) die Chronologie der Gefangenschaft einer Gruppe polnisch-jüdischer Frauen aus dem Konzentrationslager Limmer. Die Frauen wurden 1940, nach der Invasion der deutschen Armee in Polen im September 1939, zuerst ins Warschauer Ghetto gesperrt. Die Überlebenden des Ghettoaufstandes vom Augst/September 1944 wurden in ein »Übergangslager« im polnischen Pruszków verschleppt und von dort aus in das KZ Stutthof in der Nähe von Danzig deportiert. Von Danzig aus wurden sie in ein KZ-Außenlager in Langenhagen bei Hannover gebracht. Nachdem das Langenhagener Lager im Januar 1945 durch einen Bombenangriff zerstört worden war, verlegte die SS die Überlebenden in das Außenlager Limmer. Am 6. April 1945 wurden die Frauen, die noch laufen konnten, auf einen Todesmarsch nach Bergen-Belsen gezwungen, wo die Überlebenden am 15. April 1945 endlich befreit wurden.

3 2008 gründeten engagierte Hannoveraner Bürger den »Arbeitskreis für das Frauen-KZ in Limmer«, um in der Bevölkerung ein Bewusstsein für die Existenz des Lagers zu wecken. 2011 veröffentlichten sie unter dem Titel *Einen Ort der Erinnerung schaffen: KZ und Zwangsarbeit in Hannover-Limmer 1944/45* eine als Druck- und Online-Version zugängliche Dokumentation über die brutale Geschichte des Außenlagers, um die Frauen, die sich dort zu Tode arbeiten mussten, dem Vergessen zu entreißen. Seit 2008 finden regelmäßig öffentliche Veranstaltungen

Foto 13: Eine Gruppe Überlebender, einige im Kindesalter, vor dem KZ-Außenlager Ahlem. Das Foto entstand am Tag ihrer Befreiung, dem 10. April 1945. Vernon Tott Collection, United States Holocaust Memorial Museum.

Das wohl berüchtigtste Hannoveraner Außenlager des KZs Neuengamme entstand im November 1944 im Stadtteil Ahlem. Annähernd 850 vorwiegend jüdische Männer und Jungen unterschiedlicher Nationalitäten wurden aus einem Lager im Stadteil Stöcken nach Ahlem verlegt. Wegen der vermehrten Bombenangriffe der Alliierten plante die Continental AG mit aktiver Unterstützung durch die SS, eine neue, unterirdische Fabrik zu bauen. Die Gefangenen wurden in Baracken nahe dem Eingang einer alten Asphaltmine untergebracht. Sie schufteten unter barbarischen Bedingungen mit Spitzhacken und Schaufeln, um die Stollen, in denen die Produktionsanlagen aufgebaut werden sollten, zu erweitern. Innerhalb kurzer Zeit schnellte die Sterblichkeitsrate in die Höhe und übertraf die Todeszahlen aller anderen Außenlager. Es war dieselbe mörderische Politik der Vernichtung durch Arbeit wie auch in Nordhausen. Im Januar 1945 sah sich die SS aufgrund der hohen Sterblichkeitsrate veranlasst, aus anderen Konzentrationslagern weitere Häftlinge anzufordern. Am 6. April musste alle Häftlinge, die noch laufen konnten, den Todesmarsch Richtung Bergen-Belsen antreten. Viele von ihnen wurden unterwegs ermordet.

Als die Soldaten eines Voraustrupps der amerikanischen Infanterie das Außenlager am 10. April 1945 befreiten (siehe Foto 13), erblickten sie Männer, die wandelnden

und Gedenkfeiern statt, die das politische und historische Bewusstsein wachhalten sollen; siehe http://www.kz-limmer.de.

Skeletten glichen, viele von ihnen sterbenskrank, im eigenen Urin liegend und schwer gezeichnet. Der amerikanische Soldat Vernon W. Tott, einer der ersten, die das Lager betraten, hielt seine Eindrücke mit einer kleinen Kamera fest. Später erinnerte sich Tott: »Was wir sahen, war die Hölle auf Erden. Leichenberge. Männer, die nichts als Haut und Knochen waren, in Lumpen … Mir und den anderen Soldaten, uns wurde schlecht, und wir haben sogar geweint über das, was wir dort sahen« (zitiert nach Stamberg 2014). Das Lager bestand sechs Monate lang. In dieser Zeit waren dort 1.500 Männer und Jungen inhaftiert, von denen nur jeder zweite überlebte.

Die Frage, was die Deutschen vor 1945 tatsächlich über den Holocaust wussten, ist wichtig, denn sie betrifft die Komplizenschaft all jener, die nicht unmittelbar an den Morden beteiligt waren. Es ist denkbar, dass manche Deutsche mit dem ganzen Ausmaß der Todeslager in Osteuropa nicht vertraut waren.[4] Allerdings erzählten zum Beispiel zurückkehrende Wehrmachtsangehörige von den Massenmorden, die sie miterlebt und an denen sie teilgenommen hatten. Im Übrigen mussten die Deutschen gar nicht weit nach Osten schauen, um zu sehen, was passierte. Die Realität des Holocaust entfaltete sich vor ihrer eigenen Haustür.

In ihrer Autobiographie *My Mother's Eyes: Holocaust Memories of a Young Girl* berichtet Anna Ornstein (2004) von einem Besuch im Jüdischen Gemeindezentrum Berlin, wo sie vor einer Karte Europas stand, auf der die von den Nazis besetzten Länder markiert waren. In aller Drastik zeigte diese Landkarte die ungeheuerlichen Dimensionen der Holocaust-Maschinerie, die auf die Betrachterin allein durch die Ausmaße des Genozids überwältigend wirkten:

> »Wachtürme kennzeichnen Vernichtungslager, schwarze Kreise unterschiedlicher Größe (je nach Größe des Lagers) die Standorte von Lagern und Ghettos, kleine Davidsterne stehen für die Orte, an denen Synagogen in der *Kristallnacht* niedergebrannt wurden. Die Karte war buchstäblich ›geschwärzt‹ mit Konzentrationslagern und Orten, an denen Hass und Vorurteil ungezügelt Ausdruck gefunden hatten. Diese Karte führte mir vor Augen, dass die Todesfabriken einen festen geographischen Bestandteil der deutschen Landschaft bildeten. Gibt es immer noch Deutsche, die behaupten, keine Ahnung gehabt zu haben von dem, was während des Zweiten Weltkrieges in ihrem Land passierte?« (Ornstein 2004, S. 158f.)

Deutsche erlebten das aktive »Verschwinden« und die »Deportationen« ihrer jüdischen Nachbarn und waren dabei, als überall in ihren Groß- und Kleinstädten, aber auch auf dem Land Zwangsarbeiter- und Konzentrationslager errichtet wurden. So schreibt der Historiker und Psychoanalytiker Thomas Kohut: »Bedenkt man die Ungeheuerlichkeit des Genozids, die Anzahl der Getöteten und die Dimension des Grauens, so muss praktisch jeder Deutsche, der über ein Gewahrsein der Außenwelt verfügte, auf irgendeiner Ebene von der Endlösung gewusst haben. Um Wissen verdrängen zu können, muss man zunächst wissen, was man nicht wissen möchte. Um wegzusehen, muss man wissen, was man nicht sehen möchte« (Kohut 2017 [2012], S. 252f.).

4 Siehe Bartov (2002) und Friedlander (2002).

Die während des Krieges demonstrierte Gleichgültigkeit gegenüber dem Schicksal von ehemaligen Nachbarn, Zwangsarbeitern und KZ-Häftlingen fand ihre Fortsetzung nach dem Krieg in der Unfähigkeit oder fehlenden Bereitschaft, ihr Schicksal anzuerkennen.[5] Viele Holocaust-Überlebenden begegneten kaltherziger Teilnahmslosigkeit – derselben Einstellung, die die Verbrechen des Holocaust allererst ermöglicht hatte. Zehntausende Überlebende, die nicht nur ihre Familien, sondern auch ihre Gemeinden vollständig verloren hatten und um deren Auswanderungschancen es nicht gut stand, benötigten Obdach. Die Alliierten reagierten auf die Not, indem sie in ganz Deutschland, Österreich und Italien Lager für »displaced persons«, DP-Lager, einrichteten. Eines dieser Lager befand sich vom Elternhaus meiner Mutter genauso weit entfernt wie der Hochbunker. Das Gebäude hatte zuvor als Altersheim und später, während des Krieges, als Lazarett für verwundete deutsche Soldaten gedient. Das DP-Lager wurde 1945 eröffnet und war bis 1949, als alle Bewohner neue Unterkünfte gefunden hatten, bewohnt (siehe Foto 14).

Das DP-Lager beherbergte rund 200 jüdische Flüchtlinge, die mehrheitlich in Bergen-Belsen befreit worden waren. Die Geschichten dieser Holocaust-Überlebenden offenbaren die furchtbare Geschichte des Geflechts der Konzentrationslager und insbesondere die Ereignisse des letzten Kriegsjahres.[6] Ebenso wie Michel Fliecx, dessen Erlebnisse ich im 4. Kapitel beschrieben habe, hatte ein Großteil der DPs mehrere Lager und schließlich den Todesmarsch nach Bergen-Belsen überlebt. Die Tatsache, dass diese Überlebenden in unmittelbarer Nähe zum Elternhaus meiner Mutter wohnten, kann weder meinen Großeltern noch der gesamten Nachbarschaft entgangen sein. Meine Mutter kann sich nicht erinnern, dass ihre Eltern je über das DP-Lager oder seine Bewohner gesprochen hätten. Und wenn darüber gesprochen wurde – was wurde gesagt? Wie wurden die Flüchtlinge, die dort lebten, von ihren Nachbarn wahrgenommen, und wie wurden sie behandelt?

5 Das Wort »Gleichgültigkeit« wird häufig benutzt, um die Haltung der Deutschen gegenüber dem Holocaust, der Verfolgung und den Morden zu beschreiben. Ich verwende es hier, um die allgemeine Einstellung der Deutschen zu den Verbrechen zu bezeichnen, an denen sie direkt oder indirekt teilhatten. Freilich ist der Begriff an sich nicht ganz unproblematisch. So erläutert Kohut (2017 [2012], S. 257-260), dass wir mit der Anwendung des Wortes »Gleichgültigkeit« auf die Einstellung von Deutschen womöglich eine willkürliche Unterscheidung zwischen Tätern und Mitläufern, zwischen hasserfüllten Mördern und gewöhnlichen Deutschen treffen. Er plädiert dafür, nicht von »Gleichgültigkeit«, sondern von »fehlender Empathie« zu sprechen: »Wer ›gleichgültig‹ ist, begeht keinen Völkermord, wer unempathisch ist, kann verfolgen, deportieren und vernichten oder der Verfolgung, Deportation und Vernichtung wort- und tatenlos zusehen. Weder Täter noch Zuschauer konnten sich in die Lage der Juden versetzen« (S. 258).

6 Für eine Geschichte des Gebäudes, in dem sich das Vinnhorster DP-Zentrum befand, und einen Bericht über die Kriegsjahre siehe Simon (2008). Eine Beschreibung der Holocaust-Erfahrungen mehrerer DPs, die im Vinnhorster DP-Zentrum lebten, findet sich unter dem folgenden Link zum United States Holocaust Memorial Museum: https://collections.ushmm.org/search/catalog/pa1117417 (zuletzt aufgerufen am 22.6.2020).

Bei meinen Recherchen vor Ort erfuhr ich, dass das Gebäude, das in den Nachkriegsjahrzehnten als DP-Lager diente, von den Nachbarn oft als *Judenheim* bezeichnet wurde – der Anklang an den Nazi-Jargon ist unverkennbar. Die Bezeichnung »Judenheim« ist Ausdruck einer weder unumwunden anerkannten noch infrage gestellten Nazi-Ideologie. Zu den heimatlosen Überlebenden in diesem und ähnlichen Lagern zählten wahrscheinlich Angehörige unterschiedlicher europäischer Nationen, die aber kollektiv als »die Juden« bezeichnet wurden. Im Laufe der Jahrzehnte wurde das Gebäude anderen Verwendungszwecken zugeführt; so diente es auch der vorübergehenden Unterbringung von Asylbewerbern und Flüchtlingen. Diese Neuankömmlinge werden heute von vielen Deutschen unterstützt, doch ebenso wie andere Nationen hatte Deutschland Mühe, sein historisch verwurzeltes Selbstverständnis als kulturell und ethnisch homogene Entität zu verändern.

Nach dem Krieg brachten die Angehörigen meiner Mutter – nicht anders als so viele deutsche Familien – keine Energie auf, sich um mehr als das eigene Überleben

Foto 14: Das DP-Lager in Vinnhorst, 1946. Photo Archives, United States Holocaust Memorial Museum.

zu kümmern. Die Sorge um ein wärmendes Dach über dem Kopf ließ offenbar keine Auseinandersetzung mit der jüngeren Vergangenheit, geschweige mit Schuld oder Verantwortung, zu. Meine Großeltern und meine Urgroßeltern mütterlicherseits, die gleich nebenan wohnten, bewirtschafteten einen großen Garten und ergänzten das selbstgezogene Gemüse um Lebensmittel, die mein Großvater bei der allgemeinen Nahrungsknappheit durch Tauschgeschäfte ergatterte. Aus sämtlichen Metallen, die er auftreiben konnte, stellte er in den Nachkriegsjahren Gegenstände her, mit denen er handelte. Als Kind hörte ich die Geschichten über seine Ausflüge zu einem Laden im Stadtzentrum von Hannover. Dieser Laden, »Kastens«, befand sich gegenüber der im 14. Jahrhundert errichteten Marktkirche, und hier tauschte er seine Arbeiten gegen Mehl und Zuckerrübensirup. In einer Schubkarre schob er die Ausbeute dann viele Kilometer weit durch Schutt und Trümmer nach Hause (siehe Foto 15).

Kurz nach meinem 18. Geburtstag habe ich Frau Kasten, eine ältere Dame, die meinen Großvater persönlich gekannt hatte, aufgesucht. Trotz ihres Alters und ihrer Zerbrechlichkeit machte sie sich im Familiengeschäft weiterhin nützlich. Als ich den Laden betrat und mich vorstellte, schüttelte sie immer wieder ungläubig den Kopf. Nachdem sie sehr lang, wie ich glaube, geschwiegen hatte, begann sie zu weinen und sagte dann, wie sehr ich sie an meinen Großvater erinnerte. Frau Kasten dachte mit liebevollen Gefühlen an ihn zurück und sah sich ihm weiterhin zutiefst verpflichtet. Sie hätte, so erzählte sie, gern mehr für ihn getan und ihn für seine wunderschönen Arbeiten mit Geld bezahlt. Sie beschrieb, wie diffizil die Objekte, die sie von ihm bekam, gewesen waren. Die Chance, sie in ihrem Laden an Menschen, die sich solchen Luxus leisten konnten, zu verkaufen, hatte ihr in den schwierigen Nachkriegsjahren über die Runden geholfen. Nach dieser Erzählung belud sie mich trotz meiner Proteste mit al-

Foto 15: Zerbombte Stadtlandschaft in Hannover Ende 1944. Historisches Museum Hannover.

lerlei Waren aus ihrem Sortiment und weigerte sich, von mir Geld anzunehmen. Es war einer der seltenen Momente, in denen ich einen Bericht über meinen Großvater aus erster Hand hörte und mit dem tradierten Narrativ vergleichen konnte. Frau Kastens Anerkennung der Bemühungen meines Großvaters, seine Familie zu ernähren, war wirklich rührend. Dennoch blieben die Unbilden jener schwierigen Jahre auf merkwürdige Weise abgetrennt von der historischen Realität der Naziära.

Max Mannheimer, ein Holocaust-Überlebender, der nach seiner Befreiung aus Dachau in Deutschland geblieben ist, hat die Not von Nachkriegsdeutschen wie meinen Großeltern geschildert. Mannheimer hatte nur den einen Gedanken gehabt, nämlich das Land, das sich der Schrecknisse, die er durchlebt hatte, schuldig gemacht hatte, zu verlassen. Aber dann verliebte er sich, wie er in seiner Autobiographie *Spätes Tagebuch. Theresienstadt – Auschwitz – Warschau – Dachau* berichtet, in eine Deutsche, die das Naziregime bekämpft hatte, und traf die schwierige Entscheidung zu bleiben. Das Klima dieser frühen Jahre beschreibt Mannheimer mit folgenden Worten:

> »Die Allgemeinheit war in den ersten Nachkriegsjahren mit dem eigenen Schicksal beschäftigt: Verlust der Angehörigen, Zerstörung ihrer Häuser, Vertreibung, mit den Folgen der Kriegsgefangenschaft, mit dem Wiederaufbau und der Existenzgründung. Vom Holocaust wollte niemand etwas gewußt haben. Das Leid ließ den Gedanken an ein Leid der anderen nicht zu. Alle Berichte über den Holocaust hielt man für übertrieben, manchmal sogar für eine Erfindung der Juden [...].« (Mannheimer 2001, S. 140)

Mit der Not, die viele Deutsche in den Jahren unmittelbar nach dem Krieg litten, wird häufig erklärt, weshalb Schuld- und Verantwortungsgefühle keinerlei Ausdruck fanden. Doch kann man das durch den Krieg bedingte Leiden tatsächlich von den alten Vorurteilen trennen, die schon lange vor Kriegsbeginn verbreitet waren? Fortdauernder Antisemitismus, Gleichgültigkeit und fehlende Empathiebereitschaft waren zweifellos weit größere Hindernisse, sich mit der persönlichen Verantwortung auseinanderzusetzen, als die aktuellen Schwierigkeiten – so drückend oder hartnäckig diese auch waren. Im Übrigen hat sich an dieser Gleichgültigkeit auch in den folgenden Jahrzehnten wenig geändert.

1999 wurde ein Mitglied des NSKK, derselben paramilitärischen »Automobilorganisation«, bei der auch mein Großvater mitgemacht hatte, über seine Beteiligung am Pogrom der Reichskristallnacht interviewt. Dem ehemaligen NSKK-Mitglied zufolge hatte er persönlich mit den Gewalttaten, in denen sich in der Nacht des 9. November 1938 die antisemitischen Ressentiments eines organisierten Mobs entluden, nichts zu tun. Die Ermordung deutscher Juden und die Zerstörung von Synagogen, Geschäften und Wohnräumen in ganz Deutschland war das Werk von Nazischlägern. Auf die Frage, was er selbst in jener Nacht gemacht habe, erklärte der Mann, er habe lediglich »eine Straßensperre« bewacht.[7] Diese Straßensperren

7 Hochstetter (2005), S. 487. Siehe auch S. 414-420, »Das NSKK und die Pogrome vom 7.–10. November 1938«.

waren, wie sich herausstellte, errichtet worden, damit die braunen Horden effektiv und effizient zerstören und morden konnten – hier paarte sich Gleichgültigkeit gegenüber den Opfern mit der Organisationsbesessenheit der Nazis.

Die »Kristallnacht« war der größte Pogrom, der während des Holocaust in Deutschland stattfand. Manche Deutsche betrachteten solche Gewalttaten des randalierenden Mobs damals mit Abscheu. Denselben Personen aber bereitete es kaum ein Problem, mit dem »gesetzlich geregelten« Verschwinden ihrer Mitbürger oder dem anschließenden organisierten Massenmord zu leben. Dazu Zygmunt Baumann:

> »[…] der Anblick von Mord und Zerstörung schreckte viele ab, wobei es die große Mehrheit vorzog, nicht hinzusehen und vor allen Dingen den Mund zu halten. Die spätere Massenvernichtung war nicht von Erregung und Tumult begleitet, sondern wurde in der Totenstille allgemeiner Gleichgültigkeit vollzogen. Nicht der öffentliche Jubel, sondern kollektive Indifferenz […]. Die Indifferenz als solche war für die Effizienz der Endlösung durchaus nicht belanglos. Gerade die allgemeine Lethargie, deren Ursache in der von demonstrativer Macht ausgehenden Faszination und Verängstigung liegt, ließ zu, dass die tödliche Logik der Problemlösung ihren Lauf nehmen konnte.« (Baumann 2012 [1989], S. 90)

Das Bild des NSKK-Mannes, der pflichtbewusst den Verkehr regelte, damit die Gewalt gegen deutsche Juden ungestört »ihren Lauf nehmen« konnte, deutet im Grunde auf die Bürokratisierung des kommenden Genozids voraus. Anfang der 1940er Jahre war an die Stelle der ursprünglichen Politik der Entfernung, die auf die Massenauswanderung deutscher Juden vor dem Krieg zielte, eine bürokratisch organisierte und technologisch gestützte Politik der Vernichtung geworden – die Endlösung. Bürokraten tüftelten an ihren Schreibtischen die Fahrpläne der Deportationszüge aus; je pünktlicher die Züge die Deportationszentren verließen, desto mehr von ihnen konnten die Konzentrationslager anfahren. Alles musste reibungslos vonstattengehen. Ingenieure, Architekten, Planer und Ärzte machten sich die durchrationalisierten Technologien der modernen deutschen Gesellschaft zunutze und ermöglichten einen Massenmord unvorstellbaren Ausmaßes: an sechs Millionen europäischen Juden, einer halben Million Roma und Sinti, zahllosen Schwulen und Lesben, an psychisch Kranken und körperlich Behinderten sowie politischen Gegnern. Die Gleichgültigkeit, mit der diese Männer und Frauen ihre individuelle Pflicht erfüllten, hat den Holocaust ermöglicht. Die fehlende Bereitschaft des gewöhnlichen deutschen Bürgers, sich empathisch in die Opfer einzufühlen, stellte sicher, dass das Morden ungehindert seinen Lauf nahm.

Kontinuität

In ihrem Bericht über ihren Deutschlandbesuch im Jahr 1950 beschreibt Hannah Arendt, dass die Deutschen offenbar weder willens noch fähig waren, ihre Verbrechen anzuerkennen, geschweige denn Buße für das, was sie getan hatten, zu leisten:

> »Überall fällt einem auf, daß es keine Reaktion auf das Geschehene gibt, aber es ist schwer zu sagen, ob es sich dabei um eine irgendwie absichtliche Weigerung zu trauern oder um den Ausdruck einer echten Gefühlsunfähigkeit handelt. Inmitten der Ruinen schreiben die Deutschen einander Ansichtskarten von den Kirchen und Marktplätzen, den öffentlichen Gebäuden und Brücken, die es gar nicht mehr gibt. Und die Gleichgültigkeit, mit der sie sich durch die Trümmer bewegen, findet ihre genaue Entsprechung darin, daß niemand um die Toten trauert; sie spiegelt sich in der Apathie wieder, mit der sie auf das Schicksal der Flüchtlinge in ihrer Mitte reagieren oder vielmehr nicht reagieren. Dieser allgemeine Gefühlsmangel, auf jeden Fall aber die offensichtliche Herzlosigkeit, die manchmal mit billiger Rührseligkeit kaschiert wird, ist jedoch nur das auffälligste äußerliche Symptom einer tief verwurzelten, hartnäckigen und gelegentlich brutalen Weigerung, sich dem tatsächlich Geschehenen zu stellen und sich damit abzufinden.« (Arendt 1999 [1950], S. 44)

Sich dem Geschehenen zu stellen hätte bedeutet, die Verantwortung anzuerkennen, die nicht nur die Täter trugen, sondern auch gewöhnliche Bürger. Das Eingeständnis von Schuld und Verantwortung wurde auf privater Ebene dadurch erschwert, dass die nationalsozialistische Führungsriege offiziell für schuldig erklärt wurde. So konnten gewöhnliche Deutsche über ihre eigene Rolle schweigen und ihre ehemaligen Anführer als die wahren Täter und Urheber ihres Leidens identifizieren und kritisieren. 13 Jahre, nachdem sie den Bericht über ihre erste Reise durch Nachkriegsdeutschland verfasst hatte, beobachtete Arendt, dass gewöhnliche Deutsche nach wie vor nicht willens oder nicht fähig waren, ihre eigene Beteiligung an den grauenhaften Verbrechen Nazideutschlands einzugestehen. In *Eichmann in Jerusalem* schrieb sie: »Allen aber war zur Gewohnheit geworden, sich selbst zu betrügen, weil dies eine Art moralischer Voraussetzung zum Überleben geworden war; und diese Gewohnheit hat sich so festgesetzt, daß es heute noch, 18 Jahre nach dem Zusammenbruch des Naziregimes, wo doch der spezifische Gehalt jener Lügen so gut wie vergessen ist, manchmal schwerfällt, nicht zu meinen, daß Verlogenheit und Lebenslüge zum integrierenden Bestandteil des deutschen Nationalcharakters gehören« (Arendt 2009 [1964], S. 129).

Das Fehlen einer breiteren Verantwortlichkeit bedeutete, dass die Mehrheit der deutschen Täter straffrei blieb. Nachdem die Urteile in den Nürnberger Prozessen gesprochen waren, drängten die frühen Regierungen der Bundesrepublik Deutschland nicht auf weitere Strafverfolgung. Bis weit in die 1970er Jahre hinein besetzten NSDAP-Mitglieder und Täter Machtposten in den höchsten Rängen der Bundes- und Länderregierungen. Sie etablierten sich in der jungen Bundesrepublik und bauten sich erfolgreiche Karrieren in der Politik, der Justiz und im Finanzsektor auf. Von der deutschen Rechtsprechung entlastet, verhielten sich diese Männer und die Öffentlichkeit, die sie unterstützte, als hätte es den Holocaust nie gegeben. Täterbiographien wurden unterdrückt, Fragen nicht gestellt. Ehemalige Täter genossen öffentliche Sympathie und großzügige staatliche Pensionen, während Deutsche, die Widerstand gegen das Regime geleistet hatten, als Verräter betrachtet wurden. Opfer wurden nicht anerkannt oder erhielten, nachdem die Wiedergutmachungszahlungen gesetzlich geregelt waren, lediglich eine symbolische Summe. Giordano (1987) hat die Unfähigkeit, sich in den Jahrzehnten nach dem Zweiten Weltkrieg zu der Verantwortung für die deutschen Kriegstaten zu bekennen, als Deutschlands »zweite Schuld« bezeichnet. Diese zweite Schuld folgt auf die »erste Schuld«, nämlich die Unterstützung Hitlers und der vom Naziregime verübten Gräuel durch die Mehrheit der Deutschen.

Besonders deutlich zeigt sich das Ausmaß an Kontinuität zwischen Naziära und Bundesrepublik im Lichte der Mitgliederschaft des NSKK, die es sich in der neuen demokratischen Republik gutgehen ließ. Die Durchsicht des NSKK-Mitgliederverzeichnisses fördert die Namen zahlreicher prominenter Westdeutscher zutage, darunter der ehemalige deutsche Kanzler Kurt Georg Kiesinger, der ehemalige bayerische Ministerpräsident Franz-Josef Strauß, der Historiker Alfred Heuss und der Politikwissenschaftler Theodor Eschenburg. Nach dem 8. Mai 1945 wurde die Mitgliedschaft im NSKK zunächst als geringfügiges Vergehen betrachtet. Die Entnazifizierungsverfahren, die auf die deutsche Gesellschaft als ganze zielten, setzten sie praktisch automatisch mit »politischer Unschuld« gleich. Die Organisation wird bis heute von vielen als ein »Sportverband der Motorradfahrer« (Hochstetter 2005, S. 4, 119), im Grunde »nur eine Art ADAC«, angesehen (S. 4).

Die Vorstellung, das NSKK habe mit den Reihen der Nazi-Täter nichts zu tun gehabt, lebt bis heute fort. Ich habe mit einem deutschen Kollegen, einem politisch aktiven Mitglied der zweiten Generation, gesprochen, der mir erklärte, das NSKK sei eine jener typischen Organisationen gewesen, in die Angehörige der deutschen Mittelschicht eintraten, wenn sie es im Nazistaat zu etwas bringen wollten, »ohne sich die Hände schmutzig zu machen«. Gut möglich, dass der Eintritt ins NSKK von manchen Deutschen als das geringere Übel angesehen wurde – ein Argument, das prominente Nachkriegsdeutsche tatsächlich ins Feld führten, wenn sie nach ihrer Mitgliedschaft im NSKK gefragt wurden. Und freilich hatte der Eintritt ins NSKK damals eine andere Bedeutung als der Antrag auf Mitgliedschaft in Täterorganisationen wie der SS. Die Familien ehemaliger NSKK-Mitglieder klammern sich geradezu an solche Unterschiede. Wenn ich darüber nachdenke, dass mein eigener Großvater beim NSKK mitgemacht hat, bin ich zugegebenermaßen erleichtert darüber, dass er nicht Mitglied der gefürchteten SS war. Dennoch wäre es falsch anzunehmen, dass das NSKK »lediglich ein Automobilclub« gewesen sei.

Die Mythen, die sich lange um die NSKK-Mitgliedschaft rankten, lassen sich heute nicht länger aufrechterhalten. Die Mitglieder waren allesamt in der Rassenideologie der Nazipartei sozialisiert, die von ihnen erwartete, ein Regime, das furchtbare Verbrechen beging, zu unterstützen. Dass sie mehrheitlich »kleine Nazis« waren und sich nicht direkt an Morden beteiligten, ändert daran nichts. Zudem lässt der hohe Anteil von NSDAP-Mitgliedern im NSKK Ende der 1930er Jahre vermuten, dass es diesen Personen nicht lediglich daran ging, durch die Mitgliedschaft im NSKK voranzukommen, sondern dass die Organisation einen integralen Bestandteil der ideologischen Struktur des Nazistaates bildete. Indem es vorwiegend Männer aus der deutschen Mittelschicht anzog, trug das NSKK dazu bei, deren eventuell noch verbliebenen moralischen Widerstand gegen die Nazi-Ideologie auszuhöhlen. NSKK-Mitglieder waren nicht nur in die Ideologie der Nazipartei integriert und trugen durch ihre politischen Aktivitäten zu deren Verbreitung bei. Viele von ihnen beteiligten sich auch am Kristallnacht-Pogrom. Gleich nach Kriegsbeginn waren NSKK-Mitglieder als Angehörige der Wehrmacht in Osteuropa aktiv. Einige von ihnen bildeten Transport- und Wartungseinheiten und unterstützten die »Ordnungspolizei« bei der Ghettoisierung der osteuropäischen jüdischen Bevölkerung. Ausgewählte NSKK-Einheiten nahmen an sogenannten mobilen Tötungsaktionen teil, denen Hunderttausende Juden zum Opfer fielen, die außerhalb ihrer Dörfer brutal abgeschlachtet wurden.[8] Was als scheinbar »harmlose«, apolitische Organisation begann, endete mit der aktiven Beteiligung am Völkermord. Für diese Deutschen rangierten Gehorsam gegenüber der Obrigkeit, Pflichtbewusstsein und Loyalität höher als elementares menschliches Mitgefühl. Eine toxische Mischung aus antisemitischem Vorurteil und Empathieunfähigkeit wurde zur Grundlage des Verschwindens jüdischer Mitmenschen, ihrer Deportation und schließlich ihrer massenhaften Ermordung.

Möglich war der Holocaust nur mit der direkten und indirekten Unterstützung durch die große Mehrheit der Deutschen. Jeder Versuch, zwischen Tätern und Mitläufern sauber zu unterscheiden, setzt sich über diese Tatsache hinweg. Die Täter hätten ihre Gewalttaten ohne die aktive Unterstützung anderer oder zumindest ohne deren aktive Bereitschaft, wegzusehen, nicht durchführen können. Ob man diese Haltung als Gleichgültigkeit bezeichnet oder als gewolltes Nichtwissen – ihre tödlichen Folgen waren dieselben. In diesem Sinn schreibt Saul Friedländer (1993): »Wenige Bereiche – mit Ausnahme direkter krimineller Aktivitäten – können in der Nazizeit als ganz und gar verabscheuenswürdig betrachtet werden; andererseits können sehr wenige Bereiche als ganz und gar frei von den widerwärtigen oder sogar kriminellen Aspekten des Kerns betrachtet werden. […] In einem System, das in seinem innersten Kern kriminell ist, und zwar von Anfang an, ist Passivität an sich systemstützend« (S. 73). Um dies zu illustrieren, nennt Friedländer als Beispiel die Kirchengemeinde vor Ort, die möglicherweise »ideologisch einwandfrei« blieb, aber ihre nicht-arischen Mitbrüder und Mitschwestern dennoch bereitwillig verstieß und es ohne jeden Protest zuließ, dass sie abtransportiert wurden. Unter diesem Blickwinkel betrachtet, ist die Geschichte des Holocaust in Deutschland die Geschichte gewöhnlicher Deutscher, durchschnittlicher deutscher Familien, Großväter und Großmütter, Eltern, Tanten und Onkel, die dem Geschehen aus freien Stücken zusahen oder die Augen verschlossen.

Verantwortung

Die emotionale Bürde einer familialen Verbindung mit der Geschichte der Täterschaft ist nach wie vor für viele Menschen eine gewaltige Herausforderung. Im Laufe der Jahre traf ich immer wieder auf zwei charakteristische Reaktionen, wenn ich das Thema kollektiver Schuld und Verantwortung angesprochen habe. Die erste Reaktion ist die Frage: »Was hätten Sie getan, wenn Sie damals gelebt hätten?« Nun ist diese Frage nicht

8 Siehe Hochstetter (2005), Kap. X und XI, insbesondere S. 454-478, »Kriegsverbrechen und Mord an Juden«.

unbedingt als Aufforderung zu verstehen, sich in das Geschehen einzufühlen oder zu versuchen, es zu begreifen. Je nach Kontext und je nachdem, wer die Frage stellt, lässt sie eine Legitimierung anklingen. Da niemand mit Sicherheit sagen kann, was sie oder er getan hätte, lenkt die Frage Schuld und Verantwortung von der Generation der Täter und Mitläufer ab, indem sie suggeriert, dass die gegenwärtige Generation sich womöglich kein bisschen anders verhalten hätte.

Die zweite Reaktion ist der Hinweis, dass »jeder Angst hatte« und man die eigene Sicherheit aufs Spiel gesetzt hätte, wäre man nicht in die Fußstapfen jener getreten, die sich in der Nazipartei bereits hervortaten. Der Anpassungsdruck ist in Diktaturen ebenso brutal wie die Konsequenzen, die der Widerstand gegen ein tyrannisches Regime nach sich zieht. Es war bekannt, dass die Gestapo die meisten Aspekte des zivilen Lebens aufmerksam im Blick behielt. Gegner wurden im Handumdrehen ausgeschaltet, in großer Zahl in Konzentrationslager gesperrt und dort ermordet oder ihrem Sterben überlassen. Von den berühmten Beispielen für den Widerstand gegen das Regime, etwa dem gescheiterten Versuch eines Attentats auf Hitler, den Wehrmachtsoffiziere am 20. Juli 1944 unternahmen, oder der studentischen Widerstandsgruppe Weiße Rose haben die meisten heutigen Deutschen gehört. Jede dieser Aktionen erforderte bemerkenswerten Mut. Doch es gab auch weniger bekannte Widerstandshandlungen, die nicht mit Verhaftungen oder gar mit dem Tod endeten. Es gab einzelne und gewiss viel zu wenige Deutsche, die anderen halfen und im Gegensatz zur Gleichgültigkeit der Mehrheit Mitleid und Empathie empfanden.[9] Die Ungeheuerlichkeit der von den Nazis begangenen Verbrechen aber lässt Abstriche an der kollektiven Verantwortung nicht zu. Damit sage ich nicht, dass ich selbst mutiger gewesen wäre. Ich habe mich nie für besonders tapfer gehalten. Ebenso wenig geht es mir darum, Schuld zuzuweisen – dies wäre leichtfertig und kontraproduktiv zugleich. Stattdessen halte ich es für weit wichtiger, die Kräfte, die so viele veranlasst haben, so wenig zu tun, in ihrer ganzen Komplexität zu verstehen.

Die Anzahl historischer Traumata, die das Versagen menschlichen Mitgefühls klarer demonstrieren als der Holocaust, ist vermutlich gering. Die Gleichgültigkeit, mit der die meisten Deutschen auf das Verschwinden und die Deportation ihrer Nachbarn reagierten, stellt die üblichen Vorstellungen von Fürsorglichkeit oder Gegenseitigkeit infrage. Über die Grenzen des Mitleids schreibt die Moralphilosophin Martha Nussbaum, Mitleid setze »die Kultivierung einer moralischen Vorstellungskraft« voraus, »die in anderen Menschen eine Realität sieht und sie nicht als bloße Instrumente der eigenen Macht oder als Bedrohung dieser Macht wahrnimmt« (Nussbaum 2007, S. 334). Mitleid zeugt von einem bewussten Gewahrsein, dass wir unsere Existenz mit dem anderen Menschen, der ebenso einzigartig ist wie wir selbst, teilen. Diese Haltung hat in Hitlers Deutschland tragisch versagt.

9 In seiner autobiographischen Schrift *Meine deutsche Frage. Jugend in Berlin 1933–1939* berichtet der deutsch-jüdische Historiker Peter Gay (1999 [1998]) von einem deutschen Freund seines Vaters, der nicht jüdisch war und die Nazis vehement ablehnte. Er besorgte eine geheime Unterkunft für die Familie, die damals noch Fröhlich hieß, und unterstützte sie bei der Suche nach Möglichkeiten, Deutschland zu verlassen.

Die Grenzen des Mitleids machen deutlich, dass mehr vonnöten ist als die individuelle Mitleidensfähigkeit: Es bedarf einer Perspektive auf das menschliche Erleben, die darüber hinausgeht. Aufschlussreich sind hier die Schriften des französisch-jüdischen Philosophen Emmanuel Lévinas. 1906, im selben Jahr wie mein Großvater, in Litauen geboren, zog Lévinas 1924 nach Frankreich, um an der Straßburger Universität deutsche Philosophie zu studieren. 1939 wurde er französischer Staatsbürger und trat in das französische Offizierskorps ein. Nach Frankreichs Niederlage im Jahr 1940 durchlief Lévinas als Kriegsgefangener zuerst verschiedene französische Lager. Die Zeit von 1942 bis Kriegsende verbrachte er in einem Kriegsgefangenlager in Fallingbostel nahe Hannover. Weil er Jude war, musste er wesentlich härter als andere arbeiten, doch sein Offiziersstatus rettete ihn vor der Deportation in ein Konzentrationslager.

Während seiner Gefangenschaft lebten Lévinas' Frau und seine Tochter unter falschem Namen in einem Versteck in Frankreich, ständig in Gefahr, entdeckt zu werden. Die Mutter seiner Frau hat nicht überlebt. Sie wurde denunziert und deportiert. Auf einer letzten Postkarte an ihre Tochter schrieb sie: »Ich kann Euch erst heute schreiben. Man hat uns gesagt, daß wir an einen unbekannten Ort gebracht werden … Ich lasse mich nicht entmutigen … Ich hoffe, auch Du wirst stark und mutig sein« (Malka 2003 [2003], S. 90). Lévinas' Erleichterung über die Befreiung am 18. April 1945 wich nur allzu bald blankem Entsetzen, als er nach bangem Warten erfuhr, dass seine gesamte Familie in Litauen umgebracht worden war. Seine Mutter, sein Vater und zwei Brüder wurden in ihrer Heimatstadt Kaukas erschossen – Opfer des Gemetzels, mit dem deutsche Soldaten und ihre lokalen Helfer ganz Osteuropa überzogen.

Im Anschluss an den Zweiten Weltkrieg und seine Erlebnisse im Holocaust stellte Lévinas das Thema der menschlichen Verantwortung gegenüber dem Mitmenschen ins Zentrum seiner Philosophie. Demnach ist es die Verantwortung für den Anderen, die uns als Mensch definiert. Sie geht unserer Kenntnis dessen, wer andere sind, oder der Eigenschaften, die sie als Individuen besitzen, voraus. In diesem Sinn verstanden, ist Verantwortung weit mehr als individuelles Mitleiden, das von Zufallsentscheidungen oder von den Launen der Umstände abhängig sein kann. Vielmehr dient sie als korrigierender Kontrapunkt zum Mitleid und unterstreicht die moralische Grundlage unserer gemeinsamen Menschlichkeit. Die aus ihr resultierenden Verpflichtungen sind bedingungslos. Auf die Frage, ob der Andere uns selbst gegenüber gleichermaßen verantwortlich sei, antwortete Lévinas: »Möglicherweise, aber das ist *seine* Sache. […] die intersubjektive Beziehung [ist] eine nicht-symmetrische Beziehung […]. In diesem Sinne bin ich verantwortlich für den *Anderen*, ohne Gegenseitigkeit zu erwarten, und wenn es mich das Leben kosten würde. Die Gegenseitigkeit, das ist *seine Sache*« (Lévinas & Nemo 2008 [1982], S. 75). Eine Lévinas'sche Ethik mag unrealisierbar erscheinen, aber darum war es ihm nicht zu tun. Lévinas beschreibt eine Haltung der Verantwortlichkeit und Nähe, die wir in unseren alltäglichen Interaktionen stets verkörpern, wenn wir den Anderen an die erste Stelle, vor uns selbst, setzen.

Unter Berufung auf Lévinas vertritt Baumann (2012 [1989]) die Ansicht, dass die Substanz der Moral unsere Pflicht gegenüber dem Anderen sei, eine Pflicht, »die nicht am Interesse orientiert ist – die Wurzeln der Moral reichen daher tiefer als die soziale

Ordnung, als Formen von Herrschaft und Kultur« (S. 198). Gleichwohl beruht dieses Verantwortungsbewusstsein auf unserer Nähe zum Anderen und kann durch Distanzierung untergraben werden. Baumann schlussfolgert:

> »*Verantwortung verschwindet, sobald Nähe nicht mehr besteht, und kann sogar durch Ressentiments ersetzt werden, wenn der Mitmensch in den Fremden transformiert wird.* Der Prozeß dieser Transformation ist die soziale Absonderung. Ohne sie hätten nicht Tausende zu Mördern und Millionen zu stummen Zeugen des Verbrechens werden können. Und die technologisch-bürokratischen Errungenschaften der modernen, rationalen Gesellschaft ermöglichten diese Absonderung.« (S. 198f.)

Diese Art von Distanzierung – die Transformation des einzigartigen Individuums in eine allgemeine Abstraktion – ermöglichte es Adolf Eichmann und Millionen seiner deutschen Landsleute, ihre Taten als Pflicht zu interpretieren, die sie auf Befehl zu erfüllen hatten, ohne über ihre Bedeutung oder Moral weiter nachzudenken. Arendt (2009 [1964]) nannte es »die Banalität des Bösen«.

Moralische Verpflichtungen des Gedenkens

Wenn ich meine Arbeit über das deutsche Holocaust-Gedenken vorstelle, treffe ich auf ganz unterschiedliche Reaktionen. Ein stets präsentes Thema hängt mit der historischen Verantwortung zusammen. »Natürlich ist Erinnerung wichtig, aber muss man sich deshalb ständig mit der Vergangenheit beschäftigen?« Noch häufiger höre ich die Frage: »Glauben Sie denn, Sie seien verantwortlich für das, was Ihre Großeltern getan haben?« Meiner Ansicht nach werfen solche Fragen Licht auf die Notwendigkeit, sich intensiver mit der Rolle der Geschichte für unser Selbstverständnis und für unsere Weltsicht auseinanderzusetzen. Historische Ungerechtigkeiten bleiben im Leben des Einzelnen noch lange nach dem Geschehen erhalten. Die Folgen solcher Traumata lassen sich ebenso wenig leugnen wie die moralische Verantwortung der Tätergruppen, die sie verursacht haben.

In der politischen Führungsriege Nachkriegsdeutschlands waren in der Frage, wie der Verbrechen des Dritten Reiches zu gedenken sei, bemerkenswert unterschiedliche Standpunkte vertreten. Sie spiegelten die Erinnerungsdiskurse wider, die in der deutschen Gesellschaft geführt wurden, und werfen insbesondere Licht auf die Diskrepanz zwischen dem Opfernarrativ und dem Narrativ der Verantwortung. Weil viele Deutsche, die in den Jahren vor dem Krieg geboren worden waren, Schwierigkeiten hatten, sich kritisch mit ihrer Geschichte zu befassen, suchten sie nach Möglichkeiten, sich von der Verantwortung für die Vergangenheit freizusprechen. Der ehemalige Bundeskanzler Helmut Kohl, Jahrgang 1930, nahm dieses Privileg unverfroren für sich in Anspruch. Als er 1984 Israel besuchte, erklärte er, der erste Kanzler der Bundesrepublik Deutschland zu sein, dem eine Verstrickung ins Naziregime dank der »Gnade der späten Geburt« erspart geblieben sei. Auch wenn Kohl und andere Angehörige seiner Generation zu jung waren, um Verantwortung für die Verbrechen des Regimes zu tragen, wurden sie doch in der Kultur und im Bildungs- und Erziehungssystem des Dritten Reichs sozialisiert. Damit will ich Folgendes sagen: Es gibt schlechterdings keine Möglichkeit, sich der Prägung durch die Geschichte zu entziehen. Dies anzuerkennen ist eine entscheidende Voraussetzung dafür, sich mit der Nazivergangenheit offen und ehrlich auseinandersetzen zu können.

Die von Kohl, einem promovierten Historiker, in der Öffentlichkeit vertretene Einstellung löste seinerzeit heftige Kritik aus. Am 8. Mai 1985, exakt 40 Jahre nach der Beendigung des Zweiten Weltkriegs in Europa, sprach der damalige Bundespräsident Richard von Weizsäcker im Deutschen Bundestag. Seine Rede zum Jahrestag erlangte nicht zuletzt deshalb Berühmtheit, weil sie sich Kohls Bedürfnis, die deutsche Geschichte zu »normalisieren«, widersetzte.[10] Von Weizsäcker ging es um die historische Verantwortung aller Deutschen. Er unterschied zwischen der Schuld der ersten Generation und der Verantwortung ihrer Nachkommen, die Erinnerung wachzuhalten:

> »Der ganz überwiegende Teil unserer heutigen Bevölkerung war zur damaligen Zeit entweder im Kindesalter oder noch gar nicht geboren. Sie können nicht eine eigene Schuld bekennen für Taten, die sie gar nicht begangen haben. Kein fühlender Mensch erwartet von ihnen, ein Büßerhemd zu tragen, nur weil sie Deutsche sind. Aber die Vorfahren haben ihnen eine schwere Erbschaft hinterlassen. Wir alle, ob schuldig oder nicht, ob alt oder jung, müssen die Vergangenheit annehmen. Wir alle sind von ihren Folgen betroffen und für sie in Haftung genommen. Jüngere und Ältere müssen und können sich gegenseitig helfen zu verstehen, warum es lebenswichtig ist, die Erinnerung wachzuhalten. Es geht nicht darum, Vergangenheit zu bewältigen. Das kann man gar nicht. […] Das jüdische Volk erinnert sich und wird sich immer erinnern. Wir suchen als Menschen Versöhnung. Gerade deshalb müssen wir verstehen, daß es Versöhnung ohne Erinnerung gar nicht geben kann.« https://www.bundespraesident.de/SharedDocs/Reden/DE/Richard-von-Weizsaecker/Reden/1985/05/19850508_Rede.html

Von Weizsäckers bedeutsame öffentliche Stellungnahme erinnerte an die politische Symbolik des ehemaligen Bundeskanzlers Willy Brandt. Als Brandt im Jahr 1970 Polen besuchte, kniete er spontan vor dem Ehrenmal für die Helden des Warschauer Ghettos nieder – ein Ausdruck persönlicher und öffentlicher Demut und Reue. Brandt, ein entschiedener Gegner der Nazis, war aus Angst um sein Leben nach Norwegen und Schweden geflüchtet, wo er bis Kriegsende ausharrte. Anders als die

10 Die Differenzen zwischen Bundeskanzler Helmut Kohl und Bundespräsident von Weizsäcker spielten eine zentrale Rolle in den Diskussionen über die Umgestaltung der Neuen Wache, der Zentralen Gedenkstätte der Bundesrepublik Deutschland für die Opfer von Krieg und Gewaltherrschaft. Unter der konservativen Regierung Kohls wurde die Neue Wache zu einem Symbol der Bemühungen, den Holocaust in der Gesamtspanne der deutschen Geschichte zu normalisieren und die Leiden des deutschen Volkes gleichzusetzen mit dem, was die Opfer der deutschen Aggression und des Holocaust erduldeten. Zu dieser Gedenkstätte und ihrer Rolle im Prozess des kollektiven deutschen Gedenkens siehe Figlio (2014) und Frie (2014a).

meisten Angehörigen seiner Generation, die die Verbrechen der Naziära mitgetragen hatten und nicht bereit waren, zu ihrer persönlichen Verantwortung zu stehen, bat Brandt um Vergebung. Als Kanzler und als SPD-Vorsitzender gehörte er zu den wenigen Mitgliedern seiner Generation, die die Kollektivschuld der Bundesrepublik öffentlich anerkannten. Der Psychoanalytiker Jörg Bose sagte in unserem Gespräch über Deutschlands Schwierigkeiten, zu erinnern:

> »Kohls Äußerung ist ein Beispiel für eine Denkweise, die weit verbreitet war unter der ersten Generation, den Eltern der Kriegskinder, die überhaupt nicht verstanden, was geschehen war. […] Eine Ausnahme machte der Politiker, der sich zu dem, was geschah, ausdrücklich bekannte, Willy Brandt. Der berühmte *Kniefall* berührt mich bis heute, wann immer ich daran denke. Bezeichnenderweise wurde Brandt in Deutschland von manchen für seine Geste kritisiert, aber dass er in der Lage gewesen war, eine eher dezentrierte deutsche Identität zu entwickeln, war das unmittelbare Ergebnis seines Exils.« (Persönl. Mitteilung, 2014.)

Als Angehöriger der dritten Generation bin ich für die Taten oder Überzeugungen meiner Großeltern nicht verantwortlich. Ich bin aber verantwortlich dafür, zu wissen, in welchem Umfang meine Familie an der Nazivergangenheit beteiligt war. Ich habe eine moralische Verpflichtung, mich an die Unermesslichkeit des Unrechts zu erinnern und dafür Sorge zu tragen, dass sich solche Gräueltaten nicht wiederholen. Meine Verantwortung gegenüber dem Anderen erschöpft sich nicht darin, die Nazimedaille meines Großvaters wegzuwerfen.

Unter dem Blickwinkel der moralischen Verpflichtung zum Gedenken betrachtet, müssen wir fragen, ob wir die Geschichte, die an uns weitergegeben wurde, anerkennen und uns auf sie einlassen können. Wenn wir unsere eigene Beteiligung an der ungehinderten Tradierung der Vergangenheitsnarrative, die uns geprägt haben, hinterfragen, können wir meiner Ansicht nach beginnen, unser Verhalten an dem so gewonnenen Verständnis zu orientieren.[11] Dieser Veränderungsprozess muss, so der Ethiker Jeffrey Blustein (2008), mit der »Übernahme von Verantwortung für die eigene Vergangenheit« (S. 59) einhergehen. Blustein möchte Licht werfen auf »eminent wichtige Aspekte der menschlichen Urheberschaft, vor allem auf unsere Fähigkeit, uns nicht lediglich mit unserer Vergangenheit zu versöhnen oder abzufinden, sondern sie anzunehmen und dadurch zu verändern« (S. 60).

Geschichte wird uns übertragen, noch bevor wir zur Welt kommen. Unsere Identität gründet in der Geschichte und Kultur, als Funktion der Narrative, der Traditionen und der Sprache, die uns durch Familie und Gesellschaft vererbt werden. Der deutsche Sozialphilosoph Jürgen Habermas hat die historische Einbettung der nachkriegsdeutschen Lebenswelt unmittelbar erörtert:

11 Der Psychologe Philip Cushman (2011) erläutert: »Im menschlichen Leben ist eine subtile und komplexe Dialektik am Werk: Die Welt, in die wir hineingeworfen sind, konstituiert uns, und dann müssen wir selbst sie fortlaufend reproduzieren. Sie begrenzt uns durch ihr Gegebensein, und dann erschaffen wiederum wir sie neu.« (S. 35)

»Nach wie vor gibt es die einfache Tatsache, daß auch die Nachgeborenen in einer Lebensform aufgewachsen sind, in der *das* möglich war. Mit jenem Lebenszusammenhang, in dem Auschwitz möglich war, ist unser eigenes Leben nicht etwa durch kontingente Umstände, sondern innerlich verknüpft. Unsere Lebensform ist mit der Lebensform unserer Eltern und Großeltern verbunden durch ein schwer entwirrbares Geflecht von familialen, örtlichen, politischen, auch intellektuellen Überlieferungen – durch ein geschichtliches Milieu also, das uns erst zu dem gemacht hat, was und wer wir heute sind. Niemand von uns kann sich aus diesem Milieu herausstehlen, weil mit ihm unsere Identität, sowohl als Individuen wie als Deutsche, unauflöslich verwoben ist.« (Habermas 1986, S. 2)

Während des sogenannten Historikerstreits, der in den 1980er Jahren in der Bundesrepublik ausgetragen wurde, nahm Habermas an einer öffentlichen Diskussion über die Frage, wie der Nazivergangenheit zu gedenken sei, teil. Er argumentierte, dass sich die nachfolgenden deutschen Generationen für die Lebensform, die den Genozid ermöglichte, zu einer »kollektiven Mithaftung« bekennen müssen. Habermas reagierte damit auf die Darstellung der nationalsozialistischen Ära durch politisch konservative Elemente in Deutschland, die die Verbrechen zu relativieren versuchten, und veröffentlichte seine Überlegungen 1986 in der Wochenzeitschrift *Die Zeit*. Seither sind West- und Ostdeutschland wiedervereinigt, und das Land ist zu einer multikulturellen Nation geworden, die eine zentrale, wenn nicht gar maßgebliche Rolle in der Europäischen Union spielt. Die Frage, was es bedeutet, »Deutsche« oder »Deutscher« zu sein, wird dadurch noch um einiges komplexer. An der Dimension der Holocaust-Traumata ändert dies ebenso wenig wie an der moralischen Verpflichtung zum Gedenken. Vergangenheit und Gegenwart bleiben ineinander verflochten.[12] In diesem Sinn haben Habermas' Erläuterungen meiner Meinung nach an Relevanz nichts eingebüßt.

12 Ich paraphrasiere hier die Überlegung des Historikers Saul Friedländer (1993): »Wenn Vergangenheit und Gegenwart ineinander verflochten bleiben, gibt es keine klare Trennung zwischen Geschichte und Erinnerung« (S. 38). Friedländer antwortet auf das Plädoyer des deutschen Historikers Martin Broszat, die Kontinuität zwischen Vergangenheit und Gegenwart anzuerkennen. Grob zusammengefasst, befürchtet Broszat, dass die deutsche Nachkriegsgesellschaft sich von ihrer Geschichte radikal abschneiden und sich ihr völlig entfremdet fühlen könnte, wenn die Nazizeit lediglich unter dem Blickwinkel ihres verbrecherischen Kerns betrachtet würde. Broszat zufolge bestünde eine Lösung dieses Problems darin, die Kontinuitäten des Alltagslebens und die normale Dimension jener Jahre in ein allgemeines Bewusstsein zu reintegrieren. Dagegen macht Friedländer (1993) geltend, dass ein solches Vorgehen Gefahr laufe, »das stillschweigende Einverständnis breiter Schichten der deutschen Gesellschaft mit den Verbrechen des Regimes oder ihre moralische Gleichgültigkeit zu übersehen« (S. 36). Friedländer erwähnt auch »die grundlegende Tatsache der Unvereinbarkeit des Alltags von Deutschen und des Lebensalltags der Regimeopfer, die vollständig ausgeschlossen (vernichtet) wurden, insbesondere der Juden« (S. 93). Für eine Übersicht des Dialogs zwischen Broszat und Friedländer siehe Friedländer 1993, S. 30–39, 86–101.

Holocaust-Gedenken

An Deutschlands Schwierigkeiten, der Opfer der Shoah zu gedenken, wird nachvollziehbar, wie sich das kollektive Gedächtnis nach dem Krieg verändert hat. In den unmittelbaren Nachkriegsjahren arbeitete der Antisemitismus dem Gedenken an die jüdischen Opfer entgegen. Zwar fanden nach dem Krieg im ehemaligen Konzentrationslager Dachau Feiern zur Ehrung der dort Hingemordeten statt, aber die deutschen Redner schwiegen sich darüber aus, dass die Opfer Juden waren. Die ehemalige Leiterin der Gedenkstätte des KZ Dachau, Barbara Distel, schildert, dass jüdische Opfer während ihrer eigenen Münchener Schulzeit in den 1950er Jahren keinerlei Erwähnung fanden:

> »Die einzige Opfergruppe, die mir in meiner Schulzeit in München begegnet ist, waren die katholischen Priester, die in Dachau waren. Für mich war Dachau also der Ort, an dem die katholischen Priester inhaftiert waren; eine andere Opfergruppe ist mir in meiner Schulzeit nicht untergekommen. Die Täter haben geschwiegen, und wenn sie gesprochen haben, dann nur vor Gericht. […] Auch viele Opfer haben geschwiegen, oder wenn sie sprechen wollten, wollte man sie in der Mehrheitsgesellschaft in Deutschland nicht hören, und sie haben keine Zuhörer gefunden.« (Distel 2001, S. 149f.)

Eine Gedenkstätte für die jüdischen Opfer, die ihr Leben in Bergen-Belsen verloren, war die Ausnahme. Sie wurde allerdings auf Anordnung der britischen Militärregierung errichtet und wandte sich nicht an deutsche Besucher, sondern an ein internationales Publikum. Zum ersten Mal fanden die jüdischen Holocaust-Opfer ausdrücklich Erwähnung in der Rede, die Theodor Heuss, der damalige deutsche Bundespräsident, bei der Einweihungsfeier hielt.[13] In den frühen 1960er Jahren wurde durch den Eichmann-Prozess in Jerusalem und die Frankfurter Auschwitz-Prozesse an den Holocaust erinnert. Diese Verfahren führten 1967 zur Einweihung des ersten Mahnmals in Dachau, das ausdrücklich den jüdischen Opfern gewidmet war.[14] Mit der Einführung des Holocaust als verbindliches Unterrichtsthema in deutschen Schulen Ende der 1970er Jahre und Medienereignissen wie der Fernsehausstrahlung der amerikanischen Miniserie *Holocaust* stiegen die Besucherzahlen in Gedenkstätten wie Dachau und anderen Konzentrationslagern über den Zeitraum eines ganzen Jahrzehnts signifikant an.

Die Frage, wie der ermordeten jüdischen Bevölkerung Europas in ebenjenem Land gedacht werden kann, das die furchtbaren Verbrechen verübt hat, ist nicht einfach zu beantworten. Ist ein Mahnmal in Deutschland überhaupt geeignet, diese Aufgabe einzulösen? Ebendiese Herausforderung hat etliche deutsche Künstler veranlasst, anstelle traditioneller Erinnerungsstätten innovative Gedenkprojekte, sogenannte Gegen-Mahnmale, zu konzipieren. Ein wichtiges Beispiel ist der von Horst Hoheisel entworfene Aschrottbrunnen in Kassel, vom Künstler bewusst als ein »Gegen-Monument« gestaltet.[15] Bevor die Nazis an die Macht kamen, hatte auf dem Kasseler Rathausvorplatz ein

13 Siehe Marcuse (2010), S. 198.

14 Siehe Marcuse (2010), S. 199f.

15 Hoheisel, zitiert nach Handler Spitz (2005), S. 420.

Brunnen mit einer Sandsteinpyramide gestanden – ein Geschenk des deutsch-jüdischen Unternehmers Sigmund Aschrott, eines prominenten Kasselaners, an die Stadt. Unter den Nazis wurde der beliebte Brunnen als »Judenbrunnen« verunglimpft und 1939 zerstört. Das Brunnenbecken wurde 1943 von der Nazi-Stadtverwaltung in ein Blumenbeet umgewandelt und als »Aschrotts Grab« verspottet.

Im Rahmen des kollektiven Erinnerungsprozesses beschloss die Stadt Kassel 1986, den Aschrottbrunnen dem Vergessen zu entreißen. Zuerst plante man im Grunde, den Zustand des Brunnens vor der Zerstörung durch die Nazis zu rekonstruieren. Hoheisel startete eine öffentliche Gegenkampagne, weil er befürchtete, dass eine solche Rekonstruktion die Passanten lediglich veranlassen würde, sich an dem Brunnen zu erfreuen, ohne sich der historischen und moralischen Bedeutung dessen, was an diesem Ort passiert war, auch nur entfernt bewusst zu sein. Aufgrund seines öffentlichen Protests erhielt er schließlich die Genehmigung, einen eigenen Entwurf zu gestalten.

Statt ein oberirdisches Mahnmal im herkömmlichen Sinn zu errichten, versenkte Hoheisel eine »Negativform« – eine spiegelbildliche hohle Betonform – der ursprünglichen Brunnenskulptur ins Grundwasser. Nun verschwindet das Wasser im Boden – man kann es hören, aber seine Unsichtbarkeit evoziert ein Gefühl von Verlust und Abwesenheit. Die Radikalität dieses Gegen-Monuments zwingt Betrachter und Passanten, über die Bedeutung dessen, was sie sehen und hören, nachzusinnen und darüber nachzudenken, was Deutschlands Geschichte der Täterschaft für die Gegenwart bedeutet.

Im letzten Jahrzehnt des 20. Jahrhunderts entstanden deutschlandweit Gedenkstätten, die an den Holocaust erinnern. 1994 wurde das Mahnmal für die ermordeten Juden Hannovers mit den eingravierten Namen von 1.935 Opfern enthüllt.[16] Das eklatante Fehlen einer nationalen Holocaust-Gedenkstätte in der deutschen Hauptstadt wurde durch diese Entwicklungen noch unterstrichen. 1999, nach jahrelangem politischem Gerangel, beschloss der Bundestag die Errichtung eines Holocaust-Denkmals und verabschiedete eine entsprechende Resolution. Die Debatte, die diesen Prozess begleitete, zeigte, dass das Holocaust-Gedenken in Deutschland zentralen Stellenwert erlangt hatte. Schließlich wurde ein Entwurfswettbewerb ausgeschrieben, der Künstler dazu aufforderte, Möglichkeiten und Formen des Gedenkens an die Shoah und ihre Opfer auszuarbeiten.

16 Eine in Stein gemeißelte Inschrift auf dem Mahnmal lautet: »Die Transporte gingen am 28. Oktober 1938 nach Polen, am 25. Juni 1939 nach Polen, am 15. Dezember 1941 nach Riga, am 31. März 1942 nach Warschau, am 23. Juni 1942 nach Theresienstadt, am 2. März 1943 nach Auschwitz, am 16. März 1943 nach Theresienstadt, am 30. Juni 1943 nach Theresienstadt, am 11. Januar 1944 nach Theresienstadt, am 20. Februar 1945 nach Theresienstadt. Es gab nur wenige Überlebende in Hannover: 27 wurden am 10. April 1945 im Sammellager Ahlem von amerikanischen Soldaten befreit. Die Namen der Ermordeten, soweit heute bekannt, sind auf diesem Mahnmal verzeichnet. Errichtet 50 Jahre danach von einer hannoverschen Bürgerinitiative, unterstützt von vielen Bürger und von der Stadt Hannover: Hannover, 9. Oktober 1994.«

Foto 16: Das Denkmal für die ermordeten Juden Europas in Berlin-Mitte.

Hoheisel forderte, dass das geplante Monument in der deutschen Hauptstadt zum Nachdenken über die Täter anregen müsse; andernfalls, so seine Argumentation, ließe man deren Verbrechen genauso verschwinden, wie die Opfernarrative die deutsche Schuld und Verantwortung zu leugnen versuchen.[17] Sein radikaler Vorschlag: die Zerstörung eines anderen berühmten nationalen Denkmals, nämlich des Brandenburger Tores. Er plädierte dafür, es zu sprengen, den Stein zu Staub zu zermahlen, diesen auf dem Gelände zu verteilen und mit Granitplatten zu versiegeln. James Young, ein Experte für Holocaust-Gedenkstätten, schreibt über Hoheisels Idee:

> »Statt an die Vernichtung eines Volkes durch die Errichtung eines weiteren Bauwerks zu erinnern, würde Hoheisel die eine Vernichtung durch eine andere Vernichtung markieren. Statt die Leere, die ein ermordetes Volk hinterlassen hat, mit einer Positivform zu füllen, würde der Künstler einen Leerraum in Berlin hineinschlagen, durch den an ein nun abwesendes Volk erinnert wird. Statt die Erinnerung an die ermordeten Juden Europas zu betonieren und dadurch zu verdrängen, würde der Künstler in der Stadtlandschaft einen Raum eröffnen, der mit der Erinnerung jener gefüllt werden muß, die dorthin kommen, um der ermordeten Juden Europas zu gedenken. Ein Wahrzeichen zum Ruhme preußischer Macht, von einer Quadriga der römischen Friedensgöttin bekrönt, würde zerstört, um der Erinnerung an die jüdischen Opfer deutscher Macht und Kriegslüsternheit zu weichen. Tatsächlich gibt vielleicht kein anderes Emblem die konfliktreichen und zur Selbstverleugnung neigenden Motive der Erinnerung im heutigen Deutschland besser wieder als das verschwundene Monument. [...] Hoheisel scheint hier den Vorschlag zu machen, daß die Beschäftigung mit dem Andenken des Holocaust

17 Siehe Barzel et al. (1995), Tomberger (2010) und Young (2000).

> in Deutschland am ehesten durch die ewige Ungelöstheit des Denkmalproblems gesichert werden könne und nur ein nicht endender Findungsprozeß die Lebendigkeit der Erinnerung garantiere.« (Young 2002 [2000], S. 108–110)

Freilich wurde Hoheisels Entwurf schon in der ersten Phase des Wettbewerbs abgelehnt. Trotzdem warf sein Projekt wichtige Fragen in Bezug auf das Holocaust-Gedenken in Deutschland auf. Die Polemik des Künstlers richtete sich zumindest teilweise gegen die tatsächliche Verwirklichung eines jedweden Siegerentwurfs, ja, gegen jede Fertigstellung des Mahnmals an sich. Würde nicht jedes vollendete Mahnmal Deutschland dabei helfen, sich neu zu erfinden, statt seiner Opfer zu gedenken? Würde es die Deutschen nicht freisprechen von der Verantwortung des Erinnerns? Viele Beobachter hielten die Diskussion, zu der solche Fragen in den Phasen der Planung der nationalen Holocaust-Gedenkstätte Anlass gaben, für wichtiger als den Prozess der Memorialisierung an sich.

2005 schließlich wurde das Denkmal für die ermordeten Juden Europas in Berlin eingeweiht.[18] Der Entwurf des amerikanischen Architekten Peter Eisenman, im Bezirk Mitte verwirklicht, ist ein Labyrinth aus 2.711 grauen Quadern unterschiedlicher Höhe auf einem großflächigen, wellenförmig angelegten, gepflasterten Boden (siehe Foto 16). Unterhalb des Mahnmals befindet sich ein Informationszentrum mit Dauerausstellungen über den Holocaust. Der Kontrast zwischen dem oberirdischen abstrakten Denkmal und den historischen Informationen der unterirdischen Ausstellung vermittelt dem Betrachter zwei verschiedene Erfahrungen. Weil es weder einen einzelnen, herausgehobenen Fokalpunkt noch einen zentralen Ort für Feierlichkeiten gibt, wird das Mahnmal auch als »antikommemorativ« betrachtet. Es soll sich nicht als ein statisches Monument präsentieren, sondern den Erinnerungsprozess an sich aktivieren.[19]

Das Berliner Denkmal für die ermordeten Juden Europas ist ein schmuckloser, ernster Ort, der an die sechs Millionen Hingemordeten erinnert. Es repräsentiert eine offizielle Anerkennung deutscher Schuld und Verantwortung im Zentrum der historischen deutschen Hauptstadt und zählt zu den am häufigsten besuchten Stätten Berlins. Das Bedürfnis, der Holocaust-Opfer zu gedenken, hat aber auch zu anderen, leichter zugänglichen Formen des Erinnerns geführt. Am bekanntesten sind Gunter Demnigs Stolpersteine. Der Kontrast zwischen den Stolpersteinen und dem nationalen Holocaust-Mahnmal ist kaum zu übersehen. Ist das Denkmal zentral in einem bedeutsamen physischen Kontext lokalisiert, finden sich Demnigs Stolpersteine verteilt in ganz Deutschland, in Metropolen, Städten, Dörfern und im Umland.

Ein Stolperstein besteht aus einer Messingtafel mit dem eingravierten Namen eines Holocaust-Opfers (siehe Foto 17). Diese Tafeln sind auf Betonquadern befestigt, die

18 Auch an die anderen Opfer des Holocaust wird in Berlin erinnert. Das Denkmal für die im Nationalsozialismus ermordeten Roma und Sinti Europas wurde 2012 eingeweiht, das Denkmal für die im Nationalsozialismus verfolgten Homosexuellen im Jahr 2008.

19 Von einer ähnlichen Philosophie ließ sich auch Daniel Libeskind leiten, als er das Berliner Jüdische Museum entwarf, das 2001 eröffnet wurde.

Foto 17: Stolpersteine im Mauerweg im Frankfurter Nordend.

ins Pflaster bzw. in den Asphalt des Gehwegs vor der letzten freigewählten Wohnung des Opfers, an das sie erinnern, eingelassen werden. Anders als das offizielle, staatlich finanzierte Holocaust-Mahnmal in Berlin-Mitte werden die Stolpersteine von einzelnen Bürgern oder Bürgergruppen oder auch von Nachkommen der Opfer zum Gedenken an ehemalige Nachbarn bzw. Familienmitglieder gestiftet. Die Kosten für die Herstellung und Gestaltung der Steine sowie für ihre Verlegung werden privat finanziert. Weil das Projekt in hohem Maß partizipativ ist, schlägt es eine Brücke zwischen individuellem und kollektivem Erinnern. 1995 wurden die ersten Stolpersteine hergestellt und in Köln in einen Gehweg eingelassen; seither wurden mehr als 75.000 in deutschen Städten und Gemeinden und weitere in den europäischen Nachbarländern verlegt.

Wie die meisten deutschen Erinnerungsprojekte gaben auch die Stolpersteine Anlass zu lebhaften Diskussionen und Auseinandersetzungen. Nicht etwa eine Vertreterin politisch rechter Kräfte, die seit jeher versucht haben, das Erinnern an die Opfer Deutschlands zum Schweigen zu bringen, sondern ein prominentes Mitglied der deutschen jüdischen Gemeinschaft, die Münchenerin Charlotte Knobloch, erwies sich als eine der entschiedensten Kritikerinnen. Die ehemalige Vorsitzende des Zentralrats der Juden in Deutschland bezeichnet es als »unerträglich«, die Namen ermordeter deutscher Juden auf Metalltafeln zu lesen, die ins Pflaster eingelassen sind und von den Passanten buchstäblich mit Füßen getreten werden.[20] Knoblochs Einwand ist nicht unberechtigt; tatsächlich dürfen in München auf öffentlichem Boden keine Stolpersteine verlegt werden. Doch Knoblochs Sichtweise wird längst nicht von allen Angehörigen

20 Siehe Goebel (2004).

der jüdischen Gemeinden geteilt. Vielmehr haben die Stolpersteine quer durch die deutsche Gesellschaft großes Interesse geweckt und rege Unterstützung gefunden.

Ich halte die Stolpersteine für bedeutungsvoll. Gerade ihre scheinbar zufällige Platzierung am Boden lässt mich innehalten und nachdenken. Meiner Ansicht nach ist Demnigs Gedenkprojekt konstruktiv, weil es die Geschichte im alltäglichen Leben zugänglich macht; es hat sie aus dem Museum oder dem Klassenzimmer herausgeholt und »auf die Straße« gebracht. Wenn die Wahrnehmung eines einzelnen Stolpersteins, eines einzelnen Opfers der Naziverbrechen, Passanten hilft, sich der Vergangenheit zu erinnern und über den Menschen, dessen Namen sie lesen, nachzudenken, dann leistet Demnigs Gegen-Monument einen bedeutsamen Beitrag. Wie der Künstler selbst sagt: »Die Ermordung von sechs Millionen Juden ist für uns nicht zu begreifen … Wenn man aber den Namen eines Menschen liest, sein Alter ausrechnet, sein altes Haus betrachtet und sich fragt, hinter welchem der Fenster er wohl gelebt haben mag, dann erhält das Entsetzen ein Gesicht.«[21]

Ambiguöses Erinnern

Nach Ende des Zweiten Weltkriegs dauerte es 60 Jahre, bis Deutschland ein nationales Holocaust-Denkmal errichtete. Mittlerweile besitzt dieses Mahnmal für das Image des heutigen Deutschlands als einer wiedervereinigten Nation, die sich ihrer Nazivergangenheit stellt, zentrale Bedeutung. Die Tatsache aber, dass das Denkmal für die ermordeten Juden Europas schließlich gebaut wurde, spricht Deutsche nicht von der Verantwortung frei, sich an die furchtbaren Verbrechen zu erinnern oder nach der Geschichte ihrer eigenen Familie zu fragen, so schwierig dies sein mag. Der Historiker Eelco Runia (2007) formuliert den Kern des Problems wie folgt: »Je mehr wir uns an das, was wir getan haben, erinnern, desto mehr verwandeln wir uns in Menschen, die es nicht getan haben« (S. 320).

Anna Ornstein liegt die Frage, wie Deutschland des Holocaust gedenkt, besonders am Herzen. Nachdem die Deutschen Ungarn besetzt hatten, wurde Ornstein 1944 deportiert. Sie überlebte die Schrecken von Auschwitz als Jugendliche, zusammen mit ihrer Mutter. Die anderen Familienmitglieder wurden ermordet. Beide Brüder wurden in Zwangsarbeiterlager verschleppt, wo sie starben. Ihr Vater und alle Verwandten wurden nach ihrer Ankunft in Auschwitz im Juni 1944 umgebracht. Mutter und Tochter kehrten im Juli 1945 nach Ungarn zurück. Anna Ornstein schloss das Gymnaysium ab, ihre Mutter leitete ein Heim für jüdische Kinder, deren Eltern nicht überlebt hatten. 1946 heiratete Anna Paul Ornstein, ebenfalls ein Überlebender der Shoah. Kurz nach der Hochzeit flüchteten sie aus dem sowjetisch besetzten Ungarn nach Westdeutschland. Als ihnen klar wurde, dass es Jahre dauern würde, die Einwanderungserlaubnis für Palästina oder die USA zu erhalten, schrieben sie sich an der Heidelberger Uni-

21 Zitiert nach einem Interview in der *New York Times*; siehe Grieshaber (2003).

versität zum Medizinstudium ein, das sie 1952 abschlossen.[22] Nach ihrer Immigration in die USA absolvierten sie dort ihre psychiatrische Facharzt- und psychoanalytische Ausbildung. Beide haben als Psychoanalytiker weltweite Berühmtheit erlangt.

Regelmäßig wird Anna Ornstein nach Deutschland eingeladen, um ihre Erfahrungen zu schildern und aus ihrer Sicht zu erläutern, warum das Gedenken so wichtig ist. Laut Ornstein (2014) hat es »mehr als eine Generation gedauert, die Schuld an den Verbrechen anzuerkennen, die eine frühere Generation begangen hat. Die Anerkennung der Schuld durch die deutsche Regierung sicherte Deutschland die Anerkennung durch die westlichen Demokratien. Schuld auf der persönlichen Ebene anzuerkennen ist aber eine weit größere Herausforderung; nur relativ wenige Familiengeschichten werden von den Kindern und Enkelkindern erforscht« (S. 675). Ornstein fragt, ob die von der deutschen Regierung finanzierte Erinnerungskultur es den Deutschen tatsächlich erleichtert, sich mit ihrer Einstellung gegenüber der Vergangenheit auseinanderzusetzen. Sie fragt auch, inwieweit der verpflichtende Holocaust-Unterricht in deutschen Schulen dem Einzelnen hilft, die Beteiligung eigener Familienangehöriger am Naziregime anzuerkennen. Ornsteins Fragen sind keineswegs akademischer Natur. Unter Berufung auf ein Gespräch, das sie in Deutschland über den Holocaust als Unterrichtsthema führte, schreibt sie:

> »Vor kurzem habe ich diese Frage einer deutschen Großmutter gestellt. Mit ihrer Antwort hatte ich nicht gerechnet. Sie sagte, der Holocaust-Unterricht in Schulen müsse ein Ende haben, weil die Geschichten der Überlebenden für die Kinder traumatisierend seien. Niemand außer den Juden, so ihre Meinung, wolle diese Erinnerungskultur pflegen. Niemand außer ihnen verlange, dass der Holocaust in den Schulen unterrichtet werde. Die Juden tun dies ihrer Ansicht nach, um die Bemühungen Deutschlands, als demokratische Nation anerkannt zu werden, zu untergraben. Diese Großmutter sieht sich selbst nicht nur als Opfer, sondern betrachtet die Juden auch wieder (oder immer noch?) als Täter, die die deutschen Bemühungen um eine makellose nationale Identität sabotieren.« (Ornstein 2014, S. 675)

Dass manche Deutsche dem Erinnern der Nazivergangenheit zutiefst ambivalent gegenüberstehen, ist nicht zu übersehen. Das Fehlen eines gefühlten Gewahrseins des Holocaust und insbesondere die Unfähigkeit oder mangelnde Bereitschaft, sich empathisch in das Leben der Opfer einzufühlen, können das kollektive Vergessen fördern. Andererseits können auch schwere Schuldgefühle und die Verleugnung der eigenen Familiengeschichte Reaktionen der Art auslösen, wie Ornstein sie oben beschrieben hat – Reaktionen wie die der deutschen Großmutter, die jüdische Opfer in jüdische Täter verwandelt. Manche gehen sogar so weit, den Holocaust-Überlebenden die Schuld daran zu geben, dass sie selbst sich in Gegenwart jener, denen Gewalt angetan wurde, unbehaglich und verunsichert fühlen. Dies erinnert unweigerlich an die oft zitierte Bemerkung des israelischen Psychoanalytikes Zvi Rix: »Auschwitz werden uns die Deutschen niemals verzeihen« (zit. nach Grünberg 2013, S. 279).

22 Diese kurze biographische Übersicht folgt Ornsteins (2004) eigener Darstellung.

Die deutsche Einstellung zum Holocaust hat sich im Laufe der Zeit und von Generation zu Generation erkennbar gewandelt, doch die Schatten der Vergangenheit sind geblieben. Mitte der 1990er Jahre führte der deutsche Journalist Peter Schneider eine Studie über die Einstellungen von Angehörigen der deutschen dritten Generation durch. Er interviewte rund 300 junge Leute, Schüler, Auszubildende und Studenten, von denen viele mehr über die Verbrechen der Nazivergangenheit erfahren wollten. Andere sprachen sich entschieden gegen den obligatorischen Besuch von Holocaust-Gedenkstätten aus. Schneider (1995) zitiert folgende Aussage einer deutschen Schülerin: »Vor ein paar Monaten haben wir eine Klassenfahrt nach Weimar gemacht. Ganz in der Nähe ist Buchenwald, also gings ab nach Buchenwald. Wir wohnen ja in der Nähe von Sachsenhausen, und jedes Jahr fahren wir mindestens ein Mal dorthin. Dieses ganze ›Du musst es sehen‹ und ›Du solltest so und so fühlen‹. Ich kann damit nicht mehr umgehen.« Ein Teil des Problems, so räumt Thomas Rahe, Leiter der Gedenkstätte Bergen-Belsen, ein, besteht darin, dass »die meisten deutschen Besucher nie einen lebenden Juden kennengelernt, geschweige denn mit einem Juden gesprochen haben«. Schon das Wort »Jude«, so Rahe, sei inzwischen dermaßen historisiert, dass es für die deutschen Nachkriegsgenerationen den Holocaust an sich symbolisiere.[23]

Schneider veröffentlichte die Ergebnisse seiner Umfrage vor mehr als zwei Jahrzehnten, der Einstellung aber, die er beschreibt, begegnet man nach wie vor. Die Psychologin und Psychoanalytikerin Katharina Rothe hat untersucht, auf welche Weise antisemitische Einstellungen im heutigen Deutschland von einer Generation an die nächste weitergegeben werden.[24] Sie bringt den von ihr beobachteten Antisemitismus damit in Verbindung, dass in den Familien über die Rolle, die eigene Verwandte in der Nazivergangenheit gespielt haben, nicht gesprochen wird, und zitiert aus Interviews mit Angehörigen der zweiten und dritten deutschen Generation, um zu illustrieren, wie unterschiedlich ihre Gesprächspartner reagieren, wenn die Holocaust-Verbrechen thematisiert werden. Einige der Interviewten sind sichtlich verärgert darüber, auf die Frage der ererbten Schuld und Verantwortung im Zusammenhang mit dem Holocaust überhaupt angesprochen zu werden.

23 Diese Entwicklung ist aus mehreren Gründen problematisch. Für viele Deutsche bezeichnet das Wort »Jude« einen »generalisierten Anderen«, dem man nur im Geschichtsunterricht, in Museen oder Gedenkstätten begegnet. Eine solche generalisierte Andersheit unterscheidet sich nicht nur radikal von dem florierenden jüdischen Leben, das die deutsche Vorkriegsgesellschaft definierte, sondern auch von der wachsenden jüdischen Bevölkerung im heutigen Deutschland. Wie kann ein Holocaust-Gedenken neben der Anerkennung jüdischen Lebens im Deutschland von heute aussehen? Ebenso wichtig ist die Frage, wie die eklatante, auf der Grundlage grassierender Vorurteile konstruierte Gegenüberstellung des »jüdischen Opfers« der Vergangenheit und des stereotypisierten »jüdischen Aggressors« im israelisch-palästinensischen Konflikt der Gegenwart überwunden werden kann. Manche Angehörige der jüdischen Gemeinschaft in Deutschland vertreten die Auffassung, dass Deutschland mitnichten weitere Holocaust-Mahnmale benötige, die an die Vergangenheit erinnern, sehr wohl aber einen zentralen Begegnungsort, an dem Deutsche und deutsche Juden heute miteinander in Kontakt kommen können (vgl. Seligmann 2014).

24 Siehe Rothe (2009, 2013) sowie Rosenthal (1992, 2010).

Ausführlich gibt Rothe die Reaktion einer Angehörigen der dritten Generation, Alias Melzer, wieder, die ebenso wie ich selbst 1965 geboren wurde.[25] Melzer erklärt Rothe, sie habe vom Holocaust nicht zuhause, sondern in der Schule zum ersten Mal etwas gehört und fühle sich regelrecht »bombardiert« mit dem Thema:

> »Ich verbinde mit diesem T- ganzen Thema eine unglaubliche Ermüdung, weil ich das Gefühl habe aus der Erinnerung, dass das immer und immer wieder durchgekaut wurde in unserer Schulzeit. […] Und dass es mir zu den Ohren wieder rauskommt. Und ich völlig genervt davon bin. […] Ich erinner mich, dass uns sehr, sehr viele von diesen Filmaufnahmen gezeigt wurden, die ähm, die nach der Befreiung gemacht wurden […] mit den Leichenbergen und so diese, diese üblichen Filme, die man kennt. […] wir waren noch mal in Bergen-Belsen. Das fand ich dann sogar ganz beeindruckend […]. [Aber meine] Wahrnehmung ist, dass man uns versucht hat einzubläuen, wir müssten 'n schlechtes Gewissen haben. Und ich weiß, dass ich schon immer diesen Widerwillen dagegen hatte, weil ich mir gesagt hab: ›Was kann ich denn dafür, dass ich rein zufällig in Deutschland geboren bin? Ist doch nicht mein Problem. Ist doch nicht meine Sache.‹« (Rothe 2013, S. 266f.)

Meltzers Antworten sind mir vertraut. Es ist einfacher, sich über die Konfrontation mit den Holocaust-Verbrechen zu ärgern, als die Scham anzuerkennen, die man angesichts der grausamen Verbrechen, die eine frühere Generation Deutscher begangen hat, empfindet – vielleicht vor allem, wenn es sich um eigene Angehörige handelt. Statt die Schuld, die ihnen die vorangegangene Generation vererbt hat, zu tolerieren, beklagen sich Menschen wie Melzer – so Rothe – darüber, dass das Wissen um den Holocaust sie belastet.

Ich habe oft ähnliche Antworten von Deutschen auf die Frage gehört, ob sie ein Holocaust-Museum oder eine Konzentrationslager-Gedenkstätte besucht hätten: »Was soll ich da? Ich weiß, was passiert ist. Das reicht mir.« Diese Reaktion bringt die ganze Disparität zum Ausdruck, die in Deutschland zwischen der kollektiven Erinnerungskultur und dem individuellen Erinnern besteht, zwischen dem intellektuellen Wissen um den Holocaust und dem, was es bedeutet, mit der emotionalen Bürde der Verbrechen kämpfen zu müssen. Die Traumata der Vergangenheit sind noch heute sichtbar. Die Verpflichtung zu erinnern besteht unverändert fort, auch wenn sich die Wahrnehmung der Traumata und die Art der Verantwortlichkeit mit der Zeit naturgemäß wandeln.[26]

---

25 Auszüge aus Rothes Gespräch mit Meltzer wurden auch in einem englischsprachigen Beitrag über Antisemitismus im heutigen Deutschland veröffentlicht (Rothe 2012).

26 Bernard Schlink, Jahrgang 1944 und Verfasser des Romans *Der Vorleser*, äußert sich zu der generationenübergreifenden Last deutscher Schuld und Verantwortung und zur deutschen dritten Generation wie folgt: »Es ist bereits ein Unterschied, ob der eigene Vater in der SS war oder der Großvater. Hat man diesen Großvater wirklich gekannt, vielleicht geliebt? Oder ist dieser Großvater nur ein Bild, das zwischen anderen Familienfotos an der Wand hängt? Ich sehe, dass schon mein Sohn eine andere Beziehung zur deutschen Vergangenheit hat als ich« (zit. nach Connolly 2012). Schlink betont, dass Deutsche für die Verbrechen ihrer Vorfahren Verantwortung übernehmen müssen, wenngleich er einräumt, dass sich die »Bürde der Nationalität« mit jeder weiteren Generation verändern wird.

Gelerntes Bewusstsein

2013 veranstaltete das Frankfurter Jüdische Museum eine Ausstellung mit dem Titel »Juden. Geld. Eine Vorstellung«.[27] Ich war damals gerade in der Stadt und habe sie mir angesehen. Sie untersucht die Herausbildung der antisemitischen Überzeugung, dass jüdisches Leben und Reichtum untrennbar miteinander zusammenhängen. Dieses historisch verwurzelte antisemitische Stereotyp war eines der zentralen Bilder, die Goebbels und sein Propagandaministerium verbreiteten, und es hat bis heute Bestand. Auf meinem Gang durch die Ausstellung folgte ich einer Gruppe deutscher Gymnasiasten und einer Museumsführerin, die ihnen auf leicht verständliche, zum Austausch anregende Weise Hintergrundinformationen gab, Fragen stellte usw. Die meisten Schüler hörten ihr aufmerksam zu, einige wenige gingen, von ihren Klassenkameraden animiert, ihrer eigenen Wege.

Während ich ihnen folgte, stellte ich mir vor, dass viele dieser jungen Leute eine ähnliche Familiengeschichte haben mochten wie ich selbst. Da sie aber allesamt der vierten Generation angehörten, zählten nicht ihre Großeltern, sondern ihre Urgroßeltern zur Generation der Täter und Mitläufer. Wahrscheinlich sind Deutsche der vierten Generation, die zur ersten keine emotionale Verbindung mehr haben, in der Lage, Fragen zu stellen, für die Angehörige der zweiten und dritten Generation keine Worte finden konnten. Möglich ist freilich auch, dass mit der wachsenden zeitlichen Distanz die Motivation schwindet, sich mit der Bedeutung der eigenen, gelebten Familiengeschichte auseinanderzusetzen.

Ich dachte darüber nach, wie sich der Besuch der Ausstellung auf die Schüler auswirken mochte. Veranlassten die Informationen über die Wurzeln des Antisemitismus in Deutschland sie dazu, sich Gedanken über die Vorurteile eigener Familienangehöriger oder über die Aktivitäten eigener Verwandter in der Nazivergangenheit zu machen? Oder hörten sie sich einfach einen interessanten Vortrag an, der ihnen als Abwechslung zum Unterricht im Klassenzimmer willkommen war? Erlebten sie den Ausstellungsbesuch womöglich als ein weiteres Holocaust-Erinnerungsritual? Vor allem aber fragte ich mich, wie Schülerinnen und Schüler eine solche Ausstellung heute, mehr als 75 Jahre nach dem Holocaust, wahrnehmen.

Trotz der wachsenden zeitlichen Distanz ist der Umgang mit den Nazi-Verbrechen in Deutschland nicht unbedingt einfacher geworden. Wenn überhaupt, dann ist die Vermittlung von Wissen über die deutsche Geschichte heute komplexer denn je. In den vergangenen vier Jahrzehnten hat die deutsche Schul- und Bildungspolitik dafür gesorgt, dass sämtliche Schüler zwischen 14 und 16 Jahren den Holocaust im Unterricht behandeln. Die Zahl der Überlebenden aber nimmt stetig ab. Darüber hinaus sind die Jahre des Nationalsozialismus in den Familien der vierten deutschen Generation mit hoher Wahrscheinlichkeit kein Gesprächsthema. Die Kinder der Einwanderer, die im letzten Jahrzehnt aus nicht-europäischen Ländern nach Deutschland kamen, haben zudem vermutlich keine familialen Verbindungen zur Nazivergangenheit, so dass In-

27 Siehe Backhaus, Gross und Weissberg (2013).

formationen über den Holocaust für sie keine besondere Bedeutung haben werden.[28] Die meisten Deutschen betrachten den Unterricht über die NS-Geschichte als unverzichtbar für die Wahrung der heutigen deutschen Identität, doch es gibt auch andere Stimmen, die daran zweifeln, dass Gespräche über den Holocaust in der Gegenwart noch relevant sind. Auch eine Übersättigung mit dem Thema Holocaust in deutschen Medien und im Schulunterricht wird beklagt.[29]

Was die Kritiker dabei übersehen, ist die Tatsache, dass viele Schüler sehr wohl neugierig und wissbegierig sind und sich über die Phase des Nationalsozialismus als einen definierenden Bestandteil der deutschen Geschichte und Gesellschaft informieren wollen. Die meisten von ihnen werden in der Schule zum ersten Mal überhaupt mit den Verbrechen des Holocaust konfrontiert – mit einer Geschichte, der sie durch die kulturelle Welt, in der sie aufwachsen, verbunden sind. Oft initiieren Schüler infolge des Unterrichts lokale »Erinnerungsprojekte«, oder sie werden dazu angeregt, ihre Eltern und Großeltern über die Familiengeschichte zu befragen. Der Besuch eines Konzentrationslagers und Augenzeugenberichte über das, was in Auschwitz wirklich geschehen ist, bilden einen maßgeblichen Teil ihrer schulischen Erziehung. Der deutsche Pädagoge Harald Roth erklärt:

> »Umfragen zeigen, dass – entgegen der landläufigen Meinung – die Mehrzahl der 14- bis 19-Jährigen wissbegierig und an einer Auseinandersetzung mit dem Nationalsozialismus interessiert ist. Empfindlich reagieren Jugendliche allerdings, wenn Erinnerungsrituale verordnet und Betroffenheit erwartet werden. Schüler, die Desinteresse zeigen oder sich über ein Zuviel beklagen, dürfen nicht vorschnell in die rechte Ecke gestellt werden; die Abwehrhaltung sollte vielmehr für Lehrer bzw. Gedenkstättenpädagogen ein Anlass sein, ihre Vermittlungsformen kritisch zu hinterfragen.« (Roth 2014, S. 10)

Mit jungen Menschen darüber zu sprechen, was sie sehen und wie sie emotional auf die Geschichte des Holocaust reagieren, ist von unverzichtbarer Bedeutung. Ihnen dabei zu helfen, ihre Gefühle zu verstehen und in Worte zu fassen, spielt als überaus wichtige Erziehungs- und Bildungsaufgabe für den Erinnerungsprozess eine zentrale Rolle. Insbesondere gilt es, den Holocaust mit individuellen Menschen in Verbindung zu bringen, damit er nicht auf Bilder oder Zahlen – so grauenvoll und schockierend diese sind – reduziert wird, sondern als gelebte Geschichte verstanden werden kann. Ähnliche Überlegungen macht Eva Hoffman in Bezug auf das kollektive Holocaust-Gedenken geltend:

> »Die Ermahnungen zum ›Gedenken‹, können, sofern sie nur oft und beschwörend genug erfolgen, als Einladung wahrgenommen werden, nur ja keine Denkanstrengung zu unternehmen, nicht darüber nachzudenken, woran wir uns erinnern sollen oder wie schwierig

28 Der deutsche Journalist Jochen Bittner (2014) ist der Auffassung, dass der seit etlichen Jahren in Deutschland zu verzeichnende Anstieg des Antisemitismus insbesondere unter den Kindern muslimischer Einwanderer die Notwendigkeit unterstreicht, alle Schüler ungeachtet ihres Hintergrundes über die Nazivergangenheit zu informieren.

29 Eine der meistdiskutierten Kritiken stammt von Walser (1998).

> das Erinnern tatsächlich ist. […] So verwandelt sich kollektives Gedenken in eine Art Hypergedenken, das wie eine sekundäre Amnesie funktioniert – eine Amnesie, aufgrund deren der Shoah weniger das Vergessen droht als vielmehr das Risiko, sich mehr und mehr in einen leeren Referenten zu verwandeln.« (Hoffman 2004, S. 176f.)

Ein Erziehungs- und Bildungsprozess, der sich auf die direkte Konfrontation junger Menschen mit Bildern der Vergangenheit beschränkt und ihre mannigfaltigen emotionalen Reaktionen unberücksichtigt lässt, kann negative Folgen haben. Ein Kollege, der in Frankfurt zur Schule ging und der dritten Generation angehört, beschreibt, dass er und seine Mitschüler den Holocaust-Unterricht häufig als Belastung empfanden – als Zumutung seitens ihrer Geschichtslehrer, die in ihren Augen die Moralkeule schwangen, so dass viele Schüler »einfach abschalteten«. Einige wenige gingen so weit, sich rechtsextremistischen Gruppen anzuschließen, in deren Ideologie sie ihre eigenen unausgesprochenen Familiengeschichten wiederfanden. Die Logik dieser Reaktion auf Informationen über den Holocaust ist dem deutschen Sozialwissenschaftler Stephan Marks, der den Holocaust als Unterrichtsthema an deutschen Schulen untersucht hat, vertraut. Er hat sich mit der »Schamkultur« in der deutschen Gesellschaft beschäftigt und sieht die Art und Weise, wie der Erinnerungsprozess häufig gestaltet wird, kritisch:

> »Schüler mit diesen [historischen] Fakten zu konfrontieren reicht nicht aus, um ihre moralische Entwicklung zu gewährleisten. Moralische Entwicklung kann nie gewährleistet werden. […] [Ein solcher] Unterricht über den Nationalsozialismus und den Holocaust kann sogar kontraproduktive Reaktionen auslösen, wenn Lehrer oder Schüler, ohne es zu wissen, von der unbewältigten Nazivergangenheit ihrer Vorfahren beeinflusst sind, die über unbewusste Wege, nämlich als ›Familiengeheimnisse‹, an sie weitergegeben wurde. Deshalb ist es von entscheidender Bedeutung, die verborgenen Aspekte dieses spezifischen Themas zu begreifen.« (Marks 2007, S. 279)

Damit sich ein auf Sachkenntnis beruhendes Bewusstsein für die Vergangenheit entwickeln kann, muss sich gelerntes Wissen mit emotionaler Beteiligung verbinden. Wie meine eigene Erfahrung zeigt, können wir »die verborgenen Aspekte« unserer Vergangenheit nur dann begreifen, wenn es uns gelingt, uns die emotionalen Bedeutungen, die unseren Erinnerungen innewohnen, bewusst zu machen. Die Herausforderung besteht darin, es nicht bei abstraktem Wissen zu belassen, sondern die Realität individueller Lebensläufe und die Realität des Leidens, das den Opfern zugefügt wurde, zu erfassen. Erst dann können wir beginnen, uns der grauenvollen Wahrheit der Gaskammern zu stellen und zu fragen, wie es dazu kommen konnte. Wie war eine solche Tragödie möglich? In welchem Umfang haben sich meine eigenen Familienangehörigen an diesen unfassbaren Grausamkeiten beteiligt oder sie unterstützt?

6. Kapitel

Wissen und Nichtwissen

Vertraute Narrative aus der Vergangenheit rivalisieren in der Gegenwart mit verstörenden Gegennarrativen. Ich bin mit der Komplexität des Erinnerns und einer bedeutungsschweren Familiengeschichte konfrontiert. Nun, da ich »bereit bin zu wissen«, fordern mich viele meiner frühen Lebenserfahrungen zu einer gründlicheren Untersuchung heraus. Vor allem muss ich die mir so lieb gewordenen Kindheitserinnerungen an meinen Großvater, den einzigen, den ich kennengelernt habe, genauer betrachten. Er war fürsorglich und humorvoll, ein gutmütiger Mensch, in dessen Gegenwart man sich wohlfühlte. Er beherrschte das Gespräch am Abendbrottisch, brach aber auch häufig in Gelächter aus und steckte die Anderen damit an.

Mein Großvater war freundlich zu mir, und ich habe ihn geliebt und zu ihm aufgesehen. Als ich im Herbst 1970 fünf Jahre alt wurde, kamen die Großeltern zum ersten Mal nach Kanada zu Besuch. Sie trafen in der schwülen Hitze eines zentralkanadischen Sommers ein und blieben bis zum späten Herbst. Familienbesuche von so weither waren keine Kurztrips. Wir wohnten damals im Süden Ontarios, einer Gegend, die wegen ihres wunderbaren Herbstwetters und der Färbung des Laubes in strahlende Orange- und leuchtende Rottöne berühmt ist. In jenem Jahr kam ich in den Kindergarten – für jedes Kind eine wichtige Übergangsphase voller Erinnerungen, doch mir hat sich der Besuch der Großeltern am lebhaftesten eingeprägt. Dass sie meinen ersten Kindergartentag miterlebt haben und mich, wenn ich nachmittags nach Hause kam, mit ihrem Lächeln begrüßten, war für mich etwas ganz Besonderes. In diesen denkwürdigen Monaten wurde mein Großvater zu meinem ständigen Gefährten. Ich weiß noch, dass ich ihm auf Schritt und Tritt folgte und immer mit ihm zusammen sein wollte. Er überschüttete mich mit Aufmerksamkeit und schenkte mir die Zuneigung, die kleine Kinder aufblühen lässt. Wir schienen unzertrennlich (siehe Foto 18).

Gemeinsam war uns die Liebe zu einer Fernsehserie namens *Bonanza*, einer Westernserie über die Abenteuer eines Vaters und seiner drei Söhne, die ihre Ranch verteidigen. *Bonanza* wurde in Deutschland, freilich in synchronisierter Fassung, zur selben Zeit wie in Kanada ausgestrahlt. Natürlich kann sich durch Übersetzung und Synchronisierung manches verändern, und so war mein Großvater regelrecht schockiert, als er zum ersten Mal die amerikanische Originalfassung hörte. Mein Großvater hatte Greenes berühmte Stimme nie zuvor im Original gehört. In seinen Ohren klang sie falsch! Er hatte sich nie Gedanken über die Auswirkungen der Übersetzung und Synchronisierung gemacht und darüber, dass Dinge, die in einem bestimmten kulturellen Kontext als normal gelten, in einem anderen völlig anders aussehen oder klingen können. Mein Großvater wusste auch nichts über den Menschen Lorne Greene. Hätte ihm gefallen, was über ihn in Erfahrung zu bringen war? Unerzählte Geschichten verlangen danach, in Worte gefasst zu werden.

In *Bonanza* spielte Greene den Familienvater Ben Cartwright, einen allseits respektierten Patriarchen und Kirchgänger – einen typischen traditionellen Amerikaner also. Das war der Mann, den mein Großvater zu kennen glaubte. In Wirklichkeit war Lorne Greene Kanadier russisch-jüdischer Herkunft. Er wuchs in einer Jiddisch sprechenden Gemeinschaft auf und wurde von seinen Eltern »Chaim« genannt. Während

Foto 18: Mein Großvater und ich am Strand des Huron-Sees, Ontario, Spätsommer 1970.

des Zweiten Weltkriegs erlangte er als »die Stimme Kanadas« Berühmtheit. Er war Nachrichtensprecher beim Kanadischen Rundfunk (CBC), für den er die täglichen Frontberichte aus dem Kampf gegen Deutschland verlas.[1] Die Geschichte seines Privatlebens zeigt, was es bedeutet, in verschiedenen Welten gleichzeitig zu leben. Sie macht auch deutlich, in welch hohem Maß Narrative divergierende Bedeutungen erzeugen können, deren wir uns je nach unseren historischen und kulturellen Umständen mehr oder weniger bewusst sind.

Wohlwissend um meine *Bonanza*-Begeisterung, überreichten mir meine Großeltern zum Geburtstag das großartigste Geschenk überhaupt: eine Westernkluft mitsamt Cowboyhut, die auch die Darsteller der Serie voller Stolz getragen hätten. Ich glaube, dass ich in den ersten Nächten sogar in der Kluft geschlafen habe. Wenn ich daran zurückdenke, muss ich unwillkürlich lächeln. Nach all den Jahren habe ich einen Hauch des Duftes, den die neue Gewandung verströmte, noch immer in der Nase. Mit meinen fünf Jahren spielte ich die Abenteuer der Serie natürlich nach, wobei schon bald Teile meiner Kluft verloren gingen, darunter auch der geliebte Hut. Meine Enttäuschung war offenbar so groß, dass mein Großvater sich prompt eine Harke schnappte und in dem Park, in dem ich gespielt hatte, das Herbstlaub rechte, unter dem mein Hut irgendwo liegen musste.

Großvater verbrachte den ganzen Tag damit, das Laub zu wenden und nach den Dingen, die ich verloren hatte, zu suchen – vergebens. Irgendwann hielt ein Polizeiwagen an, und die Polizisten fragten ihn, was er da mache. Schließlich war der Anblick eines älteren, gutgekleideten Herrn, der Stunde um Stunde in einem öffentlichen Park das Laub recht, einigermaßen ungewöhnlich. Ich vermute, dass sich eine hochinteressante interkulturelle Begegnung entwickelte, denn mein Großvater sprach nur sehr wenig Englisch. Ich erinnere mich, wie er die Geschichte seines Abenteuers mit den verblüfften Polizisten, denen er sein Tun vergeblich zu erklären versucht hatte, später am Abendbrottisch zum Besten gab. Die Polizisten hatten darauf bestanden, ihn nach Hause zu chauffieren. Mein Großvater war ein begabter Erzähler, und nun hatte er es an einem einzigen Tag vom freiwilligen Parkpfleger zum Passagier eines Streifenwagens gebracht. Alle lachten, sein Humor war ansteckend. Am Ende haben meine Großeltern mir einen neuen Hut gekauft, der fast genauso gut war wie das Original.

Das war der Mann, den ich als Kind kannte. Mit dem Bild des uniformierten Mannes, das ich unter den Fotos auf dem Esstisch entdeckte, scheint diese Erinnerung wenig zu tun zu haben. Vielleicht war der Mann auf dem Foto derselbe Mensch, den ich kennen- und lieben gelernt hatte. Vielleicht war er ein anderer. Mit Sicherheit kann ich es nicht sagen. Doch die paramilitärische Uniform und all das, wofür sie stand, sind unwiderlegbare historische Tatsachen. Ich bezweifle, dass ich als Fünfjähriger auch nur die geringste Ahnung von der Vorgeschichte meines Großvaters hatte; es ist aber gut möglich, dass ich später von seiner Beteiligung erfuhr, ohne aber einen bewussten Gedanken daran zu verschwenden. Das Narrativ aus meiner Kindheit und der emotionale Sog der

1 Über Greenes Leben und Karriere liegen etliche Biographien vor. Für eine kurze, aber umfassende Übersicht seiner Entwicklung siehe Green (2014).

Erinnerung rivalisieren mit dem Bild auf dem Foto und meinem erlernten Verständnis der Vergangenheit. Die gelebten Erfahrungen meiner Kindheit wollen erzählt werden.

Ich habe mannigfaltige Erinnerungen, die auf eine Geschichte verweisen, die meiner Geburt vorausging: vage Erinnerungen an das Dritte Reich, vielsagende Hinweise. Wenn ich als kleiner Junge mit meinen Eltern in Deutschland zu Besuch war, verbrachte ich lange Tage im Kreis der Familie, bevor ich abends im Haus meiner Großeltern auf Entdeckungsreise ging. In einem Bücherschrank fand ich angestaubte Hefte, die ich später als Publikationen der NSDAP identifizierte. Sie lagen zwischen den Klassikern der deutschen Literatur.[2] Selbst nach all den Jahren ist mir, wenn ich dies schreibe, unbehaglich zumute. Ich möchte diese Geschichte nicht anerkennen, geschweige denn mitteilen. Den Satz über die Nazi-Hefte habe ich mehrmals geschrieben, gelöscht und umformuliert. Schamgefühle. Die Worte auf der Seite sind nun ein unmissverständlicher Referenzpunkt, der meine persönliche Geschichte mit der Geschichte meiner Familie und mit Nazideutschland verbindet – untrennbar verflochten, hängen beide miteinander zusammen.

Meine Perspektive auf die Vergangenheit hat sich unwiderruflich verschoben. Nach allem, was ich erfahren habe, bin ich nun mit einer Frage konfrontiert, die mich nicht mehr loslässt und sich nicht beiseiteschieben lässt. Zum ersten Mal gestellt habe ich sie mir, als ich jenes Foto sah, und ich höre sie von anderen, wenn ich über die Geschichte meines Großvaters spreche: »Wie ist es möglich, dass ich über die Mitgliedschaft meines Großvaters in der Nazipartei nichts gewusst habe?« Obwohl ich mein ganzes Leben in verschiedenen Kulturen und Kontexten verbracht habe, einem Beruf nachgehe, für den Neugier und Selbstreflexion ausschlaggebende Triebfedern sind, mit einer jüdischen Frau verheiratet bin und mit Nachkommen von Holocaust-Überlebenden gearbeitet habe, blieb ich »im Dunkeln«. Möglich ist freilich auch, dass ich aus ebendiesen Gründen eine Haltung des »Nichtwissens« bezog. Ich wünschte mir inniglich, die Nazivergangenheit meines Großvaters unter Verschluss halten zu können.

Erinnern und Vergessen

Das persönliche, individuelle Bedürfnis, eine beschämende Familiengeschichte zu dissoziieren, ist besonders stark ausgeprägt, wenn diese Geschichte mit dem Naziregime zusammenhängt. Gleichermaßen wichtig ist es aber, den Beitrag, den Familie und Gesellschaft zur Wahrung der Erinnerung leisten, zu untersuchen. Unser Wissen über die Vergangenheit geht aus unseren sozialen Interaktionen und unseren kulturellen Kontexten hervor. So entsteht eine Umwelt, in der manche Fragen willkommen sind, andere wiederum gar nicht erst ausgesprochen werden. Unsere Beziehungen zu anderen Menschen schaffen die Bedingungen für das, was gesagt oder nicht gesagt wird, was be-

2 Die NSDAP veröffentlichte verschiedene Zeitschriften sowie Jahresbücher, die für Parteimitglieder bestimmt waren. Die genauen Titel der Publikationen im Bücherschrank meiner Großeltern oder ihre Herkunft sind mir nicht bekannt.

kannt oder nicht bekannt ist. Unter diesem Blickwinkel betrachtet, stelle ich womöglich die falsche Art von Fragen. Die Frage: »Wie ist es möglich, dass ich über meinen Großvater nicht Bescheid wusste?«, geht davon aus, dass wir zwischen Wissen und Nichtwissen klar unterscheiden können. Dieser Sichtweise zufolge ist das Gedächtnis tief in die individuelle Psyche eingebettet; um Erinnerungen abrufen zu können, müssen wir zuallererst die Gründe des Vergessens klären. Unter dem Blickwinkel all dessen, was ich über die soziale Dynamik des Erinnerns und der Gefühle gesagt habe, würde meine Frage zutreffender lauten: »Was würde es tatsächlich bedeuten, über meinen Großvater Bescheid zu wissen?« Statt eine Trennlinie zwischen Wissen und Nichtwissen zu ziehen, ermöglicht mir diese Frage, die zahlreichen Bedeutungen zu untersuchen, die das Narrativ meines Großvaters enthält. Sie erschließt einen Raum, in dem die unterschiedlichen narrativen Möglichkeiten und der relationale Charakter des emotionalen Lebens untersucht werden können. Vor allem aber erlaubt sie mir, das Konzept der Gleichzeitigkeit von Wissen und Nichtwissen näher zu betrachten.

In diesem Buch habe ich die Annahme, dass das Gedächtnis lediglich als ein Archiv individueller Erfahrungen diene, durchgehend infrage gestellt. Jens Brockmeier, ein Vertreter der narrativen Psychologie, erläutert dies wie folgt:

> »Individuelle Erinnerungen […] an das eigene Leben sind nur auf den ersten Blick wirklich ›individuell‹. Bei genauerer Untersuchung stellen wir fest, dass sie genauso wie das eigene Wissen und das eigene Selbst ›über den eigenen Kopf hinaus distribuiert‹ sind. […] Zwischen Selbsten und Gesellschaften, individuellen und sozialen Erinnerungen besteht ein Kontinuum. Wenn wir diese Kategorien dennoch weiterhin benutzen wollen, müssen wir uns darüber im Klaren sein, dass wir von flüchtigen textuellen und diskursiven Realitäten sprechen. Diese Realitäten sind sozial und individuell zugleich und betten die individuelle Psyche in ein kulturelles Korpus ein.« (Brockmeier 2002b, S. 26)

Letztlich können wir unser persönliches Gedächtnis vom kollektiven Erinnern nicht trennen. Mithilfe von Beispielen aus meinem eigenen Leben und den Biographien anderer Menschen habe ich zu zeigen versucht, dass Erinnerungen durch unsere Teilhabe an der Kultur generiert und bewahrt werden. Als Individuen leben wir unser Leben in mannigfaltigen Kontexten: Familie, Gemeinschaften, Gesellschaft. Die Erinnerungen, die wir in jedem dieser kulturellen Kontexte erwerben, prägen, wie wir die Vergangenheit wahrnehmen, und erleichtern uns die Orientierung in der Gegenwart und Zukunft.

In diesem Zusammenhang spielt das Konzept der Zeit, dessen, was in der Vergangenheit geschehen ist, eine wichtige Rolle. Das persönliche Gedächtnis entwickelt sich vor dem Hintergrund der Geschichte, die wir mit unseren Familien und Gemeinschaften teilen. Deren Erinnerungen sind uns selbst vorgängig und geben die Richtschnur ab für das, was wir wissen. Wenn wir heranwachsen, beteiligen wir uns an der Verfertigung dieser Geschichten. So verstanden, verbinden die Narrative, die wir erlernen, die größere Welt der Geschichte und Kultur mit der lokalen Welt der Familie und mit unserem Selbstgefühl als Individuum, mit dem Gefühl, wer wir sind und wohin wir gehören. Normalerweise leben wir unser Leben, ohne bewusst über die Bedeutung der Geschichten, die wir erben, nachzudenken. Im Laufe der Zeit werden wir selbst in solch hohem Maße zu einem Teil dieser Narrative, dass sie uns in einer Weise, die man als »unbewusst« bezeichnen könnte, konstituieren. Zumeist können wir uns Alternativen zu dem, was wir glauben oder in Ehren halten, gar nicht vorstellen. Womöglich ist uns nicht einmal klar, dass das, was wir als selbstverständlich ansehen, lediglich eine von vielen Möglichkeiten darstellt.

In aller Deutlichkeit zeigen sich die Grenzen dessen, was wir wissen, in unserem Verständnis der Geschichte. Mark Freeman (2010) hat das Konzept eines »narrativen Unbewussten« entwickelt, um jene Dimension von Geschichte und Kultur zu erklären, die noch unbekannt ist. Er empfiehlt, über das narrative Unbewusste »mit Bezug auf jene kulturell verwurzelten Aspekte der eigenen Biographie [history]« nachzudenken, »die noch nicht zu einem Teil des eigenen Narrativs [story] geworden sind. Sie sind verborgen, aber nicht in dem Sinn, dass sie einer starken Verdrängungsarbeit unterliegen; sie sind vielmehr ungedacht geblieben und aus diesem Grund noch nicht zu einem Teil meines Narrativs [story] geworden« (S. 120). Der Kulturanthropologe Douglas Hollan (2000) beschreibt diesen interpersonalen Prozess mit folgenden Worten:

> »Während unsere Familien und Kulturen uns ermutigen, Erfahrungen bestimmter Arten zu erinnern, indem sie uns mit den kognitiven und sprachlichen Ressourcen ausstatten, auf die wir angewiesen sind, um sie erfassen und enkodieren zu können, stehen solche gedächtnisoptimierenden Ressourcen für einen Großteil unserer Erfahrungen gar nicht erst zur Verfügung. Infolgedessen sind sie ›vergessen‹. Ebenso wie traumatische Erfahrungen werden solche sprachlich und kognitiv ›ausgehungerten‹ Erfahrungen nie in höherrangige, bewusste Ebenen der Selbstorganisation integriert.« (S. 540)

Mit anderen Worten: Eine Erinnerung ist möglicherweise nicht deshalb nicht abrufbar, weil sie irgendwo in tiefen Winkeln unseres individuellen Gedächtnisses untergebracht ist, sondern weil sie nie den Weg in die sozialen Interaktionen gefunden hat, die das, was wir wissen, prägen. Einfach ausgedrückt: Erinnerungen bleiben solange »ungekannt«, bis sie in der Kommunikation mit anderen Menschen artikuliert werden. So schrieb Harry Stack Sullivan (1953) einst: »Man hat von seinem Erleben lediglich insoweit Kenntnis, als man sich die Mühe gemacht hat, es einem Anderen mitzuteilen oder in der Weise, wie man ein Gespräch führt, darüber nachzudenken. Vieles von dem, was gewöhnlich als verdrängt ausgegeben wird, ist lediglich unformuliert geblieben« (S. 185).[3]

3 Neben Sullivan haben auch andere frühe Vertreter der interpersonalen Psychoanalyse die von mir beschriebene Perspektive mit geprägt. Ich verweise insbesondere auf den Essay »On Memory and Childhood Amnesia« von Ernest Schachtel (1949). Sullivans Sichtweise des unformulierten Erlebens und der Dissoziation wurde von dem zeitgenössischen interpersonalen

Im Einklang mit Sullivan halte ich es für hilfreich, menschliches Verstehen als ein Kontinuum der Möglichkeiten des Wissens und Nichtwissens zu konzipieren. Diese Möglichkeiten werden in unseren Beziehungen zu anderen Menschen und in unseren Lebenskontexten generiert. Indem wir unsere Beziehungswelten erforschen, lernen wir, die Beschaffenheit von Erinnern und Vergessen anzuerkennen.[4] Erfahrung kann in jedem beliebigen Augenblick mehr oder weniger gewusst, formuliert oder unformuliert sein, je nach den sozialen Interaktionen und historischen Umständen, in denen wir uns gerade befinden.

Meine Kenntnisse über meinen Großvater hingen untrennbar mit all dem zusammen, was ich von klein auf gehört hatte, mit dem, was in der Familie Gesprächsthema gewesen und was in Schweigen gehüllt worden war, mit den Fragen, die man gestellt, und den Fragen, die man nicht gestellt hatte – kurz, mit den Narrativen meiner Familie und der Gemeinschaft, in der ich aufgewachsen bin. Ich wuchs mit gelerntem Wissen um die Nazivergangenheit und mit einem gefühlten Gewahrsein meiner Familiengeschichte auf. Der Begriff »gefühltes Gewahrsein« deutet an, dass meine Beziehung zur Geschichte auch verkörperlichter und emotionaler Natur war. Das vertraute Narrativ meines Großvaters zu bewahren war mir emotional wichtig. Ich wollte die mir lieb gewordenen Kindheitserinnerungen an ihn schützen und ungewohnte, womöglich schmerzvolle Gespräche mit meinen Angehörigen vermeiden. Ich verteidigte die Haltung des »Nichtwissens«, indem ich bedrohlich wirkende Bilder des Mannes, der mein Großvater möglicherweise gewesen ist, dissoziierte. Doch diese Dissoziation war überhaupt nur möglich, weil ich in einem gewissen Sinn bereits wusste, dass mein Großvater etwas mit der Nazivergangenheit zu tun gehabt hatte. Meine Haltung, zu wissen und gleichzeitig nicht zu wissen, war keineswegs einzigartig. Sie illustriert vielmehr die kollektiven deutschen Schwierigkeiten des Erinnerns nach dem Holocaust.

Psychoanalytiker Donnel Stern (1997) und Philip Bromberg (1998) weiterentwickelt und erweitert.

4 Philip Cushman (1995) erfasst den Kern meiner Überlegung, wenn er schreibt: »Das Unbewusste ist kein inneres Ding, sondern Teil der sozialen Landschaft des Patienten – ein Teil, der potenzielle Gefühle, Gedanken und Erfahrungen in sich enthält, die nicht zutage treten können, weil sie nicht relational erzeugt und formuliert worden sind« (S. 307). Ich beschreibe keine archäologische, in tiefer und tiefer liegende psychische Schichten vordringende Untersuchung. Ebenso wenig geht es mir um eine teleologische Bewegung, die von einem inneren psychischen Bereich ausgeht und in einen äußeren hineinführt. So gesehen, ist meine Sichtweise mit dem Blickwinkel vergleichbar, den Stolorow, Atwood und Orange (2002) wie folgt erläutern: »Psychoanalyse [...] ist eine dialogische Erforschung der Erfahrungswelt eines Patienten, durchgeführt im Bewusstsein des Beitrags, den die Erfahrungswelt des Analytikers unweigerlich leistet. Eine solche empathisch-introspektive Untersuchung zielt darauf, zu verstehen, wie sich die Welt des Patienten anfühlt, welche – oft unerwünschten – emotionalen und relationalen Erfahrungen sie enthält und was sie beharrlich ausschließt und verhindert« (S. 46). Der von mir beschriebene Ansatz wurde von Brockmeier (2002a) als »Simultaneitätsmodell« beschrieben, als »Präsenz mehrerer, sogar zahlreicher Schichten des kulturellen Gedächtnisses [...], deren wir uns je nach den historischen Umständen, unter denen wir erinnern und vergessen, mehr oder weniger deutlich bewusst werden« (S. 458).

Die Gedächtnislücke

Die Auseinandersetzung mit einer traumatischen Geschichte und ihre Untersuchung setzen einen Kontext voraus, der das Sprechen über die Vergangenheit ermöglicht und erleichtert. Was geschieht, wenn es einen solchen Kontext nicht gibt und der Blick einer Nation auf ihre Vergangenheit durch eine Art kollektiver Dissoziation charakterisiert ist? Theodor W. Adorno hat die emotionalen Kräfte, die den Erinnerungsdiskurs Nachkriegsdeutschlands bestimmten, frühzeitig erkannt. 1959 sprach er in seinem berühmten Vortrag »Was bedeutet: Aufarbeitung der Vergangenheit?« über das Unvermögen der Deutschen, sich offen und ehrlich mit der Vergangenheit zu konfrontieren. Er stellte die Ernsthaftigkeit der Versuche, die Vergangenheit »durchzuarbeiten«, infrage und vertrat die Ansicht, dass die Deutschen sich von Schuld und Verantwortung freisprechen und sich ihrer Geschichte am liebsten entledigen wollten: »Mit Aufarbeitung der Vergangenheit ist […] nicht gemeint, daß man das Vergangene im Ernst verarbeite, seinen Bann breche durch helles Bewußtsein. Sondern man will einen Schlußstrich darunter ziehen und womöglich es selbst aus der Erinnerung wegwischen« (Adorno 1977 [1959], S. 555). Den Erinnerungsprozess im Deutschland der 1950er Jahre bezeichnete Adorno als ein »leere[s] und kalte[s] Vergessen«, ein nur vermeintliches Durcharbeiten der historischen Last.

Ebenso wie Adorno rekurrierten auch Alexander und Margarete Mitscherlich auf die Psychoanalyse, um in ihrem Buch *Die Unfähigkeit zu trauern* ihre berühmte Kritik der deutschen Nachkriegsgesellschaft zu entwickeln (Mitscherlich und Mitscherlich 1965). Ihre These lautete, dass es den Deutschen in den 1960er Jahren nach wie vor schwerfalle, sich von dem hochemotionalen Symbol ihres Führers loszusagen. Statt Wertlosigkeits- und Schuldgefühle angesichts der Niederlage und des Verlustes ihres geliebten Führers anzuerkennen, stürzte sich die deutsche Gesellschaft ihrer Ansicht nach in einen manischen Wiederaufbau und blieb auf die Kriminalisierung einer kleinen Nazielite fixiert. Die Publikation des Buches war ein wichtiger Versuch, die psychischen Kräfte zu begreifen, die den Reaktionen der Deutschen auf die Nazivergangenheit zugrunde lagen. Im Gegensatz zu vielen anderen Westdeutschen, die dem Thema Verantwortung grundsätzlich aus dem Weg gehen wollten, untersuchten die Mitscherlichs die Schwierigkeiten des Erinnerns.

Die Unfähigkeit zu trauern löste eine wertvolle Kontroverse aus und gab vielen Mitgliedern der 68er Generation den Anstoß, sich historisch und psychologisch mit der Nazivergangenheit auseinanderzusetzen. Ebenso wie die erste Generation mit dem Verlust des Führers als Identifizierungsobjekt gerungen hatte, waren viele Angehörige der deutschen zweiten Generation gezwungen, eigene emotionale Verluste zu verarbeiten. Als sie die Tatsache akzeptieren konnten, dass ihre Eltern Täter und Mitläufer gewesen waren, wurde es schwierig für sie, sich weiterhin mit ihnen zu identifizieren. Der Mangel an faktischem Wissen über das, was die Eltern während des Holocaust getan hatten, konnte quälenden Phantasien über deren Verhalten und Funktionen Vorschub leisten, die ihre emotionalen Bindungen zusätzlich bedrohten. Manche Mitglieder der zweiten Generationen überschütteten ihre Eltern mit Vorwürfen, die jeden Dialog über die Vergangenheit erschwerten und dem Versuch, das Verhalten der Eltern zu begreifen, im Weg standen. Andere schwiegen, um nicht erfahren zu müssen, welche Rolle die eigenen Eltern in der Naziära gespielt hatten.

Es sieht indes so aus, als habe die Studie Alexander und Margarete Mitscherlichs die emotionale Landschaft des deutschen Erinnerns langfristig kaum beeinflusst. Zwanzig Jahr später, 1988, widmeten die Psychotherapeuten Barbara Heimannsberg und Christoph Schmidt demselben Thema eine Sammlung von Aufsätzen zahlreicher Autoren, die sie unter dem Titel *Das kollektive Schweigen. Nationalsozialistische Vergangenheit und gebrochene Identität in der Psychotherapie* herausgaben (Heimannsberg & Schmidt 1988; zweite, erweiterte Auflage 1992). Sie vertraten die Ansicht, dass der Widerstand gegen die Aufarbeitung der Nazivergangenheit sich zu einer Art kollektiver Dissoziation, einer Abspaltung der Naziära von der übrigen Geschichte, entwickelt habe. Es schien, als gehöre die Vergangenheit jemand Anderem. Gemäß dieser Sichtweise wurde das Schicksal der deutschen Gesellschaft von Hitler und den Führern des Naziregimes, wahnsinnigen Verbrechern, die mit dem normalen Deutschen nichts gemein hatten, besiegelt. Diese Fragmentierung des historischen Gedächtnisses lässt Heimannsberg zu dem Schluss kommen: »Das historische Wissen über die nationalsozialistische Vernichtungspolitik ist von den zeitgeschichtlichen Erinnerungen in den Familien abgespalten. Die historischen Fakten bleiben abstrakt, dissoziiert vom persönlichen Lebenszusammenhang« (Heimannsberg 1992, S. 22).

Den emotionalen Auswirkungen der »kollektiven Dissoziation« in Deutschland widmeten sich ab Ende der 1980er Jahre mehrere psychologische Forschungsprojekte. Dan Bar-On, dessen Eltern 1933 aus Hamburg nach Palästina emigriert waren, führte bahnbrechende Feldstudien über die psychischen und moralischen Einflüsse durch, die die Nazivergangenheit auf die Kinder deutscher Täter ausübte. Bar-On dokumentierte seine Forschung 1989 in einem wichtigen Buch, das unter dem Titel *Die Last des Schweigens. Gespräche mit Kindern von NS-Tätern* auch in deutscher Übersetzung erschien (Bar-On 2004 [1989]). Anschließend organisierte er Begegnungen zwischen den Kindern von Holocaust-Überlebenden und den Nachkommen deutscher Täter.[5] Als Bar-On das Buch über die Kinder der NS-Täter 2004 aktualisierte und erweiterte, gelangte er zu dem Schluss, dass sich in der deutschen Gesellschaft zwar Veränderungen vollzogen, der Erinnerungsprozess aber insbesondere in den Familien nach wie vor schwierig blieb. In seinem Vorwort zur zweiten Auflage der deutschen Buchausgabe schrieb er:

> »Zudem war die Generation der 60er Jahre politisch gereift. Es entstand das Bedürfnis, sich die früheren Vorwürfe gegen die Eltern anzusehen und zu versuchen, sich der Frage ›Wie konnte das passieren?‹ anzunähern. Sich den grausamen Taten gewöhnlicher Menschen zu nähern ist schwierig, weil es für einen selbst Folgen hat: ›Wenn gewöhnliche Menschen, wie mein Vater, so etwas tun konnten, wäre ich dazu vielleicht ebenso fähig gewesen, wenn ich damals gelebt hätte?‹ Dieser gesellschaftliche Wandel wirkte sich auch auf meine Interviewpartner aus. Einige gingen an die Öffentlichkeit und versuchten, was persönlich sehr mutig war, die öffentliche Aufmerksamkeit auf ihre eigenen ›Ge-

5 Mehr zu diesen Begegnungen in der »Einleitung« dieses Buches.

schichten‹ zu lenken. *Sie waren mutig, weil der Holocaust zwar in Deutschland zu dieser Zeit bereits eine anerkannte Tatsache geworden war, aber die Menschen in der Regel Schuld und Reue nur auf einer kollektiven Ebene empfanden – so als bäten sie durch ihr kollektives Geständnis: ›Bitte haltet meine Familie da raus.‹* Es war nicht leicht, Öffentlichkeit für die Geschichten meiner Interviewpartner zu schaffen, weil es im Publikum immer Menschen geben konnte, die ähnliche Kapitel ihrer Familienbiografie verborgen hielten.« (Bar-On 2004 [1989], S. 16)

Vieles, so Bar-On, bleibt auf der Ebene des privaten Familiengedächtnisses unverarbeitet. In den Familiengeschichten überschatten weiterhin Leidensnarrative die Rechenschaftslegung über Täterschaften. Angst, die eigene Familie bloßzustellen, und Schamgefühle wirken nach wie vor auf viele Nachkommen abschreckend und machen es ihnen schwer, offen zu sprechen – sei es privat, im Familienkreis oder in der Öffentlichkeit.

Die Transmission von Erinnerungen an die Nazivergangenheit und den Holocaust war Thema einer eindrucksvollen Untersuchung von Harald Welzer, Sabine Moller und Karoline Tschuggnall. Die Arbeit, 2002 unter dem Titel *»Opa war kein Nazi«. Nationalsozialismus und Holocaust im Familiengedächtnis* veröffentlicht, wirft Licht auf die Diskrepanz zwischen dem kollektiven Erinnern und dem Familiengedächtnis in Nachkriegsdeutschland. Die Ergebnisse der Studie unterstreichen die Schwierigkeit, Erinnerungen an die Nazivergangenheit in einer Gesellschaft wachzuhalten, in der das persönliche Verlangen nach einer »guten Vergangenheit« schwerer wiegt als das öffentliche Erinnern an Schuld und Verantwortung.[6]

Während eine große Mehrheit der Deutschen den Nationalsozialismus als ein verbrecherisches System und den Holocaust als beispiellose Gräueltat betrachtet, fanden die Autoren von *»Opa war kein Nazi«* heraus, dass die Enkelkinder der ersten Generation häufig überzeugt waren, dass ihre eigenen Angehörigen keine Nazis gewesen seien. Laut Welzer, Moller und Tschuggnall (2002) bezeichnen Angehörige der dritten deutschen Generation den Nationalsozialismus ausdrücklich als verbrecherisches System, dem Millionen zum Opfer fielen. Ihre eigenen Verwandten aber hatten damit vermeintlich nichts zu tun – besser noch, sie taten alles in ihrer Macht stehende, um Leiden zu lindern. Auf diese Weise werden im Prozess des intergenerationellen Dialogs Kriegsnarrative rekonfiguriert und Biographien der Großeltern umgeschrieben, um sie moralisch akzeptabel zu machen.

Als Nation erkennt Deutschland an, dass es für die Aufrechterhaltung einer toleranten, demokratischen Gesellschaft wichtig ist, Erinnerungen an den Holocaust zu bewahren und die Lehren der Geschichte weiterzugeben. Doch die Geschichte, die in

6 Das Buch fand bei der Erstveröffentlichung erhebliche Resonanz in den Medien, und seine Schlussfolgerungen veranlassten Politiker und andere Leser zu teils vehementen Reaktionen. Liberale und eher links orientierte Deutsche zweifelten an der Angemessenheit des deutschen Erinnerungsdiskurses, während konservative und rechte Kreise die Ergebnisse der Autoren zu bestreiten versuchten, denn diese stellten ihre eigenen Bemühungen, die deutsche Geschichte zu »normalisieren«, infrage. In englischer Übersetzung ist 2005 eine gekürzte Fassung des Buches erschienen.

Schulen gelehrt und von der Regierung offiziell vertreten wird, ist eine ganz andere als die Geschichte, die durch Gespräche zwischen den Generationen weitergegeben wird. In den vorangegangenen Kapiteln habe ich den Unterschied zwischen der gelernten und der gelebten Geschichte erörtert. Während gelernte Geschichte aus kognitiv angeeigneten Informationen über die Vergangenheit besteht, ist gelebte Geschichte vor allem ein gefühltes Gewahrsein, vermittelt durch Familiennarrative, durch ererbte Erinnerungen und Bilder. Welzer, Moller und Tschuggnall (2002) arbeiten auf ähnliche Weise mit zwei Begriffen, nämlich »Lexikon« und »Familienalbum«, um gegensätzliche Formen des Erinnerns zu bezeichnen. Dabei steht »Lexikon« für erlernte historische Kenntnisse, für die kognitive und kritische Perspektive auf den Nationalsozialismus als historisches Faktum. »Familienalbum« hingegen bezeichnet ein emotionales, auf den familiären Beziehungen beruhendes Bezugssystem für die Interpretation der Vergangenheit. Das »Lexikon« versammelt kognitives Wissen über Schuld und Verantwortung für den Nationalsozialismus. Das »Familienalbum« ist eine Sammlung emotionaler Geschichten über Leid und Heldentum in Verbindung mit dem Nationalsozialismus. »Lexikon« und »Familienalbum« können Seite an Seite existieren, sind aber oft nicht miteinander vereinbar und repräsentieren infolgedessen zwei von Grund auf gegensätzliche narrative Diskurse. Nazis und Deutsche werden als zwei strikt voneinander getrennte Gruppen betrachtet – ein Spiegelbild der privaten Familiennarrative, die sich in Deutschland nach Kriegsende herausbildeten.

Welzer, Moller und Tschuggnall (2002) zufolge müssen die Informationen und der Schulunterricht über den Nationalsozialismus und den Holocaust mit einer Paradoxie fertig werden. Je umfassender das kognitive Wissen über die Nazivergangenheit ist, desto stärker ist das emotionale Bedürfnis, die Verbrechen der »Nazis« gegen die moralisch integren, »gewöhnlichen deutschen« Familienangehörigen abzugrenzen, mit anderen Worten: Emotionales Wissen um die Teilhabe von Familienmitgliedern an der Nazivergangenheit wird dissoziiert, so dass sich eine Lücke zwischen kollektivem Gedächtnis und privater Erinnerung auftut.[7] Was mein eigenes Familiennarrativ betrifft, so bewirkte das Schweigen über meinen Großvater, dass die idealisierten Bilder erhalten blieben und der Prozess einer offenen Auseinandersetzung mit dem, was er in der Nazizeit geglaubt und getan hatte, verhindert werden konnte.

Aufgrund des wachsenden Interesses an den traumatisierenden psychischen Einflüssen der Vergangenheit ist etwa seit der Jahrtausendwende eine Flut an psychotherapeutisch orientierten Untersuchungen zu verzeichnen. In ihrem bekannten Buch *Wir Kinder der Kriegskinder: Die Generation im Schatten des Zweiten Weltkriegs* untersucht die deutsche Journalistin Anne-Ev Ustorf (2008) auf der Grundlage von Interviews, wie Traumata in deutschen Familien von einer Generation an die nächste weitergegeben wurden. Ustorf bringt die Aufarbeitung und das Erinnern der Nazivergangenheit in ihren Interviews zur Sprache und identifiziert die nach wie vor schwelenden Einflüsse der Naziideologie auf die psychische Entwicklung der zweiten deutschen Generati-

7 Ein ähnlicher Standpunkt, der sich auf Welzer et al. (2002) stützt, wurde zuletzt von Samuel Salzborn (2020) in »Die Lüge von der Aufarbeitung« vertreten.

on, deren Eltern zu den Tätern und Mitläufern gehörten. Was aber die dritte deutsche Generation angeht, so gelangt sie zu dem Schluss: »Erstaunlicherweise wussten meine Gesprächspartner so gut wie nichts darüber, ob ›Opa und Oma‹ möglicherweise die Politik der Nationalsozialisten unterstützt hatten – oder gar aktiv in kriegsverbrecherische Handlungen involviert gewesen waren« (Ustorf 2008, S. 153). Ustorf führt diese Ahnungslosigkeit darauf zurück, dass die Nazivergangenheit in vielen deutschen Familien noch immer beschwiegen wird und heikle Fragen über die Rolle von Verwandten ein Tabu sind.

Die Konsequenzen dieses Schweigens sind Alexandra Senfft, einer Enkelin des hochrangigen Nazis Hanns Ludin, wohlvertraut. Als Hitlers Gesandter in der Slowakei erfüllte Ludin eine zentrale Funktion bei der Deportation und Ermordung von annähernd 70.000 slowakischen Juden. Obwohl er 1947 in Bratislava für seine Taten gehenkt wurde, klammerten sich viele Mitglieder seiner Familie an die Überzeugung, dass er ein »guter« Nazi gewesen sei. In ihrem Buch *Schweigen tut weh. Eine deutsche Familiengeschichte* durchbricht Senfft (2007) das entschlossene Schweigen ihrer Familie – insbesondere ihrer Mutter – über die Verbrechen ihres Großvaters. Als sie selbst das Ausmaß seiner Taten begriffen hatte, fühlte sie sich gezwungen, über die Nazivergangenheit dieses Großvaters und deren Auswirkungen auf die Familie zu sprechen.

Seit etlichen Jahren sind mehr und mehr Angehörige der dritten deutschen Generation bereit, Fragen nach der Beteiligung ihrer Großeltern am Dritten Reich zu stellen. Einige haben über die schwärzesten Kapitel ihrer Familiengeschichte sogar Bücher geschrieben – ein ungemein schwieriges Unterfangen, das erhebliche Spannungen zwischen Familienangehörigen zur Folge haben kann.[8] Trotz dieser Schwierigkeiten sind diese Familiengeschichten von großer Bedeutung für eine Gesellschaft, die nach wie vor mit den unausgesprochenen privaten Erinnerungen an ihre Nazivergangenheit ringt. So erläutert Senfft (2016) in *Der lange Schatten der Täter. Nachkommen stellen sich ihrer NS-Familiengeschichte*:

> »In Deutschland ist die NS-Zeit bislang überwiegend akademisch-intellektuell bearbeitet worden. Es ist jedoch wichtig, sich auch auf einer persönlichen Ebene mit dem Erbe des Dritten Reiches auseinanderzusetzen und zu erforschen, was die eigene Familie und somit zwangsläufig auch man selbst mit der NS-Zeit zu tun hat. Sonst bleiben die Täter immer die anderen: abstrakte Figuren in den Geschichtsbüchern, deren Namen man kennen sollte, aber dann auch wieder vergessen kann. Millionen überwiegend ganz normale Menschen […] haben völlig unabhängig von ihrem Bildungsstand und ihrem gesellschaftlichen Status am größten Menschheitsverbrechen mitgewirkt.« (S. 40)

Angesichts der unermesslichen Verbrechen mag unser Wissen über das Geschehene begrenzt und zudem abstrakt erscheinen. Gerade aufgrund dieses abstrakten Charakters der »akademisch-intellektuell« erworbenen Kenntnisse ist es Senfft zufolge so wichtig,

8 Vgl. Himmler (2007), Niemann (2015), Pfeiffer (2012), Schanze, Weiffenbach und Sunfilm Entertainment (2005), Teege (2015) und von Kellenbach (2013). Für zwei kurze Darstellungen aus moderner psychoanalytischer Sicht siehe Bodenstab (2015) und Knopp (2015).

den eigenen familialen Hintergrund zu erforschen. Sobald wir die Rolle, die eigene Angehörige bei den Verbrechen gespielt haben, anerkennen, können wir eine persönliche Verbindung zu dem Geschehen herstellen und die Kluft zwischen gelernter und gelebter Geschichte überbrücken. Ein solches emotionales Sich-Einlassen auf die Vergangenheit ermöglicht es uns, die Auswirkungen historischer Traumata, zum Beispiel des Holocaust, auf die Gegenwart zu begreifen.

Schweigen und Dissoziation

Das von Senfft beschriebene Schweigen ist das generationenübergreifende Schweigen über die Beteiligung von Familienangehörigen an den Taten des Naziregimes. »Die kollektive Wirkung dieses individuellen ›Schweigens‹«, so die Psychoanalytiker Vamik Volkan, Gabriele Ast und William Greer, »besteht darin, das intellektuelle Verstehen von den affektiven Reaktionen auf den Holocaust als Trauma abzutrennen« (Volkan, Ast & Greer 2002, S. 145). Das Wort »Schweigen« bezeichnet üblicherweise eine Lautlosigkeit. Wenn man »Schweigen« als etwas definiert, das ungesagt bleibt, erhält es eine Bedeutung. In dem Maße, in dem es einen Raum zwischen artikulierten Narrativen füllt und definiert, kann es sogar als genuine narrative Strategie dienen.

Um das Schweigen über die Beteiligung meines Großvaters am NSKK rankten sich eingeschliffene Narrative. Eines davon handelte von den Abenteuern eines jungen Mannes in Berlin Ende der 1920er Jahre, und tatsächlich konnte mein Großvater Stunden damit zubringen, über diese Phase seines Lebens zu erzählen. Von meinem ersten Besuch in Berlin, ich war noch ein Kind, brachte ich ihm ein typisches Geschenk mit – eine Dose »Berliner Luft«, die noch lange nach seinem Tod auf dem Kaminsims meiner Großeltern stand. Ich habe mich immer darüber gewundert, dass mein Großvater nach dem Krieg nie wieder nach Berlin gefahren ist. Glaubte er, den Anblick der zerstörten Stadt seiner Jugend nicht ertragen zu können? Oder die schonungslose Konfrontation mit den Konsequenzen der suizidalen und hasserfüllten Einstellung Hitlers? Das andere Narrativ meines Großvaters handelte von den Mühen, dem Hunger und der Armut der letzten Kriegsjahre und der Nachkriegszeit. Die wenigen Geschichten, die ich über seine Beteiligung am Krieg gehört habe, betrafen Bombenangriffe, die er mit knapper Not überlebte. Über die Zeit zwischen diesen beiden Narrativen aber, die Phase, in der er das Naziregime unterstützte, wurde geschwiegen.

Die Schriftstellerin Ursula Hegi (1998 [1997]) hat die besondere Anmutung dieses Schweigens beschrieben. Hegi kam 1946 in Deutschland zur Welt und wanderte in die Vereinigten Staaten aus, wo sie später Interviews mit anderen Angehörigen der zweiten deutschen Generation führte. Ihre Gesprächspartner bestätigten, was sie selbst als Heranwachsende in Deutschland erlebt hatte:

> »Als ich mich weiter ins Forschen und Schweigen vertiefte, begriff ich, daß dieses Schweigen für viele Deutsche meiner Generation normal war – wobei normal unter diesen Umständen ein furchtbares Wort ist. Dennoch waren wir mit diesem Schweigen aufgewach-

sen. Wir kannten die richtigen Fragen nicht, und wann immer wir den Druck undeutlicher Fragen in uns verspürten, empfanden wir auch Angst davor, diese auszusprechen. Fragen nach dem Krieg stellten ein weitaus größeres Tabu dar als Fragen über Sex. Wer von uns kühn genug war, nach dem Krieg zu fragen, erhielt die Antwort, er solle nicht in der Vergangenheit herumwühlen, sondern sich auf das Gute im Leben konzentrieren.« (S. 32)

Über ihre Eltern und andere Angehörige der deutschen ersten Generation schreibt Hegi: »Sie wollten für ihre Kinder *eine heile Welt* erschaffen. Worin bestand ihre Motivation? Schuldgefühle? Leugnung? Rechtfertigung? Der Wunsch, die nächste Generation zu schützen? Vielleicht all das zusammen. Doch ihr Schweigen vergrößerte die Schrecken des Holocaust« (S. 12). Es war nicht einfach nur unbequem, das Schweigen zwischen der ersten und zweiten Generation zu durchbrechen. Es konnte für alle Beteiligten, für die Eltern wie auch für die Kinder, emotional bedrohlich sein und als Präzedenzfall gewährleisten, dass das Nichtsprechen in der nächsten Generation – der ich angehöre – fortgesetzt wurde.

Eine andere Angehörige der deutschen zweiten Generation, die in die Vereinigten Staaten emigrierte, ist die Literaturwissenschaftlerin und Psychoanalytikerin Gabriele Schwab. Ebenso wie Hegi untersucht sie das Schweigen, das sie in ihrer Jugend in Deutschland erlebte und mittrug, und die Tabus, mit denen Fragen belegt waren. Über ihr Leben in Deutschland schreibt Schwab (2010):

»Wenn ich das Thema Holocaust zuhause ansprechen wollte, bezeichneten meine Eltern mich als *Nestbeschmutzer*. [...] Jahrzehntelang brachte ich es nicht fertig, mich dem Thema anzunähern. Es war einem Zuhause allzu nahe, das keines war. Freilich war dieses Vermeiden auch eine unbeabsichtigte Beteiligung an Deutschlands Beschweigen des Holocaust und als solche eine unbewusste Kollusion mit der Elterngeneration. Heute kann ich in jenem öffentlichen und privaten Zum-Schweigen-Bringen, das ich erlebt habe, und in der Zensur meiner eigenen Stimme eine spezielle Form des magischen Denkens erkennen, das keine Wunschrealität, an die es glaubt, heraufbeschwört, sondern im Gegenteil versucht, etwas Unerträgliches verschwinden zu lassen, als habe es nie existiert.« (S. 5)

Hegi und Schwab zeigen übereinstimmend, dass es unmöglich ist, das Erbe der Gewalt, mit dem sie aufgewachsen sind, »verschwinden zu lassen«, so stark der Impuls, über die Vergangenheit zu schweigen, auch sein mag.

Das Schweigen kann viele Gründe haben. Man kann Unsagbares schweigend meiden oder es schweigend signalisieren. Weil ein stummes Narrativ unausgesprochen bleibt, bedarf es einer Form des Verstehens, die auf das gesprochene Wort nicht angewiesen ist. Der Zuhörer begreift intuitiv, was ein Schweigen aussagen kann, indem er dessen verkörperlichten Ausdruck wahrnimmt und registriert, was vor und nach der Wortlosigkeit gesagt wird. In meiner Familie wurde die Nichtexistenz eines gesprochenen Narrativs über die Teilhabe meines Großvaters am Dritten Reich quasi zu vermintem Gelände; ebenso wie in zahllosen anderen deutschen Familien fanden Gespräche über die Vergangenheit lediglich im Kontext bewährter Narrative statt. Diese bildeten den Rahmen dessen, was gesagt und was nicht gesagt wurde. Folglich wuchs ein Großteil der zweiten und dritten deutschen Generation ohne ein mündliches Narrativ über die Beteiligung einzelner Familienmitglieder am NS-Regime auf.

Doch selbst wenn in Familien offener über diese Beteiligung gesprochen werden kann, entfalten Dissoziationsprozesse eine mächtige Wirkung, sobald Einzelne nicht bereit sind, die Geschichten ihrer eigenen Angehörigen anzuerkennen.[9] Solange das Schweigen über meinen Großvater nicht mit Worten gefüllt wurde, konnte ich mir ein ernüchterndes, aber relativ gutartiges Bild meines Großvaters als eines widerstrebenden Soldaten bewahren, der pflichtgemäß in einem Krieg, den er nicht zu verantworten hatte, kämpfte und weder das Naziregime noch dessen völkermörderische Politik unterstützte. Der Großvater meiner Vorstellung war einer der vielen Deutschen, die der Tyrannei machtlos ausgeliefert waren. Heute glaube ich zu wissen, dass ich meine kostbaren Kindheitserinnerungen schützen und am Bild meines liebevollen und idealisierten Großvaters festhalten wollte. Darüber hinaus wollte ich Gespräche vermeiden, die für meine Mutter wahrscheinlich schmerzvoll sein würden. Wir sollten die Stärke unserer emotionalen Bindungen und unserer Loyalität gegenüber Eltern und Großeltern nicht unterschätzen. Wir neigen dazu, Geschichtsversionen und Erinnerungen im Einklang mit unseren Wunschvorstellungen über unsere Familienangehörigen zu verfertigen und Versionen, die mit unbehaglichen oder bedrohlichen Gefühlen einhergehen, zu dissoziieren.

Wie meine Erfahrung zeigt, ist der Dissoziationsprozess nicht wirklich zuverlässig. Die Mauer des Schweigens kann durchbrochen werden. Ich war auf jenes Foto meines Großvaters überhaupt nicht vorbereitet, und der Schock, der mich in jenem Moment des Erkennens überkam, erfasste meinen ganzen Körper. Als mir die Bedeutung des Bildes nach und nach aufging, bildete sich ein verstörendes Gegennarrativ heraus, das die mir so liebgewordenen Erinnerungen infrage stellte. Zu wissen, dass mein Großvater ein Unterstützer des Regimes gewesen war, das den Holocaust durchgeführt hatte, erfüllte mich mit Traurigkeit und Scham. Dass ich diese emotionale Reaktion anerkennen konnte, hat es mir erleichtert, zu verstehen, weshalb meine Familie, die liberale und progressive Werte vertritt, im Schweigen verharrte.

Die Abtrennung der Vergangenheit von der Gegenwart erfolgt in vielgestaltiger Form und verbindet die persönliche, die familiale und die kollektive Ebene des Erinnerns miteinander. Für meine Mutter, ihre Geschwister und viele andere Deutsche ihrer Generation ist das Wort »Nazi« quasi gleichbedeutend mit dem Wort »Täter«. Zahlreiche Deutsche der zweiten Generation haben nach wie vor ein intensives emotionales Bedürfnis, die liebevollen Erinnerungen an ihre Eltern von allem, was an »Täterschaft« und an die Verbrechen der Vergangenheit erinnern könnte, freizuhalten. Gleichzeitig war die Haltung des »Nichtwissens«, die meine Angehörigen bezogen, Teil des umfassenderen nachkriegsdeutschen Erinnerungsdiskurses, dem das NSKK nicht als politische Organisation galt – erst recht nicht als eine Organisation von Tätern. Es fällt mir in der Tat schwer, mir vorzustellen, dass mein Großvater an den Verbrechen des Dritten Reichs teilgenommen haben könnte. Trotzdem können selbst wohlgesinnte

9 Siehe dazu Welzer, Moller & Tschuggnall (2002).

Menschen Verbrechen begehen, wenn sie zu Teilhabern an sozialen Strukturen werden, die verabscheuungswürdige Ziele verfolgen.[10] Die gewundene Logik der Vorstellung, dass ganz normale Väter und Großväter, Mütter und Großmütter keine wirklichen Nazis gewesen seien, beruht auf konflikthaften Identifizierungen. Infolgedessen geraten die Familiengeschichten nicht in den Blick; sie bleiben Teil des gesellschaftlichen Erinnerungsdiskurses, der das Sehen vom Nichtsehen trennt, die gelernte von der gelebten Geschichte und die kollektive Verantwortung von der persönlichen Erinnerung.

Sehen und Nichtsehen

Mein Großvater wurde 1906, sein Bruder 1908 geboren. Die beiden Jungen jubelten ihrem Vater zu, der 1914 als stolzer Soldat des Deutschen Heeres für den Kaiser in den Krieg zog. Meine Urgroßmutter legte Wert darauf, ihre Söhne patriotisch zu kleiden. Die Brüder waren beispielhaft für ein deutsches Volk, das »wie ein Mann hinter dem Kaiser« stand (siehe Foto 19). Im Ersten Weltkrieg marschierte praktisch jeder für die deutsche Nation. Der Stellungskrieg, zu dem die Westfront schon bald erstarrte, vermochte die hartnäckige Überzeugung vom deutschen Sieg lange Zeit kaum zu erschüttern. Bis die Folgen des sich dahinziehenden Krieges zutage treten, dauerte es eine Weile. Die Abwesenheit der Väter, verletzte und verstümmelte Soldaten, die von der Front in die Heimat zurückkehrten, und die zunehmend ernste Lebensmittelknappheit deuteten darauf hin, dass es um die Nation nicht zum Besten stand. Dennoch waren viele überrascht, als das Reich am 11. November 1918 die Waffenstillstandsvereinbarung unterzeichnete.

Mein Großvater und sein Bruder waren den Kinderschuhen noch kaum entwachsen, als sie die Rückkehr ihres Vaters aus dem Krieg, die schmachvolle deutsche Niederlage und schließlich Anfang der 1920er Jahre eine katastrophale Wirtschaftskrise erlebten. In den Nachkriegsjahren geriet die neu gegründete demokratische Ordnung durch schwere soziale Unruhen und den politischen Druck seitens der Kommunisten auf der Linken und der Nationalisten auf der Rechten in ernste Gefahr. Viele Deutsche zweifelten an der Rechtmäßigkeit der Weimarer Republik, in der sie eine Marionette der Westmächte und die Ursache der verheerenden wirtschaftlichen und sozialen Verhältnisse sahen, die sich nach Unterzeichnung der Waffenstillstandsvereinbarung entwickelten. Nach Meinung der Historiker haben die chaotischen politischen Verhältnisse die Generation meines Großvaters für die nationalsozialistische Propaganda besonders anfällig gemacht. Doch welcher Verhältnisse bedarf es, um eine verzagte Generation junger Deutscher zur Unterstützung eines Regimes zu veranlassen, dessen Absicht, einen Völkermord zu verüben, für jeden ersichtlich war, der es sehen wollte?

Diesen und ähnlichen Fragen geht Thomas Kohut (2017 [2012]) in seiner Untersuchung *Eine deutsche Generation und ihre Suche nach Gemeinschaft. Erlebte Ge-*

10 Vgl. Browning (2020 [1992]) und Bartov (2002).

schichte des 20. Jahrhunderts nach. Grundlage seiner Studie sind ausführliche Interviews mit 62 deutschen Frauen und Männern, die ebenso wie mein Großvater und sein Bruder allesamt vor dem Ersten Weltkrieg geboren wurden und die Generation verkörperten, die den Holocaust durchführte und unterstützte. Kohuts Analyse des Lebens, das diese Deutschen im Dritten Reich führten, macht deutlich, wie grundlegend sich ihr moralisches Bewusstsein und ihre Empathiefähigkeit durch die Haltung des Sehens und zugleich Nichtsehens veränderten: »Die Befragten scheinen das Dritte Reich auf eine sehr intensive Weise visuell erlebt zu haben. Was in Nazi-Deutschland gesehen,

Foto 19: Mein Großvater und sein jüngerer Bruder 1914.

vor allem aber was *nicht* gesehen wurde, ist von besonders großer Bedeutung. […] Im Gegensatz [zu ihrer Wahrnehmung der Zwangsarbeiter] nahmen sie die Verfolgung jüdischer Menschen und die gesamte Vernichtungspolitik in der Regel nicht wahr, sprechen aber ausführlich über diese Wahrnehmungslücke« (Kohut 2017 [2012], S. 211).

Kohuts Schlussfolgerungen haben mich bewogen, über eine Zeit nach dem Tod meiner Großeltern nachzudenken, in der ich jene Art von Fragen, die ich meinen eigenen Angehörigen nicht gestellt hatte, an andere ältere Deutsche richten konnte. Ich war damals Anfang 20, und wann immer ich ältere Deutsche kennenlernte, ging mir die Frage durch den Kopf, ob sie die Nazis unterstützt und welche Rolle sie im Holocaust womöglich gespielt hatten. Wiederholt fand ich Gelegenheit, meiner Neugier Ausdruck zu geben, doch rückblickend ist mir klar, dass ich gezielt darauf achtete, nur mit Personen zu sprechen, von denen ich annahm, dass sie mir antworten würden, und die mir das Gefühl vermittelten, dass es ungefährlich wäre, das Schweigen zu brechen.

Einmal brachte ich das Thema Nazivergangenheit und Holocaust bei einer älteren Frau zur Sprache, die mich während eines meiner Deutschlandbesuche freundlicherweise beherbergte. Sie hatte den Krieg als junge Frau in ihren 20ern erlebt. Ihr Mann war in Westeuropa stationiert gewesen, so dass sie die Kriegsjahre weitgehend allein mit ihren Kindern in der norddeutschen Kleinstadt verbrachte, in der sie aufgewachsen war. Die Frau überlegte sich ihre Antworten gut. Als ich mich nach der jüdischen Bevölkerung in ihrer Heimatstadt erkundigte, erwiderte sie, ja, es habe dort deutsche Juden gegeben. Insbesondere erinnere sie sich an einen freundlichen Arzt und seine Familie. Er hatte sie als Kind behandelt und dann, Jahre später, auch ihr eigenes ältestes Kind medizinisch versorgt. Ich fragte, was mit ihm geschehen sei und was sie damals gesehen oder beobachtet habe. Schweigen. Mit Tränen in den Augen und mit gedämpfter Stimme antwortete sie schließlich: »Er ist verschwunden.« »Verschwunden?« »Er wurde weggebracht. Alle wurden weggebracht.« Schweigen. Ich bedrängte sie mit weiteren Fragen, weil ich es an diesem Punkt nicht schaffte, nicht weiter nachzuhaken und stillzuhalten. Was hatte sie damals getan? Was haben die Anderen getan? Wusste man, was passierte? Aber die Frau war entweder nicht fähig oder nicht willens, mehr zu sagen. Ich habe ihr ihre Gastfreundschaft nicht gedankt und ihre Gesprächsbereitschaft überstrapaziert.

Kohut erläutert, dass die Menschen, deren Interviews er untersuchte, ein ums andere Mal Beispiele für das »Wegschauen« und das »Verschwinden« schildern. Die Verfolgung, Deportation und schließlich die Vernichtung der jüdischen Mitbürger wurden einfach »nicht gesehen«, obwohl ihr Verschwinden allerorten unübersehbar war. So schreibt Kohut:

> »Das ›Wegschauen‹ ist *das* zentrale Element des Antisemitismus dieser Befragten. Ein solches Verhältnis machte jede Möglichkeit der Empathie zunichte, zertrennte das Band der gemeinsamen Menschlichkeit, das sie mit den verfolgten Juden hätte verbinden können. Es war ein Akt der Entmenschlichung, der jüdische Menschen aus dem Bewusstsein

der Befragten löschte – eine Vernichtung auf der psychischen Ebene, die der körperlichen Vernichtung entsprach und sie mit ermöglichte.« (Kohut 2017 [2012], S. 211)

Kohut vertritt die Ansicht, dass die Befragten es aktiv vermieden, das, was um sie herum geschah, bewusst wahrzunehmen, weil sie andernfalls Unbehagen und womöglich eine gewisse Empathie empfunden hätten, wenngleich ihnen insbesondere die Fähigkeit abging, sich in die jüdischen Opfer einzufühlen. »Bedenkt man, zu welchen Informationen die Befragten sich bekannten, so muss man von einem bewussten Willensakt, einer bewussten Entschlossenheit, ausgehen, *nicht* wissen zu wollen, was passierte. Sie mussten sozusagen den Blick abwenden, um nicht zu sehen, was sich direkt vor ihren Augen abspielte«[11] (ebd., S. 214f.).

Im Einklang mit der Arbeit des Soziologen Kai Erikson nimmt Kohut an, dass die Befragten nicht in der Lage oder nicht bereit waren, das, was sie sahen, in ihre Bewusstseinsstruktur zu integrieren. Er unterscheidet also zwischen individueller Wahrnehmung und sozial konstruiertem Wissen:

»Wie Kai Erikson erläutert, bleibt Wahrnehmung ohne soziale Affirmation ungeerdet, ungesichert und letztlich ohne Bedeutung. *Gemeinsames Wissen ist eine Voraussetzung von Gemeinschaft, und eine Gemeinschaft gibt vor, was ihre Mitglieder wissen sollen und dürfen.* Der Beitrag, den die Gesellschaft zur Integration von Wahrnehmungen ins Bewusstsein des Individuums leistet, ist in einer Gemeinschaft, die dermaßen forciert, kontrollierend und letztlich in sich so brüchig ist wie die nationalsozialistische Volksgemeinschaft, ganz besonders wichtig. *Das heißt, es gab eine sich gegenseitig verstärkende Beziehung zwischen sozialem Konsens und Wissen im Dritten Reich. [...]* Die Endlösung anzuerkennen hätte bedeutet, das »Ich« gegen das »Wir« zu setzen; es hätte den Wissenden der Volksgemeinschaft entfremdet, ihn zum Außenseiter einer rassischen Gemeinschaft gemacht, aus deren Bewusstsein die Juden und ihre Verfolgung verbannt werden mussten. Denn die Verfolgung anzuerkennen hätte bedeutet, Juden anzuerkennen. Und wenn man Juden anerkannt hätte, dann hätte man sie als Menschen wahrnehmen können.« (Ebd., S. 216; Hervorherbung R. F.)

Ebenso wie die Menschen wegschauten, um nicht anerkennen zu müssen, was sie erblickten, mussten sie auch verleugnen, was sie über den Holocaust wussten. Anzuerkennen, was sie sahen, und sich klarzumachen, was das »Verschwinden« bedeutete – nämlich die Auslöschung eines gesamten Volkes, ihrer eigenen Nachbarn –, hätte bedeutet, sich gegen die soziale Norm aufzulehnen. Es hätte verlangt, persönliche und moralische Urheberschaft zum Ausdruck zu bringen. Unsere Urheberschaft kommt ins Spiel, wenn wir entdecken, wie wir an der Reproduktion der Welt teilhaben. Als Akteure zu handeln bedeutet, sich der moralischen Konsequenzen der eigenen Teilhabe am sozialen Konsens bewusst sein zu müssen. Eine moralische Reaktion hätte, so Kohut, die Bereitschaft der Deutschen vorausgesetzt, die Menschlichkeit, die sie mit ihren jüdischen Mitbürgern teilten, anzuerkennen. Ohne diesen erfahrungsgestütz-

11 Der zweite Satz des Zitats fehlt durch ein Versehen in der deutschen Übersetzung.

ten und kognitiven Prozess verwandelten sich Sehen und Nichtsehen in Wissen und Nichtwissen, eine Haltung, die für den Erinnerungsdiskurs in Nachkriegsdeutschland bestimmend wurde.

»Briefe von Deutschen«

Im letzten Kapitel von *Die Untergegangenen und die Geretteten* wendet sich Primo Levi (1990 [1986]) direkt an seine deutschen Leser. Unmittelbar im Anschluss an die Veröffentlichung der deutschen Übersetzung seines ersten Buches, *Ist das ein Mensch?* (Levi (2010 [1958]), hatte er rund 40 Briefe von deutschen Leserinnen und Lesern erhalten, vorwiegend Angehörigen der ersten Generation, die ganz unterschiedlich auf die Gräueltaten reagierten, die Levi miterlebt und erlitten hatte. Manche Briefschreiber brachten aufrichtige Reue zum Ausdruck, andere stahlen sich weiterhin aus der Verantwortung und legten ebenjene Feigheit an den Tag, die Levi beschreibt. In seinem »Briefe von Deutschen« überschriebenen Buchkapitel zitiert Levi aus etlichen dieser Briefe, als deren auffälligstes Merkmal er ganz sonderbare Schamgefühle ausmacht. Manche Briefschreiber bekundeten tiefe Reue, weil sie nicht den Mut gehabt hatten, gegen das Unrecht zu protestieren, beteiligten sich aber gleichwohl völlig unbeirrt Seite an Seite mit ehemaligen Tätern am nationalen Wiederaufbau. Andere erkannten die Gräuel an, glaubten aber, aufgrund ihrer späten Geburt nichts damit zu tun haben. Der Großteil der Briefe überzeugte Levi davon, dass seine Leserinnen und Leser – vielleicht auch die Deutschen ganz allgemein – die Tragweite der Verbrechen nie wirklich begriffen hatten und wahrscheinlich nie begreifen würden. So antwortet er einer Briefschreiberin, dass sein Buch »in Deutschland zwar ein Echo hervorgerufen habe, aber ausgerechnet unter den Deutschen, die es am wenigsten nötig hätten, es zu lesen: Schuldlose hätten mir reuevolle Briefe geschrieben, nicht aber die Schuldigen. Die schwiegen verständlicherweise« (Levi 1990 [1986], S. 197).

Eine Leserin macht unter den deutschen Korrespondenten eine Ausnahme. Levi widmet Frau Hety S. aus Wiesbaden einen Großteil seiner Überlegungen zu den Briefen generell.[12] Hety, wie er sie nennt, nahm 1966 Kontakt zu Levi auf, und die beiden korrespondierten miteinander bis zu Hetys Tod Anfang der 1980er Jahre. Hety S. war etwa gleichalt wie Levi und die einzige unter den Briefschreibern, die aktiv gegen die Nazis Widerstand geleistet hatte. Sie stammte aus einer Familie engagierter Sozialdemokraten. Ihr Vater war als politischer Gefangener nach dem gescheiterten Attentat auf Hitler im Juli 1944 nach Dachau deportiert worden. Hety S. selbst war schon 1935 der Schule verwiesen worden, weil sie nicht in den Bund Deutscher Mädel (BDM) eintrat. Nach dem Krieg setzte sie ihre politische Arbeit fort und appellierte an ihre Mitbürger und die lokalen Behörden, sich zu der Verantwortung für die Verbrechen, die sie begangen hatten, zu bekennen.

12 Zu Hety (Hedwig) Schmitt-Maass siehe http://www.museum-klarenthal.org/klarenthal-lebt/pers%C3%B6nlichkeiten/hety-schmitt-maass/ (zuletzt aufgerufen am 2.6.2020).

Als Hety S. Ende der 1960er Jahre mit Levi korrespondierte, berichtete sie ihm von der fehlenden Bereitschaft vieler Deutscher, eine individuelle oder kollektive Schuld anzuerkennen. Sie schilderte ein Gespräch mit ihrer Zugehfrau, einer Kriegerwitwe, und erzählte, wie die Frau reagierte, als sie, Hety, den 1967 in Frankfurt am Main abgehaltenen Euthanasieprozess zur Sprache brachte. Die Frau echauffierte sich:

> »Was sollen eigentlich die ganzen Prozesse, die man jetzt macht? Was konnten unsere armen Soldaten denn tun, wenn man ihnen solche Befehle erteilte? Als mein Mann auf Urlaub aus Polen kam, hat er mir erzählt: ›Wir haben fast nichts anderes getan, als Juden erschossen: immer wieder Juden erschossen. Vor lauter Schießerei tat mir der Arm ganz weh.‹ Aber was konnte er denn tun, wenn ihm diese Befehle erteilt worden waren?« (Levi 1990 [1986], S. 199)

Was Hety S. hier berichtet, ist so verstörend, weil es das moralische Vakuum entlarvt, in dem die unvorstellbaren Gräueltaten ausgeführt und gleichzeitig gerechtfertigt wurden. Die absolute Unfähigkeit jener Zugehfrau, zu begreifen, welch schreckliche Verbrechen ihr Mann begangen hatte, veranlasst sie, seine Rolle als Opfer – »[…] unsere armen Soldachten […] was konnte er denn tun?« – und sein Leid – »Vor lauter Schießerei tat mir der Arm ganz weh« – zu beklagen. Hetys Reaktion darauf war unmissverständlich: »Ich habe sie entlassen, wobei ich die Versuchung in mir unterdrückt habe, ihr zu ihrem armen Mann zu gratulieren, der im Krieg gefallen war … Daran sehen Sie, wir leben in Deutschland noch heute inmitten solcher Menschen« (ebd., S. 199).

Levi lässt uns wissen, dass Hety S. eine leidenschaftliche Aktivistin und Kämpferin für die Menschenrechte war. Der Briefwechsel mit Levi half ihr, über die Vergangenheit nachzudenken und den Erinnerungsprozess in Deutschland zu hinterfragen. Sie war auch immer gern bereit, ihm zu helfen. So machte sie ihn mit Jean Améry bekannt, dem österreichischen Essayisten und Holocaust-Überlebenden, der über Auschwitz schrieb. Die wechselseitige Unterstützung, die für ihre Beziehung charakteristisch war, ist in Anbetracht ihres so unterschiedlichen historischen und kulturellen Hintergrundes tatsächlich bemerkenswert. Levi findet dafür folgende Worte:

> »Unsere fast ausschließlich auf Briefen beruhende Freundschaft war lang und ergiebig, oft auch heiter. Sie war seltsam, wenn ich an den großen Unterschied zwischen unseren Lebenswegen denke, an die räumliche und sprachliche Entfernung; sie war weniger seltsam, wenn ich anerkenne, daß Hety als einzige unter allen meinen deutschen Lesern eine ›weiße Weste‹ hatte und daher nicht in irgendwelche Schuldgefühle verstrickt war; daß ihre Neugier die meine war und ist und sie sich mit denselben Themen quälte, die ich in diesem Buch behandelt habe.« (Ebd., S. 203)

Dass trotz der furchteinflößenden Nazivergangenheit und des Holocaust ein Dialog zwischen Levi und Hety S. möglich war, ist wahrlich bemerkenswert, zumal die Geschichte und ihre Traumata ihre Schatten warfen. Levi berichtet, dass er ein einziges Mal anderer Meinung gewesen sei als Hety S. Trotz ihrer Bereitschaft, Deutsche auf ihre Feigheit anzusprechen, fand er ihre Einstellung in der Frage, inwieweit es deutschen Staatsbürgern möglich sein würde, Verantwortung für ihre Verbrechen zu übernehmen, hochgradig naiv. Ebendiese Naivität hatte sie veranlasst, Albert Speer, Hitlers berüchtigten Architekten und ab 1942 Reichsminister für Bewaffnung und Munition, aufzusuchen, nachdem dieser Mitte der 1970er Jahre seine Gefängnistagebücher veröffentlicht hatte. Hety S. wollte das Denken dieses Täters verstehen und begreifen, was hinter der Reue, die er bekundete, steckte. Nachdem sie ihn besucht und ihm ein Exemplar von Levis *Ist das ein Mensch?* überreicht hatte, schrieb sie Levi, dass Speer seine Beteiligung am Naziregime offenbar aufrichtig bereue. Weil sie spürte, dass Levi an ihrer Einschätzung zweifelte, stattete sie Speer einen weiteren Besuch ab und fand ihn diesmal »senil, egozentrisch, aufgeblasen und auf dümmliche Weise stolz auf seine Vergangenheit als pharaonischer Baumeister« (ebd., S. 202). Levis Enttäuschung über Hety S. ist deutlich spürbar, aber er zollt ihr weiterhin Respekt.

Als ich Levis Schilderung der Korrespondenz las, wunderte ich mich über Hetys S.' Einstellung gegenüber Speer, ihre augenscheinliche Hoffnung, dass er seine Entscheidungen erklären und seine Handlungen aufrichtig bereuen würde. Trotz aller Gegenbeweise, trotz ihres Wissens um die schiere Bösartigkeit und willentliche Unwissenheit, die Täter und Mitläufer an den Tag legten, gab diese Frau die Hoffnung nicht auf, in Speer etwas zu entdecken, was sie versöhnlich stimmen würde. Suchte sie nach Zeichen einer gemeinsamen Menschlichkeit, wo sie eine solche nicht finden konnte? Gab es in ihr selbst etwas, das es ihr unerträglich machte, das moralische Vakuum und die Schuld ihrer Landsleute wirklich anzuerkennen? Verkörperte sie letztlich eine Haltung des gleichzeitigen Wissens und Nichtwissens, indem sie einerseits ihre reuelose Nazi-Zugehfrau entließ, andererseits aber auf einen Gesinnungswandel bei einem Mann hoffte, der zu Hitlers engsten Gefolgsleuten gehört hatte und für die Ausbeutung der Zwangsarbeiter in der Rüstungsindustrie verantwortlich war?

Während ich an diesem Buch schrieb, habe ich mich oft gefragt, ob ich mir ähnlich wie damals Hety S. einen naiven Optimismus zu bewahren versuchte. Ich hoffte weiterhin, mildernde Umstände zu finden, auf unbekannte Briefe zu stoßen, Erinnerungen oder nicht erzählte Geschichten aufzudecken, die Licht auf die Taten meines Großvaters werfen und beweisen würden, dass er sie bereute. Ich stand mit meinen Eltern und Verwandten in einem laufenden Dialog über die Vergangenheit, fragte, was sie als Kinder und Jugendliche in Deutschland gesehen und erlebt hatten, und erhoffte mir neue Informationen. Meine Eltern wussten in groben Zügen, woran ich arbeitete, unterstützten meine Nachforschungen und fragten häufig, ob ich gut vorankäme. Ich habe ihnen aber zunächst nicht offengelegt, dass ich ausführlich über persönliche und Familienerinnerungen schrieb. Mein Zögern hing damit zusammen, dass ich mich auf einen unbekannten Dialog würde einlassen müssen, und mit meiner Sorge, wie sich mein Schreiben auf sie auswirken würde. Ich selbst hatte mit dem, was ich über meinen Großvater erfahren hatte, zu kämpfen, und konnte nur ahnen, wie meine Mutter es auffassen würde. Ich spürte, dass sie meine Schamgefühle teilte, aber bislang hatten wir für diese Bilder und Empfindungen keine Worte gefunden.

Ich wurde im Wissen um Deutschlands Schuld am Holocaust und die deutsche Verantwortung erzogen. Meine Eltern legten Wert darauf, dass ich diese gemeinsame Geschichte zuhause kennenlernte und die moralische Verpflichtung Deutschlands verstand, sich zur Verantwortung für die Nazivergangenheit zu bekennen. Vielleicht hing ihre Einstellung damit zusammen, dass ich in Kanada aufwuchs. Die Einwanderung hatte es meinen Eltern ermöglicht, ihre eigene Familie in einer Umgebung zu gründen, die frei war von den Relikten der nationalsozialistischen Weltanschauung, die in Deutschland in den 1950er und 1960er Jahre allgegenwärtig waren. Während meiner gesamten Kindheit habe ich ein ums andere Mal zusammen mit meinen Eltern auf dem Wohnzimmersofa gesessen, um im Fernsehen Dokumentationen und Filme über den Zweiten Weltkrieg anzusehen. Am tiefsten eingeprägt hat sich meiner Erinnerung die Ausstrahlung der Miniserie *Holocaust* von 1978. Die Ängste, die diese dramatisierte Geschichte in mir weckte, und unsere anschließenden Gespräche über die Nazizeit waren wichtig. Doch obwohl meine Eltern sich Mühe gaben, mir Informationen zu vermitteln und offen mit mir zu sprechen, kann ich mich nicht daran erinnern, dass jemals die Komplizenschaft meines Großvaters zur Sprache gekommen wäre. Es schien, als wollten sie mit ihrer Betonung der deutschen Schuld und der Verantwortung für den Holocaust dem Not- und Leidensnarrativ meiner Großeltern etwas entgegensetzen. Verantwortung und Opferhaltung existierten Seite an Seite, fast so, als rivalisierten sie miteinander.

Ich habe den Holocaust stets als quälende Präsenz empfunden, die mit der Kultur und Sprache, in der ich aufgewachsen bin, zusammenhing. Meinen Eltern wurde dieselbe Geschichte vererbt wie auch mir selbst. Dennoch sind die Jahre des Nationalsozialismus für sie ein Teil ihrer frühesten Lebenserfahrung, während für mich das Erbe des Dritten Reichs zu einer ererbten Erinnerung wurde. Dass der Holocaust zur gleichen Zeit durchgeführt wurde, in der meine Eltern in Deutschland ihre Kindheit verlebten, ist für mich noch immer schwer zu begreifen. Als Deutschland am 8. Mai 1945 kapitulierte, waren mein Vater und meine Mutter neun Jahre alt. In den Jahren nach dem Krieg lernten sie, welche Fragen gestellt werden durften und welche es zu vermeiden galt, worüber gesprochen werden durfte und was ungesagt bleiben musste. Die Überzeugungen meiner Großeltern wurden nie thematisiert, darüber gab es kein Narrativ und keinen Austausch. In der Schulzeit meiner Eltern sprach man nicht von deutscher Schuld oder Verantwortung. Eine Mithaftung für das Dritte Reich war für Lehrer und Schüler kein Thema – obwohl sie alle ihr Leben inmitten von Kriegsruinen und Trümmern führten. Ebenso wenig gab es einen Diskurs, der die nach und nach auftauchende offizielle Gedenkkultur mit dem privaten Familiengedächtnis in Verbindung gebracht hätte. Die Deutschen schauten auf ihr eigenes Leiden und setzten auf eine andere Zukunft.

Das Schweigen, auf das meine Eltern trafen, wurde an mich weitergegeben. Wären meine Eltern in der Lage gewesen, offener über die Komplizenschaft meines Großvaters zu sprechen, sähen die Erinnerungen, die ich heute mit mir herumtrage, anders aus. Wie viele Angehörige ihrer Generation rangen auch sie um Worte, um einen Dialog zu begründen, wo es keinen gab. Infolgedessen definierte die Erinnerungslücke, die das Leben meiner Eltern in Deutschland definiert hatte, später auch das Vergangenheitsverständnis, das ich selbst als Kind in Kanada erwarb.

Ebenso wie meine Großeltern und Eltern hatte auch ich teil an einer Gemeinschaft des Schweigens – trotz der ganz unterschiedlichen Erfahrungen, Werte und kulturellen Anschauungen dieser drei Generationen. Wenn nun auch ich über dieses Kapitel aus der Vergangenheit meiner Familie kein Wort verlöre, bliebe dieses Schweigen bewahrt. Ich würde idealisierte Bilder bewusst schützen, indem ich historische Fakten dissoziierte. Ich habe eine größere emotionale Distanz zu meinen Großeltern als meine Eltern, und dies ermöglicht es mir, in Ansätzen darüber nachzudenken, wer sie waren und was sie getan haben. Doch ehrlicherweise muss ich sagen, dass der Unterschied, wie mein Ringen um eine Haltung des »Wissens« zeigt, so groß nicht ist.

Dass ich dieses Buch geschrieben habe, hat meiner Familie neue Wege gebahnt, um über die Vergangenheit zu sprechen. In unserem Dialog hat sich etwas verändert. Vielleicht war es meine aktive Neugier, die es meinen Eltern ermöglicht hat, sich offener zu äußern. Vielleicht haben sie in ihrem Leben einen Punkt erreicht, an dem es ihnen leichter fällt. Die Antworten meiner Mutter auf meine vielen Fragen und die Geschichten, die sie mir erzählt hat, lassen für mich keinen Zweifel daran, dass sie von meinem Großvater ein deutlich weniger idealisiertes Bild hat, als ich vermutete. Indem sie mir ihre Traurigkeit und Enttäuschung über ihre Eltern offenbarte, brach sie im Grunde den Schweigecode, mit dem sie aufgewachsen ist. Sie setzte sich mit ihren eigenen Schuld- und Schamgefühlen auseinander. Meine Mutter hätte ihre Erinnerungen nicht weitergeben müssen. Ich gestehe, dass ich mir manchmal, wenn ich nicht hören wollte, was sie zu sagen hatte, und das plötzliche Hereinbrechen der Geschichte in unsere Gegenwart mich zu überwältigen drohte, wünschte, sie hätte geschwiegen. Habe ich tatsächlich gewollt, dass meine Naivität infrage gestellt wird? Mir war aber auch bewusst, dass ich, würde ich das Gespräch beenden, das vertraute Schweigen aufrechterhielte. So sah es aus: Eine Frau, 80 Jahre alt, erzählt ihrem Sohn, 50 Jahre alt, von Ereignissen, die sieben Jahrzehnte zurückliegen, und die intensiven Gefühle, die einst mit diesen Geschehnissen einhergingen, prägen ihre Schilderung und Rezeption noch in der Gegenwart. Der amerikanische Schriftsteller William Faulkner (1950) fand dafür treffende Worte: »Das Vergangene ist nie tot. Es ist nicht einmal vergangen.«

Letzten Endes gehörten meine Großeltern zu der überwiegenden Mehrheit der deutschen ersten Generation, den Anhängern Hitlers und seiner antisemitischen Politik. Vielleicht empfanden sie Entsetzen und Abscheu, als sie nach dem Krieg das ganze Ausmaß der Gräueltaten erfuhren und die Bilder sahen. Empfanden sie möglicherweise auch Schuldgefühle? Fühlten sie sich mitverantwortlich? Die Tatsache, dass meine Großeltern in den letzten Kriegsjahren polnische Zwangsarbeiter in ihrer Nachbarschaft unterstützt haben, lässt vermuten, dass sie zu Mitgefühl fähig waren. Doch wie so viele Andere hatten sie es bei ihrer Haltung des »Nichtsehens« belassen: Sie hatten das »Verschwinden« und die »Deportationen« deutscher jüdischer Mitbürger, die Dezimierung und Ermordung der gesamten jüdischen Gemeinde Hannovers, nicht gesehen.

Meine Hoffnung, eine Art erlösender Geschichte aufzudecken, hat sich zerschlagen. Ebenso wie Hety S. musste ich mir meinen Wunsch, eine unbelastete Familiengeschichte zu haben, eingestehen und auf ihn verzichten. Mein Großvater war Mitglied der NSDAP und hat beim NSKK mitgemacht. Er muss ein Anhänger Hitlers gewesen sein – zumindest hat er ihn unterstützt. Soweit ich es beurteilen kann, hat meine Großmutter seine Ansichten geteilt. Dies sind dieselben Großeltern, die ich kannte und liebte. Und genau das macht es so schwierig. Für mich sind sie keine anonymen Mitglieder einer abstrakten, monströsen Mehrheit. Ich kann sie nicht einem abgeschlossenen Kapitel der Geschichte überantworten. Meine Großeltern spielen in meinen Kindheitserinnerungen eine Hauptrolle; sie sind Teil meiner gelebten Geschichte. Mein Widerstreben, mit meinen Eltern über das zu sprechen, was ich in diesem Buch geschrieben habe, hängt mit meinem eigenen inneren Kampf zusammen, meinen Großvater zu entidealisieren und mir meine Wut und Traurigkeit darüber eingestehen zu müssen. Heute weiß ich, dass ich mich an der Verfertigung vertrauter Familiengeschichten beteiligt und eine Haltung des »Nichtwissen« gewahrt habe, um dem, was ich implizit vielleicht schon seit geraumer Zeit wusste oder spürte, auszuweichen. Gelernte Geschichte und gelebte Geschichte können nicht länger voneinander getrennt werden. So schwer es mir fällt, dies anzuerkennen: Das Interesse meines Großvaters am NSKK war weit mehr als eine Motorradleidenschaft. Ganz gleich, ob er aufgrund der Umstände, aus Opportunismus oder aus Überzeugung in die NSDAP eintrat, eines ist sicher: Das eingeschliffene Narrativ über meinen Großvater hat nicht länger Bestand.

7. Kapitel

Das Schweigen brechen

Der junge Mann, der ganz hinten im Publikum saß, hatte während der gesamten Diskussion geduldig gewartet. Als er schließlich Gelegenheit bekam, zu sprechen, erhob er sich und stellte sich mit unaufdringlicher, leiser Stimme und deutlich vernehmbarem deutschem Akzent vor: »Mein Name ist Joshua. Ich bin in Dachau geboren und aufgewachsen. Meine Mutter hat mich Joshua genannt zum Gedenken an die jüdischen Holocaust-Opfer und die Menschen, die im Konzentrationslager Dachau umgebracht wurden. Ich hielt es für wichtig, dies in die Diskussion einzubringen.« Nach diesem kurzen Beitrag nahm er wieder Platz. Das Publikum schwieg verwirrt, aber auch neugierig und würdigte seinen Mut, sich zu Wort zu melden. Joshuas hebräischer Name war eine Form des Erinnerns, die seine Mutter wählte, weil ihr Sohn wissen sollte, welche Gräueltaten in seiner Heimatstadt verübt worden waren. Die Entscheidung, ihn Joshua zu nennen, verweist auf die Schwierigkeiten vieler Deutscher, angemessene Formen des Erinnerns an den Holocaust und der Sühne zu finden.

Joshua leistete seinen Diskussionsbeitrag, nachdem viele Zuhörer ihre Erfahrungen geschildert und ihre persönlichen Ansichten zur Frage des deutschen Erinnerns, zum Holocaust und zu den Grenzen des Verstehens dargelegt hatten. Die Diskussion fand im Rahmen einer Konferenz in Cambridge, Massachusetts, statt, auf der ich das Narrativ meines Großvaters zum allerersten Mal öffentlich präsentierte. Ich fühlte mich gezwungen, von meinen Bemühungen zu berichten, das, was ich über meine Familie erfahren hatte, zu begreifen und das Schweigen zu brechen. Ich hatte nicht vorhergesehen, dass meine Schamgefühle und das Unbehagen, das mich überkam, als ich diese Geschichte entdeckte, sich noch verstärken würden, wenn ich öffentlich darüber spräche. Ich versuchte mir vorzustellen, wie meine ehemaligen und aktuellen Kolleginnen und Kollegen, Patientinnen und Patienten reagieren würden. Würden Andere denselben Abscheu empfinden wie ich selbst, wenn sie erführen, dass mein Großvater das Naziregime unterstützt hatte? Würde das Narrativ meines Großvaters auf mich zurückfallen? Würde ich Teil der verderbten Geschichte werden, die an mich weitergegeben worden war? Was bedeutet es nach all den Jahren, einen Großvater zu haben, der Nazi war? Dass ich in einer anderen Zeit und an einem anderen Ort geboren worden war, konnte mir meine Befürchtungen nicht nehmen.

Ich wusste nicht, wer mein Publikum sein würde. Ich nahm an, dass sich Zuhörer jüdischer Herkunft einfinden würden, vielleicht auch Menschen, deren Familien unter dem Holocaust gelitten hatten. Ich fragte mich zudem, ob wohl nichtjüdische Deutsche kommen würden. Ich wusste, dass Anna Ornstein, eine der wenigen Auschwitz-Überlebenden, im Publikum saß, rechnete aber nicht damit, dass viele Angehörige der zweiten Generation anwesend sein würden. Ich war weder auf die emotionalen Reaktionen der Zuhörer noch auf die starken Gefühle vorbereitet, die mich selbst erfassten, als ich ihre Geschichten hörte.

Anna Ornstein sprach als erste. Wir waren uns zuvor noch nie begegnet. Sie dankte mir für die Vorstellung meiner Familiengeschichte und sagte, sie habe meine Worte als erlösend erlebt. Sie betonte, wie wichtig es für Deutsche meiner Generation sei, der Vergangenheit ihrer Familie nachzuforschen. In einem Kommentar zu meiner Arbeit schrieb sie später:

> »Meiner Ansicht nach ist es das Verantwortungsgefühl, das als Motivation hinter Roger Fries ›moralischem Imperativ zu erinnern‹ steht. […] eine Verantwortung, die aus der ›geerbten‹ Schuld resultiert. […] Wiewohl bis zum heutigen Tag weithin Schweigen herrscht und der alten Naziideologie neue Stimmen verleiht, glaube ich, dass auch eine späte Anerkennung der Schuld und ihre Umwandlung in ein Gefühl der Verantwortung eine erlösende Wirkung entfalten kann. Das ist der Grund, weshalb die Erforschung von Familiengeschichten und die Anerkennung der Teilhabe eigener Angehöriger an den Gräueltaten meiner Ansicht nach nicht lediglich eine Familienangelegenheit ist, sondern historische Bedeutung hat.« (Ornstein 2014, S. 674)

Ornsteins Kommentar war damals sehr wichtig für mich. Seither haben sie und Andere mir Mut gemacht, so dass ich trotz meiner Zweifel und trotz allen Zögerns, das mich auf dieser Reise nie verließ, mit dem Schreiben weitermachen konnte. In diesem Prozess war ich mir des Imperativs zu erinnern stets bewusst – einer Verpflichtung, die aus der geerbten Schuld und der Scham über die furchtbaren Verbrechen, die begangen wurden, erwächst. Es ist eine Geschichte, die mir vorausging und die verlangt, gekannt zu werden.[1] Diese zukunftsorientierte Verantwortung – an erster Stelle der Wunsch, ein anderes, offeneres Narrativ der Vergangenheit zu verfertigen, das ich an meine Kinder weitergeben kann – war, so glaube ich, für mich die stärkste Antriebskraft, das Buch fertigzustellen.

In der Diskussion im Anschluss an meine Lesung sprachen mehrere Angehörige der zweiten Generation Holocaust-Überlebender über ihre eigenen Geschichten, über das Trauma und die Trauer, die auf ihnen lasteten, über die verunsichernden Schweigecodes und über die Schwierigkeiten, die traumatischen Lebensgeschichten der eigenen Eltern zu verarbeiten. Nach der Veranstaltung war ich überwältigt, erschüttert von den Geschichten, die ich gehört hatte, und der Traurigkeit, die mich umfing. Und ich war den Besuchern dankbar, die mir zugehört hatten, als ich von meinen Schwierigkeiten berichtete, meine eigene familiale Verbindung zur Nazivergangenheit zu erforschen und zu erinnern. Ich suchte mir einen einsamen Winkel in der Universitätsbibliothek, um dort still zu weinen. Wir sollten die Gefühle, die der Erinnerungsprozess wachruft, nicht unterschätzen.

---

1 Das Konzept der aus geerbter Schuld resultierendenVerantwortung lässt an die berühmten Worte des deutschen Theologen Martin Niemöller denken, die in Yad Vashem zitiert werden: »Als die Nazis die Kommunisten holten, habe ich geschwiegen; ich war ja kein Kommunist. Als sie die Gewerkschaftler holten, habe ich geschwiegen, ich war ja kein Gewerkschaftler. Als sie die Juden holten, habe ich geschwiegen, ich war ja kein Jude. Als sie mich holten, gab es keinen mehr, der protestieren konnte.«

Ich habe dieses Buch mit dem Narrativ meines Großvaters eingeleitet und im Anschluss daran meine Reflexionen über den persönlichen, gesellschaftlichen und kulturellen Kontext des deutschen Erinnerns in einer Aufeinanderfolge von Betrachtungen über einen jeweils anderen Aspekt meiner Familiengeschichte und die Schwierigkeiten des Erinnerns dargelegt. Meine eigene Geschichte zum Thema eines Buches zu machen ist mir nicht leichtgefallen, zumal es für mich als Wissenschaftler neu und ungewohnt war, über mich selbst zu schreiben. Als Psychotherapeut verlasse ich mich auf mein Gespür für Situationen und Menschen, doch meine eigene Geschichte bleibt dabei gewöhnlich im Hintergrund. In diesem Buch habe ich meine emotionale Beziehung zu meinen Angehörigen geschildert. Dadurch wurden Gefühle der Verletzlichkeit geweckt, und ich musste mit der schwierigen Aufgabe fertigwerden, zwischen Wissen und Nichtwissen zu navigieren. Abwechselnd befielen mich Zweifel an meiner Fähigkeit, meinen Großvater fair und angemessen zu beschreiben, und Niedergeschlagenheit und Verzweiflung über dieses Kapitel meiner Familiengeschichte. Ich bin an die Grenzen autobiographischen Schreibens gestoßen, konfrontiert mit dem Wissen, dass das, woran ich meine Leserinnen und Lesern teilhaben lasse, nichts anderes sein kann als meine subjektive Version einer gelebten Geschichte, die unendlich komplexer ist als alles, was ich schreibend über sie zu berichten weiß.[2] Nun, da sich dieses Buch seinem Ende nähert, fühle ich mich gezwungen, dieser Komplexität gründlicher nachzuspüren. Was bedeutet es, das Schweigen über die Nazivergangenheit meiner Familie zu brechen, ein Schweigen, das bis zum heutigen Tag in so vielen deutschen Familien herrscht? Kann ich mich empathisch in die Großeltern, die ich einst kannte, einfühlen? Gibt es eine Möglichkeit, meine Kindheitserinnerungen mit dem, was ich in Erfahrung gebracht habe, zu vereinbaren?

Zu Gericht sitzen?

Wenn wir an Menschen zurückdenken, die für uns besonders wichtig gewesen sind, seien es Familienmitglieder oder Freunde, zeichnen sie sich oft durch irgendein auffälliges Attribut aus – vielleicht durch eine typische Geste, ihren charakteristischen Gang oder auch durch eine Marotte, durch ihr spezielles Lächeln oder die Art, wie sie

2 Meiner Ansicht nach können wir aus autobiographischen Berichten über deutsche Familiengeschichten eine Menge lernen. Sie bilden eine wichtige Ergänzung der herkömmlichen Diskussionen über das deutsche Nachkriegsgedächtnis. Die Grenzen der Autobiographie werfen freilich wichtige Fragen auf. Ist meine Wiedergabe der Ereignisse rund um meinen Großvater lediglich eines von mehreren möglichen Narrativen? Gibt es Erinnerungen, die ich übersehen oder ignoriert habe und die meine Darstellung hätten verändern können? Wie hat mein Wunsch, mich des Einverständnisses meiner Leserinnen und Leser zu vergewissern, geprägt, was ich gesagt habe? Diese Fragen verweisen auf die Notwendigkeit, sorgfältig abzuwägen, was wir über die Vergangenheit schreiben und wie wir unsere Erinnerungen schildern. Mark Freeman hat die Herausforderungen, die mit dem Verfassen von Autobiographien und Erinnerungen einhergehen, in seinem Buch *Hindsight* untersucht (Freeman 2010, S. 154–183).

uns umarmt haben. Ganz gleich, was uns an ihnen besonders ins Auge fiel – unsere Erinnerung daran macht diesen Menschen für uns einzigartig und besonders. Wenn ich an meinen Großvater denke, erinnere ich mich vor allem an eines: seine Technik, Äpfel zu schälen.

Meine Großeltern hatten einen wunderschönen Garten mit vielen Apfelbäumen, die im späten Sommer und frühen Herbst mit einer Überfülle an Früchten aufwarteten. Mein Großvater ließ natürlich nichts verkommen und bereitete Apfelmost in gewaltigen Mengen zu, wobei er größten Wert darauf legte, dass die Äpfel vor dem Pressen geschält wurden. Er saß auf einem Stuhl, den Apfel in der linken Hand und ein Schälmesser in der rechten. In einer fließenden Bewegung fuhr er mit dem Messer um den Apfel herum, ohne ein einziges Mal abzusetzen, und präsentierte mir dann den langen, sich kringelnden Schalenstrang. Als ich älter wurde, übte ich mich in der Schältechnik meines Großvaters und setzte sie schließlich – ganz so, wie er es zu tun pflegte – ein, um meine eigenen Kinder zu unterhalten. Er hatte mir eine Fertigkeit vermittelt, die mir als Kind ungemein wichtig erschien. Als ich es zum ersten Mal schaffte, einen Apfel in seiner Manier zu schälen, fühlte ich mich den Herausforderungen des Lebens ein klein wenig besser gewachsen.

Im Lichte der ernsten Themen betrachtet, mit denen ich mich in diesem Buch beschäftigt habe, mag eine solche Erinnerung womöglich fehl am Platz wirken. Ich habe sie hier geschildert, um zu illustrieren, dass vieles von meinem Großvater zu einem Teil meiner selbst geworden ist. Ich erinnere mich an ihn, wenn ich mit den Händen arbeite, einen filigranen Kunstgegenstand bewundere oder über einen gut erzählten Witz lache. Ganz gleich, was ich über ihn erfahren habe – meine Erinnerungen lassen sich nicht einfach auslöschen oder verscheuchen. Die Frage, die sich durch dieses Buch zieht und vielleicht ausschlaggebend dafür war, dass ich es geschrieben habe, lautet: Wie konnte ein Mensch, der in meinem Leben eine so große Bedeutung besaß, mit einer der schwärzesten Phasen der neuzeitlichen Geschichte etwas zu tun haben? Wie verarbeite ich die nunmehr anerkannte Nazivergangenheit in meiner Familie? Ist es möglich, dieses Wissen durchzuarbeiten und gleichzeitig Verständnis zu entwickeln?

Ich habe dieses Buch nicht geschrieben, um Wut auszudrücken oder Schuld abzuwägen. Dennoch habe ich mich oft gefragt, ob meine Leserinnen und Leser mich als jemanden wahrnehmen würden, der mit seinem Großvater ins Gericht geht. Dass ich ihn als einen Nazi bezeichne, könnte so aussehen, als wollte ich ihn ohne Rücksichtnahme auf die schwierigen Zeiten, in denen er lebte, anschwärzen. Ich kann mir vorstellen, dass manche Leserinnen und Leser zu der Überzeugung gelangen, dass ich meinen Großvater verurteile und in aller Öffentlichkeit die schmutzige Wäsche meiner Familie wasche. Dass jemand offen über die Nazivergangenheit der eigenen Familie schreibt, ist schließlich nicht unbedingt alltäglich. Einmal sagte eine Zuhörerin, nachdem ich meine Arbeit vorgestellt hatte, zu mir: »Ich habe das Gefühl, dass viele ganz gewöhnliche Deutsche ungerecht beurteilt werden. Sie lebten in einer Situation, die für uns heute unbegreiflich ist.« Ein anderer Zuhörer forderte mich auf, »empathischer« zu sein, und bedeutete mir: »Wenn Sie Ihren Großvater als Nazi bezeichnen, laufen Sie Gefahr, seine Persönlichkeit auf eine bloße Äußerlichkeit zu reduzieren.«

Die in diesen Kommentaren anklingende Empathie ist zwar wichtig, erscheint mir aber im Lichte dessen, wofür der Nationalsozialismus stand, völlig unangebracht. Wenn wir an Menschen wie meinen Großvater denken und die Entscheidungen betrachten, die sie getroffen haben, sehen wir sie durch die Linse unserer heutigen Kenntnisse über den Holocaust. Sie werfen eine Fülle an wichtigen Fragen im Zusammenhang mit den Überzeugungen und Handlungen jener ganz gewöhnlichen Deutschen auf, die den Holocaust miterlebten, ihm zuschauten oder ihn ermöglichten. Waren sie glühende Nazis, halbherzige Hitler-Anhänger oder einfach nur Mitläufer, die es vorzogen, den Mund zu halten? Waren sie allesamt Antisemiten, die den Terror der Nazis bereitwillig unterstützten?[3] Oder war ihr Antisemitismus situationsabhängig und setzte voraus, dass das Objekt ihres Vorurteils als abstraktes Stereotyp bar jeder menschlichen Eigenschaften auf Distanz gehalten wurde? Ähnliche Fragen hat man in Bezug auf die ganz gewöhnlichen deutschen Soldaten gestellt, die aus den Reihen der deutschen Zivilisten rekrutiert wurden – gesetzestreue Mitglieder der deutschen Gesellschaft, Väter, Brüder und Onkel, die den Fanatismus der berüchtigten SS nicht teilten, sich aber trotzdem am Massenmord beteiligten.

Die Wehrmachtsausstellungen von 1995 und 2001 haben erstmals gezeigt, dass die Wehrmacht in weiten Teilen eine verbrecherische Organisation war. Die Legende von der »sauberen Wehrmacht« wurde durch fotografische Beweise widerlegt, die keinerlei Zweifel daran lassen, dass Wehrmachtsangehörige an der Ermordung von Zivilisten direkt beteiligt waren. Noch weiter gehende Einblicke gewähren die vor etlichen Jahren entdeckten geheimen Abhörprotokolle von Gesprächen, die deutsche Kriegsgefangene, Angehörige der Wehrmacht, der Luftwaffe und der deutschen Marine, in britischen und amerikanischen Kriegsgefangenenlagern miteinander führten. Sönke Neitzel und Harald Welzer haben ihrer Untersuchung dieser Protokolle unter dem Titel *Soldaten. Protokolle vom Kämpfen, Töten und Sterben* veröffentlicht (Neitzel & Welzer 2011). Sie vertreten die Ansicht, dass die Soldaten ungeachtet ihrer individuellen Überzeugungen tatsächlich keinerlei Schwierigkeiten hatten, sich an den Gräueltaten zu beteiligen. Ohne ein Blatt vor den Mund zu nehmen, sprachen sie mit ihren Kameraden über das, was sie gesehen und getan hatten. Es gab keine zensierenden Filter der Art, wie sie in Nachkriegsdeutschland vorgaben, was gesagt und was nicht gesagt werden durfte; ebenso wenig gab es ein Programm mit dem Ziel, zwischen gewöhnlichen Deutschen und hasserfüllten Tätern klar zu trennen. Niemand fühlte sich gezwungen, den Mund zu halten. Die Transkripte zu lesen ist nicht einfach. Der Grad an Brutalität, die Beschreibungen von Massakern und der ein ums andere Mal Ausdruck findende unverhohlene Enthusiasmus sind tatsächlich unvorstellbar. Gleichwohl, so Neitzel und Welzer (2011), zeigen die geheimen Lauschberichte Folgendes:

3 Daniel Goldhagen (1996 [1996]) hat die ganz gewöhnlichen Deutschen als »Hitlers willige Vollstrecker« bezeichnet. Sein berühmtes gleichnamiges Buch geht von der Annahme eines »eliminatorischen« Antisemitismus aus, die von vielen Historikern als hochgradig reduktionistisch betrachtet wird. Eine pointierte Kritik des Buches verfasste Baumann (2000).

»An Ideologie, Politik, Weltordnung und dergleichen sind die meisten [Soldaten] kaum interessiert; sie führen keinen Krieg aus Überzeugung, sondern weil sie Soldaten sind und Kämpfen ihre Arbeit ist. Viele sind Antisemiten, aber das ist nicht identisch damit, ›Nazi‹ zu sein. Und es hat auch nichts mit ihrer Tötungsbereitschaft zu tun: Nicht wenige hassen zwar ›die Juden‹, sind aber empört angesichts der Judenerschießungen. Einige sind dezidierte Anti-Nazis, befürworten aber ausdrücklich die anti-jüdische Politik des NS-Regimes. Etliche sind erschüttert, dass Hunderttausende russische Kriegsgefangene dem Verhungern preisgegeben werden, zögern aber nicht, Kriegsgefangene zu erschießen, wenn es ihnen zu lästig oder gefährlich erscheint, sie zu bewachsen und abzuliefern. Einige halten es für ein Problem, dass die Deutschen zu ›human‹ seien, und erzählen im selben Atemzug en détail, wie sie die Einwohner ganzer Dörfer niedergemacht haben.« (S. 14)

Laut Neitzel und Welzer zeigen die Abhörprotokolle deutlich, »dass praktisch alle wussten oder zumindest ahnten, dass die Juden umgebracht wurden« (S. 146). Ihre Überlegungen haben mich veranlasst, mir über meinen Großvater Gedanken zu machen. Wenn er sich mit seinen Kameraden von der Luftwaffe im letzten Kriegsjahr unterhielt – wie äußerte er sich? Welche Ansichten vertrat er? Falls Neitzels und Welzers Einschätzung zutrifft, hätte mein Großvater kaum anders geklungen. Er hätte über den Holocaust Bescheid gewusst und sich wahrscheinlich weder schuldig noch verantwortlich gefühlt.

Wer sich in die Erfahrungsgeschichte des Nationalsozialismus – in die grausame Realität der Täter oder die Komplizenschaft der Mitläufer – vertieft, erlebt intensivste Gefühle. Die Beschäftigung mit der Nazivergangenheit ist immer, unter allen Umständen, ein schwieriges Unterfangen. Wenn man sich in diesem Zusammenhang den eigenen Großeltern widmet, muss man den eigenen emotionalen Reaktionen Rechnung tragen. Für mich gibt es schlechterdings keine Möglichkeit, mich genügend zu distanzieren, um ein ausgewogenes Bild zeichnen zu können. Objektivität ist immer ein unerreichbares Ideal. Ich hege in Bezug auf meinen Großvater intensive ambivalente und widersprüchliche Gefühle, und sie haben die Perspektive, die ich in diesem Buch einnehme, beeinflusst, wenn nicht sogar direkt geprägt.

Ich habe die Auffassung vertreten, dass es für Deutsche von größter Bedeutung sei, sich offen und selbstkritisch mit ihren Familiengeschichten auseinanderzusetzen. Die Frage lautet, welche Folgen dieser Prozess mit sich bringt. Ende der 1960er Jahre stellten Angehörige der zweiten deutschen Generation ihre Eltern wegen der Nazivergangenheit zur Rede. Sie wollten wissen, was die Eltern getan hatten. Sie bekamen keine Antworten oder ermittelten selbst. Familienbeziehungen wurden zerstört. Es war schwierig zu akzeptieren, dass ein liebevoller Angehöriger überzeugter Nazi gewesen war. Noch schwieriger war es, sich vorzustellen, was dies über seine Überzeugungen und Taten aussagte. Wut schlug in Schuldzuweisung um und versperrte den Weg zum Dialog oder zum Verstehen.

Ich kann mich mit dieser Wut und Enttäuschung identifizieren. Es ist zweifellos einfacher, wütend zu sein, als zu versuchen, sich einzufühlen; es ist einfacher, Schuld zuzuweisen, als zu verstehen, was passiert ist und weshalb die große Mehrheit der Deutschen Hitler ohne Frage enthusiastisch unterstützte. Ich räume vorbehaltlos ein, dass es mich belastet, zu wissen, dass mein Großvater Mitglied in der NSDAP war. Das Wort »Nazi« bezeichnet eine Kategorie des Bösen, mit dem sich zu identifizieren schwierig ist. Solange ich meinen Großvater mit den Verbrechen des Naziregimes assoziiere, ist es mir möglich, ihn auf Distanz zu halten.

Doch was, wenn er sich von mir selbst gar nicht so sehr unterscheidet? Was, wenn der freundliche ältere Herr, an den ich mich erinnere, derselbe ist, der in die Nazipartei eintrat und den ich auf dem Foto in Uniform entdeckte? Was würde das bedeuten? Ich schließe mich der Frage an, die Bar-On (2004 [1989]) bezüglich der von ihm interviewten Deutschen gestellt hat: »Befürchte ich, ich könnte gewöhnliche Menschen sehen, wenn ich zu genau hinschaue?« (S. 294) Was könnte ich womöglich erfahren, wenn ich mich in meinen Großvater einzufühlen versuche? Ich habe nie daran gezweifelt, dass er fürsorglich sein konnte und im Laufe seines Lebens große Not gelitten hat. Dies ist der Mann, den ich als Kind kennengelernt und erlebt habe. Gerade sein freundliches Wesen und seine Fähigkeit, auch in schwierigen Zeiten den Mut nicht zu verlieren, machen es so schwierig für mich, seine Verbindung zum Naziregime zu begreifen. Wie wichtig es vor diesem Hintergrund ist, zu verstehen, wer mein Großvater war und wie es ihm in den 1930er Jahren erging, hat mir einer meiner Gesprächspartner sehr deutlich vor Augen geführt.

Als ich das Narrativ meines Großvaters in Jerusalem vorstellte, wurde meine Arbeit von dem israelischen Psychoanalytiker Chezzi Cohen kommentiert, dessen tragische Familiengeschichte ich im 4. Kapitel geschildert habe. Cohen konnte 1938 mit seinen engsten Angehörigen nach Palästina entkommen, doch seine geliebten Großeltern, seine Onkel und Tanten wurden im Holocaust ermordet. Trotz dieser Geschichte vertritt Cohen (2014) unerschrocken eine Haltung der empathischen Untersuchung:

> »Die Frage bezüglich Deutschlands – und nicht nur Deutschlands – in den 1930er Jahren lautet, wie wir die vollkommen blinde Gefolgschaft Hitlers und den Glauben an die Grundsätze des Nazismus erklären können – nicht nur beim Pöbel, sondern auch bei Intellektuellen wie Heidegger oder bedeutenden Künstlern wie von Karajan. […] In den vergangenen 30 Jahren habe ich vergeblich mit der Frage gerungen: Was hätte ich getan, wäre ich kein Jude gewesen, sondern ein Deutscher? […] Bei der Frage, die mir zusetzt, geht es nicht darum, ob ich denselben Mut wie der Held in Hans Falladas Buch aufgebracht hätte, der heimlich an verschiedenen Orten Postkarten-Flugblätter auslegt, auf denen er zum Widerstand gegen die Naziherrschaft aufruft. Was mir zusetzt, ist die Frage, ob ich (und sei es völlig passiv) als einer von Millionen den Arm zum Hitlergruß hochgerissen und mich damit identifiziert hätte. Ich glaube, dass meine persönliche Frage die Grundfrage berührt: Wie ist es möglich? Auf diese Frage hat die Psychoanalyse trotz einer Fülle einschlägiger Veröffentlichungen meiner Ansicht nach keine hinreichend gute Antwort gefunden, die über die allgemeine These der Suche nach einem starken Vater hinausgeht.« (S. 8)

Cohen möchte das menschliche Vorurteil und die Motive ergründen, die gewöhnliche Deutsche zur Unterstützung der Nazis veranlassten, mit anderen Worten: Er versucht, sich an die Stelle ganz gewöhnlicher Deutscher zu versetzen, um deren damalige Motivationen und Erfahrungen zu verstehen. Niemand, so Cohen, könne mit absoluter Sicherheit sagen, wie er oder sie sich als Mitglied der in Nazideutschland lebenden Mehrheit verhalten hätte. Die kollektive Reaktion auf Hitler illustriert, dass man von seiner Sache fest überzeugt sein muss, um sich einer mächtigen Mehrheit widersetzen zu können.

Ich halte Cohens Fähigkeit, eine empathische Haltung zu verkörpern, auch deshalb für besonders bedeutsam, weil der Holocaust großen Einfluss auf sein eigenes Leben ausgeübt hat. Cohens Bemühen, zu verstehen, sollte uns alle auffordern, darüber nachzudenken, weshalb Menschen einander trotz allen Wissens um die Schrecken der Vergangenheit weiterhin misshandeln. Dies zu begreifen ist entscheidend dafür, dass wir nicht auf dieselbe Art versagen, wie unzählige Deutsche in der Vergangenheit versagt haben. Eine ähnliche Sichtweise findet sich im Werk Thomas Kohuts. Sein Vater, der Psychoanalytiker Heinz Kohut, konnte dem Holocaust knapp entkommen, weil er 1939 aus Österreich in die Vereinigten Staaten flüchtete. Vier seiner fünf Onkel und Tanten sowie Cousins und Cousinen wurden ermordet. Vor dem Hintergrund dieser tragischen Geschichte untersucht Thomas Kohut die Schwierigkeiten, über die Deutschen der ersten Generation zu schreiben. Seine Eltern wären wahrscheinlich der Endlösung zum Opfer gefallen; die Deutschen hingegen, deren Interviews er analysiert hat, waren allesamt mehr oder minder begeisterte Nazi-Anhänger. Trotz seines »Abscheus« vor dem Nationalsozialismus und in dem Bewusstsein, dass er selbst in der Vergangenheit zum Opfer hätte werden können, betont er, wie wichtig es ihm sei, sich in die deutschen Frauen und Männer, denen seine Untersuchung galt, einzufühlen. Er hatte sich, wie er schreibt, zum Ziel gesetzt, »die intellektuelle und die emotionale Distanz [zu] verringern, die uns von ihnen trennt – teils indem wir uns in ihre unverwechselbaren historischen Lebensumstände hineindenken, teils indem wir anerkennen, dass sie auf gewisser Ebene genauso waren wie wir und dass wir fähig sind, wie sie zu sein« (Kohut 2017 [2012], S. 45).

Wenn ich die gemeinsame Menschlichkeit, die ich mit meinem Großvater teile, anerkenne, muss ich mich auch fragen, ob ich mich von ihm tatsächlich so sehr unterscheide oder ob der historische Kontext ihn anders erscheinen lässt. Ebendies ist der Punkt, auf den es Kohut ankommt. Er möchte die Distanz zwischen »uns« und »ihnen« verringern und uns helfen, unser eigenes Potenzial zu entmenschlichenden Einstellungen und Verhaltensweisen in der Gegenwart anzuerkennen. Wir müssen uns, so Kohut,

> »in Erinnerung rufen, was *uns* von jenen unterscheidet, die den Völkermord durchgeführt und ermöglicht haben, nämlich *die historische Erfahrung.* Die Täter und ihre Zuschauer, die die Verbrechen durch ihre Passivität ermöglichten, waren Menschen wie wir. Ich halte zwei spezifische Aspekte der menschlichen Natur für den Kontext von Nationalsozialismus und Holocaust für besonders relevant, auch wenn ihre Ausprägung individuell oder von Kultur zu Kultur variiert. Alle Menschen haben das Bedürfnis, der Gruppe anzugehören und andere aus ihr auszuschließen. Ich betrachte dieses Bedürfnis als einen zentralen Beweggrund für den Holocaust. Alle Menschen sind darüber hinaus imstande, andere

zu dehumanisieren, indem sie ihnen ihre Empathie verweigern. Diese Verweigerung der Empathie hat den Holocaust ermöglicht.« (S. 354)

Kohut appelliert an seine Leserinnen und Leser, zu versuchen, sich in die Nazi-Täter, aber auch in die Zuschauer und Mitläufer einzufühlen. Dies ist zugegebenermaßen schwierig, doch dass sein Appell wichtig ist, lässt sich nicht bestreiten. Es wäre nur allzu einfach, zu behaupten, dass mein Großvater entschieden anders war als ich es bin, anstatt zu versuchen, sich in sein Leben hineinzuversetzen und zu verstehen, wer er als Mensch gewesen ist.

Weil meine Großeltern nicht mehr leben, habe ich keine Möglichkeit, mit ihnen über die Vergangenheit zu sprechen, sie als Individuen kennenzulernen oder über Fragen der Schuld und Verantwortung mit ihnen zu sprechen. Der Dialog mit ihnen bleibt imaginär. Es gibt so vieles, was ich gern wissen und weshalb ich nach dem »Warum, Was und Wie« der Überzeugungen und Taten meines Großvaters fragen möchte. Im Laufe der Gespräche, die ich innerlich mit ihm führe, könnte ich erfahren, dass er und ich eine Menge gemeinsam haben – trotz der so unterschiedlichen historischen Lebensumstände. Zu Beginn des Buches habe ich gefragt, ob ich als Kind oder junger Erwachsener hätte wissen können, was ich heute über ihn weiß. Auf die Frage wird es nie eine Antwort geben. Sicher ist, dass ich meinen Großvater nie zur Rede gestellt oder ihm die Art Fragen vorgelegt habe, die ich ihm heute gern stellen würde. Ebenso wenig konnte ich meine Enttäuschung zum Ausdruck bringen oder versuchen, die Gründe für seine Entscheidungen zu verstehen. Unser Blick reicht immer nur so weit, wie die gegenwärtigen Umstände es zulassen. Mein Leben in unterschiedlichen Kontexten ist mittlerweile so sehr Teil meiner selbst, dass sich das, was ich über die Nazivergangenheit weiß, und meine Wahrnehmung der grauenvollen Ereignisse zweifellos gewandelt haben. Meine Beziehung zu meinem abwesenden Großvater hat sich verändert: An die Stelle der idealisierten Verbundenheit ist eine nüchterne Einschätzung der Geschichte und der Rolle, die er darin gespielt hat, getreten.

Mein Blick auf die Vergangenheit ist ein anderer geworden, doch nach wie vor gibt es vieles, was ich über meinen Großvater nicht weiß. Da ist vor allem die Frage: *Warum* hat er mitgemacht? Warum hat er *beschlossen*, in die NSDAP einzutreten? Stand die Nazipartei für die politischen und gesellschaftlichen Überzeugungen, die er bereits vertrat? Oder hat die Partei meinen Großvater in jemanden verwandelt, der in ihr Wertesystem hineinpasste? Vielleicht trifft beides zu. Mit Sicherheit kann es niemand sagen. Ich habe diese Fragen meinen Angehörigen gestellt und von ihnen erfahren, dass die Parteimitgliedschaft meines Großvaters mit seiner Anstellung im öffentlichen Dienst zusammenhing. Jeden Sommer legte er sein Werkzeug aus der Hand und wechselte in seinen Zweitberuf als Leiter einer großen Badeanstalt. In seiner Jugend war mein Großvater ein talentierter Schwimmer gewesen, und diese Interessen hatten ihn bewogen, sich zum Rettungsschwimmer und Schwimmlehrer ausbilden zu lassen. Seine Kollegen aus dem öffentlichen Dienst waren bereits Parteimitglieder, deshalb trat auch er ein. Offenbar fühlte er sich als städtischer Angestellter dazu verpflichtet. Kann es so einfach gewesen sein?

Historiker haben nachgewiesen, dass die Mitgliedschaft in der NSDAP zumindest in manchen Berufen erwartet wurde und ein »Vorankommen« ohne Parteibuch nicht möglich war. Thomas Kohut (2017 [2012]) gelangt auf der Grundlage seiner Studie über die deutsche erste Generation zu folgendem Schluss:

> »Schon 1933 war die Mitgliedschaft in der Hitler-Jugend (oder die aktive Mitarbeit in der NSDAP) eine Voraussetzung für die Zulassung zum Universitätsstudium. Verallgemeinert ausgedrückt, kann man sagen, dass die politische Zuverlässigkeit, die sich nach dem politischen Aktivismus bemaß, den Erfolg in Ausbildung und Beruf entscheidend beeinflusste. In bestimmten Berufen war die Mitgliedschaft in der Partei unabdingbar. Am effektivsten aber war vielleicht der Anpassungsdruck, den sich die Bürger selbst auferlegten. Gestapo-Terror und andere, subtilere Formen des Zwangs und der Nötigung wurden – und zwar auch von solchen Deutschen, die gegen das Regime waren und sich der Einfügung ins Kollektiv widersetzten – verinnerlicht und drängten sich als lebendige psychische Präsenz in die Gedanken, Gefühle, ja sogar in die Träume. Konformität wurde in Form kleiner Rituale wie dem Hitler-Gruß ebenso praktiziert wie anlässlich der Feste, Feiern und Massenaufmärsche, die aus der Landschaft des Dritten Reiches nicht wegzudenken sind. Sie stifteten und förderten die kollektive Identität und Konformität, ›eine Gegenwirklichkeit […], die die Jugendlichen aus der rationalen Beziehung zur Wirklichkeit lösen und in einer Stimmungsgemeinschaft integrieren sollte‹.« (S. 196; das Zitat im Zitat aus Möding (1985], S. 260.)

Ob diese Beobachtungen auf meinen Großvater und seine Situation zutreffen, ist schwer zu sagen. Ganz gleich, welchem Druck er sich womöglich ausgesetzt sah: Soweit ich weiß, hat ihn niemand gezwungen, in die NSDAP einzutreten. Zudem arbeitete er nur in Teilzeit im öffentlichen Dienst. Wurde er als Parteimitglied anders wahrgenommen? War die Mitgliedschaft für ihn ein Wert an sich? Ich habe den Eindruck, dass es meinem Großvater immer wichtig gewesen ist, »dazuzugehören«. Andere Familienmitglieder scheinen dieses Bedürfnis nicht gehabt zu haben. Sie waren in der Sozialdemokratischen Partei aktiv, die gegen den Aufstieg der Nazis Widerstand leistete. Nicht jedoch mein Großvater. Es ist durchaus wahrscheinlich, dass er sich den Nazis aus Überzeugung und Pflichtgefühl anschloss. Eine Entscheidung, die mich umtreibt.

Angesichts der historischen Realität der Nazijahre und des Holocaust fällt es schwer, sich eingehend mit den Überzeugungen oder Handlungen der ganz gewöhnlichen Deutschen zu beschäftigen. Ein empathisches Verstehen der Deutschen darf auch nicht zu Lasten der empathischen Einfühlung in die Opfer und die Überlebenden des Holocaust erfolgen. Um die Geschichte der Nazivergangenheit in meiner eigenen Familie kennenzulernen, muss ich diese Geschichte über die Grenzen ihrer persönlichen Kriegserfahrungen hinaus auch emotional fühlen können. Dies wurde mir auf schmerzliche Weise klar, als ich Yad Vashem besuchte, Israels Gedenkstätte für die im Holocaust Ermordeten. Yad Vashem konfrontiert den Besucher mit dem unbeschreiblichen Ausmaß der Verbrechen und Gräuel, die begangen wurden. Die individuellen Bilder der Hingemordeten, die Geschichten der auseinandergerissenen Familien, die Augenzeugenberichte über den Völkermord – all dies hat sich meinem Fühlen und Denken eingeprägt. Die Bilder und Dokumente von der Geschichte des organisierten Massenmordes machen die Geschichte meiner Familie ebenso wie die zahlloser anderer deutscher Familien umso unbegreiflicher – und deshalb ist es umso wichtiger, sie aufzuarbeiten. Der Besuch in Yad Vashem hat mich in der Überzeugung bestärkt, dass es wichtig ist, über meine Geschichte zu schreiben und sie zu veröffentlichen. Dabei geht es mir nicht darum, Urteile zu fällen. Vielmehr setze ich mich in diesem Buch mit der Bedeutung dessen auseinander, was ich über meinen Großvater in Erfahrung gebracht habe, und versuche zu ergründen, wie Erinnerungen gebildet und von einer Generation an die nächste weitergegeben werden. Es geht um die Bedeutung von Wissen *und* Erinnern.

Meine Großmutter

Wenn wir Fragen stellen und neugierig sind, werden wir unsere Geschichte vielleicht besser verstehen. Ich habe lange über meine Beziehung zu meinem Großvater nachgedacht, und dabei ist meine Großmutter im Hintergrund geblieben.[4] Dies hat zweifellos persönliche Gründe. Als ich für meinen Onkel in Hannover arbeitete, habe ich bei meiner Großmutter gewohnt. Im Sommer 1984, ich war 18 Jahre alt, drehten sich unsere abendlichen Gespräche am Küchentisch nicht um die Vergangenheit, sondern um ein aufregendes Ereignis in der Gegenwart. Meine Schwester plante einen Besuch in Hannover – zusammen mit ihrem künftigen Mann, der nun seit vielen Jahren mein Schwager ist. Meine Großmutter war furchtbar aufgeregt und traf schon lange im Voraus ihre Vorbereitungen. Als ihr erstes Enkelkind hatte meine Schwester einen besonderen Platz in ihrem Herzen. Ich blickte dem Wiedersehen und der Zeit, die wir miteinander verbringen würden, genauso aufgeregt entgegen. Meine Schwester ist vier Jahre älter als ich, und ich habe als Kind stets zu ihr aufgeschaut. Sie ist Teil dieser Erinnerungen. Wir haben eine gemeinsame Familiengeschichte. Unsere Erfahrung, inmitten unterschiedlicher Kulturen, Sprachen und Sichtweisen zu leben, stellt eine konstante Verbindung zwischen uns dar.

Für meine Großmutter war die Tatsache, dass meine Schwester ihr den Mann, den sie liebte, vorstellen wollte, auf mehreren Ebenen von besonderer Bedeutung. Da war vielleicht zuvorderst die faszinierende Aussicht auf eine Zukunft, in der die Familie weiter wachsen würde. Meine Großmutter genoss es, Menschen kennenzulernen und Einblick in deren Welt zu erhalten. Ich erinnere mich, wie ich neben ihr saß und sie mir von diesen Möglichkeiten erzählte, während sie die Fotos meiner Schwester und meines künftigen Schwagers studierte. Die abgegriffenen Ränder bewiesen, dass sie die Bilder schon oft in der Hand gehabt hatte. Sie bewunderte seine Attraktivität, noch bevor sie ihm zum ersten Mal begegnete. Sie war ein Mensch, der sich gern begeistern und mitreißen ließ.

4 Die Rolle der Frauen im Nationalsozialismus und die große Bedeutung, die ihrer Unterstützung der Kriegsanstrengungen zukam, wurden in der historischen Forschung lange vernachlässigt. Mittlerweile zeichnet sich eine Veränderung ab. Siehe beispielsweise Herkommer (2008), Lower (2013) und Maier-Katkin (2007).

Meine Großmutter war lebenshungrig, sprühte vor Energie und legte Wert auf ein gepflegtes Äußeres (siehe Foto 20). Von fern kann ich mich noch an den Duft ihres Parfums erinnern. Wenn ich als Kind bei ihr saß und spielte, pflegte sie Geschichten aus der Vergangenheit oder aus literarischen Werken, die sie liebte, zu erzählen. Sie rezitierte Balladen von Schiller, die sie in ihrer Jugend auswendig gelernt hatte, besonders gern sein berühmtes »Lied von der Glocke« – eine meiner liebsten Erinnerungen. Heute kann ich über ihr ausgezeichnetes Gedächtnis nur staunen. War dies tatsächlich dieselbe Frau, die den Aufstieg der Nazis begeistert begrüßte? Zweifellos wurde diese Frage in Bezug auf unzählige Deutsche, normale Leute wie meine Großeltern, ein ums andere Mal gestellt. Wie lassen sich ihre Entscheidungen erklären? Eine Nation, berühmt für ihre Dichter und Denker, verwandelt in Richter und Henker.[5]

Hannover war für meine Schwester und meinen künftigen Schwager lediglich ein Zwischenstopp auf einer viel weiteren und persönlich bedeutsamen Reise. Einer historischen Entdeckungsreise. Nicht Deutschland war ihr eigentliches Ziel, sondern Polen. Der Eiserne Vorhang war zwar nicht mehr völlig undurchlässig, aber Reisen nach Osteuropa bildeten dennoch die Ausnahme. Das Paar hatte einen ganz besonderen Plan, dessen Entstehung mit der Zeit vor Beginn des Kalten Krieges zusammenhing. Rückblickend waren vielleicht auch in ihrem Fall die Drehungen und Wendungen der Geschichte – Verflechtungen und Verwicklungen der Art, wie ich sie in diesem Buch beschrieben habe – dafür ausschlaggebend, dass sie auf dem Weg nach Polen durch Deutschland reisten.

Sie wollten sich ansehen, wo der Vater meines Schwagers aufgewachsen war, wollten das Haus in Warschau besuchen, in dem er seine Kindheit verbracht hatte und das sich nun im Besitz von Fremden befand. Von seinen ursprünglichen Bewohnern gab es keine Spur mehr. Alle Mitglieder der Familie waren im Holocaust ermordet worden. Mein Schwager ist der Sohn eines polnisch-jüdischen Vaters und einer französischen Katholikin. In seiner Kindheit wurde über die Vergangenheit des Vaters kaum gesprochen, obwohl die Geschichte sein Leben und das Leben seiner Familie geprägt hat. Meine Schwester und ihr künftiger Mann wollten auf dieser Reise die Vergangenheit des Vaters aufsuchen, um vielleicht eine Ahnung von der Tragödie zu bekommen, die die Familie heimgesucht hatte, lange bevor mein Schwager zur Welt kam. Sein Vater wurde in Warschau in eine jüdische Familie hineingeboren, die seit vielen, vielen Jahren in der Stadt ansässig war. Er überlebte den Holocaust dank zufälliger Umstände. Nachdem er seine frühe Kindheit in Polen verbracht hatte, ging er Ende der 1930er Jahre in die Schweiz, um dort seine Schulausbildung abzuschließen. Er war noch Schüler, als der Krieg ausbrach. Nach dem Einmarsch der Nazis in Polen konnte er nicht nach Warschau zurückkehren und verlor schließlich auch jeden Kontakt zu seiner Familie. Er wurde einer von zahllosen Flüchtlingen, die die Kriegsjahre in einem Schweizer Arbeitslager verbrachten. Nach dem Krieg fand er heraus, dass alle seine Angehörigen

5 Dies in Anlehnung an den berühmten Aphorismus des Wiener Satirikers Karl Kraus (1919) über das Einvernehmen, das die deutsche Elite mit Bismarcks »Blut und Eisen«-Parole bekundete: »Die deutsche Bildung ist kein Inhalt, sondern ein Schmückedeinheim, mit dem sich das Volk der Richter und Henker seine Leere ornamentiert.«

Foto 20: Meine Großmutter in Hannover, 1928.

ermordet worden waren. Außer ihm selbst hatte lediglich eine Tante überlebt. Er musste sich ein neues Leben aufbauen, ging nach Frankreich und ließ sich schließlich in Paris nieder, wo er die Mutter meines Schwagers kennenlernte. Gemeinsam wagten sie den Neubeginn, und ihre französische Familie, ihre Eltern und eine Schwester, nahm ihn als einen der ihren auf.

Die tragische Geschichte des Vaters meines Schwagers, seine Lebensbejahung angesichts des unermesslichen Verlustes, relativiert das Leiden der gewöhnlichen Deutschen. Die Traumata und die Verbrechen der Shoah sind irreduzibel. Sie lassen sich nicht wegerklären, und ebenso wenig schmälert die Beleuchtung des »deutschen Leidens« die Ungeheuerlichkeit dessen, was geschehen ist. Jeder Versuch, Leiden gegeneinander abzuwägen, um Gleichwertigkeiten aufzuzeigen, ist nicht nur fehlgeleitet, sondern auch moralisch falsch. In der Gegenwart wie in der Zukunft müssen Deutsche mit der Last der Verantwortung, die Erinnerung wachzuhalten, leben, selbst wenn sie, als diese Gräueltaten verübt wurden, noch gar nicht auf der Welt waren.

Über Schuld oder Verantwortung zu sprechen kam meiner Großmutter nicht in den Sinn. Sie war von meinem künftigen Schwager hingerissen, und das reichte. Sie konnte gar nicht oft genug betonen, wie sehr sie sich für meine Schwester freute. Ich erinnere mich, dass ich damals um die jüdische Herkunft meines Schwagers einen Bogen machte. Ich weiß nicht, inwieweit meine Großmutter mit der Geschichte seiner Familie vertraut war; sie kannte sie auf jeden Fall in groben Zügen, wusste, dass sein Vater Jude war und dass er »den Krieg« überlebt hatte. Meine Großmutter sprach nicht von der Shoah, sondern vom »Krieg«. Tod und Zerstörung waren Teil des »Krieges«, und natürlich hatte jeder unter all den furchtbaren Dingen, die passierten, gelitten.

Die historischen Faktoren über den familialen Hintergrund meines Schwagers gingen in das Wissen und Nichtwissen ein, an dem ich ebenso wie vielleicht jeder Andere in meiner Umgebung festhielt. Ich kannte die Geschichte seiner Familie und ging sensibel damit um, stellte meiner Großmutter aber weiterhin keine Fragen über die Nazivergangenheit, über meinen Großvater oder ihre gemeinsame Einstellung zum »Krieg«. Die Münzen, die ich bald schon erben sollte, die Kriegsauszeichnungen, die ich entdecken würde, gesellten sich zu den Akteuren eines stummen Spiels der Gleichzeitigkeit von Wissen und Nichtwissen. Geschichte und Alltagsleben waren innig miteinander verflochten, blieben aber auf unabänderliche, wenn nicht gar unerklärliche Weise voneinander getrennt.

Immer wieder beschäftigt mich eine Frage, auf die es nie eine Antwort geben wird. Was empfand meine Großmutter ob der Aussicht, dass meine Schwester den Sohn eines Holocaust-Überlebenden heiraten wollte, der zwar nach jüdischem Gesetz selbst nicht jüdisch war, aber jüdische Vorfahren hatte? Für die Nazis hatte es jedenfalls keine Rolle gespielt, welcher Elternteil jüdisch war. Und seit ich beschlossen habe, dieses Buch zu schreiben, stelle ich mir noch eine weitere, damit verbundene Frage: Wie hätten meine Großeltern auf die Entscheidungen, die ich getroffen habe, reagiert? Auf meine Frau, meine Lebenspartnerin, und unsere Kinder? Tief im Innern würde ich gern glauben, dass sowohl meine Großmutter als auch mein Großvater meine Frau und unsere Kinder genauso ins Herz geschlossen hätten wie mich selbst: bedingungslos. Meine Großmutter akzeptierte meinen Schwager, ohne zu fragen, ohne zu überlegen, ja vorurteilsfrei und in freudigem Einverständnis mit der Wahl meiner Schwester, in dem eine Liebe zum Ausdruck kam, wie sie vielleicht nur eine Großmutter in ihrem letzten Lebensjahr schenken kann.

Der Skeptiker mag fragen, ob meine Großmutter eine Art Sühne, eine Art unausgesprochener Wiedergutmachung der Vergangenheit leisten wollte, indem sie meinen Schwager willkommen hieß und akzeptierte. Derselbe Skeptiker wird vielleicht auch fragen, ob ebendies der Grund sei, weshalb ich meine Frau geheiratet habe und meine Schwester ihren Mann, den Sohn eines Holocaust-Überlebenden, geheiratet hat.[6] Eine solche Sichtweise wäre aber verkürzt. Sie ignoriert die Kontexte, in denen jeder von uns sein Leben lebt, und suggeriert, dass unsere Handlungen restlos selbstmotiviert und historisch determiniert seien. Sie erhält zudem eine Spaltung zwischen »wir« und »sie« aufrecht, die dem Hass als Nahrung dient. Vor allem aber übersieht der Skeptiker, dass andere Menschen Gefühle der Liebe und Zuneigung in uns wecken können, die sich nicht wegerklären und erst recht nicht auf einen einzigen Grund zurückführen lassen.

Niemand wusste, dass meine Großmutter schon wenige Monate nach dem Besuch meiner Schwester und meines Schwagers sterben würde. Ich glaube auch nicht, dass sie selbst es irgendwie ahnte. Ihr Tod machte es für immer unmöglich, über die Vergangenheit nachzudenken und gemeinsam zu verstehen, was ihre Zustimmung zu meinem künftigen Schwager in Bezug auf das begangene Unrecht, die Vorurteile, die sie und mein Großvater zweifellos geäußert hatten, und ihre Unterstützung des Naziregimes bedeutete, und vielleicht auch Reue, Schuldgefühl und moralischer Verantwortung zum Ausdruck zu bringen. Wenn ich heute zurückblicke, sehe ich die verpassten Gelegenheiten.

Als meine Großmutter starb, spürte ich, dass jemand, der mir sehr nahegestanden hatte, plötzlich nicht mehr da war. Ich fühlte mich einsam. Mit meiner Großmutter schien auch die Lebensfreude, die sie so oft vermittelt hatte, dahingegangen zu sein. Ich war erschüttert. Als mein Großvater starb, war ich jünger gewesen, und meine Trauer war eine andere als die Trauer um den Tod der Großmutter. Vielleicht ist ebendies der Grund, weshalb meine Großmutter in dieser Geschichte eher im Hintergrund geblieben ist. Ich hatte sie auf eine Weise kennengelernt, wie ich meinen Großvater nie gekannt habe. Möglicherweise ist es mir deshalb leichter gefallen, ihn in einem kritischen Licht zu betrachten. Vor allem aber habe ich meine Großmutter wirklich gern gehabt. Sie war nicht gebildet im herkömmlichen Sinn, aber sie sprühte vor Lebendigkeit und Energie und war immer in Bewegung.

Über diese Erinnerungen nachzudenken ist mehr als reine Spekulation. Ich habe sie geschildert, weil sie direkt auf eine Frage hinlenken, die ich mit ständig stelle: Wie konnten meine Großeltern ein verabscheuungswürdiges Regime unterstützen, das den

6 Bar-On und Rosenthal erläutern, dass die Identifizierung mit dem Judentum, sei es die Konvertierung oder die Eheschließung mit einem Menschen jüdischer Herkunft, manchen Deutschen der zweiten und dritten Generation als Möglichkeit dient, sich aus der ererbten Verantwortung zu stehlen oder der Last des Holocaust-Gedenkens zu entledigen. So schreibt Rosenthal (1999): »Begibt man sich dann auch noch durch Heirat in ein jüdisches Teilmilieu, kann man sich das Image eines über jeden Verdacht des Antisemitismus erhabenen Menschen geben« (S. 353).

Genozid verübte? Die warmherzige Frau, die ich beschrieben habe, war auch eine Ehefrau, die meinem Großvater, einem NSDAP-Mitglied, hilfreich zur Seite stand. Können wir solche Paradoxien begreifen? Vielleicht zeigt das Einverständnis meiner Großmutter mit dem künftigen Mann ihrer Enkelin, dass sich die Werte und Überzeugungssysteme, die sie als junge Frau vertrat, leichter wandeln konnten, als unsere Vorannahmen es uns nahelegen. Und wie hätte wohl mein Großvater reagiert? Ich würde gern glauben, dass er und meine Großmutter sich einig gewesen wären.

Nichts, was heute gesagt werden kann, ändert etwas an der Traurigkeit und Verwirrung, die ich über das, was ich über die Geschichte meiner Großeltern erfahren habe, empfinde. Doch die Paradoxien, die ich beschrieben habe, veranlassen mich auch zu fragen, inwieweit Vorurteile genauso wie Erinnerungen mit unseren spezifischen Lebenskontexten zusammenhängen. Bleibt ein Vorurteil erhalten, wenn sein Objekt anonymisiert und zu einer Art generalisierter Anderer gemacht wird? Können wir unsere Vorurteile erst hinterfragen, wenn sich dieser generalisierte Andere in einen individualisierten Menschen mit einer bedeutsamen Beziehung zu unserem eigenen Leben verwandelt? Manch einer wird diese Sichtweise in Anbetracht der Allgegenwart von Vorurteil und Leiden und der Erfahrung, dass langjährige Nachbarn urplötzlich zu Feinden werden können, für allzu optimistisch oder für naiv halten.[7] Aber ich möchte gern glauben, dass sich, wenn wir unseren Horizont erweitern, ein Raum öffnet, in dem wir gemeinsam eine neue, von Grund auf ethische Art der Bezogenheit entwickeln können. Ob ein solcher Veränderungsprozess, wie ich in hier beschreibe, die zustimmende Einstellung meiner Großmutter gegenüber meinem Schwager erklärt, ist zwar nur eine Mutmaßung, aber auch keine selbstgefällige Spekulation. Neugierig zu sein ist wichtig. Es zählt. Geschichte ist kein angestaubtes Buch. Geschichte ist gelebte Erfahrung.

Indem ich meine Familiengeschichte und die Bedeutung meiner Beziehung zu meinem Großvater erforscht und mich damit auseinandergesetzt habe, wurde mir klar, dass ich meine Geschichte auf eine andere Weise erzählen und das Schweigen brechen muss. Ich habe die tiefen Schamgefühle meiner Familie und damit auch meine eigene Scham sowie das daraus erwachsende Schweigen zu verstehen gelernt. Dieses Schweigen zu durchbrechen ist ein schwieriges Unterfangen, das mit den mir lieben Erinnerungen an meine Großeltern in Konflikt gerät. Es erzeugt eine fundamentale, von Verlustgefühlen geprägte Ambiguität. Doch so ambivalent meine (oder unsere) Reaktion auf Erinnerungen an die Vergangenheit sein mag, bleibt das historische Trauma ein unveränderlicher Fixpunkt unter der Wechsellinse der Zeit. Die Bilder von jener Rampe in Auschwitz, so Jürgen Habermas (1986), stehen für das »traumatische Nicht-Vergehen-Wollen eines in unsere nationale Geschichte eingebrannten moralischen Imperfekts«.

7 Dass Nachbarn zu Feinden werden, die seit Menschengedenken friedlich miteinander ausgekommen sind, zeigte sich mit Macht im ehemaligen Jugoslawien, wo in den Jahren eines brutalen Krieges und »ethnischer Säuberungen« ein historischer Hass, der Christen von Muslimen und Serben von Kroaten trennte, aufbrach. Zur Rolle von Vorurteilen in diesem Konflikt siehe Paris (2000 [2000]).

Vergangenheit, Gegenwart, Zukunft

Das Durchbrechen des Schweigens hat ein neues Narrativ entstehen lassen, an dem heute alle drei Generationen meiner Familie teilhaben. Meine Eltern sind Kinder der deutschen Täter- und Mitläufergeneration, meine Frau ist jüdisch, und meine Kinder sind sowohl deutscher als auch jüdischer Herkunft, Erben zweier unterschiedlicher kultureller Identifizierungen und Traditionen. Der intergenerationelle Dialog zwischen meinen Eltern und ihren Enkeln ist eine einzigartige Chance und zugleich eine moralische Verpflichtung, »die Geschichte richtigzustellen«, zu einem weiterreichenden Verständnis und umfassenderen Wissen über das, was in der Vergangenheit passiert ist, zu gelangen und der Zukunft neue Verständigungsmöglichkeiten aufzuzeigen.

Meinen Kindern ist in diesem Buch eine zentrale Rolle zugewachsen. Mitunter rückten sie in den Vordergrund meiner Überlegungen, aber ihre Existenz erinnerte mich ohnehin ständig an die Notwendigkeit, die Vergangenheit zu verstehen und auf sie zu reagieren. Sie haben meine langen Abwesenheiten ertragen, wenn ich mich auf den schwierigen Schreibprozess zurückgezogen habe. Sie haben den Prozess des intergenerationellen Dialogs beobachtet, in dem ich meinen Eltern Fragen gestellt habe, um mehr über die Vergangenheit zu erfahren, meine Erinnerungen zu bestätigen und ihre eigenen in Zweifel zu ziehen. Heute leben meine Eltern wieder in Vancouver, der Stadt, in die sie ursprünglich eingewandert sind, bevor sie in die Schweiz gingen und dann nach Deutschland zurückkehrten. Ihre zweite Ankunft in Kanada ist Teil des Pendelns zwischen Kulturen und Kontexten, das zu einem gewohnten Aspekt unseres Familienlebens und zu einem Spiegel dessen, wer ich bin, geworden ist. Gleichzeitig sind meine Kinder durch meine Deutschlandreisen, auf denen die Familie mich oft begleitet, über meine Arbeit im Bild. Diese gemeinsamen Erfahrungen geben uns immer wieder Gelegenheit zum gemeinsamen Gespräch über die Vergangenheit, über die Bedeutung der traumatischen Geschichte und ihre Relevanz für unser Leben.

Meine beiden Kinder lassen keinen Zweifel daran, dass sie anerkennen und würdigen, was ich gesagt habe. Klar ist auch, dass sie aufgrund ihres eigenen Blickwinkels und ihrer größeren zeitlichen Distanz zu einem anderen historischen Verständnis gelangen werden. Ich hoffe, ihnen auf diesem Weg helfen zu können. Vielleicht ist es mir schon gelungen. Sie haben mich auf die Veränderungen aufmerksam gemacht, die in ihren Interaktionen mit meinen Eltern, ihren Großeltern, stattgefunden haben. Im Anschluss an ein Gespräch über die Vergangenheit erwähnte meine Tochter, dass meine Mutter ihren Vater ausdrücklich als einen Nazi bezeichnet habe – anders als in früheren Jahren, in denen ihre Beschreibungen von dem Schweigen und der Ambiguität des eingeschliffenen Familiennarrativs geprägt waren. Das neue, nach und nach auftauchende Narrativ geht tatsächlich aus dem gemeinsamen Dialog hervor. Die Ereignisse der Vergangenheit werden sowohl kenntnisreicher als auch mit größerer Aufgeschlossenheit erinnert. Unser Familiennarrativ beginnt sich zu wandeln, und ich bin überzeugt, dass dies für uns alle von Vorteil ist.

Schreiben kann eine Form des Entdeckens sein, eine Untersuchung des Lebens und ein Verstehenlernen der Vergangenheit, das zuvor nicht möglich war. Die Arbeit an diesem Buch war ein persönlich bedeutsamer und notwendiger, aber auch schwieriger Prozess. Die intensive, ausdauernde Beschäftigung mit den Personen und Geschichten, über die ich geschrieben habe, die Berührung mit der Ebene des Traumas und mit den Verbrechen, die erlitten und miterlebt wurden, die Konfrontation mit Hass, Antisemitismus oder völliger Gleichgültigkeit waren eine emotionale Herausforderung, die ich oft als aufwühlend empfand – ebenso wie das Wissen, das mich ständig begleitete, dass meine eigene Familie, meine Großeltern, die ich als Kind kannte und liebte, jener deutschen Generation angehörten, die den Genozid verübte. Noch schwieriger und emotional aufwühlender ist vielleicht die Tatsache, dass mir während des gesamten Schreibprozesses immer wieder durch den Kopf ging, was womöglich mit meiner eigenen Familie, hätten wir in der Nazizeit gelebt, geschehen wäre. Lässt sich die Kluft zwischen meiner heutigen Familie und dem Leben der Großeltern, die ich als Kind kannte, überhaupt überbrücken?

Je näher das Ende des Schreibprozesses rückte, desto schlechter schlief ich. Eines Nachts erwachte ich voller Angst aus einem Traum: Ich befand mich in unserem realen Haus in Vancouver und hatte Besuch von einer Gruppe Deutsch sprechender Neonazis bekommen. Sie hatten einen Schornstein am Haus angebracht. Es war nicht funktionsfähig, weil er nicht angeschlossen war. Doch als ich am Haus hochblickte, erklärten sie mir, dass es eine Warnung sei. Sie würden ihn anschließen, falls es nötig wäre. Die historische Symbolik des Traumes ist unmissverständlich. Ich fürchtete um die Sicherheit meiner Familie. Wie würde ich sie beschützen? Wie konnte ich mich selbst schützen?

Was bedeutet es, Enkel eines Nazis zu sein? Was bedeutet es, wenn der Enkel eines Nazis träumt, dass er und seine Familie von Nazis bedroht werden? Meinen ersten Traum dieser Art hatte ich in den frühen Phasen meiner Arbeit mit Daniel. Ich maß ihm auch deshalb besondere Bedeutung bei, weil er auf Deutsch, nicht auf Englisch, war. Das Gefühl, das er in mir hervorrief, hat mich nie ganz verlassen. Während Deutsch für mich in der Vergangenheit stets eine Sprache der Zärtlichkeit war, die die Freundlichkeit meiner Großeltern und Eltern, unsere Familienbesuche und die Sehnsucht nach Verbundenheit wiederaufleben ließ, hat sich nun etwas verändert. Die deutsche Sprache ist heute für mich nicht weniger wichtig, gewiss nicht weniger vertraut, doch ich habe eine andere Seite kennengelernt. Zuerst umständehalber und nach und nach ganz bewusst lernte ich, was es bedeutet, Empathie mit den Opfern des Nazismus zu empfinden. Ich begann, das Ausmaß der Schreckenstaten, die das deutsche Volk begangen hat, nicht aus der Distanz oder in einem abstrakten, historischen Sinn, sondern emotional zu begreifen. Ich musste nur noch das Foto meines Großvaters als das, was es zeigte, erkennen und Licht in das Leben und die Überzeugungen meiner Großeltern bringen. Diese allmähliche Veränderung meiner bewussten Wahrnehmung ermöglichte es mir, das Foto auf dem Esszimmertisch in seiner ganzen Tragweite zu erfassen, statt gedankenlos darüber hinwegzugehen, wie ich es zweifellos unzählige Male zuvor getan hatte. Ein emotionales Bollwerk war durchbrochen. In das Schweigen der Vergangenheit zurückzufallen war unmöglich geworden.

Im Laufe der Zeit habe ich die Erfahrung gemacht, dass die deutschen Reaktionen auf den Holocaust eine große Bandbreite an emotionalen Zuständen umfassen –

Vermeidung und Dissoziation, Schamgefühle und Ressentiments, aber schließlich auch eine Anerkennung dessen, was andere erlitten haben, und der Verantwortung, daran zu erinnern. Statt über meine Familiengeschichte zu schweigen, habe ich mir zum Ziel gesetzt, einen Raum für Dialog und Reflexion über deutsches Erinnern und den Holocaust zu schaffen. Die Gelegenheit für ein neues Narrativ ergab sich, als ich von einer Reise nach Berlin zurückkehrte, wo ich nach meinem Großvater recherchiert hatte. Meine Kinder haben den Fortschritt meiner Arbeit mitverfolgt, und ich habe versucht, ihnen zu vermitteln, welche Bedeutung dem Wissen und Erinnern zukommt. Als ich mit meinem kleinen Sohn über die Reise sprach, wollte er mehr erfahren. Er wollte wissen, ob mein Großvater wirklich ein Nazi war. »Papa, dein Opa war kein Nazi, oder?« Ich gebe offen zu, dass ich zögerte. Ich wollte ihm nicht antworten und hätte mich am liebsten versteckt. Ich wollte nicht, dass mein Sohn meinen Großvater in diesem Licht sah. Ich war konfrontiert mit dem schroffen Gegensatz zwischen dem Bild meines jungen Großvaters auf dem Foto und dem freundlichen älteren Herrn, der auf der Suche nach meinem verlorenen Hut im Park das Laub wendete. Meinem Sohn keine Antwort zu geben hätte aber bedeutet, das Schweigen fortzuführen. Deshalb erwiderte ich: »Doch, er war Nazi.«

Erinnerung und Verantwortung

Während der Arbeit an diesem Buch habe ich mit vielen Menschen, Deutschen und Nichtdeutschen, Juden und Nichtjuden, über das überaus schwierige Thema des deutschen Erinnerns und des Holocaust gesprochen. Eine Frage, die mir oft gestellt wird, lautet, weshalb ich dieses Buch zu schreiben beschlossen habe. Warum habe ich beschlossen, mit der Geschichte meiner Familie an die Öffentlichkeit zu gehen, statt im privaten Rahmen darüber nachzudenken, welche Überzeugungen mein Großvater vertrat und was er getan hat? Es dauerte eine Weile, bis mir die Antwort auf diese Frage klar war. Auf die Gefahr hin, so zu klingen, als wollte ich mich herausreden: Ich habe nicht »beschlossen«, dieses Buch zu schreiben. Natürlich habe ich all die Schritte vollzogen, die für Buchautoren üblich sind, habe einen Verlag gesucht und zu schreiben begonnen – in der, wie sich zeigen sollte, irrtümlichen Annahme, mich auf einen relativ unproblematischen Prozess einstellen zu dürfen. Sobald mir bewusst geworden war, was es mit dem Foto meines Großvaters auf sich hatte, musste ich die unausgesprochenen Aspekte meiner Familiengeschichte begreifen. Die Tür zur Vergangenheit hatte sich geöffnet, und nun fühlte ich mich moralisch verpflichtet, herauszufinden, was dahinter verborgen war. Ich wusste schon als Kind, dass es einen Krieg gegeben hatte. Weil mich dieses Wissen von früh an begleitet hatte, war ich immer neugierig auf meine Familiengeschichte gewesen – allerdings aus der Distanz. Ich ahnte nicht, welche Folgen es haben würde, sich aus dem sicheren Raum der intellektuellen Reflexion heraus zu begeben und sich emotional auf gelebte Geschichte einzulassen – ich ahnte nicht, wie schmerzvoll diese Reise werden würde. Ich hatte schon zuvor Bücher geschrieben, aber das war etwas ganz anderes gewesen, nie so persönlich und mit Sicherheit nie so schwierig.

Mir ist bewusst, dass ich ungeachtet jeder Perspektive, die ich beziehen mag, immer durch die Linse meiner eigenen Erfahrung sowie der Überzeugungen und Werte blicke, die ich heute vertrete. Leserinnen und Leser werden zu ihren eigenen, auf ihren persönlichen Erfahrungen beruhenden Interpretationen gelangen und vielleicht auch andere Schlussfolgerungen ziehen. Solche Unterschiede könnten Anlass geben, die Relevanz meiner Ausführungen infrage zu stellen, denn streng genommen lassen sich meine Beobachtungen und Erkenntnisse nicht verallgemeinern. Bekanntlich kann es nicht zwei identische Narrative gelebter Erfahrung geben. Damit hängt auch eine Frage zusammen, die ich mir selbst stelle: Was bedeutet es für die Menschen, die ich kenne, wenn ich meine Familiengeschichte offenlege – für Familienmitglieder, Freunde, Kollegen sowie für meine ehemaligen und aktuellen Patienten? Als ich mir die Hindernisse, die mir im Weg standen, vor Augen führte, hatte ich zu kämpfen: Sollte ich meine Geschichte veröffentlichen oder nicht? Doch je häufiger ich mit Anderen darüber sprach, desto klarer erkannte ich, dass sich meine Erfahrungen in unzähligen anderen deutschen Familien wiederholen und dass sich die Geschichte, die in den Lücken und Schatten der Vergangenheit meiner Familie lauert, auch im Leben anderer Menschen verbirgt. Die Reaktionen der Menschen, die meine Arbeiten gelesen oder meine Vorträge gehört haben, bestätigten mir, dass meine Geschichte nicht lediglich für meine eigene Familie relevant ist. Insoweit der Prozess, den ich beschreibe, dazu beiträgt, die intensiven Gefühle zu verstehen, die die deutschen Reaktionen auf den Holocaust nach wie vor begleiten, und darüber nachzudenken, sehe ich den Zweck meiner Arbeit erfüllt.

Das Buch war fast fertiggestellt, als ich zur Teilnahme an einer Tagung in Frankfurt am Main eingeladen wurde, um über die psychische Erfahrung von Holocaust-Überlebenden zu sprechen, die nach ihrer Befreiung aus den Lagern in Deutschland geblieben waren.[8] Zeitlich fiel die Tagung mit dem 70. Jahrestag des Sieges der Alliierten über Nazideutschland zusammen. Als Angehöriger der deutschen dritten Generation stand ich vor einer schwierigen Aufgabe. Wie konnte ich des Holocaust gedenken und versuchen, seine psychischen Folgen für die Opfer und Überlebenden zu verstehen, ohne über das, was mein Großvater mit seinem Verhalten zu dieser furchtbaren, tragischen Geschichte beigetragen hatte, wirklich Bescheid zu wissen? Mir wurde klar, dass ich mich vor der historischen und archivalischen Forschung, die ich bislang aufgeschoben hatte, nicht länger drücken konnte.

In den Monaten vor meiner Abreise nach Frankfurt sah ich mir im Fernsehen die Feier an, die zum Gedenken an die Befreiung von Auschwitz-Birkenau durch sowjetische Soldaten am 27. Januar 1945 abgehalten wurde. Als die Alliierten Deutschland erreichten, wurden die auf deutschem Boden errichteten großen Konzentrationslager der Reihe nach befreit, und mit jeder Befreiung traten neue Schrecken ans Licht: Buchenwald und Mittelbau-Dora wurden am 11. April von den Amerikanern befreit, Bergen-Belsen am

8 Die Veranstaltung stand unter dem Thema *Gerettet, aber nicht befreit? 3. Tagung Szenisches Erinnern der Shoah* und fand, organisiert von Kurt Grünberg und Friedrich Markert, vom 8. bis 9. Mai 2015 an der Frankfurter University of Applied Sciences statt.

15. April von den Briten, Sachsenhausen am 22. April von den Sowjets, Dachau am 29. April von den Amerikanern, Ravensbrück am selben Tag von den Sowjets, Neuengamme am 4. Mai von den Briten und Mauthausen am 5. Mai 1945 von den Amerikanern. Bis zum Tag der deutschen Kapitulation, dem 8. Mai, der das Ende des langen, barbarischen Krieges signalisierte, erfolgte die Befreiung weiterer Lager.

Die Befreiung war keine Überlebensgarantie. Viele Lagerhäftlinge waren infolge der furchtbaren Misshandlungen allzu krank oder schwach und starben. Tausende fanden in den ersten Wochen, vor allem in Bergen-Belsen nahe Hannover, den Tod. Bergen-Belsen war zu einem Sammellager für zahllose Juden geworden, die sich von anderen Konzentrationslagern aus, die näher an den Frontlinien lagen, dorthin hatten schleppen müssen. Diese Todesmärsche setzten den Völkermord fort. Nach der Befreiung aus der Gefangenschaft mussten die Überlebenden trotz der unbeschreiblichen Verbrechen, denen die Nazis sie ausgesetzt hatten, Möglichkeiten finden, ein neues Leben zu beginnen. Sie waren befreit worden, aber von den Erinnerungen an ihre Traumata konnte niemand sie entlasten. Jeder Überlebende hatte seine eigene, individuelle Geschichte, doch ihrer aller Erfahrungen hingen miteinander zusammen. Den Gesichtern der Menschen, die zum 70. Jahrestag nach Auschwitz gereist waren, hatte sich der Fortgang der Zeit eingeprägt, aber auch die Widerstandsfähigkeit und der Mut, mit dem so viele ihr Leben nach dem Holocaust wieder in die Hand nahmen.[9]

Besorgte Deutsche fragen nicht, ob erinnert werden soll, sondern wie. Die Frage verweist auf Gedenken und Erinnern an sich und auf das emotionale Erleben von Geschichte. Schwierig wird es, weil wir oft davon ausgehen, dass Geschichte quasi »hinter uns« liege. Ich habe die Ansicht vertreten, dass der Holocaust insbesondere in Deutschland nicht als rein gelernte Geschichte behandelt werden darf, weil wir sonst übersehen, wie intensiv und in welch großem Umfang die Vergangenheit in der Gegenwart weiterhin erlebt wird, sei es in Form traumatischer Erinnerungen, die von einer Generation an die nächste weitergegeben werden, oder in Gestalt der Lücken und des Schweigens in Familiennarrativen. Die Zeit vergeht, die Erinnerung aber hält uns fest in ihrem Griff. Claude Lanzmann, der Regisseur von *Shoah*, hat es einmal als eine ungeheuerliche moralische und ästhetische Verfehlung bezeichnet, über den Holocaust so zu schreiben, als sei er Vergangenheit.[10] Der Holocaust und seine Folgen sind Teil unserer gelebten

---

9 Ornstein (2003, 2007) hat überzeugend dargelegt, dass die Fokussierung auf die von den Holocaust-Überlebenden erlittenen Traumata unserem Verständnis anderer wesentlicher Eigenschaften, zum Beispiel der Resilienz, im Wege stand: »Im Laufe der Jahre haben Psychoanalytiker in klinischen Settings wiederholt nach einem gemeinsamen Nenner gesucht, der für Holocaust-Überlebende charakteristisch und spezifisch ist. […] Vor dem Hintergrund der Ungeheuerlichkeit des Traumas war es nicht schwierig, Hinweise auf Psychopathologien zu finden. Ich glaube jedoch, dass man eine Gelegenheit ungenutzt gelassen hat, mehr über das angeborene Potential der menschlichen Psyche zu erfahren, sich an extreme Umstände anzupassen und sich von vielen potentiell traumatischen Erfahrungen zu erholen« (Ornstein 2007, S. 6).

10 »Das schlimmste Verbrechen, sowohl im moralischen als auch im künstlerischen Sinn, bei der Herstellung eines dem Holocaust gewidmeten Werkes besteht darin, ihn als *Vergangenheit* zu betrachten. Der Holocaust mag Legende oder Gegenwart sein, auf keinen Fall darf er als

Geschichte, und das ist der Grund, weshalb wir Auschwitz und die Schrecken, für die der Name steht, nicht vergessen dürfen. Gelebte Geschichte ist in den Geschichten geborgen, die wir hören, und in den Geschichten, die wir erzählen.

Indem wir Gefühle und Gedanken in Worte fassen, die mit der Vergangenheit zusammenhängen, lernen wir vielleicht anzuerkennen, was ungesagt und ungewusst geblieben ist. Doch sobald es um die eigene Familie geht, fällt es schwer, über die Geschichte des Nationalsozialismus zu sprechen. Als ich meiner Frau zum ersten Mal davon erzählt habe, was ich über meinen Großvater herausgefunden hatte, brachte sie den Schock zum Ausdruck, der mich selbst überkommen hatte. Sie hat mich während der Arbeit an diesem Buch ungemein unterstützt, doch ich weiß, dass es für sie sehr schmerzvoll ist zu wissen, dass mein Großvater NSDAP-Mitglied war. Manchmal habe ich mir vorgestellt, dass sie zu mir sagt: »Es ist in Ordnung, es ist doch bloß Geschichte.« Aber dies ist unmöglich, denn es ist nicht »bloß Geschichte«. Die traumatischen Folgen des Holocaust sind kein Kapitel in einem Geschichtsbuch, das man beliebig auf- und wieder zuschlagen kann. Ihre Reaktion erinnert mich daran, dass es für diese Gefühle keine einfache Lösung gibt, ganz gleich, wie sehr ich es mir wünschen mag. Dies ist einer jener Momente in unserer Beziehung, in denen unsere unterschiedlichen Welterfahrungen ins Spiel kommen. Sie kann mir helfen, mit ihren Augen zu sehen, so wie ich ihr die Welt durch meine Augen zeigen kann. Ich bemühe mich also, die Gefühle, die mich umtreiben, auszuhalten und die Erinnerungen an meine Kindheit ebenso anzuerkennen wie das Wissen, dass meine Großeltern das Naziregime unterstützt haben. Es ist nicht einfach.

Es gab, während ich an diesem Buch schrieb, Situationen, in denen ich das ganze Projekt am liebsten ad acta gelegt hätte, statt mich den Gefühlen auszusetzen, die mich überkamen. Ich habe mir oft gewünscht, mich der Bürde meiner Familiengeschichte entledigen zu können, und wusste zugleich, dass dies unmöglich war. Der Wunsch nach einer Art Entlastung von der Vergangenheit ist vor allem unter Deutschen der zweiten und dritten Generation, die wie ich die Bürde ererbter Schuld- und Schamgefühle tragen, sehr stark. Umso notwendiger und wichtiger ist es deshalb, die Unmöglichkeit, diese Vergangenheit zu bewältigen, und die damit verbundene emotionale Verunsicherung ertragen zu können.[11] Um in der Lage zu sein, bedeutungshaltige Perspektiven

---

Erinnerung abgetan werden. Ein dem Holocaust gewidmeter Film kann nur ein Gegen-Mythos werden, eine Untersuchung über die Gegenwärtigkeit des Holocaust oder mindestens über eine Vergangenheit, deren Narben in den Örtlichkeiten wie den Gewissensempfindungen noch so frisch erhalten sind, dass sie sich in ihrer atemberaubenden Zeitlosigkeit zu erkennen gibt« (Lanzmann 2015 [2012], S. 472f.).

11 Ich habe meine Arbeit bei verschiedenen Anlässen in Deutschland vorgestellt und dabei wiederholt von Zuhörern erfahren, dass sie mich zunächst für jüdisch hielten. Zu erklären ist dies vielleicht mit meinem Familiennamen und der Tatsache, dass ich als nordamerikanischer Professor und Psychoanalytiker nach Deutschland reise, um über das Thema deutsches Erinnern und Holocaust zu sprechen. Im 2. Kapitel habe ich berichtet, dass mich meine New Yorker Patientinnen und Patienten anhand meines Namens und meines Berufs mitunter als Juden identifizierten. In Deutschland aber findet diese Identifizierung in einem ganz anderen historischen und kulturellen Kontext statt. Wie ist es verstehen, dass manche Zuhörer, ohne es auszuspre-

auf die Zukunft zu entwickeln, müssen wir auf die emotionalen Auswirkungen der Geschichte abgestimmt bleiben.

Die Erinnerung an die Reaktion meiner Frau auf die Neuigkeiten über meinen Großvater veranlasst mich, über meine eigenen Reaktionen und vor allem über eine spezielle Erfahrung nachzudenken. In Berlin-Mitte steht ein auffälliges, modernistisches Gebäude aus den 1920er Jahren, das den Krieg überdauert hat. Im Laufe der Jahre bin ich unzählige Male an dem Bauwerk vorbeigelaufen und habe seine Architektur bewundert. Eines Tages sah ich einen Hinweis auf eine Kunstausstellung im Innern des Gebäudes und beschloss, sie mir anzusehen. Ich war hingerissen von dem wunderschönen Art-déco-Design der Innenausstattung und fasziniert von einer lebhaften Versammlung junger Künstler und Kunsthandwerker, die in einer der Kunstgalerien miteinander diskutierten und lachten. Das Bild schien den Geist der Weimarer Jahre heraufzubeschwören, der Geselligkeiten, an denen in meiner Vorstellung vielleicht auch mein Großvater als junger Mann teilgenommen hatte. Dies war das Berlin der 1920er Jahre, das ich lange idealisiert hatte, ein Treffpunkt der Bohème, Zentrum der Kreativität, wo das Leben gefeiert und nicht entwertet wurde: die Welt, bevor sie durch eine Ideologie des Hasses auseinandergerissen wurde.

Als ich das Gebäude, versunken in meine Phantasie, wieder verließ, fiel mir eine Gedenktafel ins Auge. Ich las, dass es einst eine gutbesuchte jüdische Mädchenschule gewesen war, erbaut im Herzen der jüdischen Gemeinde im Berlin der Vorkriegszeit und Heimat zahlreicher berühmter Künstler und Intellektueller der Weimarer Republik. 1942 wurde die Schule von den Nazis geschlossen. Die Schülerinnen und alle Lehrkräfte wurden in Konzentrationslager deportiert und dort ermordet. Bevor die Nazis die Regierung übernahmen, zählte die jüdische Bevölkerung Berlins 160.000 Seelen. Am 16. Juni 1943 erklärten die Nazis Berlin für »judenrein«.[12]

---

chen, enttäuscht darüber sind, dass ich kein Jude bin? Liegt es an der Vorannahme, dass ich, wenn ich über dieses Thema spreche, jüdischer Herkunft sein müsse? Oder daran, dass meine deutsche Herkunft ihnen klarmacht, dass sich unsere Familiengeschichten wahrscheinlich gleichen? Meiner Ansicht nach illustriert die Reaktion auf meinen Hintergrund die emotionale Dynamik unter Angehörigen der deutschen zweiten und dritten Generation, die auf eine Art Entlastung von ererbten Schuld- und Schamgefühlen hoffen.

12 Die Geschichte der Jüdischen Mädchenschule, Auguststraße 11-13 in Berlin-Mitte, ist ein tragisches Beispiel für den Terror, dem die gesamte jüdische Gemeinschaft Berlins ausgesetzt war. Als Hitlers NSDAP bei den Reichstagswahlen im März 1933 stärkste Partei wurde, bestand die Berliner jüdische Gemeinde aus annähernd 160.000 Personen und bildete einen wesentlichen Teil der berühmten Kultur der Weimarer Republik. Die Jüdische Mädchenschule wurde von dem Architekten Alexander Beer entworfen und 1927/28 gebaut. 1930 öffnete sie ihre Tore für 300 Schülerinnen. Schon bald nach ihrer Machtübernahme erließen die Nazis Gesetze, die deutsche Juden aus der Gesellschaft aussonderten. Damit stieg die Anzahl der Schülerinnen erheblich an. Die Massendeportationen der in Berlin lebenden Juden setzten 1941 ein. Auch der Pausenhof der Jüdischen Mädchenschule wurde zum Sammelplatz. Am 16. Juni 1943 erklärten die Nazi-Behörden Berlin für »judenrein«. Bei Kriegsende hatten von den ursprünglich 160.000 Angehörigen der jüdischen Gemeinschaft Berlins 8.000 Mitglieder überlebt – entweder im Versteck oder weil sie mit Nichtjuden verheiratet waren. Heute liegt die Anzahl der Berliner jüdischen Bevölkerung bei 50.000 Personen, doch wie das Beispiel

Es fiel mir schwer zu begreifen, was ich soeben gelesen hatte. War das, was an ebenjenem Platz, an dem ich gerade stand, passiert war, überhaupt zu begreifen? Mich erfasste blankes Entsetzen. Vor meinem inneren Auge tauchte das Bild eines jungen Mädchens, meiner eigenen Tochter, auf. Ich wünschte mir so sehr, in jene Welt zurückkehren zu können, die mir meine Phantasie Minuten zuvor vorgegaukelt hatte, in die Welt ohne Naziregime und seine furchtbare Politik der Vernichtung. Es war unmöglich. Die innere Verstörung, die ich empfand, zeigt, wie real der Holocaust noch immer ist. Diese Realität zwingt immer wieder zum Innehalten. Jedes Mal, wenn ich heute an dem Gebäude vorbeilaufe, denke ich an diese grauenvolle Geschichte zurück, und ich bezweifle, dass diese Reaktion je verschwinden wird. Sie ist eine gelebte Reaktion auf eine traumatische, in der Tat »unbezwingliche« Geschichte.

der Schule zeigt, ist die Vergangenheit stets gegenwärtig. Zur traurigen Realität Nachkriegsdeutschlands gehört, dass aufgrund der seit Kriegsende von Neonazis ausgehenden Bedrohung bewaffnete Polizisten die Eingänge sämtlicher jüdischer Einrichtungen bewachen. Für eine Geschichte der jüdischen Gemeinschaft Berlins siehe Nachama, Schoeps und Simon (2002). Der Holocaust-Geschichte der Berliner jüdischen Gemeinschaft wird an mehreren Orten in der ganzen Stadt gedacht. Eine besonders berührende Gedenkstätte ist das Mahnmal *Gleis 17* der S-Bahn-Station Grunewald. Von dort aus wurden zwischen Herbst 1941 und Januar 1945 jüdische Berliner Kinder, Frauen und Männer in Ghettos und Konzentrationslager deportiert.

Coda

Meinen Großvater finden

Als der Zug in den Bahnhof von Berlin-Lichterfelde einläuft, ist der Himmel strahlendblau. Die Frühjahrswärme scheint jede Erinnerung an den langen Winter verdrängen zu wollen. Blühende Bäume säumen die Straßen, elegante Villen, erbaut im 19. Jahrhundert, erheben sich hinter kunstvoll geschmiedeten Zäunen, die vom Wohlstand einer vergangenen Epoche künden. Trotz meiner Bemühungen, Gelassenheit zu wahren, überfluten mich abwechselnd Erinnerungen an liebevolle Szenen aus der Vergangenheit und Bilder von beängstigenden Realitäten. Die Schmiedearbeiten lassen mich an die Zeit zurückdenken, die ich mit meinem Großvater verbrachte. Ich sah ihm zu, wie er das glühende Eisen behutsam auf dem Amboss fixierte, es in Form hämmerte und zu filigranen Mustern bog und formte, wobei Hitze und Anspannung ihm Schweißperlen auf die Stirn trieben. Wenn er mit seiner Arbeit zufrieden war, tauchte er das heiße Eisen vorsichtig ins Wasser. Ein kurzes Zischen und aufsteigender Dampf kündeten vom Abschluss des kreativen Rituals.

Mein Großvater ist der Grund, weshalb es mich in diesen Teil Berlins verschlagen hat und ich nun eine Straße entlanglaufe, die mich meinem Bestimmungsort unaufhaltsam näherbringt: dem Deutschen Bundesarchiv, das die dokumentierte Geschichte des Naziregimes und seiner kriminellen Organisationen beherbergt. Das massige, gesichtslose Gebäude täuscht über seine unheilvollen Inhalte hinweg. Ich habe über diese Reise eine ganze Weile nachgedacht. Vier Jahre sind vergangen, seit ich das Foto meines Großvaters auf dem Tisch liegen sah.

Um meine Familiengeschichte zu verstehen, habe ich mich zunächst auf die Erzählungen konzentriert, die ich von meiner Mutter und ihren Geschwistern hörte, und auf vereinzelte Erinnerungen, von denen meine Großeltern berichteten, als ich noch ein Kind war. Doch je öfter ich mit meinen eigenen Kindern über die Vergangenheit sprach, desto klarer wurde mir, dass ich mich in die dokumentierte Geschichte vertiefen musste.[1] Erst als ich Fragen zu stellen begann, die lange ungefragt geblieben waren, habe ich begriffen, dass mir nicht klar war, was das Wort »Nazi« in Verbindung mit meinem Großvater tatsächlich bedeutete. Es wurde also Zeit, gründlicher nachzuforschen und herauszufinden, ob es Dokumente gibt, die für mein Familiennarrativ relevant sind. Dass ich zögerte, hing mit meiner Angst zusammen, mich in eine dunkle Vergangenheit hineinzubegeben.

1 Es ist tatsächlich schwierig, eine eindeutige Unterscheidung zwischen Erinnerung und Geschichte [history] zu treffen, weil beide eng miteinander zusammenhängen. Geschichte existiert, weil sie von uns gelebt und erinnert wird. Unser historisches Wissen hängt mit unseren spezifischen Umständen und unseren Erinnerungen an die Vergangenheit zusammen. Die Praxis der Geschichtswissenschaft wird innerhalb einer Kultur ausgeübt, das heißt, ihre Ziele werden durch gesellschaftliche Bedürfnisse und Normen konstruiert und sind an kollektiven Erinnerungspraktiken orientiert.

Ich hatte dem Bundesarchiv schriftlich mitgeteilt, dass ich ein Buch über deutsches Erinnern und den Holocaust schrieb und die Geschichte meiner Familie erforschte. Gewiss bin ich nicht das erste Enkelkind, das sich mit einem solchen Projekt an das Archiv wendet. Bei dem Gedanken an das, was mich womöglich erwartet, werde ich nervös. Ich habe schon zuvor in Archiven gearbeitet und weiß, dass zwischen Erinnerungen und historischen Dokumenten ein deutlicher Unterschied besteht. Dokumente präsentieren scheinbar unangreifbare Fakten, auch wenn sie unterschiedliche Interpretationen zulassen und man über ihre Bedeutung diskutieren kann. Vieles hängt von ihrem historischen Wahrheitsgehalt ab; trotzdem sind Dokumente nicht in gleicher Weise formbar wie unsere Erinnerungen.[2]

Je näher ich dem Archiv komme, desto zögerlicher werde ich. Meine Schritte werden langsamer, schwerfälliger. Ich möchte nicht nach meinem Großvater recherchieren. Lieber suchte ich Trost in der wunderschönen Umgebung, aber es hat keinen Zweck – ich betrete das Archiv und stelle mich am Empfang vor. Die freundliche Reaktion des Archivars wirkt in diesem abweisenden Gebäude mit seinen grauen Wänden und langen Fluren, die an andere Zeiten denken lassen, geradezu aufmunternd. Respektvolles Schweigen liegt in der Luft, während die Besucher ihrer Forschungsarbeit nachgehen. Man hat mich vor meiner Ankunft darüber informiert, dass Unterlagen über meinen Großvater vorlägen, die man mir am Empfang aushändigen würde – die endgültige Bestätigung seiner Verbindungen zum Naziregime. Mir war es wichtig, diese Dokumente mit eigenen Augen zu sehen, um ihre Tragweite beurteilen zu können.

Ich bin angespannt und mache mich gefasst auf das, was auf mich zukommen mag. Der Archivar händigt mir eine dünne Mappe aus. Ich finde einen Schreibtisch und blicke mich nervös um. Wissen die anderen Besucher, dass ich hier Unterlagen über meinen eigenen Großvater lese? Die Mappen, die auf den Schreibtischen rechts und links von mir liegen, scheinen Hunderte von Seiten zu enthalten. Ich frage mich, ob diese Dokumente Nazihenker und ihre mörderische Politik betreffen. Ein unheimlicher Gedanke. Weil die Organisation des Dritten Reiches auf skrupellose Effizienz setzte, hat eine detaillierte Dokumentation überlebt, der ich nun die Möglichkeit verdanke, meinem eigenen Großvater fast achtzig Jahre später nachzuforschen.

Die Mappe enthält zwei Dokumente, auf denen jeweils ganz oben klar und deutlich der Name meines Großvaters zu lesen ist. Das erste Dokument ist etwa 10 x 15 cm groß.

---

2 Über die Beziehung zwischen Erinnerung und Geschichte schreibt Alon Confino (2006): »Erinnerungen sind ein formbares Verständnis der Vergangenheit, das sich von der Geschichte [history] unterscheidet, weil seine Konstruktion nicht den Regeln einer wissenschaftlichen Disziplin unterliegt. […] Erinnerung und Geschichte nähern sich an, weil der Historiker seine Geschichte [story] im Rahmen des von der Gesellschaft geteilten, konsensualisierten Bildes der Vergangenheit entwirft. Die Aufgabe des Historikers besteht darin, die Verbindungen zwischen Erinnerung und Geschichte aufzudecken, ohne deren Unterschiede zu verwischen« (S. 75). In einem weiteren Buch untersucht Confino (2014) die Rolle, die die Vorstellungskraft in Bezug auf die Nazivergangenheit und die Geschichte des Holocaust spielt. Er verschiebt den Fokus von der immer wieder gestellten Frage, was die Deutschen über den Holocaust wussten oder nicht wussten, auf die Frage, wie es den Deutschen möglich war, sich einen deutschen Nationalstaat ohne Juden vorzustellen.

Es handelt sich um die sogenannte »Korrespondenzkarte« der NSDAP, gestempelt auf den 31. März 1936. Auf ihr verzeichnet sind Name, Beruf und Geburtsdatum meines Großvaters, sein Wohnort und seine Religion. Unter der Zeile »Organisation« stehen zwei abgekürzte Wörter: »Ehem. Komm.«. Der Zweck dieser Information ist nicht ersichtlich. Das zweite, ein wenig kleinere Dokument ist eine Kopie seiner Karte aus der offiziellen Mitgliedskartei der NSDAP. Im Unterschied zur Korrespondenzkarte sind der Name meines Großvaters sowie Geburtsdatum und -ort und die Adresse in gut leserlicher Handschrift mit Füllfederhalter geschrieben. Die Mitgliedskarte verzeichnet die Mitgliedsnummer meines Großvaters und das Datum seiner offiziellen Aufnahme in die NSDAP: 1. Mai 1937. Diese Karteikarte ist von trügerischer Schlichtheit. Sie enthält keinerlei Nazi-Insignien oder Hitler-Bilder. Weitere Dokumente über meinen Großvater hält das Bundesarchiv nicht vor. Ich konnte auch keine Unterlagen über seine Beteiligung am NSKK ausfindig machen.

Mein Großvater besaß tatsächlich das Mitgliedsbuch der NSDAP. Dass dies nun einwandfrei bewiesen ist, verleiht dem Niederschreiben des Satzes eine andere Bedeutung. Vor meinem inneren Auge taucht das Bild einer Schreibmaschine auf, deren Arme langsam, der Reihe nach, Buchstaben aufs Papier schlagen und dabei unter der Tinte einen physischen Abdruck hinterlassen: N-a-z-i. Ich denke zurück an die staubigen Exemplare der NSDAP-Hefte, die ich vor so vielen Jahren im Haus meiner Großeltern aufgestöbert habe. In meinen Kinderaugen waren sie Relikte eines vergangenen Zeitalters. Ich nahm an, dass sie sich in allen deutschen Haushalten würden finden lassen, und wie sich herausstellte, lag ich nicht völlig falsch. Es war die Parteimitgliedschaft, über die man nicht sprach. Oder vielleicht wurde darüber gesprochen, ohne dass ich begriff, worum es ging. Vielleicht war diese Mitgliedschaft auch dermaßen normal, dass sie der Rede nicht wert war. Schließlich hatte die NSDAP im Jahr 1938 fast 8 Millionen Mitglieder – bei einer Bevölkerung von knapp 80 Millionen. Jeder zehnte Deutsche war Parteimitglied, sehr viel mehr waren Antisemiten. Das NSKK hatte wesentlich weniger Mitglieder, obgleich auch diese Organisation zu Beginn des Krieges über eine halbe Million verfügte.[3] Dass die Überzeugungen meines Großvaters und sein Verhalten während des Dritten Reichs in meiner Familie nicht ernsthaft thematisiert wurden, war ein Spiegel der deutschen Nachkriegsgesellschaft. Man stellte keine Fragen und gab keine Antworten. Die Vergangenheit war vergangen. Nach dem Krieg war es an der Zeit, nach vorn zu blicken.

Ich bleibe eine Weile an dem Schreibtisch sitzen, auf dem die Dokumente liegen, und schaue aus dem Fenster in den blauen Himmel. Bevor ich das Archiv verlasse, beschließe ich, die Archivare nach dem Detail auf der Korrespondenzkarte zu befragen, das ich nicht verstehe: »Ehem. Komm.« Meine erste Idee dazu war, dass die Abkürzung für »Ehemaliger Kommunist« stehen könnte, aber das halte ich für unwahrscheinlich. Die Fotos meines Großvaters mit Hut und Spazierstock, oder vor einem

3 Die Mitgliederzahlen der NSDAP werden unterschiedlich geschätzt; vgl. Falter & Khachatryan (2016). 1937 hatte sich ein hoher Prozentsatz der NSKK-Mitglieder der NSDAP angeschlossen. Hochstetter berichtet, dass in manchen NSKK-Ortsgruppen bis zu 80 Prozent der Mitglieder gleichzeitig auch der Partei angehörten (Hochstetter 2005, S. 106, 117, 120).

imposanten Auto, die Ende der 1920er Jahre in Berlin aufgenommen wurden, scheinen mir wenig mit dem zu tun zu haben, was ich mir unter einem Kommunisten oder einem KPD-Sympathisanten vorstelle. Mein Großvater war in die Nazipartei eingetreten, und meines Wissens neigten die Ansichten, die er nach dem Krieg vertrat, keineswegs denen der politischen Linken zu. Die Archivare besprechen sich untereinander, bevor einer von ihnen zu mir an den Schreibtisch kommt und mit gedämpfter Stimme sagt: »Wir glauben, es steht für ›ehemaliger Kommunist‹.« Nach einer Pause fügt er hinzu: »Da sieht man wieder, was für eine seltsame Zeit das damals war, als solche verrückten Dinge passieren konnten.«[4] Stand ich plötzlich an einer neuen Wegbiegung? Wie fast alles, was mit der Vergangenheit zusammenhängt, kann die klare Aussage eines einzelnen Dokuments in einem speziellen Punkt ein Gefühl der Gewissheit erzeugen, in anderen aber gleichzeitig neue Ungewissheiten schaffen.

Offenbar hatte mein Großvater seine politischen Sympathien zugunsten der Nazis von den Kommunisten abgezogen. Wollte er einfach dazugehören, oder hielt er es für politisch zweckmäßig? Ich habe keinerlei Informationen gefunden, die darauf hinweisen, dass mein Großvater KPD-Mitglied gewesen wäre, auch wenn er möglicherweise in seinen Berliner Jahren gewerkschaftlich engagiert war. Ich konnte aber auch keine Dokumente ausfindig machen, die meinen Großvater mit Täterorganisationen wie der SS in Verbindung bringen. Nichts weist darauf hin, dass er zu irgendeinem Zeitpunkt zum Täter geworden ist.[5] Trotzdem war er zweifellos ein Nazi. Dass mein Großvater einst sozial und politisch links orientiert war, könnte versöhnlich stimmen, doch in Wirklichkeit macht gerade dieser Umstand es mir noch schwerer, seine Mitgliedschaft in der NSDAP zu verstehen oder zu akzeptieren.

Als NSDAP-Mitglied unterstützte mein Großvater ein Regime, das den Genozid durchführte. Zwar gehörte er nicht zu den frühen Mitgliedern, aber seine Antragstellung im Jahr 1936 erfolgte auch nicht zu einem späten Zeitpunkt, sondern exakt zur Halbzeit zwischen der gewonnenen Wahl der Nazis und dem Beginn des Krieges. Mein Großvater erwähnte gern, dass 1936 in Berlin die Olympischen Spiele ausgerichtet wurden. Die Tatsache, dass Hitler die Spiele benutzte, um die nationalsozialistische Überzeugung von der Überlegenheit der arischen Rasse zu demonstrieren, schien ihn kaum zu

4 Ich habe keinerlei Informationen über eine Mitgliedschaft meines Großvaters in der Kommunistischen Partei Deutschlands (KPD) gefunden. Einige meiner Verwandten haben allerdings vermutet, dass er sich in seinen Berliner Jahren an Gewerkschaftsaktivitäten beteiligte.

5 Historiker wie Browning (2020 [1992]) haben gezeigt, dass jemand auch dann, wenn keinerlei Beweise für eine Täterschaft vorliegen, an den Verbrechen des Holocaust beteiligt gewesen sein kann. Brownings Forschung konzentrierte sich auf die Beteiligung der Wehrmacht an den Massenmorden in Osteuropa. Anders als die SS, deren verbrecherische Taten notorisch waren, galt die Wehrmacht in Nachkriegsdeutschland als vergleichsweise unschuldig, so dass das Bild vom »sauberen deutschen Soldaten« entstand. Browning und andere haben diesen Mythos entlarvt. Unser Verständnis der Rolle gewöhnlicher Deutscher und ihrer Beteiligung am Genozid hat sich seit Brownings bahnbrechender Arbeit aus den frühen 1990er Jahren weiterentwickelt. Für einen Forschungsbericht über die einschlägige historische Forschung siehe Szejnmann (2008).

beeindrucken.[6] War mein Großvater letzten Endes ein Mitläufer? An dieser Stelle wird die übliche Terminologie hochproblematisch. Kann man jemanden, der die Mitgliedschaft in der NSDAP beantragte, als Mitläufer bezeichnen? Parteimitgliedschaft hat mit Engagement zu tun. Nicht mit Wegschauen. Zutreffender ist meiner Meinung nach die Bezeichnung »Ermöglicher« [»enabler«], vielleicht sogar »Komplize«. Mein Großvater war weder Täter noch Mitläufer. Er war ein Komplize.

Das Parteiabzeichen

Fotos können verräterisch sein wie nur wenige historische Dokumente. Im Laufe der Zeit haben Fotografien für unser kollektives Verständnis der Nazivergangenheit und des Holocaust zentrale Bedeutung erlangt. Dank der visuellen Darstellung von Ereignissen und Personen, die uns vorausgingen, können wir unsere Geschichten kennenlernen. In vielen Familien von Holocaust-Überlebenden sind Fotos die einzige Verbindung zu Menschen, deren Leben tragisch ausgelöscht wurde. Während meiner Kindheit in Kanada habe ich das Leben, das meine Familie in Deutschland geführt hatte, nicht durch alte Fotos, sondern vorwiegend durch die Geschichten kennengelernt, die meine Eltern mir erzählten. Als meine Mutter nach Kanada einwanderte, blieben die wenigen Fotos aus ihrer – unter dem Nationalsozialismus verbrachten – Kindheit im Besitz meiner Großeltern. Nach deren Tod wurden sie unter meiner Mutter, meiner Tante und meinem Onkel aufgeteilt. Ich erinnere mich, einige dieser Bilder als Kind bei unseren Besuchen in Hannover gesehen zu haben. Sie haben sich aber nie auf mein Verständnis unserer Familiengeschichte ausgewirkt. Wie so vieles an dieser Geschichte schienen auch die Fotos aus der Vergangenheit mit der Gegenwart nichts zu tun zu haben.

Vielleicht erklärt dies, weshalb mich der Anblick des Fotos meines Großvaters viele Jahre später so sehr überraschte. Der Schock des Erkennens wurde durch die äußeren Umstände noch verstärkt. Meine Familienangehörigen hatten sich ganz entspannt um einen Tisch versammelt, auf dem sich alte Fotos, Briefe und Dokumente türmten. Jeder, der an diesem Tisch saß, hatte die Nazizeit als Säugling und kleines Kind miterlebt. Das Dritte Reich war die Welt, in die sie hineingeboren worden waren und die den Hintergrund ihrer frühesten Erinnerungen abgab. Ist dies der Grund, weshalb das Foto dort liegen konnte, ohne auch nur einer Erwähnung wert zu sein? Erlebten sie allein aufgrund ihrer Lebensdauer eine Art unausgesprochener Kontinuität von Vergangenheit und Gegenwart, in der sie sich verorteten? Ich hingegen erlebte das Foto als einen massiven Bruch, der mich an den Geschichten, die man mir erzählt hatte, zweifeln ließ.

6 Peter Gay (1999 [1998]) hat seinen eigenen Blick auf die Olympischen Spiele von 1936. Mit seiner deutsch-jüdischen Familie lebte er in wachsender Angst vor dem Rassenhass der Nazis. Er und sein Vater konnten einige der olympischen Veranstaltungen besuchen. Sie jubelten über die Siege Jessie Owens und anderer Athleten, die Hitlers vielgepriesenen Sportlern Niederlagen beibrachten.

Als meine Arbeit an diesem Buch sich dem Ende näherte, begann ich, nach alten Familienfotos zu suchen, um die Geschichte und die tragischen Ereignisse, die ich beschreibe, zu illustrieren. Dabei entdeckte ich Bilder, die ich noch nicht kannte. Andere Fotos wiederum sah ich in neuem Licht. Doch so sehr ich mich auch bemühte – das Foto von meinem jungen Großvater in Uniform war nicht zu finden. Vielleicht steckte es in irgendeinem Familienalbum. Vielleicht existierte es gar nicht mehr. Warum, so frage ich mich rückblickend, habe ich mich nicht sofort danach erkundigt? Ich habe das Thema tatsächlich erst nach einer Weile meiner Mutter gegenüber angesprochen, so stark war der Eindruck, den der Anblick des Bildes auf mich gemacht hatte.[7] In unserem Gespräch über die Vergangenheit bekannte meine Mutter, dass die Frage, woran ihr Vater geglaubt und was er getan haben mag, sie seit jeher umtreibe. Ihr gingen beängstigende Vorstellungen durch den Kopf. Irgendwann sind die Schuld- und Schamgefühle meiner Mutter zu meinen eigenen geworden.

Wenn ich heute die alten Fotos betrachte, ist mein Blick wissender und skeptischer zugleich. Auf den Fotos aus den frühen 1930er Jahren trägt mein Großvater häufig ein Abzeichen am linken Revers (siehe Foto 21). Ich weiß, dass es sich um eine Auszeichnung für sportliche Leistungen handelt, die ihm als jungem Mann verliehen wurde. Es gibt ein Foto aus jener Zeit, das ich schon immer sehr mochte. Es zeigt meinen Großvater in lässiger Haltung, die Hände auf den Hüften und mit breitem Lächeln. Dies ist der Großvater, an den ich mich gern erinnere und wie er, so denke, in Erinnerung bleiben wollte.

Unter den Fotos sind auch solche aus den späten 1930er und frühen 1940er Jahren. Auf manchen trägt mein Großvater das Parteiabzeichen. Wie war es möglich, dass ich dieses Abzeichen übersehen hatte? Hatte ich es bequemerweise mit dem Sportabzeichen von den anderen Fotos verwechselt? Natürlich geben unsere emotionalen Bedürfnisse und Wünsche vor, was wir sehen. Meine Mutter war diejenige, die mich auf das Parteiabzeichen der NDSAP am Revers hingewiesen hat. Für sie war es ebenso wichtig wie für mich, die Fakten zu kennen und über sie zu sprechen. Meine Fragen hatten einen gemeinsamen Raum geschaffen, in dem wir die emotional belastenden Spuren unserer Familiengeschichte erforschen konnten – eine verzögerte Reaktion auf eine Vergangenheit, über die nicht offen gesprochen wurde, weder in ihrer Kindheit noch in meiner.

Meine Mutter hat meine Arbeit an diesem Buch von Anfang an begleitet und mein Bemühen, mehr zu erfahren und zu erinnern, unterstützt. Sie bedauert, dass sie mit ihren Eltern, solange sie noch lebten, nicht über deren Geschichte gesprochen

7 Marianne Hirsch erläutert die Bedeutsamkeit von Familienfotos für Holocaust-Überlebende und ihre Familien und schreibt über das Konzept des »traumatischen Sehens«: »Das Bild – das zuerst affektiv und nicht kognitiv gefühlt wird – erhält erst verspätet, nachträglich, Bedeutung. Noch später werden noch bedeutsamere Einsichten und tieferes Begreifen durch bewusste und unbewusste Bedürfnisse, durch Wünsche und Widerstände individueller und kollektiver Art blockiert. Das Wissen bleibt partiell, fragmentarisch; seine aufklärenden Komponenten werden sowohl partiell aufgedeckt als auch an der Preisgabe gehindert« (Hirsch 2013, S. 66).

Foto 21: Mein Großvater, locker und leger, Anfang der 1930er Jahre.

und keine eigenen Nachforschungen betrieben hat. Das Thema war allzu abschreckend, der Code des Schweigens allesbeherrschend.[8] Die emotionale Dynamik deutscher Familienerinnerungen ist nicht zu unterschätzen. Ebenso wenig dürfen wir die sozialen Kontexte ignorieren, in denen Erinnerungen ausgetauscht werden können. Meine Mutter emigrierte in einer Zeit nach Kanada, in der Deutsche anscheinend kein kollektives Schuldgefühl empfanden und sich für das Dritte Reich nicht verantwortlich fühlten. Besuche in oder aus Deutschland waren Momente der Wiedervereinigung; im Mittelpunkt standen Familie und Kinder. Als meine Eltern schließlich nach Europa zurückgingen, war mein Großvater schon gestorben. Meine Großmutter starb kurz nach der Rückkehr. Doch trotz all der Jahre, die seither vergangen sind, ist es meiner Meinung nach nie zu spät, Fragen zu stellen. Die Verpflichtung, die Erinnerung wachzuhalten, ist heute so wichtig wie vor vielen Jahren.

Weiterhin untersuche ich die Fotos im Lichte dessen, was ich erfahren habe. Ein Foto sticht besonders heraus. Mein Großvater wirkt streng, seine Ausstrahlung fast düster. Er trägt einen dunklen Anzug und steht zwischen seinen beiden älteren Kindern. Er hält meine Mutter an der rechten und meinen Onkel, noch ein Kleinkind, an der linken Hand. Beide Kinder sind weiß gekleidet, was den Kontrast noch unterstreicht. Das Foto wurde offenbar im Frühjahr 1939 aufgenommen, nur ein halbes Jahr nach der Kristallnacht und der gewaltsamen Zerstörung der Hannoveraner Neuen Synagoge. Ebenso wie unsere Erinnerungen halten auch Fotos spezifische Augenblicke fest. Was wir sehen, ist zwangsläufig ein Ausschnitt eines breiteren, über das Foto hinausreichenden Kontextes. Als dieses Bild entstand, waren die hasserfüllten Maßnahmen zur Vorbereitung des Holocaust seit Jahren in vollem Gang. Die Kriegsmaschinerie der Nazis bereitete sich auf den Überfall Polens vor. Der Ausbruch des Zweiten Weltkriegs rückte näher. Dass mein Großvater meine Mutter an der Hand hält, arbeitet meiner Dissoziationsfähigkeit zuwider. Dies sind die Bilder meines Großvaters, die ich innerlich unter Verschluss halten wollte. Das Kleid meiner Mutter, die Schleife in ihrem Haar, die Unschuld ihrer Kindheit – Seite an Seite mit meinem Großvater, der, für jedermann deutlich sichtbar, sein Parteiabzeichen trägt. Was mich an diesem Bild so verstört, ist dessen Alltäglichkeit: ein liebender Vater – mein Großvater –, ein Unterstützer des Naziregimes (siehe Foto 22).

8 Der deutsche Psychoanalytiker Andreas Hamburger (2015) hat dies treffend formuliert: »Wir wuchsen mit Fragen auf, die wir nicht zu formulieren wussten, umringt von kriegsblinden Spiegeln – diese Metapher kommt mir in den Sinn, wenn ich an die psychische Verfassung der Erwachsenen in Nachkriegsdeutschland denke« (S. 290). Hamburgers Familie ist deutscher und jüdischer Herkunft, wobei der jüdische Hintergrund, seiner Beschreibung nach zu urteilen, in seiner Kindheit und Jugend mehr oder weniger verborgen blieb.

Foto 22: Mein Großvater mit dem Parteiabzeichen der NSDAP am Revers. Er hält meine Mutter und meinen Onkel an der Hand, 1939.

Zwangsarbeit und Rüstungsindustrie

Für die nationalsozialistische Kriegsmaschine war mein Großvater wegen seiner Fähigkeiten als Metallarbeiter von Nutzen.[9] Ab den späten 1930er Jahren war er bei der Hannoveraner Firma Ernst Sorst & Co. beschäftigt. Sie stellte Aluminiumteile her, die in der Flugzeugproduktion gebraucht wurden. Die Firma existiert noch heute und gehört zu der Vielzahl an Unternehmen, die während des Naziregimes von der Ausbeutung der Zwangsarbeiter profitierten. Mit Fortschreiten des Krieges wuchs die Abhängigkeit der deutschen Rüstungsindustrie von der Zwangsarbeit – eine euphemistische Bezeichnung der Sklavenarbeit. Auf dem Höhepunkt des Krieges 1944 arbeiteten in der Firma fast 150 Zwangsarbeiter und weitere 57 sowjetische Kriegsgefangene.[10] Die meisten waren sogenannte Ostarbeiter, die ihre russische oder ukrainische Heimat gegen ihren Willen hatten verlassen müssen.

Weil ich mehr über diese traurige Geschichte erfahren wollte, nahm ich Kontakt zu Historikern in Hannover auf. So gelangte ich an mehrere Augenzeugenberichte von Zwangsarbeitern, die von 1942 bis 1944 tatsächlich in derselben Produktionsstätte wie mein Großvater gearbeitet hatten. Diese Berichte geben Einblick in die furchtbaren Verhältnisse, die sie ertragen mussten.[11] Anna und Maria waren beide 18 Jahre alt, als sie im September 1942 aus der Ukraine verschleppt und in Güterwaggons nach Deutschland gebracht wurden. Anna erklärt, sie sei zusammen mit sechs anderen jungen Frauen aus ihrem Dorf entführt worden. Nach ihrer Ankunft in einem Hannoveraner Sammelzentrum für Ostarbeiter wurden sie für die Arbeit bei Ernst Sorst & Co. ausgewählt.

Anna und Maria waren in bewachten Barracken direkt neben der Fabrik untergebracht. Ihre Arbeitstage waren extrem lang. Beide Frauen berichten, dass sie unterernährt waren. Während ihrer gesamten zweieinhalbjährigen Gefangenschaft wurde

9 Aufgrund meiner Nachforschungen vermute ich, dass es nicht unüblich war, dass begabte Handwerker wie mein Großvater in der heimischen Rüstungsindustrie beschäftigt und nicht zum Militär einberufen wurden.

10 Diese Zahlen wurden auf der Grundlage von Berichten, die nach dem Krieg angefertigt wurden, und einzelnen Dokumenten aus den Kriegsjahren geschätzt. Ich danke der Historikerin Janet von Stillfried (geb. Anschütz), die mir freundlicherweise statistisches Material über den Einsatz von Zwangsarbeitern bei der Firma Ernst Sorst & Co. zur Verfügung gestellt hat. Von Stillfrieds Forschung über den Einsatz und die Lebensbedingungen der Zwangsarbeiter in Hannover während des Zweiten Weltkriegs ist eine wertvolle Quelle (siehe insbesondere Anschütz & Heike 2000). Ernst Sorst & Co. steht auf einer Liste der Unternehmen, die von der Ausbeutung von Zwangsarbeitern unter dem Nationalsozialismus profitiert haben; siehe https://ns-in-ka.de/wp-content/uploads/2017/06/Liste_Unternehmen.pdf (zuletzt aufgerufen am 18.6.2020).

11 Die Berichte wurden in den Jahren 2002 und 2004 von deutschen Forschern zusammengestellt und werden im historischen Archiv der Stadt Hannover aufbewahrt. Ich danke von Stillfried, die mich auf sie hingewiesen hat. Außer dem Bericht von Anna und Maria, den ich hier zitiere, existiert ein sehr kurzer Bericht eines zur Zeit seiner Versklavung 26-jährigen Ukrainers, der im Unterschied zu den Frauen aussagt, er habe am Monatsende jeweils eine kleine Geldsumme erhalten. Weshalb er unter anderen Bedingungen als die Frauen Zwangsarbeit leistete, ist nicht klar.

ihnen jede medizinische Versorgung vorenthalten. Maria berichtet, dass andere weibliche Gefangene an Krankheiten oder bei den häufigen nächtlichen Bombenangriffen starben. Bei Fliegeralarm suchten die Frauen Schutz in einem Graben oder in einem Lagerraum, in dem das Aluminium aufbewahrt wurde. Zu den öffentlichen Luftschutzbunkern hatten sie keinen Zutritt. Das Leben in den Baracken und in der Fabrik unterlag strengen Regeln; jeder Verstoß konnte eine Verhaftung durch die Wachen zur Folge haben. Maria sagt aus, dass eine der Frauen für drei Wochen in ein Konzentrationslager geschickt wurde. Anna und Maria mussten vom Tag ihrer Ankunft in Hannover bis zur Befreiung durch die amerikanische Armee am 10. April 1945 Zwangsarbeit für Ernst Sorst & Co. leisten.

Meiner Meinung nach ist es aufschlussreich, dass ich zwar von dem Einsatz meines Großvaters in der Produktion der V-Waffen wusste, nicht aber davon, dass er Seite an Seite mit Menschen wie Anna oder Maria gearbeitet hatte. Ihre Erfahrungen sind Teil des ungesagten und nicht anerkannten historischen Kontextes, in dem das Narrativ meines Großvaters entstanden ist. Im Laufe meiner Nachforschungen habe ich in vielen Augenzeugenberichten von den brutalen Bedingungen gelesen, denen Zwangsarbeiter in Deutschland ausgesetzt waren. Wann immer ich las, dass eine Zwangsarbeiterin oder ein Zwangsarbeiter sich freundlich behandelt fühlte, habe ich innerlich aufgemerkt. Leider finden sich in den Augenzeugenberichten nur wenige Beispiele für Deutsche, die sich einfühlsam oder mitfühlend verhalten haben. Dies steht in krassem Gegensatz zu den Geschichten, die viele Angehörige der deutschen ersten Generation nach dem Krieg über die von ihnen geleistete Hilfe erzählten. Selbst wenn die versklavten Frauen und Männer freundlich behandelt wurden, verblasst dies gegenüber den unfassbaren Ungerechtigkeiten, die sie erlitten. Die Verhältnisse, die ihnen zugemutet wurden, während der Krieg sich dahinzog, spotten oft jeder Beschreibung. Viele starben einen grausamen Tod.[12] Nach dem Krieg erhielten die Zwangsarbeiter keine Entschädigung. Erst im Jahr 2000, nach ausgedehnten nationalen und internationalen Verhandlungen, wurden Entschädigungszahlungen vereinbart.[13]

Die kleinen Freundlichkeiten einiger weniger Deutscher waren die große Ausnahme von der Barbarei – ein Hoffnungsschimmer, eine Andeutung gemeinsamer Menschlichkeit inmitten der Dunkelheit. Sie verdienen Anerkennung, nicht zuletzt, weil sie individuellen Mut verlangten, aber wir dürfen ihre Bedeutung auch nicht überschätzen. Die große Mehrheit der Deutschen stand begeistert hinter Hitler und hat die Augen vor dem Unrecht verschlossen.

Heute kämpfen nichtjüdische Deutsche mit den ererbten Schuldgefühlen wegen der Überzeugungen und Taten der Eltern- bzw. Großelterngeneration, der Täter und Mitläufer, die selbst oft frei oder fast frei von Schuldgefühlen waren. Als Nation hat Deutschland seine Verbrechen anerkannt und versucht, Wiedergutmachung für den

12 Eine historische Tragödie war Stalins Beschluss, viele der zurückkehrenden Ostarbeiter verhaften und nach Sibirien deportieren zu lassen, weil er fürchtete, dass sie für den Westen spionieren würden.

13 Siehe Jansen und Saathoff (2007).

Holocaust zu leisten. Die Bundesrepublik hat den Staat Israel seit seiner Gründung unterstützt und Holocaust-Überlebenden Entschädigung gezahlt. Sie hat den Wiederaufbau einer jüdischen Gemeinschaft in Deutschland unterstützt und Holocaust-Gedenkstätten und -Museen errichtet. Doch diese Wiedergutmachungsbemühungen stehen Seite an Seite mit einem Bedürfnis vieler nichtjüdischer Deutscher, die Vergangenheit zu »normalisieren« und in eine Zukunft zu blicken, die frei ist von der Verantwortung des Erinnerns. Möglichkeiten des Erinnerns konkurrieren mit dem Wunsch zu vergessen.

Militärdienst

Mein Großvater wurde erst in einer Spätphase des Krieges zum aktiven Militärdienst eingezogen. Meine Nachforschungen in einem anderen Berliner Archiv, der Deutschen Dienststelle (WASt) ergaben, dass er im Februar 1944 bei einer der Fliegertechnischen- und Fliegerwaffentechnischen Schulen der Luftwaffe zur Ausbildung antreten sollte.[14] Weil ich keine weiteren offiziellen Dokumente fand, beschloss ich, anderswo zu suchen. Ich fragte bei meiner Mutter und ihren Geschwistern nach und fand tatsächlich Briefe, die mein Großvater während der ersten Hälfte seines aktiven Dienstes, das heißt von Januar bis einschließlich August 1944, an meine Großmutter geschrieben hatte. Insgesamt verfasste er in dieser Zeit über 30 Briefe, wahrscheinlich sogar mehr, denn die Feldpost ging häufig verloren. Manche der erhaltenen Briefe steckten noch immer in den Originalumschlägen mit Briefmarken, auf denen das Konterfei Hitlers prangt.[15] Aus ihnen geht hervor, dass mein Großvater innerhalb von sechs Monaten in Fliegertechnischen Schulen und Luftwaffenproduktionsstätten in ganz Deutschland und für kurze Zeit sogar in Österreich und in der von den Nazis besetzten Tschechoslowakei eingesetzt war.[16]

14 Das Archiv mit dem vollen Namen »Deutsche Dienststelle für die Benachrichtigung der nächsten Angehörigen von Gefallenen der ehemaligen deutschen Wehrmacht« verwahrt Dokumente über die Angehörigen der deutschen Streitkräfte. Die Stelle, bei der mein Großvater sich melden sollte, war »Truppenteil 3, Rekruten-Ausbildungskommando Fliegertechnische-Schule und Fliegerwaffentechnische Schule«. Ein zweites Dokument verzeichnet die im Juni 1946 erfolgte Registrierung meines Großvaters in der britischen Besatzungszone.

15 Auf die Rückseite der Feldpostbriefumschläge schrieb mein Großvater seinen Namen, W. Andresen, mit dem Zusatz »Flieger«, dem niedrigsten Dienstgrad bei der Luftwaffe.

16 Mein Großvater berichtet von acht verschiedenen Einsatzorten zwischen dem 24. Januar und dem 14. August 1944: Landau, Wien, Wischau, Auf dem Marst (Leipzig), Blankenese, Uetersen, Augsburg und Brackswede. Nach der Grundausbildung machte seine Einheit auf dem Weg nach Wischau in Niederösterreich nahe der Westgrenze der damaligen Tschechoslowakei kurz Halt in Wien. In Wischau befand sich ein Ghetto mit 616 Zwangsarbeitern, die in der Rüstungsindustrie vor Ort arbeiteten (siehe Weinmann 1999). Alle anderen Standorte befanden sich in Deutschland. Wischau und Uetersen waren Fliegertechnische Schulen, Augsburg der Sitz der Messerschmitt AG, die Kampfflugzeuge produzierte.

Mein Großvater beschreibt die Umstände seines Dienstes und das Leben im Kreis seiner Kameraden. Die Briefe sind wehmütig, sehnsuchts- und sorgenvoll und zeigen, wie schwer ihm die Trennung von seiner jungen Familie fiel. Einerseits spricht er von Schlafmangel, bestätigt die Ankunft von Nahrungsmittelpakten und beschreibt die täglichen Mahlzeiten. Andererseits schließt jeder Brief mit Fragen nach meiner Mutter und meinem Onkel, den beiden damals acht- und sechsjährigen Kindern. Zunehmend nervös wurde mein Großvater, als der Termin der Geburt meiner Tante näherrückte. Vereinzelt finden sich Hinweise auf die Bombardements Hannovers, von denen er, wie er wissen lässt, im Radio gehört hat. Mein Großvater schreibt, wie schwer es meiner schwangeren Großmutter fallen müsse, nachts mit den Kindern zum Bunker zu rennen. Über die Art der Arbeit, die er verrichtet, oder über die Gründe für die wiederholten Standortwechsel verliert er nie auch nur ein Wort.

Bei der Lektüre der Briefe bekommt man den Eindruck, dass sie auch von einem Soldaten auf der anderen Seite des Konflikts hätten geschrieben werden können. Die Kriegsrealität scheint fern zu sein – vielleicht eine Widerspiegelung der Tatsache, dass mein Großvater an der Heimatfront war und sich an strenge Regeln über das, was gesagt und nicht gesagt werden durfte, halten musste. Vielleicht auch schwieg er über das, was er sah oder tat, um meine Großmutter zu schonen. In einem seiner Briefe erwähnt er, dass ein Kamerad an einer Krankheit gestorben sei und zwei andere ebenfalls erkrankt seien, versichert meiner Großmutter aber, dass es ihm selbst gutgehe. Ein einziges Mal nur bricht die Realität des Dritten Reiches durch, und zwar in einem separaten, offizielleren Dankschreiben an die NS-Frauenschaft nach der Geburt meiner Tante. Mein Großvater dankt ihnen für die Unterstützung meiner Großmutter bei der Geburt und schließt mit »Heil Hitler«.

Für die Zeit ab September 1944 gibt es eine auffällige Informationslücke in Bezug auf den Aufenthaltsort meines Großvaters. Sein letzter Brief von August 1944 zeigt, dass er nahe Bielefeld stationiert war. Nach dem Krieg erzählte er, dass er im V-Waffen-Programm eingesetzt war und Modelle für den Entwurf und die Produktion der V2-Rakete konstruierte. Den Geschichten nach zu urteilen, mit denen ich aufgewachsen bin, war er für die restliche Dauer des Krieges in der Nähe von Hamburg stationiert. Allerdings erinnert sich meine Mutter, dass ihr Vater von einem unterirdischen Komplex erzählte, in dem er gearbeitet habe. Ab Anfang 1944 wurden die V2-Raketen in dem unterirdischen Produktionszentrum Mittelwerk nahe Nordhausen hergestellt. Im 4. Kapitel habe ich die tragische Geschichte des Holocaust-Überlebenden Michel Fliecx erzählt, der in Mittelwerk Zwangsarbeit leistete, bevor er im Juni 1944 nach Bergen-Belsen deportiert wurde. Dass Mittelwerk die Hauptproduktionsstätte für die V2-Rakten war, lässt es möglich erscheinen, dass mein Großvater nach August 1944 dort eingesetzt war. Freilich wurden, wie die brutale Geschichte des KZ-Außenlagers Ahlem in Hannover zeigt, im letzten Kriegsjahr noch viele weitere unterirdische Anlagen von Zwangsarbeitern errichtet. Ohne zusätzliche Informationen lässt sich nicht mit Sicherheit sagen, wo mein Großvater stationiert war.

Aus der fraglichen Zeit hat sich lediglich ein einziges Dokument erhalten, nämlich ein Foto, aufgenommen von meinem Urgroßvater, das meinen Großvater auf

Urlaubsbesuch bei seiner Familie zeigt. Aufgenommen wurde es im Winter 1944-45, einem besonders kalten, strengen Winter. Mein Großvater trägt seine Luftwaffenuniform, meine Großmutter hat sich warm eingepackt. Meine Tante, noch ein Baby, liegt im Kinderwagen, daneben meine neunjährige Mutter und mein siebenjähriger Onkel. Zusammen mit ihren Eltern haben sie vor ihrem zerbombten Haus für ein Familienfoto Aufstellung genommen (siehe Foto 23). Meine Mutter und ihr Bruder scheinen sich über den Besuch ihres Vaters zu freuen, doch beide Großeltern wirken auf mich müde, niedergeschlagen und, wie ich finde, sorgenvoll.

Wenn ich das Bild betrachte, drängt sich mir der historische Kontext auf und schiebt jeden weiteren Gedanken an meine Familie beiseite. Der Krieg wütet an allen Fronten. Überall wird gestorben. Die Sowjets nähern sich unaufhaltsam der deutschen Ostgrenze. Die Alliierten rücken von Westen heran und kämpfen gegen die letzte nennenswerte deutsche Offensive, bevor sie den Rhein erreichen und deutschen Boden betreten. Der Krieg ist auf seinem Höhepunkt angelangt, und statt sich geschlagen zu geben, lassen die Nazis sowohl ihre Kriegs- als auch ihre Mordmaschine auf vollen Touren weiterlaufen. Ganz in der Nähe des Ortes, an dem meine Familie steht, befinden sich die KZ-Außenlager Limmer und Ahlem. Bergen-Belsen ist etwas weiter entfernt, noch weiter die zahlreichen Vernichtungslager im Osten, über denen der Rauch in grauenhafter Regelmäßigkeit in die Luft steigt. Der Krieg ist fast zu Ende, aber trotzdem werden noch Ungezählte sterben oder gnadenlos ermordet werden, bevor am 8. Mai 1945 die Alliierten den endgültigen Sieg über Deutschland erklären.

Die Beteiligung meines Großvaters am Krieg endete mit einer Überraschung: Er desertierte von der Luftwaffe. Die Geschichte seiner Fahnenflucht war Teil des Familiennarrativs, das ich als Kind kennenlernte. Irgendwann im frühen Frühjahr 1945 erhielt er den Befehl, in einer Fabrik nahe Hannover Teile zu requirieren. Zu diesem Zeitpunkt befanden sich die Alliierten bereits in Deutschland, und er hatte Mühe, den Befehl inmitten der chaotischen, selbstmörderischen Verteidigungsanstrengungen der Nazis auszuführen. Er erzählte, dass er sich erfolglos um eine Transportmöglichkeit bemüht habe und schließlich von einem Wehrmachtsoffizier mitgenommen worden sei. Sie kamen ins Gespräch, und der Offizier sagte zu meinem Großvater, dass die Niederlage sicher und nur noch eine Frage der Zeit sei. Als er hörte, dass mein Großvater in Hannover lebte, setzte er ihn in der Nähe seines Hauses ab. Statt zu seiner Einheit zurückzukehren, beschloss mein Großvater, bei seiner Familie zu bleiben. Er verbrannte seine Uniform und versteckte sich auf dem Dachboden seines Elternhauses. Kurze Zeit später nahmen die Amerikaner Hannover ein. Nicht lange danach erfuhr mein Großvater, dass seine ganze Einheit bei einem Bombenangriff ausgelöscht worden war. Wäre er befehlsgemäß zurückgekehrt, hätte ihn dasselbe Schicksal ereilt wie seine Kameraden.

Als Kind habe ich die Entscheidung meines Großvaters, zu desertieren, als eine Art Sicherheitsmaßnahme verstanden und mit denselben Gefühlen verknüpft wie meine ererbten Erinnerungen an den Bunker. Anders als mein Großvater väterlicherseits war dieser Großvater am Leben, und das war es, was für mich zählte. Bevor ich mit dem Schreiben dieses Buches begann, habe ich über die Bedeutung seiner Desertion nicht nachgedacht. Sein Verhalten lässt vermuten, dass er kein überzeugter Anhänger des Naziregimes war, sobald es hart auf hart kam. Ihm waren seine Familie und sein Leben eindeutig wichtiger als die Kriegsanstrengungen der Nazis, und er erzählte die Geschichte seiner Fahnenflucht später frei von jeglicher Scham.

Lassen die Desertion meines Großvaters und seine früheren kommunistischen Verbindungen auf komplexere Beweggründe schließen, als es auf den ersten Blick den Anschein hat? Es ist schwer zu sagen. Ich habe keinerlei Hinweis auf Zeichen einer Abtrünnigkeit schon vor der Desertion gefunden. Nicht wenige Deutsche vollzogen in den letzten Kriegsmonaten einen Gesinnungswandel und verließen ihren Posten. Ich habe auch Schwierigkeiten, ein Gefühl der persönlichen Verantwortung in den Erinnerungen, die an mich weitergegeben wurden, oder in der Kriegsauszeichnung zu entdecken, die ich geerbt habe. Über den Holocaust wurde meines Wissens nie gesprochen, nur immerzu über das deutsche Leiden. Vielleicht ist es naiv, etwas anderes zu erwarten, wo doch eine ganze Nation nach dem Krieg jahrzehntelang nicht in der Lage war, ihre Verbrechen anders als auf einer offiziellen, kollektiven Ebene anzuerkennen. Trotzdem fällt es mir nicht leicht, mich von der Hoffnung zu verabschieden, dass mein Großvater sich vielleicht schuldig fühlte und die Überzeugungen, für die er offensichtlich eingetreten war, bereute. Dieser Wunsch besteht Seite an Seite mit tiefer Traurigkeit.

Bevor ich die historischen Archive in Berlin besuchte, habe ich mich gefragt, ob ich vielleicht ganz neue Entdeckungen machen oder womöglich nur auf weitere nicht zu beantwortende Fragen stoßen würde. Die Vermutungen, die ich bezüglich der Rol-

Foto 23: Meine Großmutter, Mutter, Onkel und Tante (im Kinderwagen) im Winter 1944/45. Im Hintergrund die Ruine des zerbombten Hauses.

le meines Großvaters in der Nazizeit entwickelt hatte, wurden durch die eingesehenen Dokumente weitgehend bestätigt. Doch wenn sich herausgestellt hätte, dass mein Großvater ein Täter war, jemand, der direkt an den Verbrechen der Mordmaschine der Nazis beteiligt war – wie hätte ich dann über ihn geschrieben? Was hätte ich gesagt? Vielleicht war es diese Sorge, die mich bewog, die Archive erst aufzusuchen, als das Buch schon fast fertig war. Ich musste das Narrativ meiner Familie und die Erinnerungen, die ich geerbt habe, verstehen, bevor ich die dokumentierte Geschichte meines Großvaters in Augenschein nahm.

Zwar habe ich die Rolle, die mein Großvater im Dritten Reich gespielt hat, aufdecken können, doch die Geschichten meiner übrigen Verwandten, meiner Großeltern, Großonkel und Großtanten, die allesamt der Generation der Täter und Mitläufer angehörten, bleiben unerzählt. Ich habe schon früh im Leben erfahren, dass meine Familienangehörigen im Krieg nahestehende Menschen verloren und Not gelitten haben, doch darüber, was sie glaubten oder selbst taten, habe ich kaum etwas gehört. Meine Geschichte bleibt ebenso wie die Geschichte vieler anderer Deutscher ohne Abschluss. Jede Antwort, die ich finde, wirft neue Fragen auf. Wann immer ich einen Stein umdrehe, finde ich einen weiteren und damit weitere unaufgedeckte und womöglich nie aufzudeckende Geschichten. Die Bedenken, die bleiben, lassen sich nicht aus der Welt schaffen. Geschichte ist unvollständig. Doch es wäre ein Fehler zu glauben, dass diese Eigenschaft der Unvollständigkeit etwas an der Wichtigkeit der Vergangenheitserforschung ändert.

Als Angehöriger der dritten deutschen Generation nach dem Holocaust bin ich dafür verantwortlich, meine Familiengeschichte zu kennen – eine Verpflichtung, die mit den Jahren, in denen immer mehr Überlebende und Augenzeugen sterben, an Bedeutung zunimmt. Die heutigen deutschen Generationen tragen an dem, was lange vor ihrer Geburt geschehen ist, keine Schuld, sind aber verantwortlich dafür, die Erinnerung wachzuhalten und jene Art zwiespältigen und oberflächlichen Erinnerns, das in Wirklichkeit eine Form des Vergessens ist, zu vermeiden. Ebenso wie die Traumata der Vergangenheit das Leben der Holocaust-Überlebenden und ihrer Nachkommen weiterhin beeinflussen, müssen sich Deutsche heute darum bemühen, ihre geheim gehaltenen Geschichten zu verstehen. Der Holocaust ist kein Abstraktum, und Zweifel an seiner fortdauernden Relevanz sind – zumal in Deutschland – völlig unangebracht. Für die Familien der Opfer und der Überlebenden bedeutet der Holocaust Leid und Gram. Viele jüdische Menschen leben nach wie vor im Schatten der Vergangenheit. Die Realität des heutigen Antisemitismus in vielen Teilen der Welt, die Vorurteile, die die Schrecknisse der Vergangenheit ermöglicht haben, sind nicht zu bestreiten. Die Saat des Rassismus geht uns alle an. Empathie und Verständnis, die Notwendigkeit, aus den Tragödien und Traumata der Geschichte zu lernen, sind heute so notwendig wie eh und je.

Literatur

Abella, I., und H. Troper (1983). *None is too Many: Canada and the Jews of Europe 1933–1948.* Toronto (University of Toronto Press).

Abraham, N. (1991 [1978]). Aufzeichnungen über das Phantom. Ergänzung zu Freuds Metapsychologie. *Psyche* 45(8): 691–698.

Adorno, Th. W. (1977 [1959]). Was bedeutet: Aufarbeitung der Vergangenheit, in: ders., *Gesammelte Schriften*. Bd. 10.2, Frankfurt am Main (Suhrkamp), S. 555–572.

Amati Mehler, J. (1995). The exiled language. *Canadian Journal of Psychoanalysis* 3: 87–104.

Anschütz, J., und I. Heike (2000). *Feinde im eigenen Land: Zwangsarbeit in Hannover im Zweiten Weltkrieg.* Bielefeld (Verlag für Regionalgeschichte).

Anschütz, J., und I. Heike (2003). *»Man hörte auf, ein Mensch zu sein«: Überlebende aus den Frauenkonzentrationslagern in Langenhagen und Limmer berichten.* Hamburg (VSA Verlag).

Arendt, H. (1999 [1950]). Besuch in Deutschland. In: dies., *Zur Zeit. Politische Essays.* Hg. von M. L. Knott. Hamburg (Rotbuch-Verlag), S. 43–70.

Arendt, H. (2009 [1964]). *Eichmann in Jerusalem. Ein Bericht von der Banalität des Bösen.* Übers. von B. Granzow. München (Piper).

Arnold, G. (2007). Fred Herzog's Vancouver photographs. In: G. Arnold und M. Turner (Hg.). *Fred Herzog: Vancouver photographs.* Vancouver, BC (Vancouver Art Gallery/Douglas & MacIntyre), S. 3–20.

Arnold, J. (2011). The *Allied Air War and German Urban Memory: The Legacy of Strategic Bombing in Germany.* Cambridge, UK (Cambridge University Press).

Assmann, A. (2006a). On the (in)compatibility of guilt and suffering in German memory. *German Life and Letters* 59: 187–200.

Assmann, A. (2006b). Die (Un-)Vereinbarkeit von Leid und Schuld. In: dies., *Der lange Schatten der Vergangenheit. Erinnerungskultur und Geschichtspolitik.* München (C. H. Beck), S. 199–201.

Assman, A. (2010). Reframing memory: Between individual and collective forms of constructing the past. In: K. Tilmans, F. van Vree und J. Winter (Hg.). *Performing the Past: Memory, History and Identity in Modern Europe.* Amsterdam (Amsterdam University Press), S. 35–50.

Assmann, A. (2018). Die Rolle der 68er für die Aufarbeitung der NS-Vergangenheit. In: dies., *Der europäische Traum.* München (C. H. Beck), S. 120–128.

Assmann, J. (1997). *Das kulturelle Gedächtnis: Schrift, Erinnerung und politische Identität in früheren Hochkulturen.* München (Beck Verlag).

Auerhahn, N.C., und D. Laub (1998). Intergenerational memory of the Holocaust. In: Y. Danieli (Hg.). *International Handbook of Multigenerational Legacies of Trauma.* New York/London (Plenum), S. 21–41.

Backhaus, F., R. Gross und L. Weissberg (Hg.). *Juden. Geld. Eine Vorstellung. Eine Ausstellung des Jüdischen Museums Frankfurt am Main. 25. April bis 6. Oktober 2013.* Frankfurt (Campus).

Bar-On, D. (1995). Fear and Hope: *Three Generations of Holocaust.* Cambridge, MA (Harvard University Press).

Bar-On, D. (2004 [1989]). *Die Last des Schweigens. Gespräche mit Kindern von NS-Tätern.* Erweiterte Neuausgabe. Hamburg (edition Körber-Stiftung).

Bar-On, D. (2006). *Tell Your Life-Story: Creating Dialogue among Jews and Germans, Israelis and Palestinians*. Budapest (Central European University Press).

Bartov, O. (2002). The Wehrmacht exhibition controversy: The politics of evidence. In: O. Bartov, A. Grossmann und M. Nolan (Hg.). *Crimes of War: Guilt and Denial in the Twentieth Century.* New York (The New Press), S. 41–60.

Bartov, O. (2003). *Germany's War and The Holocaust: Disputed Histories.* Ithaca, NY (Cornell University Press).

Barzel A., L. Baumann und Neue Gesellschaft für Bildende Kunst (Hg.). (1995). *Der Wettbewerb für das Denkmal für die ermordeten Juden Europas: Eine Streitschrift.* Berlin (Verlag der Kunst).

Baumann, Z. (2000). *Modernity and the Holocaust.* Ithaca, NY (Cornell University Press).

Baumann, Z. (2009). Identity in the globalizing world. In: A. Elliott und P. du Gay (Hg.). *Identity in Question*. London (Sage), S. 1–12.

Baumann, Z. (2012 [1989]). *Dialektik der Ordnung. Die Moderne und der Holocaust.* Übers. von U. Ahrens. Hamburg (CEP Europäische Verlagsanstalt).

Beattie, L., und D. Ley (2001). *The German Immigrant Church in Vancouver: Service Provision and Identity Formation. Research on Immigration and Integration in the Metropolis.* Burnaby, BC (Vancouver Centre of Excellence), Nr. 01–19.

Benda-Beckmann, B. von (2015). *German Historians and the Bombing of German Cities: The Contested Air War.* Amsterdam (Amsterdam University Press).

Bergmann, M. S. (1995). The Jewish and German roots of psychoanalysis and the impact of the Holocaust. *American Imago* 52: 243–259.

Berlit-Jackstien, J., und K. Kreter (2011) (Hg.). *Abgeschoben in den Tod. Die Deportation von 1001 jüdischen Hannoveranerinnen und Hannoveranern am 15. Dezember 1941 nach Riga.* Hannover (Hahnsche Buchhandlung).

Bialystok, F. (2000). *Delayed Impact: The Holocaust and the Canadian Jewish Community.* Montreal (McGill University Press).

Biddle, W. (2009). *Dark Side of the Moon: Wernher von Braun, the Third Reich, and the Space Race.* New York (Norton).

Bittner, J. (2014). What's behind Germany's new anti-Semitism? *The New York Times,* 16. September. https://www.nytimes.com/2014/09/17/opinion/jochen-bittner-whats-behind-germanys-new-anti-semitism.html (zuletzt aufgerufen am 6.7.2020).

Blustein, J. (2008). *The Moral Demands of Memory.* Cambridge, UK (Cambridge University Press).

Bodenstab, J. (2015). The question of my German heritage. *Contemporary Psychoanalysis* 51: 276–281.

Bohleber, W. (2007). Erinnerung, Trauma und kollektives Gedächtnis — Der Kampf um die Erinnerung in der Psychoanalyse. *Psyche* 61(4): 293–321.

Bohleber, W. (2013). The journal *Psyche* – Zeitschrift für Psychoanalyse und ihre Anwendungen: A historical overview. *International Forum of Psychoanalysis* 22(4):199–202.

Bollas, C. (1997 [1987]). *Der Schatten des Objekts.* Übers. von C. Trunk. Stuttgart (Klett-Cotta).

Brockmeier, J. (2002a). Commentary. *Narrative Inquiry* 12: 455–466.

Brockmeier, J. (2002b). Remembering and forgetting: Narrative as cultural memory. *Culture & Psychology* 8: 15-43.

Brockmeier, J. (2015). *Beyond the Archive: Memory, Narrative, and the Autobiographical Process.* New York (Oxford University Press).

Brockmeier, J. (2016). On failed understanding. *Storyworlds: A Journal of Narrative Studies* 8: 77–96.

Bromberg, P. M. (1998). *Standing in the Spaces: Essays on Clinical Process, Trauma, and Dissociation.* Hillsdale, NJ (Analytic Press).

Browning, C. (2020 [1992]). *Ganz normale Männer: Das Reserve-Polizeibataillon 101 und die »Endlösung« in Polen.* Hamburg (Rowohlt).

Bruner, J. (1990). *Acts of Meaning.* Cambridge, MA (Harvard University Press).

Buchholz, M., und H.D. Schmid (2010). Die Juden in Niedersachsen – eine ethnisch-religiöse Minderheit zwischen Assimilation, Vertreibung und Vernichtung. In: G. Steinwascher, D. Schmiechen-Ackermann und K.H. Schneider (Hg.). *Geschichte Niedersachsens. Band 5: Von der Weimarer Republik bis zur Wiedervereinigung.* Hannover (Hahnsche Buchhandlung), S. 1167–1219.

Burston, D., und R. Frie (2006). *Psychotherapy as a Human Science.* Pittsburgh, PA (Dusquesne University Press).

Caruth, C. (1995). Introduction. In: C. Caruth (Hg.). *Trauma: Explorations in Memory.* Baltimore, MD (The Johns Hopkins University Press).

Cocks, G. (1997). *Psychotherapy in the Third Reich.* Oxford (Oxford University Press).

Cohen, Y. (2010). Wie mir doch die Welt gefällt! In: L. M. Hermanns (Hg.). *Psychoanalyse in Selbstdarstellungen.* Bd. 8. Frankfurt am Main (Brandes & Apsel).

Cohen, Y. (2012). Die Nacht der Zeitzeugen. https://www.br.de/mediathek/video/die-lange-nacht-der-zeitzeugen-yecheskiel-cohen-av:59e9a70ba5583d00122e8fb6 (zuletzt aufgerufen am 4.5.2020).

Cohen, Y. (2014). Discussion of Roger Frie's »Limits of Understanding: Psychological Experience, German Memory and the Holocaust«. Vortrag, Meeting der 37. IAPSP Conference, Jerusalem, Oktober.

Confino, A. (2006). *Germany as a Culture of Remembrance: Promises and Limits of Writing History.* Chapel Hill (University of North Carolina Press).

Confino, A. (2014). *A World Without Jews: The Nazi Imagination from Persecution to Genocide.* New Haven, CT (Yale University Press).

Connolly, K. (2012). Bernhard Schlink: Being German is a huge burden. *The Guardian*, 16. September. https://www.theguardian.com/world/2012/sep/16/bernhard-schlink-germany-burden-euro-crisis (zuletzt aufgerufen am 8.7.2020).

Cushman, P. (1995). *Constructing the Self, Constructing America: A Cultural History of Psychotherapy.* Reading, MA (Addison-Wesley).

Cushman, P. (2011). So who's asking? Politics, hermeneutics and individuality. In: R. Frie und W. Coburn (Hg.). *Persons in Context: The Challenge of Individuality in Theory and Practice.* New York (Routledge), S. 21-40.

Davis, R. G. (2006). *Bombing the European Axis Powers: A Historical Digest of the Combined Bomber Offensive 1939-1945.* Maxwell, AL (Air University Press).

Derschmidt, F. (2015): *Sag Du es Deinem Kinde! Nationalsozialismus in der eigenen Familie.* Wien (Löcker).

Diner, D. (1986). Negative Symbiose: Deutsche und Juden nach Auschwitz. *Babylon* 1: 9–20.

Distell, B. (2001). Podiumsdiskussion. Der Umgang mit dem Holocaust: »Wieviel Erinnerung« war zu welcher Zeit möglich? In: N. Frei (Hg.). *Beschweigen und Bekennen: Die deutsche Nachkriegsgesellschaft und der Holocaust.* Göttingen (Wallstein Verlag), S. 137–158.

Draper, P. J. (2012). A footnote to the Holocaust: Canada and the interned refugees. In: *»Enemy Aliens«: The Internment of Jewish Refugees in Canada, 1940-1943.* Vancouver, BC (Vancouver Holocaust Education Centre).

Eddy, M. (2014). Germans rally to protest anti-Semitism over Gaza war. *The New York Times*, 14. September. https://www.nytimes.com/2014/09/15/world/europe/germans-rally-to-protest-anti-semitism-over-gaza-war.html (zuletzt aufgerufen am 8.7.2020).

Ehrenberg, D. (1992). *The Intimate Edge: Extending the Reach of Psychoanalytic Interaction.* New York (Norton).

Elliott, A. (2002). *Psychoanalytic Theory: An Introduction.* Durham, NC (Duke University Press).

Erlich, H. S., M. Erlich-Ginor und H. Beland (2009). *Gestillt mit Tränen – Vergiftet mit Milch. Die Nazareth-Gruppenkonferenzen. Deutsche und Israelis – Die Vergangenheit ist gegenwärtig.* Gießen (Psychosozial-Verlag) Ermann, M. (2010). Verdeckte Spuren der deutschen Geschichte: Kriegskinder und ihre Kinder – ein ungewolltes Erbe. *Forum der Psychoanalyse* 26: 325–334.

Ermann, M., D. Pflichthofer und H. Kamm (2009). Children of Nazi Germany 60 years on. *International Forum of Psychoanalysis* 18: 225-236.

Falter, W. J., und K. Khachatryan (2016) Wie viele NSDAP-Mitglieder gab es überhaupt und wie viele davon waren überzeugte Nationalsozialisten? In: W. J. Falter (Hg.). *Junge Kämpfer, alte Opportunisten. Die Mitglieder der NSDAP 1919–1945.* Frankfurt am Main (Campus Verlag), S. 177–196.

Faulkner, W. (1950). *Requiem for a Nun.* New York (Random House).

Felman, S., und D. Laub (1992). *Testimony: Crises of Witnessing in Literature, Psychoanalysis and History.* New York (Routledge).

Figlio, K. (2014). Psychoanalysis, reparation and historical memory. *American Imago* 71: 417–443.

Fliecx, M. (2014 [1947]). *Vom Vergehen der Hoffnung. Zwei Jahre in Buchenwald, Peenemünde, Dora, Belsen.* Übers. von M. Gödecke. Göttingen (Wallstein Verlag).

Foedrowitz, M. (1998). *Bunkerwelten: Luftschutzanlagen in Norddeutschland.* Berlin (Ch. Links Verlag).

Forte, D. (2002). »Alles Vorherige war nur ein Umweg«. Gespräch über Luftkrieg und Literatur mit Volker Hage. In: ders., *Schweigen oder Sprechen.* Frankfurt am Main (Fischer), S. 45–68.

Fraiberg, S., E. Adelson und V. Shapiro (2011 [1975]). Gespenster im Kinderzimmer: Probleme gestörter Mutter-Säugling-Beziehungen aus psychoanalytischer Sicht. In: S. Fraiberg (Hg.). *Seelische Gesundheit in den ersten Lebensjahren. Studien aus einer psychoanalytischen Klinik für Babys und ihre Eltern.* Übers. von E. Vorspohl. Gießen (Psychosozial-Verlag), S. 227–272.

Franz, M. von, J. Hardt und E. Brähler (2007). Fatherless: Long-term sequelae in German children of World War II. *Zeitschrift für Psychosomatische Medizin und Psychotherapie* 53(3): 216–227.

Freeman, M. (1993). *Rewriting the Self: History, Memory, Narrative.* London (Routledge).

Freeman, M. (2010). *Hindsight: The Promise and Peril of Looking Backward.* New York (Oxford University Press).

Freeman, M. (2013). *Priority of the Other: Thinking and Living beyond the Self.* New York (Oxford University Press).

Freund, A. (1998). Immigrants' identities: The narrative of a German-Canadian migration. In: S. Sauer und M. Zimmer (Hg.). *A Chorus of Different Voices: German-Canadian Identities.* New York (Peter Lang), S. 187–208.

Frie, R. (1997). *Subjectivity and Intersubjectivity in Modern Philosophy and Psychoanalysis.* Lanham, MD (Rowman and Littlefield).

Frie, R. (Hg.) (2008). *Psychological Agency: Theory, Practice, and Culture.* Cambridge, MA (MIT Press).

Frie, R. (2011a). Identity and lived experience after postmodernity: Between multiplicity and continuity. *Journal of Phenomenological Psychology* 42: 46–60.

Frie, R. (2011b). Irreducible cultural contexts: German–Jewish experience, identity, and trauma in a bilingual *International Journal of Psychoanalytic Self Psychology* 6:136–158.

Frie, R. (2012a). Existential therapy and post-Cartesian psychoanalysis: Historical perspectives and confluence. In: L. Barnett und G. Madison (Hg.). *Existential Therapy: Legacy, Vibrancy and Dialogue.* London (Routledge), S. 21–34.

Frie, R. (2012b). Memory and responsibility: Navigating identity and shame in the German-Jewish experience. *Psychoanalytic Psychology* 29: 206–225.

Frie, R. (2012c). On culture, history, and memory: Encountering the »Narrative Unconscious«. *Contemporary Psychoanal*ysis 48: 329–343.

Frie, R. (2013). Culture and Language: Bilingualism in the German-Jewish experience and across contexts. *Clinical Social Work Journal* 41: 11–19.

Frie, R. (2014a). From memorials to bomb shelters: Navigating the emotional landscape of German memory. *Psychoanalytic Inquiry* 34: 649–662.

Frie, R. (2014b). Limits of understanding: Psychological experience, German memory and the Holocaust. *Psychoanalyis, Culture and Society* 19: 255–271.

Frie, R. (2014c). What is cultural psychoanalysis? Psychoanalytic anthropology and the interpersonal tradition. *Contemporary Psychoanalysis* 50: 371–394.

Frie, R. (2015). Contemporary psychoanalysis. The post-Cartesian turn in theory and practice. In: J. Martin, J. Sugarman und K. Slaney (Hg.). *The Wiley Handbook of Theoretical and Philosophical Psychology: Methods, Approaches, and New Directions for Social Science.* London (John Wiley & Sons), S. 441–457.

Frie, R. (2016). Psychoanalysis, narrative, and hermeneutics: An integrative account. *Storyworlds: A Journal of Narrativ Studies* 8: 119–136.

Frie, R. (2019a). Die Präsenz und Nicht-Präsenz der Vergangenheit. *Jahrbuch Selbstpsychologie: Krise und Kreativität* 5: 23–30.

Frie, R. (2019b). History's ethical demand: Memory, denial and responsibility in the wake of the Holocaust. *Psychoanalytic Dialogues 29:* 122–142.

Friedlander, M., und M. Schwerdtfeger (2008). *Versuche, dein Leben zu machen.* Berlin (Rowohlt).

Friedländer, S. (1979 [1978]). *Wenn die Erinnerung kommt.* Übers. von H. Oestreich. München (Beck).

Friedländer, S. (1993). *Memory, History, and the Extermination of the Jews of Europe.* Bloomington (Indiana University Press).

Friedländer, S. (2002). The Wehrmacht, German society, and knowledge of the mass extermination of the Jews. In: O. Bartov, A. Grossmann und M. Nolan (Hg.). *Crimes of War: Guilt and Denial in the Twentieth Century.* New York (The New Press), S. 17–30.

Friedrich, J. (2004). *Der Brand. Deutschland im Bombenkrieg 1940-1945.* Berlin (Ullstein).

Friedrich, V. (1995). The internalization of Nazism and its effects on German psychoanalysts and their patients. *American Imago* 52. 261–279.

Fromm, E. (1976 [1947]). *Die Furcht vor der Freiheit.* Frankfurt/M. (EVA).

Fromm, M. G. (Hg.) (2012). *Lost in Transmission: Studies of Trauma across Generations*. London (Karnac).

Frosh, S. (2013). *Hauntings: Psychoanalysis and Ghostly Transmissions.* London (Palgrave Macmillan).

Fulbrook, M. (2011). *A History of Germany 1918-2008.* London (John Wiley & Sons).

Furst, A. (2015). Holocaust memories and their transmission. In: L. Aron und L. Henik (Hg.). *Answering a Question without a Question: Contemporary Psychoanalysis and Jewish Thought. Vol. 2.* Boston (Academic Studies Press), S. 322–344.

Gadamer, H.-G. (1990 [1960]). *Wahrheit und Methode. Grundzüge einer philosophischen Hermeneutik. Gesammelte Werke Bd. 1.* Tübingen (J.C.B. Mohr [Paul Siebeck]).

Gay, P. (1989 [1987]). *Freud. Eine Biographie für unsere Zeit.* Übers. von J. A. Frank. Frankfurt am Main (Fischer).

Gay, P. (1999 [1998]). *Meine deutsche Frage. Jugend in Berlin 1933-1939.* Übers. von U. Enderwitz, M. Noll und R. Schubert. München (C. H. Beck).

Gerber, J. (1989). *Opening the Door: Immigration and Integration of Holocaust Survivors in Vancouver, 1947-1970.* (Unveröff. Masterarbeit.) University of British Columbia, Vancouver.

Giordano, R. (1987). *Die zweite Schuld oder Von der Last, ein Deutscher zu sein.* Hamburg (Rasch und Roehring).

Giordano, R. (2003). Ein Volk von Opfern? In: L. Kettenacker (Hg.). *Ein Volk von Opfern? Die neue Debatte um den Bombenkrieg 1940-45.* Berlin (Rowohlt), S. 166–168.

Giordano, R. (2011). Interviewtranskript, PBS Television. https://www.pbs.org/wgbh/american-experience/features/interview/interview-ralph-giordano/ (zuletzt aufgerufen am 8.7.2020).

Gebel, A. (2004). Neue Diskussion über die »Stolpersteine«. *Die Süddeutsche Zeitung*, 17. Mai. https://www.sueddeutsche.de (zuletzt aufgerufen am 8.7.2020).

Goldberg, A. (2015). *Holocaust Survivors in Canada: Exclusion, Inclusion, Transformation, 1947-1955.* Winnipeg (University of Manitoba Press).

Goldhagen, D. J. (1996 [1996]). *Hitlers willige Vollstrecker. Ganz gewöhnliche Deutsche und der Holocaust.* Übers. von K. Kochmann. Berlin (Siedler).

Goldfinger, A. (Produzent, Autor, Regisseur) (2011). *The Flat.* Israel und Deutschland: ARTE, Arnon Goldfinger Productions, Noga Communications, Südwestrundfunk, Zero One Film, ZDF.

Grand, S., und J. Salberg (Hg.) (2016). *Trans-generational Trauma and the Other: Dialogue across History and Difference.* New York (Routledge).

Grass, G. (2002). *Im Krebsgang.* Göttingen (Steidl).

Green, D. (2014). This day in Jewish history/Ponderosa patriarch Lorne Greene dies. *Haaretz*, 11. September. https://www.haaretz.com/jewish/.premium-ponderosa-patriarch-lorne-greene-dies-1.5264142 (zuletzt aufgerufen am 8.7.2020).

Greenberg, J., und S. A. Mitchell (1983). *Object Relations in Psychoanalytic Theory.* Cambridge, MA (Harvard University Pres).

Grieshaber, K. (2003). Plaques for Nazi victims offer a personal impact. *The New York Times*, 29. November. https://www.nytimes.com/2003/11/29/arts/plaques-for-nazi-victims-offer-a-personal-impact.html (zuletzt aufgerufen am 8.7.2020).

Groh, C. (2007), »Sehen wir Pforzheim!« Erinnerungspolitik und Erinnerungskultur in Pforzheim: Das Beispiel des »23. Februar 1945«. https://www.loebliche-singer-pforzheim.de/vortraggrohmatinee2007/ (zuletzt aufgerufen am 4.5.2020).

Groh, C. (2011). Expressions of memory in Pforzheim, a city hit by air war. In: H. Schmitz und A. Seidel-Arpaci (Hg.). *Narratives of Trauma: Discourses of German Wartime Sufferin in National and International Perspectives.* New York (Rodopi), S. 75–88.

Grünberg, K. (2013). Ist das Antisemitismus? Deutsch-jüdische Erfahrungen nach der Shoah. *Psychoanalyse. Texte zur Sozialforschung* 17: 275–286.

Habermas, J. (1986). Vom öffentlichen Gebrauch der Historie. ZEIT-Online, 7. November, S. 2. https://www.zeit.de/1986/46/vom-oeffentlichen-gebrauch-der-historie (zuletzt aufgerufen am 8.7.2020).

Halbwachs, M. (1985 [1939]). *Das kollektive Gedächtnis.* Frankfurt am Main (Fischer).

Hamburger, A. (2015). Roots in Jewish and Christian soil: A portrait of the Holocaust researcher as involved person. *Contemporary Psychoanalysis* 51: 289–295.

Handler Spitz, E. (2005). Loss as vanished form: On the anti-memorial sculptures of Horst Hoheisel. *American Imago* 62: 419–433.

Hegi, U. (1998 [1997]). *Das Schweigen durchbrechen. Über das Deutschsein in Amerika.* Übers. von S. Goga-Klinkenberg. München/Wien (Europa Verlag).

Heimannsberg, B. (1992). Kollektive Erinnerungsarbeit und nationale Identität. In: dies. und C. J. Schmidt (Hg.). *Das kollektive Schweigen. Nationalsozialistische Vergangenheit und gebrochene Identität in der Psychotherapie.* Erweiterte Neuaufl. Köln (EHP), S. 17–24.

Heimannsberg, B., und C. J. Schmidt (1992). Einführung: Symptomatik der nationalsozialistischen Erbschaft. In: *Das kollektive Schweigen. Nationalsozialistische Vergangenheit und gebrochene Identität in der Psychotherapie.* Erweiterte Neuaufl. Köln (EHP), S. 11–15.

Herbert, U. (1999). *Fremdarbeiter: Politik und Praxis des »Ausländer-Einsatzes« in der Kriegswirtschaft des Dritten Reiches*. Bonn (Dietz). Neuaufl.

Herkommer, C. (2008). Women under National Socialism: Women's scope for action and the issue of gender. In: O. Jensen und C.-C. Szejnmann (Hg.). *Ordinary People as Mass Murderers.* London (Palgrave Macmillan), S. 99–119.

Himmler, K. (2005). *Die Brüder Himmler.* Frankfurt am Main (Fischer).

Hirsch, M. (2010). *The Liberators: America's Witnesses to the Holocaust.* New York (Bantam Books).

Hirsch, M. (2012). *The Generation of Postmemory: Writing and Visual Culture after the Holocaust.* New York (Columbia University Press).

Hochstetter, D. (2005). *Motorisierung und »Volksgemeinschaft«: Das Nationalsozialistische Kraftfahrkorps (NSKK) 1931–1945.* München (R. Oldenbourg Verlag).

Hoffman, E. (1995 [1989]). *Ankommen in der Fremde. Lost in Translation.* Übers. von G. Strempel und H. Frielinghaus. Frankfurt am Main (Fischer).

Hoffman, E. (1993). *Exit into History: A Journey through the New Eastern Europe.* New York (Penguin Books).

Hoffman, E. (2000 [1997]). *Im Schtetl.* Übers. von S. List. Wien (Zsolnay).

Hoffman, E. 2004). *After such Knowledge: Memory, History, and the Legacy of the Holocaust.* New York (Public Affairs).

Hoffman, E. (2010). The long afterlife of loss. In: S. Radstone und B. Swartz (Hg.). *Memory: Histories, Theories, Debates.* New York (Fordham University Press), S. 406–415.

Hollan, D. (2000). Constructivist models of mind, contemporary psychoanalysis, and the development of culture theory. *American Anthropologist* 102: 538–550.

Horndasch, M., und R. Gröne (2006). *Spuren meines Vaters. Das Zeitzeugnis der Ruth Groene, geb. Kleeberg.* Zusammengestellt und bearbeitet von M. Horndasch. Schriftenreihe der Mahn- und Gedenkstaette Ahlem Bd. 5. Hannover (Region Hannover).

Jaenicke, C. (2014). *Die Suche nach Bezogenheit. Eine intersubjektiv-systemische Sicht.* Übers. von E. Vorspohl. Frankfurt am Main (Brandes & Apsel).

Jansen, M., und M. Saathoff (2007). *Gemeinsame Verantwortung und moralische Pflicht. Abschlussbericht zu den Auszahlungsprogrammen der Stiftung »Erinnerung, Verantwortung und Zukunft«.* Göttingen (Wallstein).

Joel, T. (2013). *The Dresden Firebombing: Memory and the Politics of Commemorating Destruction.* London (Palgrave Macmillan).

Jureit, U., und C. Schneider (2010). *Gefühlte Opfer: Illusionen der Vergangenheitsbewältigung.* Stuttgart (Klett-Cotta).

Kattago, S. (2001). *Ambiguous Memory: The Nazi Past and German National Identity.* New York (Praeger).

Kirschner, S., und J. Martin (Hg.) (2010). *The Sociocultural Turn in Psychology: The Contextual Emergence of Mind and Self.* New York (Columbia University Press).

Knopp, S. (2015). My own transgenerational relationship to the Holocaust and how it shaped my work. *Contemporary Psychoanalysis* 51: 282–288.

Kohut, T. (2017 [2012]). *Eine deutsche Generation und ihre Suche nach Gemeinschaft. Erlebte Geschichte des 20. Jahrhunderts.* Übers. von E. Vorspohl. Gießen (Psychosozial-Verlag).

Kraus, K. 1919. *Die letzten Tage der Menschheit. Tragödie in fünf Akten mit Vorspiel und Epilog.* In vier Heften der »Fackel«, Wien 1918 (Epilog) und 1919 (Vorspiel und Akte 1–5).

Kuriloff, E. (2014). *Contemporary Psychoanalysis and the Legacy of the Third Reich: History, Memory, Tradition.* New York (Routledge).

LaCapra, D. (1994). *Representing the Holocaust: History, Theory, Trauma.* Ithaca, NY (Cornell University Press).

LaCapra, D. (1997). Lanzmann's *Shoah*: Here there is no why? *Critical Inquiry* 23: 231–269.

LaCapra, D. (1998). *History and Memory after Auschwitz.* Ithaca, NY (Cornell University Press).

Lanzmann, C. (2015 [2012]). *Das Grab des göttlichen Tauchers.* Übers. von E. W. Skwara. Hamburg (rowohlt).

Lear, J. (2006). *Radical Hope: Ethics in the Face of Cultural Destruction.* Cambridge, MA (Harvard University Press).

Lederman, M. (2012). The collision: Fred Herzog, the Holocaust and me. *The Globe and Mail.* https://www.theglobeandmail.com/arts/the-collision-fred-herzog-the-holocaust-and-me/article4104746/ (zuletzt aufgerufen am 27.6.2020).

Levi, P. (2010 [1958]). *Ist das ein Mensch?* Übers. von H. Riedt. München (DTV).

Levi, P. (1990 [1986]). *Die Untergegangenen und die Geretteten.* Übers. von M. Kahn. München (Hanser).

Lévinas, E., und Ph. Nemo (2008 [1982]). *Ethik und Verantwortung. Gespräche mit Philippe Nemo.* Übers. von D. Schmidt. Wien (Passagen).

Lipstadt, D. (1993). *Denying the Holocaust: The Growing Assault on Truth and Memory.* New York (The Free Press).

Lockot, R. (1985). *Erinnern und Durcharbeiten: Zur Geschichte der Psychoanalyse und Psychotherapie im Nationalsozialismus.* Frankfurt (Fischer).

Lockot, R. (1994). *Die Reinigung der Psychoanalyse: Die Deutsche Psychoanalytische Gesellschaft im Spiegel von Dokumenten und Zeitzeugen (1933–1951).* Tübingen (edition diskord).

Loewenberg, P. (2012). Clinical and historical perspectives on the intergeneraional transmission of trauma. In: G. Fromm (Hg.). *Lost in Transmission: Studies of Trauma across Generations.* London (Karnac Books), S. 55–68.

Lower, W. (2013). *Hitler's Furies: German Women in the Nazi Killing Fields.* New York (Houghton Mifflin Harcourt).

MacIntyre, A. (1987 [1981]). *Der Verlust der Tugend. Zur moralischen Krise der Gegenwart.* Übers. von W. Rhiel. Frankfurt am Mein/New York (Campus).

Maidenbaum, A. (Hg.) (2003). *Jung and the Shadow of Anti-Semitism: Collected Essays.* London (Nicolas-Hays).

Maier, C. (1993). A surfeit of memory? Reflections on history, melancholy and denial. *History and Memory* 5: 136–152.

Maier, C. (2005). Targeting the city: Debates and silences about the aerial bombing of World War II. *International Review of the Red Cross* 87: 429–444.

Maier-Katkin, B. (2007). *Silence and Acts of Memory: A Postwar Discourse on Literature, History, Anna Seghers, and Women in the Third Reich.* Cranbury, NJ (Rosemont Publ.).

Maier-Katkin, D. (2010). *Stranger from Abroad: Hannah Arendt, Martin Heidegger, Friendship and Forgiveness.* New York (Norton).

Malka, S. (2003 [2002]). *Emmanuel Lévinas. Eine Biographie.* Übers. von F. Miething. München (C. H. Beck).

Mann, T. (1956 [1942]). Rundfunkansprache (Sonder-Sendung), April 1942, in: ders., *Gesammelte Werke.* Bd. 12. Berlin (Aufbau-Verlag), S. 654–656.

Mannheimer, M. (2001). Podiumsdiskussion. Der Umgang mit dem Holocaust: »Wieviel Erinnerung« war zu welcher Zeit möglich? In: N. Frei (Hg.). *Beschweigen und Bekennen: Die deutsche Nachkriegsgesellschaft und der Holocaust.* Göttingen (Wallstein), S. 137–158).

Marcuse, H. (2019). Memorializing persecuted Jews in Dachau and other West German concentration camp memorial sites. In: B. Niven und C. Paver (Hg.). *Memorialization in Germany since 1945.* London (Palgrave Macmillan), S. 192–204.

Margalit, A. (2002). *The Ethics of Memory.* Cambridge, MA (Harvard University Press).

Marks, S. (2007). Teaching about National Socialism and the Holocaust: Narrative approaches to Holocaust education. *Interchange* 38: 263–284.

Marks, C. (2011). Hidden stories, toxic stories, healing stories: The power of narrative in peace and reconciliation. *Narrative Works: Issues, Investigations, & Interventions* 1: S. 95–106.

Martin, J., J. Sugarman und S. Hickinbottom (2010). *Persons: Understanding Psychological Selfhood and Agency.* New York (Springer).

Martin, J., J. Sugarman und K. Slaney (Hg.). *The Wiley Handbook of Theoretical and Philosophical Psychology: Methods, Approaches, and New Directions for Social Science.* London (John Wiley & Sons).

Mechler, W.-D., und C.-P. Nies (2008). *Der Novemberpogrom 1938 in Hannover. Begleitband zur Ausstellung vom 5. November 2008 bis 18. Januar 2009 im Historischen Museum in Hannover*. Hannover (Stadt Hannover).

Mitscherlich, A., und M. Mitscherlich (1967). *Die Unfähigkeit zu trauern. Grundlagen kollektiven Verhaltens.* München (Piper).

Mlynek, K. (1994). Hannover in der Weimarer Republik und unter dem Nationalsozialismus, 1918-1945. In: K. Mlynek und W. R. Röhrbein (Hg.). *Geschichte der Stadt Hannover. Bd. 2. Vom Beginn des 19. Jahrhunderts bis in die Gegenwart.* Hannover (Schlütersche), S. 405–578.

Möding, N. (1985). »Ich muss irgendwo engagiert sein – fragen Sie mich bloß nicht, warum«: Überlegungen zu Sozialisationserfahrungen von Mädchen in NS-Organisationen. In: Lutz Niethammer u. Alexander von Plato (Hg.). *»Wir kriegen jetzt andere Zeiten.« Auf der Suche nach der Erfahrung des Volkes in nachfaschistischen Ländern: Lebensgeschichte und Sozialkultur im Ruhrgebiet, 1930-1960.* Bonn (J. H. W. Dietz Nachfolger), S. 256–304.

Mounk, Y. (2015 [2014]). *Echt, Du bist Jude? Fremd im eigenen Land.* Übers. von S. Jakob. Zürich (Kein & Aber).

Nachama, A., J. H. Schoeps und H. Simon (2002). *Jews in Berlin.* Berlin (Henschel).

Neitzel, S., und H. Welzer (2011). *Soldaten. Protokolle vom Kämpfen, Töten und Sterben.* Frankfurt am Main (Fischer).

Niemann, D. (2015). *A Nazi in the Family. The Hidden Story of an SS Family in Wartime Germany.* London (Short Books).

Novick, P. (2001 [1999]). *Nach dem Holocaust. Der Umgang mit dem Massenmord.* Übers. von I. Arnsperger und B. Rehbein. Stuttgart und München (dva).

Nussbaum, M. (2007). *The Clash within: Democracy, Religious Violence, and India's Future.* Cambridge, MA (Harvard University Press).

O'Connor, J. (2013). »Being Jewish meant being dead«: Holocaust survivor explains why she kept her true identity secret for 70 years. *The National Post*, 2. Mai. https://nationalpost.com/news/canada/miriam-zimmerman-kept-her-jewish-identity-secret-for-70-years (zuletzt aufgerufen am 11.7.2020).

Orange, D. (2010). *Thinking for Clinicians: Philosophical Resources for Contemporary Psychoanalysis and the Humanistic Psychotherapies.* New York (Routledge).

Ornstein, A. (2003). Survival and recovery: Psychoanalytic reflections. In: M. Gehrie (Hg.). *Progress in Self-Psychology.* Bd. 19. Hillsdale, NJ (The Analytic Press), S. 85–105.

Ornstein, A. (2004). *My Mother's Eyes: Holocaust Memories of a Young Girl.* Cincinnati, OH (Emmis Books).

Ornstein, A. (2007). Discussion of »Last witnesses: Child survivors of the Holocaust«; Roundtable conversation of child survivors of the Holocaust. *Psychoanalytic Perspectives* 5: 5-12.

Ornstein, A. (2013). Is there hope for the survivors of genocide and their children? *International Journal of Psychoanalytic Self Psychology* 8: 20–28.

Ornstein, A. (2014). The transformation of guilt into a sense of responsibility: Discussion of articles by Roger Frie and Martin Gossmann. *Psychoanalytic Inquiry* 34: 671–679.

Orwell, G. (1984). The lion and the unicorn: Socialism and the English genius. In: S. Orwell und I. Angus (Hg.). *The Collected Essays, Journalism and Letters of George Orwell.* Bd. II. Harmondsworth, UK (Penguin), S. 74–133.

Overy, R. (1980). *The Air War, 1939–1945.* Washington, DC (Potomac Books).

Overy, R. (2003). Barbarisch, aber sinnvoll. In: L. Kettenacker (Hg.). *Ein Volk von Opfern? Die neue Debatte um den Bombenkrieg 1940-45.* Berlin (Rowohlt), S. 183–187.

Overy, R. (2014 [3013]). *Der Bombenkrieg.* Übers. von H. Kober. Berlin (Rowohlt).

Paris, E. (1980). *Jews: An Account of Their Experience in Canada.* Toronto (Macmillan).

Paris, E. (2000 [2000]). *Vergangenheit verstehen. Wahrheit, Lügen und Erinnerung.* Übers. von M. Pacher. Berlin/München (Propyläen Verlag).

Pelinka, A., und Weinzierl, E. (Hg.) (1997). *Das große Tabu. Österreichs Umgang mit seiner Vergangenheit.* Wien (Verlag Österreich).

Pérez Foster, R. M. (1992). Psychoanalysis and the bilingual patient: Some observations on the influence of Language choice on the transference. *Psychoanalytic Psychology* 9: 61–76.

Petersen, M. B. (2009). *Missiles for the Fatherland: Peenemünde, National Socialism and the V-2 Missile.* Cambridge, UK (Cambridge University Press).

Petry, S. (2008). »Ich dachte unwillkürlich an Dantes Hölle«. Die Inhaftierung jüdischer Hannoveraner und ihre Verschleppung in das Konzentrationslager Buchenwald am 10./11. November 1938. In: Mechler und Nies (Hg.). *Der Novemberpogrom 1938 in Hannover. Begleitband zur Ausstellung vom 5. November 2008 bis 18. Januar 2009 im Historischen Museum in Hannover*. Hannover (Stadt Hannover), S. 41–59.

Pfeiffer, M. (2012). *Mein Großvater im Krieg 1939–1945: Erinnerung und Fakten im Vergleich.* Bremen (Donat Verlag).

Phillips Casteel, S. (2001). Eva Hoffman's double immigration: Canada as the site of exile in *Lost in Translation. Biography* 24: 288–301.

Prince, R. (1998). Historical trauma: Reflections on the Holocaust. In: J. Kestenberg und C. Kahn (Hg.). *Children Surviving Persecution: An International Study of Trauma and Healing*. Westport, CT (Praeger), S. 43–55.

Prince, R. (1999). *The Legacy of the Holocaust: Psychohistorical Themes in the Second Generation.* New York (The Other Press).

Prince, R. (2015). The legacy of the Holocaust: Holocaust survivors in the United States. Vortrag auf der Tagung »Gerettet, aber nicht befreit«. Frankfurt am Main, 8.–9. Mai 2015.

Prince, R. (2018). The stowaway: Reality, the Holocaust, and the historical unconscious. In: R. Frie (Hg.). *History Flows Through Us: Germany, The Holocaust and The Importance of Empathy* . New York, NY (Routledge), (S. 91–107).

Radebold, H. (Hg.) (2004). *Kindheiten im Zweiten Weltkrieg und ihre Folgen.* Gießen (Psychosozial-Verlag).

Radebold, H., W. Bohleber und J. Zinnecker (2008). Einleitung. In: dies. (Hg.). *Transgenerationale Weitergabe kriegsbelasteter Kindheiten: Interdisziplinäre Studien zur Nachhaltigkeit historischer Erfahrungen über vier Generationen.* Weinheim (Juventa), S. 7–12.

Radebold, H., G. Heuft und I. Fooken (Hg.). (2006). *Kindheiten im Zweiten Weltkrieg: Kriegserfahrungen und deren Folgen aus psychohistorischer Perspektive.* Weinheim (Juventa).

Reichardt, B. (2014). Zwölf Jahre Leben im »Judenhaus« Alhlem. http://www.ndr.de/kultur/geschichte/ahlem146_page-1.html (zuletzt aufgerufen am 8.7.2020).

Renik, O. (1999). Playing one's cards face up in analysis: An approach to the problem of self-disclosure. *Psychoanalytic Quarterly* 68: 521–539.

Richardon, F., B. Fowers und C. Guignon (1999). *Re-envisioning Psychology: Moral Dimensions of Theory and Practice.* San Francisco, CA (Jossey-Bass).

Rosenthal, G. (1992). *Kollektives Schweigen zu den Nazi-Verbrechen: Bedingungen der Institutionalisierung einer Abwehrhaltung.* Psychosozial 15: 22–33.

Rosenthal, G. (1999). Nationalsozialismus und Antisemitismus im intergenerationellen Dialog. In: dies. (Hg.). *Der Holocaust im Leben von drei Generationen. Familien von Überlebenden der Shoah und von Nazi-Tätern.* Gießen (Psychosozial-Verlag). 3. korr. Aufl., S. 345–356.

Roth, H. (2014). Vorwort. In: ders. (Hg.). *Was hat der Holocaust mit mir zu tun?* München (Pantheon), S. 9–12.

Rothe, K. (2009). *Das (Nicht-)Sprechen über die Judenvernichtung: Psychische Weiterwirkungen des Holocaust in mehreren Generationen nicht-jüdischer Deutscher.* Gießen (Psychosozial-Verlag).

Rothe, K. (2012). Anti-Semitism in Germany today and the intergenerational transmission of guilt and shame. *Psychoanalysis, Culture & Society* 17: 16–34.

Rothe, K. (2013). Antisemitismus in Deutschland im Kontext der Abwehr von Schuld und Scham. *Psychoanalyse. Texte zur Sozialforschung* 17: 258–274.

Rubin-Suleiman, S. (2002). The 1.5 generation: Thinking about child survivors and the Holocaust. *American Imago* 59: 277–295.

Runia, E. (2007). Burying the dead, creating the past. *History and Theory* 46: 313–325.

Salzborn, S. (2020). »Die Lüge von der Aufarbeitung«. SPIEGEL, 6. März.

Santner, E. L. (1992). History beyond the pleasure principle. In: S. Friedlaender (Hg.). *Probing the Limits of Representation: Nazism and the Final Solution.* Cambridge, MA (Harvard University Press), S. 143–154.

Schachtel, E. G. (1949). On memory and childhood amnesia: A study of interpersonal relations. In: P. Mullahy (Hg.). *New Contributions to Psychiatry.* New York (Hermitage Press), S. 3–49.

Schanze, J. (2005). *Winterkinder: Die schweigende Generation* [Video]. Sunfilm Entertainment.

Schmid, H.-D. (Hg.) (2017). *Ahlem – Die Geschichte einer jüdischen Gartenbauschule und ihres Einflusses auf Gartenbau und Landschaftsarchitektur in Deutschland und Israel.* 2. ergänzte Auflage. Bremen (Edition Temmen).

Schmidt, M. S. (2003). »I always thought I was a German – it was Hitler who taught me I was a Jew«: Nationalsocialist persecution, identity, and the German language. In: C. Mauch und J. Salmons (Hg.). *German-Jewish Identities in America.* Madison (University of Wisconsin Press), S. 133–153.

Schmitz, H., und A. Seidel-Arpaci (2011). Introduction. In: dies. (Hg.). *Narratives of Trauma: Discourses of German Wartime Suffering in National and International Perspectives*. New York (Rodopi), S. 1–16.

Schneider, P. (1995). The sins of the grandfathers. *New York Times Magazine*, 3. Dezember. https://www.nytimes.com/1995/12/03/magazine/the-sins-of-the-grandfathers.html?searchResultPosition=1. (2020) Die Sünden der Großväter. In: ders., *Denken mit dem eigenen Kopf. Essays*. Köln (Kiepenheuer & Witsch) [gekürzte Version].

Schulze, P. (2005). Hannover. In: H. Obenaus (Hg.). *Historisches Handbuch der jüdischen Gemeinden in Niedersachsen und Bremen.* Bd. 1. Göttingen (Wallstein), S. 726–796.

Schwab, G. (2010). *Haunting Legacies: Violent Histories and Transgenerational Trauma.* New York (Columbia University Press).

Sebald, W. G. (2001). *Luftkrieg und Literatur.* Frankfurt am Main (Fischer).

Seligmann, R. (2014). Jewish voice from Germany: About us. http://jewish-voice-from-germany.de/cms/thank-you-for-raising-your-voice/ (zuletzt aufgerufen am 10.7.2020).

Senfft, A. (2007). *Schweigen tut weh. Eine deutsche Familiengeschichte.* Berlin (Claassen).

Senfft, A. (2016). *Der lange Schatten der Täter. Nachkommen stellen sich ihrer NS-Familiengeschichte*. München (Piper).

Sereny, G. (1979 [1974]). *Am Abgrund. Eine Gewissensforschung. Franz Stangl und die Morde von Treblinka.* München (Piper).

Simon, H. (2008). *Hans Poelzig in Hannover: Das ehemalige Verwaltungsgebäude der Firma Gebrüder Mayer in Hannover-Vinnhorst (1923/24).* Unveröff. Masterarbeit. Technische Universität Cottbus.

Speier, S. (1987). Der ges(ch)ichtslose Psychoanalytiker — die ges(ch)ichtslose Psychoanalyse. *Psyche* 41(6): 481–491.

Stamberg, S. (2014). Holocaust survivors honor camp liberator. https://www.npr.org/2007/09/25/14661020/holocaust-survivors-honor-camp-liberator (zuletzt aufgerufen am 10.7.2020).

Steneck, N. J. (2011). Hitler's legacy in concrete and steel: Memory and civil defence bunkers in West Germany, 1950-65. In: H. Schmitz und A. Seidel-Arpaci (Hg.). *Narratives of Trauma: Discourses of German Wartime Sufferin in National and International Perspectives.* New York (Rodopi), S. 59–74.

Stern, D. (1997). *Unformulated Experience: From Dissociation to Imagination in Psychoanalysis.* Hillsdale, NJ (The Analytic Press).

Stolorow, R. D., G. Atwood und D. Orange (2002). *Worlds of Experience: Interweaving Philosophical and Clinical Dimensions in Psychoanalysis.* New York (Basic Books).

Sullivan, H. S. (1953 [1940]). *Conceptions of Modern Psychiatry.* New York (Norton).

Süß, D. (2014). *Death from the Skies: How the British and Germans Survived Bombing in World War II.* Oxford (Oxford University Press).

Szejnmann, C.-C. (2008). Perpetrators of the Holocaust: A historiography. In: O. Jensen und C.-C. Szejnmann (Hg.). *Ordinary People as Mass Murderers.* London (Palgrave Macmillian), S. 25–54.

Teege, J. (mit N. Sellamir). (2013). *Amon. Mein Großvater hätte mich erschossen).* Reinbek b. Hamburg (Rowohlt).

The Truth and Reconciliation Commission of Canada (2015). Honouring the truth, reconciling for the future: Summary of the final report of the Truth and Reconciliation Commission of Canada. http://www.trc.ca/assets/pdf/Honouring_the_Truth_Reconciling_for_the_Future_July_23_2015.pdf (zuletzt aufgerufen am 9.7.2020).

Timm, U. (2010 [2003]). *Am Beispiel meines Bruders.* München (dtv). Vom Autor neu durchgesehene Ausgabe.

Tomberger, C. (2010). The counter-monument: Memory shaped by male post-war legacies. In: B. Niven und C. Paver (Hg.). *Memorialization in Germany since 1945.* London (Palgrave Macmillan), S. 224–232.

Ustorf, A. E. (2008). *Wir Kinder der Kriegskinder: Die Generation im Schatten des Zweiten Weltkriegs.* Freiburg (Herder).

Volkan, V. D. (2015). *A Nazi Legacy: Depositing, Transgenerational Transmission, Dissociation, and Remembering in Action.* London (Karnac).

Volkan, V. D., G. Ast und W. F. Greer (2002). *Third Reich in the Unconscious.* New York (Brunner-Routledge).

Walser, M. (1998). Rede zur Verleihung des Friedenspreises des Deutschen Buchhandels. In: Börsenverein des Deutschen Buchhandels (Hg.). *Friedenspreis des Deutschen Buchhandels: Ansprachen aus Anlaß der Verleihung.* Frankfurt am Main (Verlag der Buchhändler-Vereinigung).

Weber, L. (2001). »I am Canadian, but my father is German.« In: C. James und A. Shadd (Hg.). *Talking about Identity: Encounters in Race, Ethnicity, and Language.* Toronto (Between the Lines), S. 51–59.

Weinmann, M. (Hg.) (1999). *Das nationalsozialistische Lagersystem.* Frankfurt am Main (Zweitausendeins). 3. Aufl.

Weizsäcker, R. von (1985). Rede anlässlich der Gedenkveranstaltung im Plenarsaal des Deutschen Bundestages zum 40. Jahrestag des Endes des Zweiten Weltkrieges in Europa, Bonn, 8. Mai 1985. https://www.bundespraesident.de/SharedDocs/Reden/DE/Richard-von-Weizsaecker/Reden/1985/05/19850508_Rede.html (zuletzt aufgerufen am 10.7.2020).

Welzer, H. (2004). Schön unscharf. Über die Konjunktur der Familien- und Generationenromane. *Mittelweg 36* 1: 53–64.

Welzer, H. (2005). *Grandpa wasn't a Nazi: The Holocaust in German Family Remembrance.* New York (American Jewish Committee).

Welzer, H. (2008). Die Nachhaltigkeit historischer Erfahrungen: Eine sozialpsychologische Perspektive. In: H. Radebold, W. Bohleber und J. Zinnecker (Hg.). *Transgenerationale Weitergabe kriegsbelasteter Kindheiten: Interdisziplinäre Studien zur Nachhaltigkeit historischer Erfahrungen über vier Generationen.* Weinheim (Juventa), S. 75–94.

Welzer, H., S. Moller und K. Tschuggnall (2002). *»Opa war kein Nazi«. Nationalsozialismus und Holocaust im Familiengedächtnis.* Frankfurt am Main (Fischer).

Wenzel, B., und D. Weber (1989). *Auschwitz in Geschichtsbüchern der Bundesrepublik Deutschland.* In: H.-F. Rathenow und N. H. Weber (Hg.). *Erziehung nach Auschwitz.* Pfaffenweiler (Centaurus Verlagsgesellschaft), S. 117-135.

Westernhagen, D. von (1990). »Die wirklichen Nazis hatten doch überhaupt kein Interesse an uns.« Hans-Georg Gadamer im Gespräch mit Dörte von Westernhagen. *Das Argument* 182: 543–555.

Williams, B. (2000 [1993]). *Scham, Schuld und Notwendigkeit. Eine Wiederbelegung antiker Begriffe der Moral.* Übers. von M. Hartmann. Berlin (Akademie Verlag).

Wundheiler, L. N. (1991). Growing up in Nazi Germany: Lessons to be learned. In: J. Offerman-Zuckerberg (Hg.). *Politics and Psychology: Contemporary Psychodynamic Perspectives.* New York (Plenum Press), S. 185–206.

Young, J. E. (2002 [2000]). *Nach-Bilder des Holocaust in zeitgenössischer Kunst und Architektur.* Übers. von E. Knörer. Hamburg (Hamburger Edition).

Zuroff, E. (2002). *Worlwide Investigation and Prosecution of Nazi War Criminals: An Annual Status Report.* Jerusalem (Simon Wiesenthal Center).

Namen- und Sachregister

Stolpersteine *201f.*

Kurt R. Eissler
Herausgegeben von Konstanze Zinnecker-Mallmann

Männer und Militär

Psychoanalyse der US-Armee als Institution im Zweiten Weltkrieg

Einführung von Mario Erdheim

Eisslers Studien sind umfangreich und ins Detail gehend, neu und auf die Gegenwart übertragbar – eine einzigartige Erkenntnisquelle.

»Kurt R. Eisslers Buch über die US-Armee im Zweiten Weltkrieg ist die erste psychoanalytische Untersuchung einer zentralen Institution unserer Kultur. Sie zeigt, über welches kulturwissenschaftliche Potenzial die Psychoanalyse verfügt, aber auch, auf welche Widerstände ihre Erkenntnisse stossen. Eisslers Untersuchungen sind auch ein wichtiges Zeugnis der intellektuellen Verarbeitung von Vertreibung, Flucht und Holocaust. Berührend ist die Bedeutung, die dem Utopischen zukommt. Die USA erschienen zunächst als wahr gewordene Utopie und die US-Armee als Waffe, die den Faschismus endgültig zerschlagen werde.« (Mario Erdheim)

1040 S., 17x 24 cm, € 49,90
Hardcover mit Fadenheftung und Lesebändchen
ISBN 978-3-95558-283-8

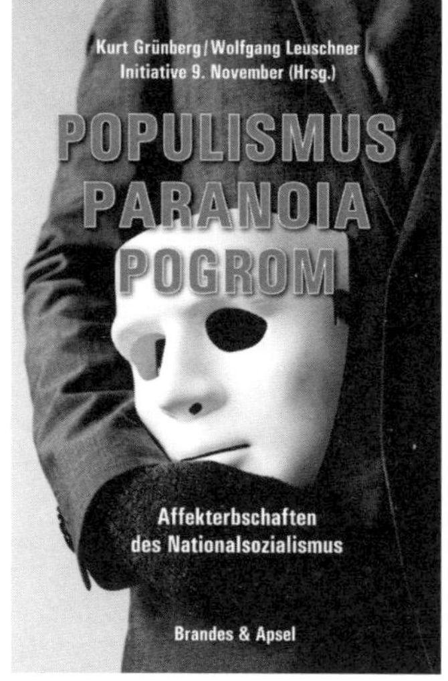

Kurt Grünberg / Wolfgang Leuschner /
Initiative 9. November (Hrsg.)

Populismus, Paranoia, Pogrom

Affekterbschaften des Nationalsozialismus

Der Populismus von rechts hat in den letzten Jahren immer mehr Zulauf bekommen. Dabei werden intergenerationelle Affekterbschaften aus der Nazizeit in neuer Form wieder lebendig und kollektiv in Szene gesetzt. Diesen historischen Quellen extremistischer Gewalt in der Gegenwart gehen die Beiträge des Buches nach. Dabei stehen die psychischen und sozialpsychologischen Prozesse und Mechanismen und auch die verwendeten medialen Techniken im Mittelpunkt der Betrachtung.

»Wer die latenten Inhalte rechter Propaganda in deren manifestem Wortlaut lesen will, erhält hier einen exzellenten Leitfaden.« (Caroline Fetscher für den Tagesspiegel)

»Der lesenswerte Band zeigt, dass nicht nur die Inhalte, sondern auch die Methoden der Propagierung linker Politik entwicklungsbedürftig sind.« (Psyche)

184 S., Pb. Großoktav,
€ 19,90
ISBN 978-3-95558-200-5

Sebastian Koch /
Stiftung Kloster Eberbach (Hrsg.)

Kloster Eberbach im Nationalsozialsmus

320 S., 17 x 24 cm, geb.,
€ 29,90
zahlreiche Abbildungen,
mit Vierfarbteil
ISBN 978-3-95558-269-2

Was sagt es über Kloster Eberbach aus, wenn über einem Abt aus dem endenden 16. Jahrhundert mehr bekannt ist als über die Geschichte Eberbachs und seiner zentralen Personen in den Jahren des Nationalsozialismus? Sind die Jahre zwischen 1933 und 1945 eine Zeit zum Vergessen? In dem Sinne, dass in Kloster Eberbach in dieser Zeit nichts geschehen wäre, das erforscht und festgehalten werden müsste? Oder wollte man es nach 1945 nicht mehr so genau wissen, wie sich Eberbach dem Nationalsozialismus gestellt hatte?

Kloster Eberbach, heute von der gemeinnützigen Stiftung Kloster Eberbach unterhalten, hat nun die Auseinandersetzung auch mit diesem Teil seiner Geschichte gesucht. Ergebnis ist das vorliegende Buch. Es fragt nach der Rolle Eberbachs u.a. bei der Arisierung des Weinhandels, dem Einsatz von Kriegsgefangenen in den Weinbergen und den Aktivitäten des Widerstandes. Nicht jede Erkenntnis fügt sich dabei reibungslos in unser geläufiges Bild von der NS-Zeit.

»Ein Werk, das ›20 bis 30 Jahre zu spät kommt‹, gibt Stiftungsvorstand Martin Blach zu. Historiker Koch dagegen sieht sein Werk mehr vor dem Hintergrund aktueller politischer Entwicklungen und der jüngsten Wahlen in Deutschland: ›Es kommt genau zur richtigen Zeit.‹«
(Oliver Bock, Frankfurter Allgemeine Zeitung)

»War die Klosterdomäne mit ihrem langjährigen Leiter Rudolf Gareis ein Hort der Nationalsozialisten? Keineswegs, urteilt der Historiker Sebastian Koch. Er hat die Geschichte des Klosters in der Zeit von 1933 bis 1945 im Auftrag der Stiftung Kloster Eberbach umfassend untersucht.«
(Pitt von Bebenburg, Frankfurter Rundschau)

»Sebastian Koch hat die Ergebnisse seiner Forschung in einem Buch zusammengefasst und in zehn Kapitel aufgeteilt, in denen es zwar immer das ehemalige Zisterzienser-Kloster geht, aber auch um die historische Herleitung der Themen und das wirtschaftliche, gesellschaftliche und politische Umfeld.«
(Der Sonntag, katholische Kirchenzeitung)

Unseren Psychoanalyse-Katalog erhalten Sie kostenlos:
Brandes & Apsel Verlag • Scheidswaldstr. 22 • 60385 Frankfurt am Main
info@brandes-apsel.de • www.brandes-apsel.de

Iris Bergmiller-Fellmeth / Elisabeth Leuschner-Gafga / Initiative 9. November / (Hrsg.)

Displaced Persons

Vom DP-Lager Föhrenwald nach Frankfurt am Main

From DP-Camp Ferenwald to Frankfurt am Main

204 S., 20 x 27 cm, € 19,90
Zweisprachig Deutsch/Englisch mit zahlreichen Abbildungen und Dokumenten
ISBN 978-3-95558-265-5

Der Katalog zur Ausstellung »Vom DP-Lager Föhrenwald nach Frankfurt in die Waldschmidtstraße« der Initiative 9. November e. V. im Hochbunker Friedberger Anlage in Frankfurt gewährt uns Einblicke in eine bis heute unbekannte Lebenswelt. Die Erinnerungen der Zeitzeugen sind voller Wehmut angesichts der Leiden und Trauer ihrer Angehörigen, gleichzeitig voller Dankbarkeit für deren Liebe und Fürsorge und die weitergegebene Überzeugung, »trotzdem Ja zum Leben (zu) sagen«.

Birgit Seemann / Edgar Bönisch

Das Gumpertz'sche Siechenhaus – ein »Jewish Place« in Frankfurt am Main

Geschichte und Geschichten einer jüdischen Wohlfahrtseinrichtung

Das Buch vermittelt einen eindringlichen und mehrdimensionalen Blick auf die Geschichte einer vergangenen Institution und eines Stadtviertels hinter dem heutigen Erscheinungsbild der Häuser, Straßen und Plätze im Frankfurter Ostend.

Die Autoren Birgit Seemann und Edgar Bönisch erzählen die Geschichte dieser Einrichtung jedoch nicht nur in der Dimension einer historischen Rekonstruktion entlang einer Zeitachse, sondern verorten die Entwicklung im wahrsten Sinne des Wortes in der Geschichte des Hauses, in den Raum als solchen. Damit greifen sie den aktuellen Diskurs um »Jewish Space« und »Jewish Place« auf und weben ihn in die Erzählung über die Geschichte des Hauses ein. So finden sich eingebettet in dieses Raum-Zeit-Kontinuum auch die Darstellung der Akteurinnen und Akteure, der Gründerinnen, der Bewohnerinnen, des Personals und auch der Mieterinnen in der Zeit nach dem Krieg, um nur einige zu nennen.

260 S., Pb. Großoktav, durchgehend vierfarbig, € 29,90
ISBN 978-3-95558-253-1